Histoire 2de
Programme 2019

Les grandes étapes de la formation du monde moderne

Directeurs d'ouvrage

Michaël Navarro
Agrégé d'histoire
ESPÉ de l'académie de Lyon,
Université Lyon 1 (69)

Henri Simonneau
Agrégé d'histoire, professeur en classes préparatoires
Lycée Marcelin-Berthelot,
Saint-Maur-des-Fossés (94)

Joël Cornette
Professeur émérite de l'Université Paris 8

Thomas Deguffroy
Agrégé d'histoire-géographie
Lycée Guy-Mollet-Arras (62)

Delphine Dussert-Galinat
Agrégée d'histoire
enseignante en CPGE,
Lycée Bertran-de-Born, Périgueux (24)

Stéphane Genêt
Agrégé d'histoire
Lycée Choiseul, Tours (37)

Stéphane Guerre
Agrégé d'histoire,
Lycée Carnot, Paris (75)

Laurence Granit-Gay
Agrégée d'histoire-géographie
ESPÉ de l'académie de Lyon et lycée Lalande,
Bourg-en-Bresse (01)

Élodie Isoard
Agrégée d'histoire
Lycée Nelson-Mandela, Nantes (44)

Aude van Kerckhove
Agrégée d'histoire-géographie
Lycée Henri-Wallon, Aubervilliers (93)

Sylvain Lancelot
Agrégé d'histoire-géographie
Lycée Aragon-Picasso, Givors (69)

Nathalie Martine
Certifiée d'histoire-géographie
Lycée Ernest-Pérochon, Parthenay (79)

Ludovic Vandoolaeghe
Agrégé d'histoire-géographie
Lycée Robespierre, Arras (62)

SOMMAIRE

Les grandes étapes de la formation du monde moderne

Sommaire des méthodes	8
Méthode générale de la réponse à une question problématisée	10
Méthode générale de l'analyse de document(s)	12
Les ressources mutimédias de votre manuel	14

FICHES MÉTHODE

1 La prise de notes	16
2 Apprendre à s'organiser en histoire-géographie	17
3 Comment réviser un devoir ?	18
4 Comment progresser dans la maîtrise des compétences attendues ?	19
5 Travailler en groupe	20
6 Organiser des recherches	21
7 Travailler l'expression orale	22
8 Réaliser une affiche sur un thème de recherche	23

INTRODUCTION : La périodisation (2 heures)

• Les 4 grandes périodes de l'histoire	24
• Les autres divisions temporelles	27

PROGRAMME

INTRODUCTION : la périodisation (2 heures)

L'introduction est l'occasion de rappeler comment l'histoire a été divisée en quatre grandes périodes, avec, pour marquer chacune d'entre elles, le choix d'une date-clé (476, 1453/1492, 1789).

THÈME 1
Le monde méditerranéen : empreintes de l'Antiquité et du Moyen Âge (10-12 heures) — 28

CHAPITRE 1 — La Méditerranée antique, l'empreinte grecque
En quoi Athènes incarne-t-elle la démocratie dans le monde grec ? — 30

PROGRAMME

Objectifs du chapitre
Ce chapitre vise à rappeler que l'Antiquité méditerranéenne est le creuset de l'Europe.

On peut pour cela :
– distinguer des temps, des figures et des constructions politiques ayant servi de référence dans les périodes ultérieures ;
– montrer comment Athènes associe régime démocratique et établissement d'un empire maritime.

POINTS DE PASSAGE ET D'OUVERTURE
• Périclès et la démocratie athénienne.

REPÈRES Le monde grec (V^e-IVe siècles av. J.-C.)	32
ÉTUDES	
• Le fonctionnement de la démocratie à Athènes	34
• L'empire maritime athénien au service de la démocratie TÂCHE COMPLEXE	36
LEÇON 1 Les citoyens et la démocratie à Athènes	38
ÉTUDES	
• Périclès, citoyen réformateur de la démocratie athénienne POINT DE PASSAGE TRAVAIL DE L'HISTORIEN	40
• Les femmes et la vie civique à Athènes MÉTHODE BAC	42
LEÇON 2 La démocratie en débat	44
EXERCICES	
• Nos institutions démocratiques, héritières de l'Athènes antique PASSÉ-PRÉSENT	46
• Carte mentale et analyse d'une céramique BAC CONTRÔLE CONTINU	47
• Analyse d'un texte BAC CONTRÔLE CONTINU	48
• Analyse de deux documents BAC CONTRÔLE CONTINU	49
RÉVISION / AUTOÉVALUATION	50

SOMMAIRE

CHAPITRE 2 — La Méditerranée antique, l'empreinte romaine

Comment l'Empire romain a-t-il contribué à l'unification de la Méditerranée et à la diffusion du christianisme ? 52

PROGRAMME

Objectifs du chapitre
– montrer comment Rome développe un empire territorial immense où s'opère un brassage des différents héritages culturels et religieux méditerranéens.

POINTS DE PASSAGE ET D'OUVERTURE
- Le principat d'Auguste et la naissance de l'Empire romain.
- Constantin, empereur d'un empire qui se christianise et se réorganise territorialement.

REPÈRES
- 1 Rome, l'empereur et l'Empire romain (Ier-IVe siècle ap. J.-C.) 54
- 2 L'Empire romain, espace de la diffusion du christianisme (Ier-IVe siècle ap. J.-C.) 56

ÉTUDES
- Auguste, fondateur de l'Empire romain POINT DE PASSAGE 58
- Le Principat d'Auguste, un nouveau régime politique ? POINT DE PASSAGE TRAVAIL DE L'HISTORIEN 60
- Constantin et la réorganisation de l'Empire romain POINT DE PASSAGE MÉTHODE BAC 61

LEÇON 1 L'empreinte des empereurs sur la Méditerranée romaine 62

ÉTUDE Constantin, le premier empereur chrétien POINT DE PASSAGE
TÂCHE COMPLEXE 64

LEÇON 2 L'Empire romain, une mosaïque culturelle et religieuse 66

EXERCICES
- Une bande dessinée : *Murena* de J. Dufaux et P. Delaby
AUTRE SUPPORT 68
- Carte mentale et analyser une pièce de monnaie
BAC CONTRÔLE CONTINU 69
- Analyse d'un texte BAC CONTRÔLE CONTINU 70
- Confronter deux points de vue BAC CONTRÔLE CONTINU 71
- RÉVISION / AUTOÉVALUATION 72

CHAPITRE 3 — La Méditerranée médiévale : espace d'échanges et de conflits à la croisée de trois civilisations

Située au carrefour des routes commerciales, comment la Méditerranée est-elle marquée par des tensions et des échanges culturels entre chrétiens, juifs et musulmans ? 74

PROGRAMME

Objectifs du chapitre
Ce chapitre vise à montrer comment des civilisations entrent en contact, nouent des relations et connaissent des conflits dans un espace marqué par les monothéismes juif, chrétien et musulman.

On peut mettre en avant :
– l'émergence de grands ensembles de civilisation ;
– les contacts et les heurts entre Chrétienté et Islam ;
– l'hétérogénéité religieuse et politique entre Rome et Byzance et au sein du monde musulman ;
– la persistance de la circulation de biens, d'hommes et d'idées dans cet espace méditerranéen relié à l'Europe du Nord, à l'Asie et à l'Afrique.

POINTS DE PASSAGE ET D'OUVERTURE
- Bernard de Clairvaux et la deuxième croisade.
- Venise, grande puissance maritime et commerciale.

REPÈRES
- 1 La Méditerranée, au carrefour des civilisations (Xe-XVe siècles) 76
- 2 Unités et fractures entre les civilisations méditerranéennes 78

ÉTUDES
- La péninsule ibérique, marquée par trois grandes civilisations 80
- Bernard de Clairvaux et la deuxième croisade POINT DE PASSAGE 82
- Contacts et heurts entre chrétienté et islam en Terre sainte 84

LEÇON 1 La Méditerranée, un espace de tensions 86

ÉTUDES
- Venise à la tête d'un empire commercial
POINT DE PASSAGE MÉTHODE BAC 88
- Palerme vue par un géographe arabe, Ibn Jubayr TRAVAIL DE L'HISTORIEN 90
- Tolède, un carrefour de cultures TÂCHE COMPLEXE 92

LEÇON 2 Des espaces d'échanges et de cohabitation 94

EXERCICES
- Travailler à partir d'un film : *Le Destin* de Y. Chahine AUTRE SUPPORT 96
- Carte mentale et réponse à une question problématisée
Étape 1 Analyser un sujet et comprendre une problématique
BAC CONTRÔLE CONTINU 97
- Analyse d'un texte BAC CONTRÔLE CONTINU 98
- Analyse de documents BAC CONTRÔLE CONTINU 99
- RÉVISION / AUTOÉVALUATION 100

SOMMAIRE

THÈME 2
XVᵉ-XVIᵉ siècles : un nouveau rapport au monde, un temps de mutation intellectuelle (11-12 heures) — 102

CHAPITRE 4 — L'ouverture atlantique : les conséquences de la découverte du « Nouveau Monde »
Comment les échanges vers l'Atlantique ouvrent-ils la voie à une première forme de mondialisation ? — 104

PROGRAMME

Objectifs du chapitre

Ce chapitre vise à montrer le basculement des échanges de la Méditerranée vers l'Atlantique après 1453 et 1492, ainsi que le début d'une forme de mondialisation.

On peut mettre en avant les conséquences suivantes en Europe et dans les territoires conquis :
– la constitution d'empires coloniaux (conquistadores, marchands, missionnaires…) ;
– une circulation économique entre les Amériques, l'Afrique, l'Asie et l'Europe ;
– l'esclavage avant et après la conquête des Amériques ;
– les progrès de la connaissance du monde ;
– le devenir des populations des Amériques (conquête et affrontements, évolution du peuplement amérindien, peuplement européen, métissage, choc microbien).

POINTS DE PASSAGE ET D'OUVERTURE
- L'or et l'argent, des Amériques à l'Europe.
- Bartolomé de Las Casas et la controverse de Valladolid.
- Le développement de l'économie « sucrière » et de l'esclavage dans les îles portugaises et au Brésil.

REPÈRES
- 1 L'expansion européenne à travers le monde (XVᵉ-XVIᵉ siècles) — 106
- 2 1453-1492 : les Européens se tournent vers l'Atlantique — 108

ÉTUDES
- Le Portugal à la conquête des océans — 110
- Les voyages de Colomb vers le « Nouveau Monde » TÂCHE COMPLEXE — 112

LEÇON 1 De nouveaux horizons pour les Européens — 114

ÉTUDES
- Tenochtitlán, une cité prise par les conquistadors — 116
- Des populations autochtones soumises aux conquistadors — 117
- La controverse de Valladolid POINT DE PASSAGE MÉTHODE BAC — 118

LEÇON 2 La constitution d'empires coloniaux — 120

ÉTUDES
- L'or et l'argent des Amériques à l'Europe POINT DE PASSAGE — 122
- L'économie sucrière et l'esclavage au Brésil POINT DE PASSAGE — 124
- La traite atlantique TRAVAIL DE L'HISTORIEN — 125

LEÇON 3 Une première mondialisation — 126

EXERCICES
- Une bande dessinée : *Magellan, jusqu'au bout du monde* de C. Clot AUTRE SUPPORT — 128
- Carte mentale et analyse d'une gravure BAC CONTRÔLE CONTINU — 129
- Analyse d'un texte BAC CONTRÔLE CONTINU — 130
- Réponse à une question problématisée Étape 2 Mobiliser ses connaissances pour répondre au sujet BAC CONTRÔLE CONTINU — 131

RÉVISION / AUTOÉVALUATION — 132

CHAPITRE 5 — Renaissance, humanisme et réformes
Comment la période de la Renaissance fait-elle entrer l'Occident dans la modernité ? — 134

PROGRAMME

Objectifs du chapitre

Ce chapitre vise à montrer comment l'effervescence intellectuelle et artistique de l'époque aboutit à la volonté de rompre avec le « Moyen Âge » et de faire retour à l'Antiquité.

On peut mettre en avant :
– l'imprimerie et les conséquences de sa diffusion ;

REPÈRES
- 1 L'imprimerie, une révolution technique et idéologique — 136
- 2 La chrétienté divisée par la Réforme — 138

ÉTUDES
- Érasme, prince des humanistes POINT DE PASSAGE MÉTHODE BAC — 140
- Léonard de Vinci, un artiste complet — 142
- Michel-Ange et la chapelle Sixtine POINT DE PASSAGE — 144

LEÇON 1 Une nouvelle vision de l'homme et de l'art — 146

SOMMAIRE

PROGRAMME

– un nouveau rapport aux textes de la tradition ;
– une vision renouvelée de l'homme qui se traduit dans les lettres, arts et sciences ;
– les réformes protestante et catholique qui s'inscrivent dans ce contexte.

POINTS DE PASSAGE ET D'OUVERTURE

- 1508 – Michel-Ange entreprend la réalisation de la fresque de la Chapelle Sixtine.
- Érasme, prince des humanistes.
- 1517 – Luther ouvre le temps des réformes.

ÉTUDES

- 1517 : Luther ouvre le champ des réformes POINT DE PASSAGE
  TRAVAIL DE L'HISTORIEN 148
- Le concile de Trente, une réforme catholique ? TÂCHE COMPLEXE 150

LEÇON 2 La Réforme divise l'Europe 152

EXERCICES

- Le numérique au secours de la Bible de Gutenberg PASSÉ-PRÉSENT 154
- Carte mentale et analyse d'une gravure BAC CONTRÔLE CONTINU 155
- Analyse d'une peinture BAC CONTRÔLE CONTINU 156
- Réponse à une question problématisée
  Étape 3 Passer du brouillon à la rédaction sur la copie : le développement BAC CONTRÔLE CONTINU 157

RÉVISION / AUTOÉVALUATION 158

THÈME 3
L'État à l'époque moderne : France et Angleterre (11-12 heures) 160

CHAPITRE 6
L'affirmation de l'État dans le royaume de France
Comment l'État absolu s'affirme-t-il en France aux XVIe-XVIIe siècles ? 162

PROGRAMME

Objectifs du chapitre

Ce chapitre vise à montrer l'affirmation de l'État en France dans ses multiples dimensions ainsi qu'à caractériser la monarchie française.

On peut mettre en avant :
– le rôle de la guerre dans l'affirmation du pouvoir monarchique ;
– l'extension du territoire soumis à l'autorité royale ;
– le pouvoir monarchique et les conflits religieux ;
– le développement de l'administration royale, la collecte de l'impôt et le contrôle de la vie économique ;
– la volonté du pouvoir royal de soumettre la noblesse ; les limites de l'autorité royale.

POINTS DE PASSAGE ET D'OUVERTURE

- 1539 – L'ordonnance de Villers-Cotterêts et la construction administrative française.
- Colbert développe une politique maritime et mercantiliste, et fonde les compagnies des Indes et du Levant.
- Versailles, le « roi-soleil » et la société de cour.
- L'Édit de Nantes et sa révocation.

REPÈRES Ruptures dynastiques et développement du pouvoir royal 164

ÉTUDES

- Villers-Cotterêts : le renforcement de l'administration royale POINT DE PASSAGE 166
- Le massacre de la Saint-Barthélemy 168
- L'Édit de Nantes et sa révocation POINT DE PASSAGE 170

LEÇON 1 L'affirmation contestée de l'autorité monarchique 172

ÉTUDES

- Versailles, instrument de pouvoir de l'absolutisme
  POINT DE PASSAGE TÂCHE COMPLEXE 174
- Colbert, un ministre mercantiliste POINT DE PASSAGE MÉTHODE BAC 176

LEÇON 2 L'État de Louis XIV, un exercice absolu du pouvoir 178

ÉTUDE Le Languedoc, la réduction d'une province à l'obéissance ?
TRAVAIL DE L'HISTORIEN 180

LEÇON 3 Limites, crises et contestations de l'État absolu 182

EXERCICES

- Travil à partir d'une légende : le masque de fer, mythe de l'absolutisme PASSÉ-PRÉSENT 184
- Carte mentale et analyse d'un texte BAC CONTRÔLE CONTINU 185
- Analyse critique d'un document iconographique
  BAC CONTRÔLE CONTINU 186
- Réponse à une question problématisée
  Étape 4 Rédiger la courte introduction de la réponse à la question problématisée BAC CONTRÔLE CONTINU 187

RÉVISION / AUTOÉVALUATION 188

Analyse d'un document corrigé BAC CONTRÔLE CONTINU 190
Question problématisée corrigée BAC CONTRÔLE CONTINU 191

SOMMAIRE

CHAPITRE 7 — Le modèle britannique et son influence

Comment l'exemple de la monarchie anglaise, devenue régime parlementaire, inspire-t-il les Lumières et les fondateurs des États-Unis d'Amérique ? 192

PROGRAMME

Objectifs du chapitre

Ce chapitre vise à montrer comment l'ébauche d'un gouvernement représentatif ainsi que la définition de grands principes et de droits fondamentaux inspirent les philosophes au cours du XVIIIe siècle, et aboutit à la fondation d'un nouveau régime politique doté d'une constitution écrite avec la naissance des États-Unis d'Amérique.

On peut mettre en avant :
– l'évolution politique et sociale anglaise à la fin du XVIIe siècle ;
– l'affirmation des droits du Parlement face à la couronne anglaise, autour de la révolution de 1688 ;
– l'influence du régime britannique sur des philosophes des Lumières ;
– le retournement par les colons américains des valeurs anglaises contre leur métropole ;
– la rédaction d'une constitution et ses enjeux ;
– les limites de l'application des principes démocratiques (esclaves, Indiens d'Amérique…) ;
– l'influence de l'intervention française sur les esprits et la situation financière du royaume de France.

POINTS DE PASSAGE ET D'OUVERTURE

- 1679 et 1689 – L'*Habeas Corpus* et le *Bill of Rights*, le refus de l'arbitraire royal.
- Voltaire, l'Angleterre et la publication des *Lettres philosophiques* ou *Lettres anglaises* : 1726 - 1733.
- Washington, premier président des États-Unis d'Amérique.

REPÈRES
- 1 La Grande-Bretagne au XVIIe siècle 194
- 2 Les treize colonies américaines et l'Europe 196

ÉTUDES
- L'État royal renversé : la première révolution anglaise 198
- L'*Habeas Corpus*, l'individu contre l'arbitraire royal **POINT DE PASSAGE** 200
- Une révolution institutionnelle : le *Bill of Rights* **POINT DE PASSAGE** TRAVAIL DE L'HISTORIEN 201
- L'anglophilie d'un philosophe : Voltaire **POINT DE PASSAGE** MÉTHODE BAC 202

LEÇON 1 La naissance difficile d'un gouvernement représentatif 204

ÉTUDES
- Les revendications des treize colonies américaines 206
- George Washington, premier président des États-Unis d'Amérique **POINT DE PASSAGE** 208
- La place des Noirs dans la nouvelle république américaine 209
- Le statut des Indiens d'Amérique 210

LEÇON 2 La naissance des États-Unis d'Amérique 212

EXERCICES
- Un texte littéraire : *Les Voyages de Gulliver* de J. Swift AUTRE SUPPORT 214
- Carte mentale et analyse d'un texte BAC CONTRÔLE CONTINU 215
- Analyse de deux documents BAC CONTRÔLE CONTINU 216
- Réponse à une question problématisée Étape 5 Du brouillon à la rédaction BAC CONTRÔLE CONTINU 217

RÉVISION / AUTOÉVALUATION 218

Question problématisée rédigée et expliquée BAC CONTRÔLE CONTINU 220

THÈME 4 — Dynamiques et ruptures dans les sociétés des XVIIe et XVIIIe siècles (11-12 heures) 222

CHAPITRE 8 — Les Lumières et le développement des sciences

Comment l'essor de l'esprit scientifique participe-t-il au mouvement des Lumières ? 224

PROGRAMME

Objectifs du chapitre

Ce chapitre vise à montrer le rôle capital de l'esprit scientifique dans l'Europe des XVIIe et XVIIIe siècles.

REPÈRES
Des conditions favorables à l'essor de l'esprit scientifique 226

ÉTUDES
- Galilée, symbole de la rupture scientifique du XVIIe siècle **POINT DE PASSAGE** 228
- Les femmes dans la vie scientifique et culturelle 230
- Émilie du Châtelet : une femme de sciences du XVIIIe siècle **POINT DE PASSAGE** 231

SOMMAIRE

PROGRAMME

On peut mettre en avant :
- l'essor de l'esprit scientifique au XVIIe siècle ;
- sa diffusion et l'extension de ses champs d'application au XVIIIe siècle (par exemple par L'Encyclopédie) ;
- le rôle des physiocrates en France ;
- l'essor et l'application de nouvelles techniques aux origines de la « révolution industrielle » ;
- le rôle de femmes dans la vie scientifique et culturelle.

POINTS DE PASSAGE ET D'OUVERTURE
- Galilée, symbole de la rupture scientifique du XVIIe siècle.
- 1712 – Thomas Newcomen met au point une machine à vapeur pour pomper l'eau dans les mines.
- Émilie du Châtelet, femme de science.

- Le rôle des académies dans la recherche scientifique ... 232
- Le rôle des physiocrates au XVIIIe siècle ... 233

LEÇON 1 L'essor de l'esprit scientifique ... 234

ÉTUDES
- L'*Encyclopédie*, du projet à sa réception TRAVAIL DE L'HISTORIEN ... 236
- La machine à vapeur de Newcomen POINT DE PASSAGE MÉTHODE BAC ... 238

LEÇON 2 Les sciences au service du développement des techniques ... 240

EXERCICES
- Un film : *Galilée ou l'amour de Dieu* de Jean-Daniel Verhaeghe AUTRE SUPPORT ... 242
- Carte mentale et analyse d'un document BAC CONTRÔLE CONTINU ... 243
- Réponse à une question problématisée Étape 6 Rédiger BAC CONTRÔLE CONTINU ... 244

RÉVISION / AUTOÉVALUATION ... 246

Analyse de documents rédigée et expliquée BAC CONTRÔLE CONTINU ... 248

CHAPITRE 9 — Tensions, mutations et crispations de la société française

Quels sont les blocages et les transformations de la société française à la fin de l'époque moderne ? ... 250

PROGRAMME

Objectifs du chapitre
Ce chapitre vise à montrer la complexité de la société d'ordres.

On peut mettre en avant :
- le poids de la fiscalité et des droits féodaux sur le monde paysan ;
- une amélioration progressive de la condition des paysans au XVIIIe siècle ;
- le monde urbain comme lieu où se côtoient hiérarchies traditionnelles (juridiques) et hiérarchies nouvelles (économiques) ;
- le maintien de l'influence de la noblesse ;
- les femmes d'influence dans le monde politique, littéraire, religieux…

POINTS DE PASSAGE ET D'OUVERTURE
- 1639 – La révolte des Va-nu-pieds et la condition paysanne.
- Riches et pauvres à Paris.
- Un salon au XVIIIe siècle (le salon de madame de Tencin par exemple).
- Les ports français et le développement de l'économie de plantation et de la traite.

REPÈRES La France entre transformations et blocages ... 252

ÉTUDES
- La révolte des Va-nu-pieds POINT DE PASSAGE ... 254
- L'amélioration de la condition paysanne ... 256

LEÇON 1 Une France majoritairement rurale ... 258

ÉTUDES
- Riches et pauvres à Paris POINT DE PASSAGE ... 260
- Les ports français et le commerce colonial POINT DE PASSAGE ... 262
- Les ports, la traite et l'économie de plantation POINT DE PASSAGE
  TRAVAIL DE L'HISTORIEN ... 263

LEÇON 2 Le dynamisme du monde urbain ... 264

ÉTUDES
- La place importante de la noblesse dans la société française
  MÉTHODE BAC ... 266
- Le salon de madame de Tencin POINT DE PASSAGE ... 268

LEÇON 3 Une société française en plein questionnement ... 270

EXERCICES
- Un récit de science-fiction : *L'An 2440, Rêve s'il en fût jamais* de Louis-Sébastien Mercier AUTRE SUPPORT ... 272
- Carte mentale et réponse à une question problématisée Étape 7 Rédiger la conclusion BAC CONTRÔLE CONTINU ... 273
- Analyse d'un texte BAC CONTRÔLE CONTINU ... 274
- Analyse de deux documents BAC CONTRÔLE CONTINU ... 275

RÉVISION / AUTOÉVALUATION ... 276

Lexique ... 278
Biographies ... 283

SOMMAIRE DES MÉTHODES

ÉTUDES MÉTHODES BAC 🎀 Études au sein des chapitres

Analyse de document(s)

Chapitre 1 — **ÉTUDE** Les femmes et la vie civique à Athènes — 42
Consigne Quelle place les femmes occupent-elles dans la société athénienne ?

Chapitre 2 — **ÉTUDE** Constantin et la réorganisation de l'Empire romain — 61
Méthode Analyse d'un document
Consigne Après avoir présenté le document et précisé le contexte, montrez que l'auteur dresse un bilan positif du règne de Constantin pour l'Empire et l'Église chrétienne.

Chapitre 3 — **ÉTUDE** Venise à la tête d'un empire commercial — 88
Méthode Analyse de deux documents
Consigne Après avoir présenté les deux documents, vous expliquerez comment Venise parvient à construire un empire commercial à travers toute la Méditerranée.

Chapitre 4 — **ÉTUDE** La controverse de Valladolid — 118
Méthode Analyse de deux documents
Consigne Après avoir présenté les deux documents, vous confronterez les deux points de vue sur les Indiens d'Amérique.

Chapitre 5 — **ÉTUDE** Érasme, « prince des humanistes » — 140
Méthode Analyse de deux documents de même nature
Consigne Après avoir présenté les deux documents, vous expliquerez en quoi ils permettent d'affirmer qu'Érasme est un modèle d'humaniste.

Chapitre 6 — **ÉTUDE** Colbert, un ministre mercantiliste — 176
Consigne Après avoir présenté les deux documents, vous montrerez comment Colbert veut renforcer la puissance du roi et de l'État absolu dans le domaine économique ; puis vous expliquerez pourquoi on peut parler de mercantilisme au sujet de cette politique économique.

Chapitre 7 — **ÉTUDE** L'anglophilie d'un philosophe : Voltaire — 202
Méthode Analyse d'un texte
Consigne Après avoir présenté le document, montrez comment et pourquoi Voltaire érige l'Angleterre en modèle politique, économique et social. Montrez également que cette vision quelque peu idéalisée mérite d'être critiquée.

Chapitre 8 — **ÉTUDE** La machine à vapeur de Newcomen — 238
Méthode Analyse de deux documents
Consigne Montrez que la machine à vapeur de Newcomen est considérée comme une innovation technique majeure par ses contemporains.

Réponse à une question problématisée

Chapitre 9 — **ÉTUDE** La place importante de la noblesse dans la société française — 266
Question problématisée : Comment la noblesse garde-t-elle une place importante dans la société française au XVIIIe siècle ?

EXERCICES BAC CONTRÔLE CONTINU

Analyse de document(s)

Chapitre 1
- **Analyse d'une céramique** — 47
- **Analyse d'un texte** — 48
Méthode Identifier et présenter un document
- **Analyse de deux documents iconographiques** — 49
Sujet Athènes, une cité unie autour de ses dieux
Consigne Montrez comment les œuvres présentées témoignent du fait qu'Athènes est une cité unie autour de ses dieux.

Chapitre 2
- **Analyser une pièce de monnaie** — 69
Consigne Expliquez comment cette pièce de monnaie montre l'ambiguïté du pouvoir impérial de Trajan. Montrez également en quoi elle témoigne du développement territorial de l'Empire romain sous son règne.
- **Analyse d'un texte** — 70
Consigne Après avoir caractérisé la place des chrétiens dans la société de l'Empire romain, vous montrerez comment ils sont perçus à la fin du IIe siècle.
- **Confronter deux points de vue** — 71

Chapitre 3
- **Analyse d'un texte** — 98
Méthode Construire le plan d'un commentaire de document et rédiger l'introduction
Consigne Après avoir replacé le document dans le contexte d'expansion de la chrétienté, expliquez le projet que l'archevêque de Compostelle défend et identifiez les justifications qu'il utilise pour convaincre les chevaliers et habitants de la péninsule Ibérique de participer à la croisade.
- **Analyse de documents** — 99

SOMMAIRE DES MÉTHODES

Chapitre 4
- **Analyse d'une gravure** — 129
  Consigne En vous appuyant sur vos connaissances, expliquez en quoi cette gravure rend compte des progrès de la connaissance géographique du monde par les Européens, mais qu'elle reste encore limitée. Expliquez comment la cartographie permet de servir les intérêts économiques des pays colonisateurs européens.

- **Analyse d'un texte** — 130
  Consigne À partir de l'analyse du texte et de vos connaissances, montrez comment Montaigne décrit la société amérindienne avant l'arrivée des Européens, puis expliquez les conséquences de leur conquête sur les sociétés d'Amérique.

Chapitre 5
- **Analyse d'une gravure** — 155
  Consigne Montrez en quoi Érasme est un intellectuel humaniste.

- **Analyse d'une peinture** — 156
  Consigne Montrez en quoi ce tableau est révélateur des mutations de la Renaissance.

Chapitre 6
- **Analyse d'un texte** — 185
  Sujet Le renforcement du pouvoir royal au XVIe siècle
  Consigne En vous appuyant sur vos connaissances et l'analyse du texte, expliquez sur quoi repose le pouvoir royal en France pour cet ambassadeur vénitien. L'autorité dont parle l'auteur est-elle véritablement absolue ?

- **Commentaire critique d'un document iconographique (gravure)** — 186
  Sujet Le Roi-Soleil à Versailles
  Consigne Après avoir présenté ce document, montrez ce qu'il révèle du pouvoir de Louis XIV à la fin du XVIIe siècle.

Chapitre 7
- **Sujet en autonomie (confrontation de deux documents)** — 191
- **Analyse d'un texte** — 215
  Consigne Après avoir présenté le texte ainsi que son auteur et son destinataire, expliquez comment la présidence de Washington est le moment de la construction politique et économique des États-Unis.

- **Analyse de deux documents** — 216
  Consigne En vous appuyant sur l'analyse du document 1 et vos connaissances, expliquez comment John Locke justifie la révolte du Parlement contre le roi Jacques II. Indiquez ensuite comment ces deux documents montrent l'importance du Parlement dans la vie politique anglaise du XVIIIe siècle.

Chapitre 8
- **Analyse d'un document** — 243
  Consigne Montrez en quoi cette peinture illustre le nouvel esprit scientifique et la diffusion des connaissances scientifiques au XVIIIe siècle.

Chapitre 9
- **Analyse d'un texte** — 274
  Consigne En vous appuyant sur vos connaissances pour éclairer le texte, montrez comment cet extrait du Mariage de Figaro est une critique sociale et révèle l'influence des Lumières.

- **Analyse de deux documents** — 275
  Sujet Nantes, une ville portuaire dynamique au XVIIIe siècle
  Consigne En confrontant les deux documents et les mettant en relation avec vos connaissances, montrez comment Nantes est une ville dynamique sur le plan commercial. Comment ce dynamisme se traduit-il dans l'urbanisme et la société nantaise ?

Réponse à une question problématisée

Chapitre 3
Étape 1 Analyser un sujet et comprendre une problématique — 97
Question problématisée : Comment se caractérisent les conflits et les contacts entre les civilisations autour de la Méditerranée du Xe au XVe siècle ?

Chapitre 4
Étape 2 Mobiliser ses connaissances pour répondre au sujet — 131
Question problématisée : Comment la découverte de l'Amérique entraîne-t-elle l'expansion de l'Europe et transforme-t-elle le Nouveau Monde ?

Chapitre 5
Étape 3 Passer du brouillon à la rédaction sur la copie : le développement — 157
Question problématisée : Pourquoi les hommes de la Renaissance ont-ils le sentiment de vivre un moment de rupture culturelle et religieuse avec le Moyen Âge ?

Chapitre 6
Étape 4 Rédiger l'introduction d'une réponse à une question problématisée — 187
Question problématisée : Comment le renforcement du pouvoir royal permet-il l'affirmation de l'État en France aux XVIe-XVIIe siècles ?

Chapitre 7
Étape 5 Du brouillon à la rédaction — 217
Question problématisée : Comment l'Angleterre développe-t-elle un nouveau modèle politique qui va influencer une partie du monde aux XVIIe et XVIIIe siècles ?

Chapitre 8
Étape 6 Initiation à la question problématisée ; rédiger la réponse à une question problématisée — 244
Question problématisée : En quoi les XVIIe et XVIIIe siècles sont-ils un moment de bouleversements majeurs dans les domaines scientifiques et techniques ?

Chapitre 9
Étape 7 Rédiger la conclusion — 273
Question problématisée : Quels sont les transformations et les blocages que connaît la société française à la fin du XVIIIe siècle ?

PRÉSENTATION DES ÉPREUVES — La réponse à une question problématisée

Prévoir une heure pour traiter le sujet.

Pour les deux épreuves du contrôle continu au **2ᵉ et au 3ᵉ trimestre de l'année de première**, vous devrez répondre à une ou deux question(s) problématisée(s), à partir d'un sujet portant sur un des chapitres étudiés. Ce sujet est en outre accompagné :

> d'une consigne suggérant une problématique
> d'indications concernant la construction de l'analyse

Cet exercice vous invite à mobiliser vos connaissances afin de produire une **démonstration argumentée** qui réponde au sujet.

A. Travailler au brouillon (20 min environ)

ÉTAPE 1 — Analyser le sujet (5 min)

- Recopiez le sujet sur une feuille de brouillon.
- Repérez les mots-clés et donnez-en la signification la plus précise possible.
- Faites attention aux mots de liaison (« et », « ou », etc.) et à la ponctuation.
- Repérez les limites chronologiques et spatiales du sujet.
- Notez aussi les connaissances qui vous viennent à l'esprit lors de cette étape.

Exemple (chapitre 3 p. 97) :

▶ **QUESTION PROBLÉMATISÉE** Comment se caractérisent les conflits et les contacts entre les civilisations autour de la Méditerranée du Xᵉ au XVᵉ siècle ?

ÉTAPE 2 — Comprendre l'utilité de la question problématisée du sujet (5 min)

- **La question problématisée** qui vous est donnée avec le sujet est le fil directeur de votre travail. Elle guide votre argumentation car elle est la colonne vertébrale de votre démonstration.
- **Les axes**, c'est ce que vous allez dégager comme grandes idées à partir de cette question problématisée, chacun répondant à un aspect du sujet et permettant donc à la fin de le traiter entièrement. Chaque axe constitue l'idée générale d'une partie de votre développement.

Exemple (chapitre 3 p. 97) :

▶ **QUESTION PROBLÉMATISÉE** Comment se caractérisent les conflits et les contacts entre les civilisations autour de la Méditerranée du Xᵉ au XVᵉ siècle ?

ÉTAPE 3 — Organiser ses connaissances (5 min)

Toujours au brouillon, vous devez trouver des axes pour classer les connaissances que vous avez sur le sujet. Pour ce faire, vous pouvez par exemple utiliser l'une de ces deux méthodes :

Méthode 1

Réalisez un schéma fléché en faisant apparaître la structure du paragraphe à développer : partie, sous-partie, arguments illustrés. Dans l'exemple suivant, un code couleur a été utilisé pour mieux les différencier : en vert est indiquée l'idée générale correspondant à un des axes donnés avec le sujet, en rose, une idée correspondant à une sous-partie, puis en violet des arguments illustrés.

Méthode 2

Dressez un tableau dans lequel chaque colonne sera consacrée à un axe du sujet puis classez vos connaissances pour chaque partie.

Axe 1	Axe 2	Axe 3
– …		
– …		

Distinguez ensuite, dans chaque colonne, les arguments de votre démonstration et les exemples venant les appuyer (dans des couleurs différentes…). Aidez-vous pour cela de la structure de votre cours. Veillez bien à ce que chacune de ces idées de sous-parties réponde toujours au grand axe que vous développez afin de ne pas vous égarer.

ÉTAPE 4 — **Rédiger une phrase d'introduction présentant le sujet ainsi qu'une phrase de conclusion résumant votre démonstration (5 min)**

■ L'**introduction** doit amorcer le sujet, définir les mots-clés, énoncer ou reformuler la question problématisée et enfin préciser les axes du plan que vous allez développer.

■ La **conclusion** est la dernière impression laissée au correcteur. Elle doit être rédigée en amont (dès le brouillon), pour ne pas être réalisée à la va-vite à la fin de l'épreuve. Elle établit un bilan et donne une réponse claire à la problématique.

B. Rédiger la réponse à la question problématisée au propre (40 min)

Une réponse à la question problématisée est une démonstration, sa logique doit être visible. Ainsi, il faut bien présenter et structurer votre copie en veillant à ce que les axes de votre réponse soit mis en valeur. Ainsi, revenez à la ligne après la phrase d'introduction et à chaque fois que vous abordez un nouvel axe. Revenez à la ligne avant de rédiger votre phrase de conclusion.
Veillez à ce que les axes de votre réponse soient mis en valeur. Ainsi, revenez à la ligne après la phrase d'introduction et à chaque fois que vous abordez un nouvel axe. Revenez à la ligne avant de rédiger votre phrase de conclusion.

■ Faire un alinéa en début de chaque paragraphe.

Début de chaque paragraphe signalé par un saut de ligne et un alinéa

- Recopier la phrase d'introduction faite au brouillon.
- Rédiger la réponse à la question problématisée en suivant le plan détaillé réalisé au brouillon.
- Recopier la phrase de conclusion.
- Prendre le temps de relire sa copie afin de corriger l'orthographe et l'expression (5 min).

PRÉSENTATION DES ÉPREUVES — L'analyse de document(s)

Prévoir 1 h pour traiter cette épreuve.

Pour les deux épreuves du contrôle continu au **2e et au 3e trimestre de l'année de première**, vous devrez réaliser l'analyse critique d'un ou de plusieurs documents. Cette analyse comporte :

> un titre qui indique le thème général ;

> une consigne suggérant une problématique et des éléments de construction de l'analyse.

Cet exercice vous invite à montrer votre capacité à comprendre un document et à le contextualiser en mobilisant vos connaissances.

A. Préparer l'analyse de document(s) en travaillant sur un brouillon (20 min)

ÉTAPE 1 — Lire et comprendre la consigne (5 min)

■ Lisez la consigne en faisant attention aux mots-clés, aux mots de liaison (« et », « ou », etc.) et à la ponctuation.

ÉTAPE 2 — Prendre connaissance du document (5 min)

■ Identifiez le(s) document(s) de manière précise : nature, auteur et/ou source, date, thème, contexte.
■ N'hésitez pas à écrire ou souligner ces éléments sur le sujet.

ÉTAPE 3 — Prélever les informations des documents et les mettre en relation avec des connaissances (15 min)

■ Utilisez un code couleur pour repérer les informations du ou des documents permettant de répondre à la consigne.

> **Exemple** (exercice 2 chapitre 4 p. 130) :
>
> **L'Amérique vue par un Européen à la fin du XVIe siècle**
>
> Notre monde vient d'en trouver un autre non moins grand, plein et fourni de membres que lui, toutefois, si nouveau et si enfant qu'on lui apprend encore son a, b, c : il n'y a pas cinquante ans qu'il ne connaissait ni lettres, ni poids, ni mesures, ni vêtements, ni céréales, ni vignes. Il était encore nu dans le giron de sa mère nourricière et ne vivait que par les moyens qu'elle
> 5 lui fournissait […] Je crains bien que nous aurons bien fort hâté son déclin et sa ruine par notre contagion, et que nous lui aurons bien cher vendu nos opinions et nos arts. C'était un monde enfant ; pourtant nous ne l'avons pas fouetté ni soumis à notre discipline par la supériorité de notre valeur et de nos forces naturelles, ni ne l'avons séduit par notre justice et notre bonté, ni subjugué par notre grandeur d'âme. La plupart de leurs réponses et des
> 10 négociations faites avec eux témoignent qu'ils ne nous devaient rien en clarté d'esprit et en pertinence. La stupéfiante magnificence des villes de Cusco et de Mexico, et, entre plusieurs choses semblables, le jardin du roi de cette ville, où tous les arbres, les fruits et toutes les herbes, selon l'ordre et grandeur qu'ils ont dans un jardin, étaient excellemment formés d'or ; […] et la beauté de leurs ouvrages en pierreries, en plume, en coton, celle de leur peinture, tout
> 15 cela montre qu'ils ne nous cédaient non plus en habileté. […] Ce qui les a vaincus, ce sont les ruses et les mensonges avec lesquels les conquérants les ont trompés, et le juste étonnement qu'apportait à ces nations-là l'arrivée inattendue de gens barbus, si différents par la langue, la religion, l'apparence et le comportement. […] Nous nous sommes servis de leur ignorance et de leur inexpérience, pour les plier plus facilement vers la trahison, la luxure, l'avarice, et
> 20 vers toute sorte d'inhumanité et de cruauté, à l'exemple et sur le patron de nos mœurs. Qui fit jamais payer un tel prix, pour les profits du commerce et du trafic ? Tant de villes rasées, tant de nations exterminées, tant de millions de peuples passés au fil de l'épée, et la plus riche et belle partie du monde bouleversée pour la négociation des perles et du poivre !
>
> Michel de Montaigne, *Essais*, Livre III, chapitre VI, 1588.
>
> **Michel de Montaigne** est un moraliste et philosophe de la Renaissance. Dans les *Essais*, il se penche sur la condition humaine en compilant parfois de manière désordonnée toutes ses réflexions et expériences.

> **CONSIGNE**
>
> À partir de l'analyse du texte et de vos connaissances, montrez comment Montaigne décrit la société amérindienne avant l'arrivée des Européens, puis expliquez les conséquences de leur conquête sur les sociétés d'Amérique.

- Indiquez au moyen d'une flèche : les notions, les dates, les personnages, les lieux, ou toute connaissance qui peut se référer à ce qui est écrit ou qui apparaît sur le document. Ne notez qu'un ou quelques mots, vous développerez ces connaissances lors de la rédaction au propre.
- Mentionnez les limites du ou des documents : quels sont les aspects non évoqués par le ou les documents qui sont essentiels pour comprendre le phénomène historique étudié ?

Exemple (exercice 2 chapitre 6 p. 186) :

> **CONSIGNE**
>
> Après avoir présenté ce document, montrez ce qu'il révèle du pouvoir de Louis XIV à la fin du XVIIe siècle.

B. Rédiger l'analyse de document(s) (40 min)

L'analyse de document(s) comporte :

- Une **phrase d'introduction** qui précise le thème étudié par le(s) document(s) et en fait la présentation. S'il y a une consigne, il est nécessaire de l'indiquer à la fin.
- Le **développement** est construit en paragraphes qui correspondent aux axes indiqués dans la consigne. Chaque paragraphe s'appuie sur des informations tirées des documents qui doivent être obligatoirement mises en relation avec des connaissances personnelles. Si le document est un texte, il faut le citer, si c'est un document iconographique, il faut le décrire.
- Une **courte phrase de conclusion** répond à la consigne et peut montrer les limites du ou des document(s) quand cela n'est pas précisé dans les questions.

Veillez à soigner la présentation en sautant des lignes entre les paragraphes, ainsi que l'orthographe et l'expression. Il faut donc bien relire sa copie.

Début de chaque paragraphe signalé par un saut de ligne et un alinéa

Les ressources multimédias de votre manuel papier

Les ressources multimédias de votre manuel papier
Pour apprendre et s'entraîner de façon efficace en classe comme à la maison !

- Accédez rapidement et facilement aux différentes ressources de votre manuel grâce aux QR-Codes ou en vous rendant directement sur le site de la collection.

COMMENT FAIRE ?

❶ Flashez le QR-code

Avec l'appareil photo de votre smartphone ou votre tablette, flashez le QR-Code présent en début de chaque chapitre. Vous accéderez immédiatement aux ressources du chapitre concerné.

❷ Rendez-vous sur le site collection

Dans votre navigateur, saisissez l'URL de la collection, présent à proximité de chaque QR-Code :
lycee.hachette-education.com/hg/histoire-2de

Le QR-Code et le site **lycee.hachette-education.com/hg/histoire-2de**
vous mèneront directement à toutes les ressources du manuel :

- **Des vidéos** pour commencer ou prolonger le cours. 🔴 Vidéo

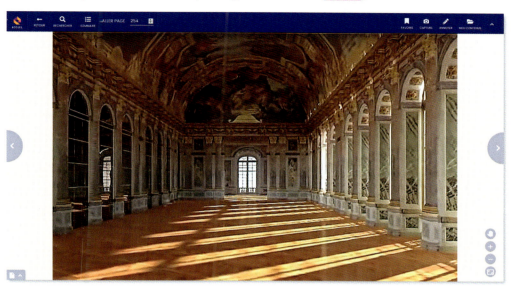

- Des **cartes et schémas interactifs** et à compléter

- Des **fiches d'autoévaluation** à compléter et à télécharger
- Des **QCM interactifs**
- Des liens vers **des ressources complémentaires** pour aller plus loin.

Retrouvez également toutes ces ressources dans le manuel numérique !

FICHE MÉTHODE 1 — La prise de notes

Objectifs

Il s'agit d'acquérir une méthode pour prendre des notes pendant les cours et de réaliser des fiches de révision synthétiques pour les devoirs en classe. Pour cela, il faut apprendre à bien écouter, à prélever uniquement les informations essentielles, à synthétiser en utilisant des abréviations.

Méthode

ÉTAPE ❶ Pendant 10 minutes, votre professeur présente un point du cours d'histoire. Prenez des notes sur ce que vous entendez. N'écrivez que ce qui vous semble important et pertinent.

ÉTAPE ❷ Ensuite, avec votre voisin de table, confrontez pendant 5 minutes vos notes et déterminez ce que vous devez vraiment garder. Faites ensuite la même chose par groupe de 4 élèves.

ÉTAPE ❸ Enfin, tous les groupes se concertent en classe et rédigent une version finale des notes du cours.

Pour faciliter la prise de notes, il faut recourir à des signes et à des abréviations qui font gagner du temps et permettent de pouvoir se relire facilement.

Par exemple :

Abréviations	Signes	
bcp = beaucoup	↗	augmente, augmentation, en hausse
cad = c'est-à-dire	↘	baisse, diminution, en baisse
ct = comment	§	paragraphe
dc = donc	//	parallèle
mvt = mouvement	∈	appartient à
conso = consommation	∉	n'appartient pas

Exemple

À l'oral, votre professeur explique une leçon sur **Les fondements de la démocratie athénienne** (voir chapitre 1, leçon 1).

« Au VIᵉ siècle av. J.-C., différentes réformes politiques permettent l'émergence de la démocratie qui fonctionne pleinement aux Vᵉ et IVᵉ siècles av. J.-C. En 508 av. J.-C., les réformes de Clisthène instaurent les institutions démocratiques à Athènes. Elle repose sur une assemblée des citoyens, l'Ecclésia, qui se réunit sur la colline de la Pnyx. Les citoyens y débattent, votent la loi ou l'ostracisme, élisent les magistrats ou décident de la guerre et de la paix. Une autre assemblée, la Boulè, examine les projets de loi avant le vote ; ses membres sont tirés au sort. C'est aussi le cas des juges de l'Héliée qui rendent justice au nom de la cité. La plupart des magistrats exercent leur fonction durant un an. Les magistrats les plus importants, les stratèges, sont élus. En 454 av. J.-C., Périclès met en place la misthophorie. »

Voici le **type de trace écrite que vous devriez rédiger sur votre cahier** :

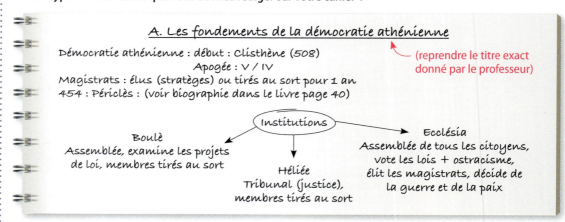

Ce qu'on a appris

Il ne faut pas tenter de recopier tout ce qu'on entend : c'est d'abord impossible, et cela ne sert à rien. Il faut repérer les éléments importants et les mettre en relation les uns avec les autres.

FICHE MÉTHODE 2 : Apprendre à s'organiser en histoire-géographie

Objectifs

En seconde, le travail personnel est bien plus important qu'au collège. Les professeurs attendent davantage des élèves que le simple apprentissage des leçons ou la relecture des activités réalisées. Il faut développer de nouvelles compétences, comme la capacité à s'informer par des canaux différents ou à conforter sa culture générale par des lectures, de livres, de journaux ou de pages internet bien sélectionnées. Les devoirs sont donnés également beaucoup plus en amont. Il faut donc apprendre à s'organiser, au moins sur la semaine.

Méthode

ÉTAPE ❶ Réfléchissez à votre manière actuelle de travailler : comment retenez-vous le mieux ? En lisant votre cours plusieurs fois ? À voix haute ? Combien de temps mettez-vous pour apprendre un cours ? Est-ce que vous maîtrisez mieux un cours lorsqu'il a été revu plusieurs fois ? Lorsque vous l'avez relu déjà une fois le soir même du jour où il a eu lieu ?

ÉTAPE ❷ Sur une feuille, construisez un tableau à sept colonnes, une pour chaque jour de la semaine. Pendant une semaine, inscrivez vos heures d'histoire-géographie, et vos moments de disponibilité pour travailler : permanence, soir de semaine, fin de semaine… Pensez à indiquer à chaque fois que vous notez un travail à faire s'il est pour le lendemain ou pour plus tard.

	Lundi	Mardi	Mercredi	Jeudi	Vendredi	Samedi	Dimanche
Devoirs et interrogations à préparer							
Exercices à faire							
Leçons à apprendre							
Devoirs maison							

ÉTAPE ❸ Analysez votre tableau complété : quels jours sont problématiques ? Quand pouvez-vous vous avancer ? Réfléchissez ensuite aux moyens pour vous de gagner du temps et voyez comment les mettre en œuvre sur une semaine.

Conseils

- **S'organiser, c'est d'abord s'avancer dans son travail.**
  - **Faire les exercices** écrits dès qu'on a le temps de les faire : cela libère du temps pour le reste de la semaine (pensez notamment aux heures de permanence, fréquentes dans l'EDT au lycée) ;
  - **Apprendre régulièrement les leçons** d'histoire-géographie pour ne pas accumuler une charge de travail trop lourde à l'arrivée du devoir ;
  - **Quand un devoir est annoncé**, réviser les leçons, et surtout vérifier qu'elles sont comprises au plus tôt pour pouvoir si besoin demander des explications complémentaires au professeur. Car les enseignants sont là pour vous aider : il n'y a pas de mauvaises questions. Osez demander des précisions sur un point du cours, sur une définition, sur quelque chose que vous avez vu ou lu en rapport avec ce cours… La veille du devoir, on ne fait ainsi que relire.
  - **Quand on a des recherches à faire**, prévoir le temps de les réaliser : il faut d'abord réfléchir à ce qu'on attend de vous, lister les éléments à rechercher, puis faire les recherches et enfin organiser le rendu. Profitez du CDI pour faire vos recherches et éventuellement vous faire aider des documentalistes.
- **S'organiser, c'est aussi aller plus loin**, prendre les devants pour enrichir et compléter son cours.
  - **Réviser un devoir**, ce n'est pas que relire le cours et les activités faites en classe : c'est aussi lire le manuel et utiliser les pages Révision de fin de chapitre ; se poser des questions pour nuancer la leçon et se l'approprier ; ou confronter et discuter avec un ami de points précis (c'est toujours plus facile de réviser à deux).
  - **En cours, on aborde parfois très rapidement des points qui vous intéressent**, ou qui font le lien avec l'actualité : n'hésitez pas à aller vous documenter sur Internet, à feuilleter des journaux au CDI… Cela vous servira peut-être pour de futurs devoirs, mais cela développera surtout votre culture et votre esprit critique.

Ce qu'on a appris

En seconde, travailler au jour le jour n'est plus possible. Il est impératif de s'organiser en répartissant le travail à faire sur la semaine, et en se laissant des moments pour compléter le cours, faire des recherches, enrichir le cours par des lectures. Ainsi, la veille d'un devoir, vous n'aurez plus qu'à réviser ce que vous avez déjà appris.

FICHE MÉTHODE 3 — Comment réviser un devoir ?

Objectifs

Réviser ne se fait pas la veille… et encore moins le jour même ! Pour réussir un devoir, annoncé souvent une semaine en avance – surtout lorsqu'on aborde la fin d'un chapitre d'histoire-géographie en classe – il faut travailler par étapes. À vous d'utiliser au mieux cette séance, en autonomie.

Méthode

ÉTAPE ❶ Commencez par travailler sur le schéma-bilan ou sur les grands axes du cours. Avant de vous lancez dans la relecture, essayez de vous rappeler spontanément de ce qui a été vu en cours.

ÉTAPE ❷ Relisez rapidement votre cours pour voir si tout a été compris. Sur une feuille de brouillon, notez les éléments que vous ne comprenez pas, ou qui vous posent problèmes. Vous demanderez de l'aide à vos amis ou à votre professeur (c'est donc crucial de ne pas réviser à la dernière minute !).

ÉTAPE ❸ Révisez avec un ou des amis, ou bien demander à un proche de vous interroger. C'est le meilleur moyen pour savoir si vous avez tout compris. Par exemple, utilisez les pages Révision présentes à la fin de chaque chapitre du manuel. Questionnez-vous à tour de rôle, vérifiez la maîtrise des notions clés, du vocabulaire, des dates ou lieux essentiels.

ÉTAPE ❹ La veille du devoir, relisez le cours une dernière fois et exercez-vous grâce aux objectifs des pages Auto-évaluation, présentes à la fin de chaque chapitre du manuel.

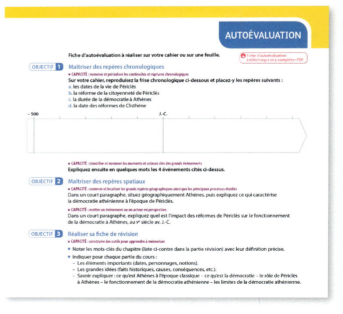

Ce qu'on a appris

Réviser c'est anticiper ! Un devoir bilan nécessite en effet du temps et de l'organisation. Relire le cours est essentiel, mais vérifier qu'on l'a compris est encore plus important. Il est toujours bon de travailler en groupe, avec des amis, et de solliciter votre professeur au sujet d'un point resté obscur. Et le jour du devoir, ayez confiance en vous ! Vous avez mis toutes les chances de votre côté.

Comment progresser dans la maîtrise des capacités attendues ?

> **Objectifs**

Le travail par capacités (par compétences), reste la base également au lycée. Il est encore plus important de maîtriser des savoir-faire que des connaissances. Car une capacité est réutilisable dans de nombreuses circonstances, tant en histoire que dans d'autres disciplines.
Dans le manuel d'histoire, de nombreuses capacités sont indiquées au-dessus des questions. Elles sont là pour vous accompagner dans la démarche.

> **Méthode**

Regardez la liste des capacités au-dessus des questions : par exemple, p. 169 de votre manuel :

ANALYSE DE DOCUMENTS
- Savoir lire, comprendre et apprécier un document iconographique
- Procéder à l'analyse critique du document selon une approche historique

ÉTAPE ❶ Savoir lire, comprendre et critiquer un document iconographique :
- Décrire ce que montre l'image.
- Comprendre le sens que l'auteur a donné à chaque élément représenté.
  Exemple : image (p. 168) qui n'est pas figée mais qui raconte le déroulement du massacre (certains personnages apparaissent à plusieurs reprises).
- Étudier chacun des détails qui semblent importants.

ÉTAPE ❷ Procéder à l'analyse critique du document selon une approche historique
- Étape très importante : chaque texte et chaque image a été réalisé par un auteur qui n'est jamais totalement neutre.
- Comprendre (en regardant aussi la légende) quel est le point de vue de celui qui a réalisé l'œuvre.
  Exemple : dans ce tableau, le peintre est protestant et dénonce le massacre.
- Il faut ensuite chercher les éléments qui nous permettent de souligner la position de l'auteur.
- Confrontez ensuite cette lecture à ce que vous savez du contexte historique.
- Vous pouvez aussi confronter cette vision à celle d'un autre auteur (par exemple, doc. 2 p. 169).

> **Ce qu'on a appris**

Étudier un événement à partir d'un seul document, c'est prendre le risque de n'avoir qu'un point de vue partisan sur celui-ci. Il faut donc vérifier la source du document, établir sa fiabilité, et le confronter à d'autres documents.

Travailler en groupe

Objectifs

Le travail de groupe est une modalité pédagogique largement utilisée par les enseignants. Mais pour que le travail soit efficace, il faut apprendre à se répartir les tâches, à collaborer et à échanger entre élèves. C'est la visée de cette séance. Par groupe de quatre, choisissez un exemple d'espace de contacts en Méditerranée à l'époque du Moyen Âge que vous présenterez à la classe.

Méthode

ÉTAPE ❶ – Choisissez votre sujet : ensemble, décidez quel espace vous allez étudier.
– Celle-ci doit porter sur le Moyen Âge, donc dans les limites chronologiques du programme d'histoire de seconde.
– Vous pouvez choisir un espace déjà étudié dans le manuel (voir le chapitre 3 **La Méditerranée médiévale**), mais aussi un espace moins connu, ce qui sera valorisé.
– Apprenez à décider en groupe, soit en votant, soit en vous ralliant à la proposition défendue par l'un d'entre vous.

ÉTAPE ❷ – Recherchez ensemble des informations.
– Vous devez varier vos recherches : pensez à utiliser intelligemment internet en vérifiant les sources, à vous documenter dans les ressources fournies par le CDI (livres, revues…). Cette sélection est essentielle.
– Pour plus d'efficacité, répartissez-vous les tâches : certains font des recherches sur des ordinateurs différents, d'autres consultent les livres, les manuels, les périodiques… Répartissez-vous également les objets de recherche : la localisation, le contexte, les types de contacts, les éventuels affrontements…
– Pour plus d'efficacité, travaillez sur plusieurs ordinateurs une fois le travail distribué.

ÉTAPE ❸ – Préparez votre présentation orale : répartissez-vous les rôles de manière précise, car il faut que lors de votre présentation chacun puisse prendre la parole.
– Entraînez-vous, pour être bien organisé dans vos prises de paroles successives, pour apprendre à enchaîner vos interventions, pour gagner en fluidité lors de vos interventions. Car vous passerez à l'oral lors d'une prochaine séance.
– Prévoyez le(s) document(s) à vidéoprojeter à la classe, comme support de votre travail de groupe.

Ce qu'on a appris

Travailler en groupe permet de s'entraider, de s'appuyer sur les autres pour construire un objet commun, de progresser dans la maîtrise de compétences (recherche sur différents supports, maîtrise de l'oral, utilisation du vidéoprojecteur et d'un logiciel de type Powerpoint…).
On se rend compte qu'on est toujours meilleur à plusieurs, que l'entraide et le travail en commun permettent de pousser plus loin la réflexion et de viser des objectifs plus ambitieux.

Organiser des recherches

Objectifs

Aujourd'hui, faire des recherches signifie trop souvent aller sur Internet, taper le motif de sa recherche, et ne regarder que ce que propose le premier site trouvé par le moteur de recherche. Or, le premier site n'est pas forcément le plus pertinent et la recherche lancée ne correspond bien souvent pas à ce qu'on a vraiment besoin de trouver. Et en dehors d'internet, n'oubliez pas d'aller vous documenter au CDI, pour consulter des revues, des périodiques, des manuels, des ouvrages divers.

Cette séance vise à vous apprendre à organiser des recherches sur les idées des humanistes européens (chapitre 5).

Méthode

ÉTAPE 1 Avant de vous lancer sur votre ordinateur ou dans vos recherches dans les ressources proposées dans votre CDI, **réfléchissez au brouillon au sujet de recherche qui vous a été donné** : cernez ses limites chronologiques, définissez les grands axes de votre travail. Pour ce sujet, il faudra notamment réfléchir à la diversité des idées humanistes, cerner les personnages principaux et les lieux où se diffusent en priorité ces idées.
Cherchez les mots-clés qui concernent votre sujet. Par exemple, sur le sujet « Les idées des humanistes européens », ces mots-clés peuvent être humanisme, Érasme, imprimerie…
N'hésitez pas à recourir à votre manuel ou au cours pour les identifier.

ÉTAPE 2 À partir de cette liste, cherchez par exemple sur Internet les informations dont vous avez besoin. Regardez toujours attentivement les sites qui vous sont proposés pour vérifier leur fiabilité. Préférez les sites institutionnels aux blogs. Mais ne négligez pas les autres ressources à votre disposition : les livres historiques, les revues comme *l'Histoire*, sont des ressources essentielles pour vos recherches.

ÉTAPE 3 **Écrivez dans un document Word les informations qui vous permettent de répondre efficacement aux différents thèmes.** Ne faites pas de copier-coller quand vos informations proviennent de sites internet, rédigez avec vos propres phrases et à partir de ce que vous avez compris des informations tirées d'articles de journaux ou de pages internet. Vérifiez ensuite que vous avez bien traité l'ensemble du sujet posé en relisant vos notes et le sujet que vous aviez à traiter.

ÉTAPE 4 Entraînez-vous sur un autre chapitre de l'année !
Par exemple, effectuez une recherche biographique sur un personnage des Lumières (chapitre 8).

Ce qu'on a appris

Il est facile de trouver des informations sur Internet, mais trouver les informations utiles et pertinentes nécessite de respecter une méthode claire : réfléchir sur le sujet, fixer des axes de recherche, vérifier la pertinence de l'information trouvée, varier les supports mobilisés et étudiés (sites internet, revues, livres…).

FICHE MÉTHODE 7 — Travailler l'expression orale

> Objectifs

Comment réussir un exposé ? Comment s'exprimer de manière claire au tableau devant la classe ? Ce n'est pas toujours facile de parler en public ! L'objectif est donc de prendre confiance en vous, en vous préparant au mieux.

> Méthode

ÉTAPE ❶ Il est d'abord important de bien comprendre ce que l'on entend par « s'exprimer à l'oral ». Deux domaines bien différents mais complémentaires sont abordés pour cette compétence :
- La manière de s'exprimer vocalement : le ton employé, la qualité de la diction, les variations de l'intensité de la voix, le volume de celle-ci…
- Le contenu de ce qui est présenté : précision du vocabulaire et des notions employés, phrases bien construites, expression des idées fluide…

ÉTAPE ❷ En binôme, travaillez à l'oral autour du chapitre 6 L'affirmation de l'État dans le royaume de France.
1. Mettez-vous dans la peau d'un personnage historique qui doit se prononcer pour le renforcement du pouvoir royal dans les domaines politique et économique. Chacun de votre côté, listez les arguments et préparez votre discours (qui ne doit pas excéder deux minutes).
2. Ensuite, **exposez chacun votre argumentation devant l'autre**. L'observateur complète une grille d'analyse simple des points mis en avant lors de l'étape ❶ et évalue de ++ (compétence très bien maîtrisée) à -- (compétence à retravailler).
Exemple : pour le volume de voix utilisé pour cette courte présentation, il ne fallait pas gêner les autres groupes, tout en étant intelligible par son camarade. Si le volume était parfaitement adapté, ++. Si le volume a parfois été trop fort ou trop faible, +. Si le volume a été plutôt inadapté, -. Enfin, s'il n'a pas été adapté du tout, --.

ÉTAPE ❸ Les binômes volontaires ou désignés par le professeur refont le même exercice, mais cette fois devant toute la classe. Les autres élèves évaluent de la même façon le binôme, en veillant à être impartiaux et à justifier leurs observations. Les remarques doivent aider le binôme à progresser et prendre confiance à l'oral.

> En route vers le grand oral

Pour le bac 2021, vous aurez à préparer un « grand oral ». Il s'agit concrètement d'un oral d'une durée de 20 minutes, préparé tout au long du cycle terminal.
L'objectif est de vérifier que vous savez vous exprimer dans un français correct, car cela est essentiel pour les études à venir, pour votre vie personnelle et professionnelle. Parce que l'aisance à l'oral constitue un marqueur social, il faut que chaque élève puisse acquérir cette compétence.
L'épreuve orale repose sur la présentation d'un projet préparé dès la classe de première par l'élève.
Cet oral se déroulera en deux parties : la présentation du projet, adossé à un ou deux enseignements de spécialité choisis par l'élève, et un échange à partir de ce projet, permettant d'évaluer la capacité de l'élève à analyser en mobilisant les connaissances acquises au cours de sa scolarité, notamment scientifiques et historiques. Le jury sera composé de deux professeurs. (source : www.education.gouv.fr)

> Ce qu'on a appris

S'exprimer à l'oral s'apprend. Il faut s'entraîner, en prenant déjà la parole en classe quand le professeur pose une question ou interroge, mais aussi lors d'exposés ou de débats. Des critères sont à respecter pour que cette expression soit de qualité. C'est en multipliant les prises de parole qu'on progresse et qu'on prend confiance en soi.

FICHE MÉTHODE 8 — Réaliser une affiche sur un thème de recherche

Objectifs

Apprendre à réaliser une production qui allie sens esthétique et pertinence scientifique, c'est-à-dire une affiche agréable à regarder, bien construite et illustrée, mais aussi qui apporte des éléments précis sur le sujet à traiter. Aujourd'hui, réaliser une affiche sur une feuille A3 présentant la révolution américaine.

Méthode

ÉTAPE ❶ Lisez le cours et les pages du manuel correspondant au sujet à traiter (chapitre 7). Faites une liste des éléments importants. Par exemple :
- Les 13 colonies
- Le rôle de Washington
- Le rôle de La Fayette
- Les droits des Noirs et des Indiens
- (…)

ÉTAPE ❷ Structurez tous les éléments listés auparavant : comment les regrouper en quelques thèmes clés ? Par exemple :
- Les origines de la Révolution américaine
- Les principales étapes de cette révolution
- Le rôle de la France dans ce conflit
- L'aboutissement de la révolution
- (…)

ÉTAPE ❸ Réalisez l'affiche : synthétisez, ne rédigez que l'essentiel. Optez pour des illustrations pertinentes, réfléchissez à l'organisation de l'affiche, à la place des différents éléments pour que l'ensemble soit visible de loin. N'oubliez pas de donner un titre à votre affiche !

ÉTAPE ❹ À vous de jouer ! Entraînez-vous en présentant La société d'ordres au XVIIIe siècle (chapitre 9) : son fonctionnement, ses mutations, ses permanences, ses remises en cause.

Ce qu'on a appris

Réaliser une affiche ne nécessite pas forcément d'être doué en art ! Il faut déjà bien analyser le sujet, trouver les éléments incontournables, les structurer. Enfin, mettre en forme l'affiche avec uniquement les éléments essentiels et des illustrations pertinentes.

Les critères de réussite
L'affiche est-elle visible de loin ?
• Les titres sont-ils courts et lisibles ?
• La typographie est-elle agréable et lisible ?
• Les illustrations sont-elles suffisamment grandes ?
L'affiche est-elle attractive ? (La présentation est agréable et soignée)
• L'écriture est-elle soignée ?
• Les illustrations sont-elles mises en valeur ?
⇨ par un encadrement :
⇨ par un fond de couleur :
⇨ par le découpage :
• La mise en page est-elle aérée ? (25 % du fond doit rester apparent)
L'affiche apporte-t-elle un maximum d'informations dans un minimum de place ?
• Les textes sont-ils courts ?
• Les phrases sont-elles brèves ?
• Les titres et les sous-titres guident-ils la lecture ?
• Le texte et l'image sont-ils complémentaires ?
• L'illustration est-elle en rapport avec le sujet ?

INTRODUCTION : La périodisation

PRÉHISTOIRE	ANTIQUITÉ
3 500 av. J.-C. : Invention de l'écriture	476 : Chute de l'Empire romain d'Occident

Les quatre grandes périodes

Qu'est-ce que la périodisation ?

L'histoire a été découpée de manière académique en quatre grandes périodes, que les programmes scolaires reprennent : l'Antiquité, le Moyen Âge, l'époque moderne et l'époque contemporaine. Il a fallu, pour les historiens, définir les dates clés bornant chacune des périodes. Mais il faut aussi trouver une unité à chacune des périodes. Si certaines font l'objet d'un consensus, d'autres sont sujettes à discussion, voire controversées.

Le temps fait partie inhérente de l'histoire. Périodiser signifie ranger les événements dans le temps, établir des continuités et des ruptures.

Les humanistes ont été les premiers à diviser l'histoire en trois périodes : le passé lointain ou Antiquité (des origines de l'homme à l'empereur Constantin), le passé récent ou Moyen Âge (de Constantin à 1250), la période moderne ou Renaissance (après 1250). Aujourd'hui, chaque période commence et se termine par une date précise, qui serait une rupture majeure dans l'histoire européenne et mondiale.

À quoi sert la périodisation ?

Cette forme de périodisation sert à identifier chaque époque pour montrer les évolutions économiques, sociales et politiques.

L'ANTIQUITÉ

Quand commence l'Antiquité ?

L'Antiquité (3500 avant J.-C. ; 476 après J.-C.) s'étend de la découverte de l'écriture à la chute de l'Empire romain d'Occident.

Tablette cunéiforme sumérienne : Lettre envoyée par le grand-prêtre Lu'enna au roi de Lagash vers 2400 av. J.-C, musée du Louvre, Paris.

La découverte de l'écriture est reconnue comme le début de l'histoire, et donc la fin de la préhistoire. Elle permet notamment la transmission écrite du savoir, des calculs, des informations politiques ou fiscales.

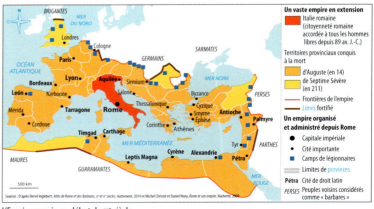

L'Empire romain au début du IIIe siècle

Quelle est l'unité de l'Antiquité ?

La période antique est marquée par le développement des cités-États comme Athènes ou Sparte, mais aussi par la coexistence avec de grands empires, comme l'Empire romain.

| MOYEN ÂGE | TEMPS MODERNES | ÉPOQUE CONTEMPORAINE |

1492 : Christophe Colomb atteint l'Amérique
1789 : Révolution française

Quand finit l'Antiquité ?

La chute de l'Empire romain d'Occident est reconnue en général comme la fin de l'Antiquité (476).

Mais certains historiens avancent que le partage en deux de l'Empire romain en 395 à la mort de Théodose marque déjà la fin de cette période de l'histoire. Quant à certains historiens allemands, ils parlent d'Antiquité tardive, parfois jusqu'en 800.

LE MOYEN ÂGE

Quelle est l'unité du Moyen Âge ?

Le Moyen Âge (476-1453/1492) est plus difficile à délimiter. Le terme, apparu en 1572, signifiait « entre deux âges », autrement dit, entre deux périodes glorieuses, comme si le Moyen Âge (1000 ans !) n'était qu'une parenthèse.

C'est la grande période en Europe du développement de la féodalité, et de la place prépondérante que prend l'Église dans la société.

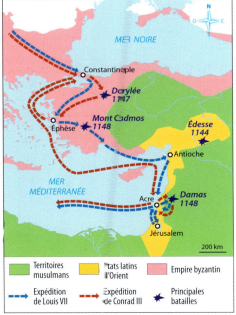

La deuxième croisade en Terre sainte

Prise de Constantinople par les Turcs.
Miniature de Bertrandon de la Broquière, 1455, BnF, Paris.

Les débats sur la fin du Moyen Âge

● **1453 est la fin du Moyen Âge pour certains historiens :** la prise de Constantinople par les Ottomans marque la fin de l'Empire byzantin, héritier de Rome et le début d'une recomposition politique méditerranéenne.

● **1492** est à la fois la fin de la Reconquista espagnole (prise de Grenade par les rois Catholiques) et **l'arrivée en Amérique de Christophe Colomb**. C'est le début de la première mondialisation.

La transition entre Moyen Âge et époque moderne

La transition entre l'époque médiévale et l'époque moderne se déroule pendant une période que l'on appelle la Renaissance.

Il s'agit d'une période de remise en question des savoirs du Moyen Âge et une redécouverte de l'Antiquité.

Raphaël, *L'École d'Athènes*, fresque, 1509-1510, 7,70 m x 4,40 m, palais du Vatican, Rome.

L'ÉPOQUE MODERNE

Quelle est l'unité de l'époque moderne ?

L'époque moderne est marquée par la mise en relation de l'ensemble des continents, avec la conquête de l'Amérique et d'une partie de l'Asie par les Européens. C'est aussi le développement des grandes monarchies, absolues en France ou parlementaires en Angleterre.

Quand se termine l'époque moderne ?

L'époque moderne (1453/1492 – 1789) se termine avec la Révolution française.

En effet, le bouleversement que représente la Révolution en France, mais aussi en Europe avec les guerres révolutionnaires et napoléoniennes, marque le début des revendications d'États-nations en Europe. Mais de plus en plus d'historiens préfèrent 1792, la proclamation de la Première République, qui marque davantage la rupture avec l'ancien système politique. L'époque contemporaine commence en 1789 et se poursuit de nos jours.

Jacques-Louis David, *Le serment du jeu de Paume*, 1791-1792, musée de Versailles.

Les autres divisions temporelles

LES SIÈCLES

● **Le siècle est une des périodisations** les plus utilisées en histoire. Pour beaucoup d'historiens, un siècle ne correspond pas précisément à 100 ans. Ainsi, pour le XIXe siècle, il est communément admis qu'il se finit en 1914 avec le déclenchement de la Première Guerre mondiale. Mais Thérèse Delpech préfère fixer à 1905 la fin du XIXe siècle, avec la guerre sino-japonaise qui fait pour elle entrer dans le XXe siècle, le siècle de la brutalisation.
Des historiens comme Éric Hobsbawm parlent aussi du « court XXe siècle », le faisant aller de 1914 à 1989, donc fixant sa fin à la chute du bloc communiste de l'Europe de l'Est.

● **Délimiter, de manière précise, un siècle est donc à la fois arbitraire et subjectif**, car cela dépend des caractères que l'on souhaite mettre en avant, des ruptures qui nous semblent essentielles.
Le Grand Siècle correspond au XVIIe siècle, du début du règne de Louis XII à la mort de Louis XIV (1610-1715). Le siècle des Lumières (1715-1789) est basé sur un mouvement culturel et littéraire du XVIIIe siècle.

LES DYNASTIES

En France, trois grandes dynasties se sont succédé sur le trône :

● Les **Mérovingiens** (481-751), de Clovis Ier à Childéric III, renversé par Pépin le Bref, le maire du Palais.

● Les **Carolingiens** (751-987), de Pépin III le Bref à Louis V le Fainéant, mort sans héritier direct.

François Ier, peinture de Jean Clouet, vers 1530, Paris, musée du Louvre.

● Les **Capétiens** (987-1830), avec les Capétiens directs (987-1328) de Hugues Capet à Charles IV le Bel, les Valois (1328-1589) de Philippe VI à Henri III, les Bourbons (1589-1830) de Henri IV à Charles X, et les Orléans avec Louis-Philippe Ier (1830-1848).

Chaque changement de dynastie correspond à une rupture politique importante dans l'histoire nationale.

Portrait de Louis XIV en costume de sacre, peinture de Hyacinthe Rigaud, 1701 Paris, musée du Louvre.

LES ÂGES

Un âge est une période dont la durée ne correspond pas aux césures traditionnelles comme le siècle ou le millénaire. Sa durée peut être extrêmement variable.

On parle ainsi de l'âge industriel (vers 1850- vers 1930) pour définir une période basée sur l'essor industriel et les transformations sociales, économiques et culturelles qui en découlent.

EXERCICE

Réalisez une frise chronologique. Indiquez les périodes couvertes par les trois périodes étudiées (Antiquité, Moyen Âge, Époque moderne) et celles couvertes par les différents chapitres du programme de 2de.

À LIRE

● Sylvain Venayre (scénario) Étienne Davodeau (dessin), *L'Histoire dessinée de la France*. Dans le premier tome, l'historien et le dessinateur tentent de comprendre les différents moments importants qui ont marqué l'histoire de la France.
Les 19 tomes suivants reprennent un à un chacune des périodes historiques qui ont fait l'histoire de France, de la Gaule à notre monde contemporain.

● Jean Leduc, « La construction du temps chez les historiens universitaires français de la seconde moitié du XXe siècle », Temporalités. Productions. Usages., Temporalités, 2004. Cet article scientifique est disponible sur le site openedition.

 lien internet

THÈME 1

Le monde méditerranéen : empreintes de l'Antiquité et du Moyen Âge

1 **La Méditerranée antique, l'empreinte grecque** 30
En quoi Athènes incarne-t-elle la démocratie dans le monde grec ?

2 **La Méditerranée antique, l'empreinte romaine** 52
Comment l'Empire romain a-t-il contribué à l'unification de la Méditerranée et à la diffusion du christianisme ?

3 **La Méditerranée médiévale : espace d'échanges et de conflits à la croisée de trois civilisations** 74
Située au carrefour des routes commerciales, comment la Méditerranée est-elle marquée par des tensions et des échanges culturels entre chrétiens, juifs et musulmans ?

Le Forum romain, Rome, Italie

CHAPITRE 1
La Méditerranée antique, l'empreinte grecque

En quoi Athènes incarne-t-elle la démocratie dans le monde grec ?

RESSOURCES NUMÉRIQUES DU CHAPITRE
Site collection : lycee.hachette-education.com/hg/histoire-2de

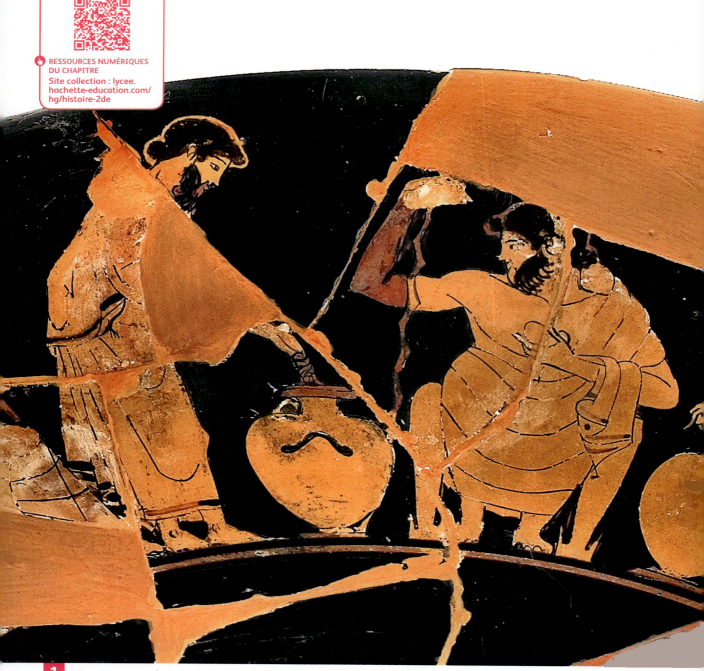

1 Un citoyen athénien votant à l'Héliée (tribunal populaire)
Coupe attique, vers 480-470 av. J.-C., musée des Beaux-Arts, Dijon.

> Expliquez comment s'exerce la démocratie à Athènes.
> En quoi une scène de vote actuelle se rapproche-t-elle de celle représentée ici ?

| 500 av. J.-C. | 450 av. J.-C. | 400 av. J.-C. | 350 av. J.-C. | 300 av. J.-C. |

- **495 - 429 av. J.-C.** Vie de Périclès
- **490 - 480 av. J.-C.** Guerres médiques
- **508 av. J.-C.** Réforme de Clisthène
- **490 av. J.-C.** Victoire d'Athènes contre les Perses à Marathon
- **480 av. J.-C.** Victoire d'Athènes contre les Perses à Salamine
- **478 av. J.-C.** Ligue de Délos
- **454 av. J.-C.** Mise en place du misthos
- **451 av. J.-C.** Réforme de la citoyenneté de Périclès
- **443 - 429 av. J.-C.** Périclès élu stratège
- **431 - 404 av. J.-C.** Guerre du Péloponnèse
- **338 av. J.-C.** Défaite de Chéronée
- **336 av. J.-C.** Ligue de Corinthe — La Grèce passe sous domination macédonienne

2 Les lieux de la vie civique dans la démocratie athénienne

L'Acropole, colline sacrée ❶, le Parthénon, temple dédié à Athéna ❷, le théâtre de Dionysos ❸

> Pourquoi ces lieux sont-ils un moyen d'unir la communauté athénienne ?

FICHE D'OBJECTIFS DU CHAPITRE ❶

Pour commencer
🔴 Vidéo

Les secrets du Parthénon
Un film de Gary Glassman, Arte, 2008
Durée : 1'14"
Cliquez sur « bande-annonce »

Questions à aborder

> Comment la démocratie s'est-elle progressivement mise en place à Athènes au Ve siècle av. J.-C. ?
> Comment Périclès a-t-il contribué au renforcement de la démocratie à Athènes ?
> Quel fut le rôle de l'empire maritime athénien et de son alliance militaire dans la mise en place et le fonctionnement de la démocratie ?

Notions

- cité
- démocratie
- Ecclésia

Personnages-clés

Aristophane (vers 445-386 av J.-C.), auteur comique athénien

Aristote (384-322 av. J.-C.), philosophe grec

Clisthène (vers 570-508 av. J.-C.), homme politique athénien

Périclès (vers 495-429 av. J.-C.), homme politique athénien

REPÈRES — Le monde grec (Vᵉ-IVᵉ siècles av. J.-C.)

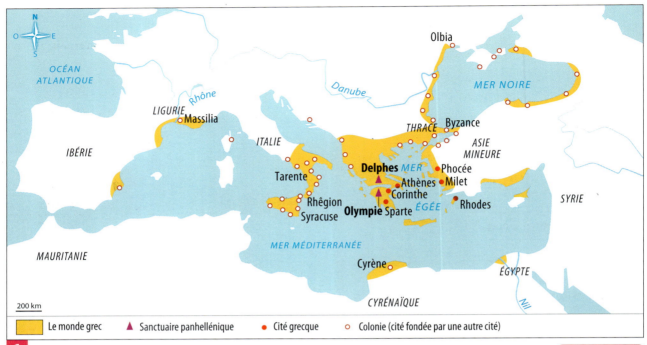

1 Les cités grecques à l'époque classique

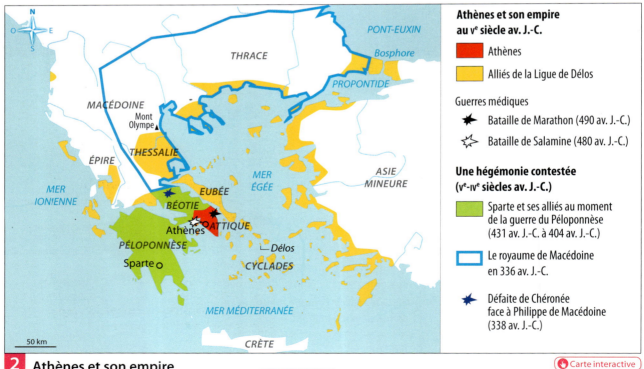

2 Athènes et son empire maritime

QUESTIONS

1. Localisez précisément la cité d'Athènes **(doc. 1 et 2)**.
2. Montrez qu'Athènes est une cité puissante dans le monde grec **(doc. 2 et 3)**.

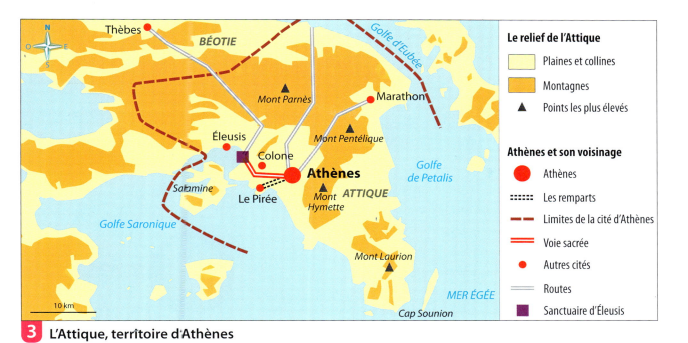

3 L'Attique, territoire d'Athènes

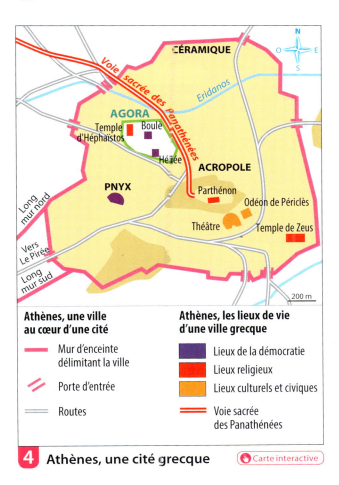

4 Athènes, une cité grecque 🔵 Carte interactive

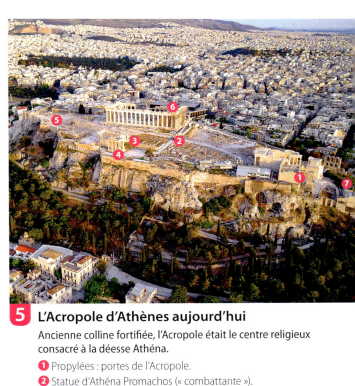

5 L'Acropole d'Athènes aujourd'hui

Ancienne colline fortifiée, l'Acropole était le centre religieux consacré à la déesse Athéna.

❶ Propylées : portes de l'Acropole.
❷ Statue d'Athéna Promachos (« combattante »).
❸ Olivier sacré d'Athéna.
❹ Érechthéion, temple d'Athéna Polias (« protectrice »).
❺ Grand autel d'Athéna.
❻ Parthénon, temple d'Athéna Parthenos (« vierge »).
❼ Temple d'Athéna Niké (« victorieuse »).

QUESTIONS

1. Identifiez et nommez les lieux de la vie politique athénienne (doc. 4).
2. Expliquez pourquoi la vie religieuse est un élément d'unité de la cité athénienne (doc. 3, 4 et 5).

Vocabulaire

- **agora** : espace public au cœur de la cité, qui, à partir du Ve siècle av. J.-C., est le centre politique, économique et judiciaire de la démocratie.

CHAPITRE 1 • La Méditerranée antique, l'empreinte grecque

ÉTUDE → LEÇON 1
Le fonctionnement de la démocratie à Athènes

À partir du Vᵉ siècle av. J.-C., la démocratie impose à Athènes un nouveau mode d'organisation du pouvoir politique. L'élan démocratique se caractérise par plus de liberté et d'égalité entre les citoyens qui peuvent désormais exercer le pouvoir de diverses manières.

Comment les citoyens gouvernent-ils Athènes aux Vᵉ et IVᵉ siècles av. J.-C. ?

1 Les principes de la démocratie selon Aristote

Les gouvernants sont choisis par tous et parmi tous. Le gouvernement est exercé sur chacun par tous, chacun, tour à tour, gouvernant tout le monde. Les fonctions gouvernementales sont attribuées par le sort, toutes ou du moins celles qui ne requièrent ni expérience ni savoir-faire. Les fonctions
5 gouvernementales ne dépendent d'aucune condition de cens[1] ou dépendent d'un cens extrêmement réduit. La même personne ne peut exercer deux fois aucune fonction gouvernementale, sauf dans un petit nombre de cas et pour un petit nombre de charges, exception faite pour celles qui concernent la guerre[2]. Les fonctions gouvernementales sont de courtes durées, toutes
10 ou du moins celles pour lesquelles la chose est possible. La fonction de juge est exercée par tous, les juges étant choisis parmi tous et statuant sur toutes les matières ou du moins sur la plupart d'entre elles, les plus importantes et celles qui touchent le plus à la souveraineté, la vérification des comptes, par exemple, le régime et les contrats privés. L'Assemblée est souveraine
15 sur toutes les matières ou du moins les plus importantes.

D'après Aristote, *Les Politiques*, Livre IV, 2, IVᵉ siècle av. J.-C. (trad. Auguste Francotte et Marie-Paule Loicq-Berger, Gallimard, 2014).

[1] Niveau de revenu déterminant l'accès aux droits politiques.
[2] La fonction de stratège par exemple était élective.

Aristote (384-322 av. J.-C.)

Philosophe originaire de Macédoine, résidant à Athènes à partir de 367 av. J.-C. Il est ensuite le précepteur du futur Alexandre le Grand, fils de Philippe II de Macédoine. Son œuvre ne nous est que partiellement connue.

Vocabulaire

- **Boulè** : conseil de 500 citoyens, désignés par tirage au sort, chargés de préparer les textes présentés et débattus à l'Ecclésia.
- **Ecclésia** : terme grec désignant l'assemblée des citoyens.
- **Héliée** : tribunal populaire d'Athènes, composé de 6 000 citoyens tirés au sort. Il est chargé de rendre la justice.
- **magistrat** : personne élue ou tirée au sort exerçant une mission de service public.

2 Les citoyens, protecteurs de la démocratie

a. Si quelqu'un s'élève contre le peuple pour installer la tyrannie ou aide à l'installation de la tyrannie, ou porte atteinte au peuple et à la démocratie des Athéniens, alors que ne soit pas punissable celui qui tuera qui aura entrepris un de ces crimes. Qu'il ne soit permis à
5 aucun membre de la Boulè, du conseil de l'Aréopage, si la Démocratie est détruite, de monter sur l'Aréopage, de participer à une séance, ni de prendre une décision sur aucun sujet, et si se produit quelque chose de semblable, que lui et ses descendants soient privés de leurs
10 droits politiques, que sa fortune soit remise au peuple et que le dixième de sa fortune soit donné aux dieux.

Extrait de la stèle de la démocratie, relief sculpté vers 337 av. J.-C., musée de l'Agora antique d'Athènes.

b. Haut de la stèle
① Démos, allégorie du peuple athénien.
② Démokratia, allégorie de la démocratie, couronne Démos.

CHAPITRE 1 • La Méditerranée antique, l'empreinte grecque

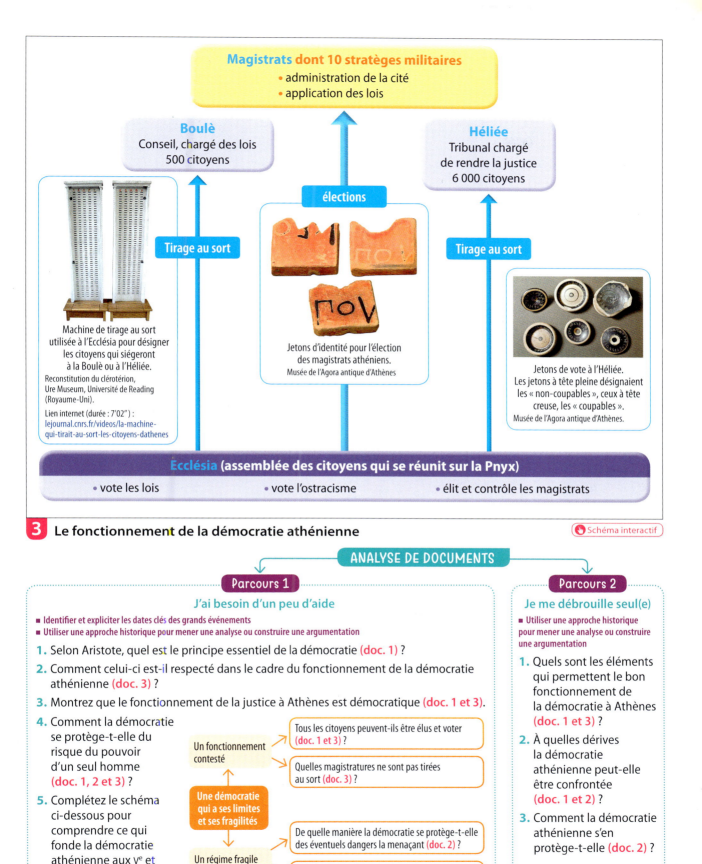

Magistrats dont 10 stratèges militaires
- administration de la cité
- application des lois

Boulè — Conseil, chargé des lois — 500 citoyens

Héliée — Tribunal chargé de rendre la justice — 6 000 citoyens

Tirage au sort — élections — Tirage au sort

Machine de tirage au sort utilisée à l'Ecclésia pour désigner les citoyens qui siégeront à la Boulè ou à l'Héliée.
Reconstitution du clérotérion, Ure Museum, Université de Reading (Royaume-Uni).
Lien internet (durée : 7'02") : lejournal.cnrs.fr/videos/la-machine-qui-tirait-au-sort-les-citoyens-dathenes

Jetons d'identité pour l'élection des magistrats athéniens.
Musée de l'Agora antique d'Athènes.

Jetons de vote à l'Héliée. Les jetons à tête pleine désignaient les « non-coupables », ceux à tête creuse, les « coupables ».
Musée de l'Agora antique d'Athènes.

Ecclésia (assemblée des citoyens qui se réunit sur la Pnyx)
- vote les lois
- vote l'ostracisme
- élit et contrôle les magistrats

3 Le fonctionnement de la démocratie athénienne — Schéma interactif

ANALYSE DE DOCUMENTS

Parcours 1 — J'ai besoin d'un peu d'aide

- Identifier et expliciter les dates clés des grands événements
- Utiliser une approche historique pour mener une analyse ou construire une argumentation

1. Selon Aristote, quel est le principe essentiel de la démocratie (doc. 1) ?
2. Comment celui-ci est-il respecté dans le cadre du fonctionnement de la démocratie athénienne (doc. 3) ?
3. Montrez que le fonctionnement de la justice à Athènes est démocratique (doc. 1 et 3).
4. Comment la démocratie se protège-t-elle du risque du pouvoir d'un seul homme (doc. 1, 2 et 3) ?
5. Complétez le schéma ci-dessous pour comprendre ce qui fonde la démocratie athénienne aux Vᵉ et IVᵉ siècles av. J.-C.

Un fonctionnement contesté
→ Tous les citoyens peuvent-ils être élus et voter (doc. 1 et 3) ?
→ Quelles magistratures ne sont pas tirées au sort (doc. 3) ?

Une démocratie qui a ses limites et ses fragilités

Un régime fragile
→ De quelle manière la démocratie se protège-t-elle des éventuels dangers la menaçant (doc. 2) ?
→ Quelles sont les mesures prises contre les citoyens ne respectant pas la démocratie (doc. 2) ?

schéma à compléter

Parcours 2 — Je me débrouille seul(e)

- Utiliser une approche historique pour mener une analyse ou construire une argumentation

1. Quels sont les éléments qui permettent le bon fonctionnement de la démocratie à Athènes (doc. 1 et 3) ?
2. À quelles dérives la démocratie athénienne peut-elle être confrontée (doc. 1 et 2) ?
3. Comment la démocratie athénienne s'en protège-t-elle (doc. 2) ?

Bilan — En vous appuyant sur les **documents 1, 2 et 3**, montrez les points forts du régime démocratique à Athènes.

ÉTUDE → LEÇON 1

TÂCHE COMPLEXE

L'Empire maritime athénien au service de la démocratie

Mission 1

Je travaille le récit à l'écrit, puis à l'oral

Vous rédigez, puis présentez à l'oral, un dialogue entre deux citoyens athéniens. Le premier vante les mérites de l'Empire athénien pour le fonctionnement de la cité. Le second critique la façon dont Athènes se conduit.

Mission 2

Je travaille le récit à l'oral

Vous êtes un historien ou une historienne spécialiste de la démocratie athénienne. Afin d'animer une conférence, vous présentez à l'oral les liens existant entre l'Empire maritime athénien et le fonctionnement de la démocratie à Athènes.

CAPACITÉS

Utiliser une approche historique pour mener une analyse ou construire une argumentation

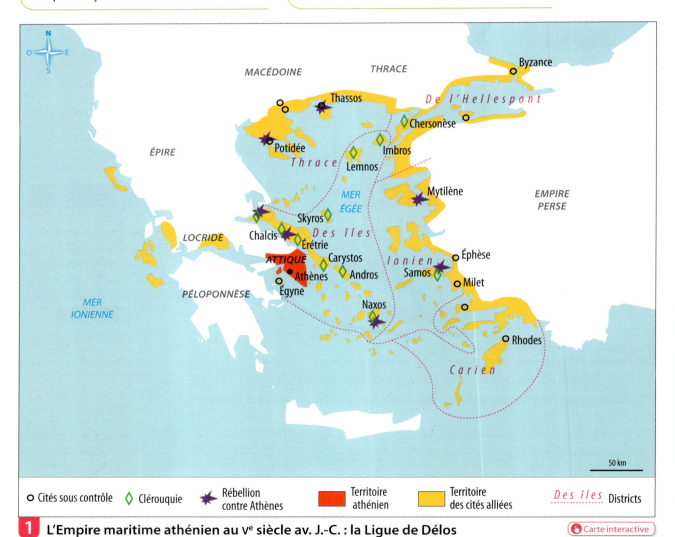

1 L'Empire maritime athénien au Vᵉ siècle av. J.-C. : la Ligue de Délos

Vocabulaire

- **clérouquie** : installation de citoyens athéniens, généralement pauvres, dans des cités alliées où ils accèdent à un lot de terre (*cléros*) tout en conservant le statut de citoyen athénien.
- **Ligue de Délos** : alliance militaire de cités grecques dominée par Athènes qui, grâce au trésor de l'alliance, assure la protection des cités grecques.
- **misthos** : indemnité versée aux citoyens athéniens pour leur participation à la vie politique à Athènes.

2 Les clérouquies, un instrument au service d'Athènes

Périclès ne cherchait qu'à complaire au peuple ; il remplissait chaque jour la ville de fêtes pompeuses, de banquets, et il formait les citoyens à des plaisirs qui n'étaient pas sans élégance. Tous les ans, il faisait partir soixante trirèmes, mon-
5 tées par un grand nombre d'Athéniens, lesquels devaient, moyennant une solde, tenir la mer pendant huit mois, pour s'exercer et s'instruire dans l'art nautique. En outre, il envoya une colonie de mille hommes dans la Chersonèse, une de cinq cents à Naxos, une de deux cent cinquante à Andros ;
10 une autre colonie, de mille hommes alla se fixer en Thrace, dans le pays des Bisaltes ; enfin il peupla, en Italie, Sybaris, qui venait d'être rebâtie sous le nom de Thourioi. Par ce moyen, Périclès déchargea la ville d'une populace oisive, et pleine, par conséquent, d'une malfaisante activité ; il
15 put subvenir aux besoins urgents des pauvres, et établir à demeure, au sein des alliés d'Athènes, comme une garnison qui les tenait en respect, et qui prévenait toute révolution. Mais ce qui fit le plus de plaisir à Athènes, et ce qui devint le plus bel ornement de la ville ; ce qui fut pour tout l'univers
20 un objet d'admiration, ce fut la magnificence des édifices construits par Périclès[1]. C'est aussi contre ces monuments de son administration que ses ennemis se sont le plus déchaînés « Le peuple s'est déshonoré, disaient-ils, et il s'est couvert d'infamie, en tirant de Délos le trésor commun de
25 la Grèce, pour l'employer à son seul profit.

Plutarque, *Périclès*, début du IIe siècle apr. J.-C., 11, 5-6.

[1]. Périclès procéda aux grands travaux de l'Acropole notamment la construction du Parthénon en grande partie financé par le trésor de la Ligue de Délos.

3 Un empire maritime au service des citoyens athéniens

L'argent de la Ligue de Délos permettait à Athènes d'armer une dizaine de trières (vaisseau de guerre à trois rangs de rameurs) par an pour patrouiller en mer Égée. Cela offrait du travail à plus de 10 000 citoyens pauvres (les *thètes*) qui servaient sur les navires.

Fragment de bas-relief, 410-400 av. J.-C., Athènes, Musée de l'Acropole.

Coup de pouce Besoin d'aide ?

Mission 1
Pour le premier protagoniste, montrez d'abord que l'Empire maritime et son alliance militaire permettent à Athènes d'obtenir des avantages pour les citoyens pauvres et pour le bon fonctionnement de la cité **(docs 2, 3 et 4)**.
Pour le second protagoniste, montrez qu'Athènes abuse de son pouvoir et se conduit mal envers ses alliés et les citoyens les plus pauvres **(docs 1, 2 et 4)**.

Mission 2
Après avoir rappelé comment Athènes a établi sa domination dans le monde grec **(docs 1 et 2)**, vous expliquez ensuite comment elle a contribué à faire fonctionner la démocratie à Athènes **(docs 2, 3, 4)** tout en étant un objet de conflit à Athènes et entre les alliés **(docs 1 et 4)**.

4 La domination athénienne : une polémique

Dans ce dialogue, l'auteur de comédie Aristophane oppose le juge Philocléon et son fils Bdélycléon quant au misthos perçu à l'Héliée provenant du trésor de la Ligue de Délos.

BDÉLYCLÉON. — Mon père, écoute-moi ; fais d'abord un calcul bien simple. De tous les tributs qui nous sont payés par les villes alliées, compte en outre les impôts personnels, le produit des mines, les droits des marchés
5 et des ports, les salaires, le produit des confiscations : la somme de tous ces revenus est environ de deux mille talents[1]. Maintenant déduis de là une année d'indemnité (misthos) pour les juges au nombre de six mille, car il n'y en eut jamais davantage ici, cela fait bien pour vous
10 cent cinquante talents.

PHILOCLÉON. — Nous n'avons donc pas même le dixième des revenus publics comme indemnité (misthos) ?

BDÉLYCLÉON. — Non certes, par Zeus.

PHILOCLÉON. — Quoi ! c'est ainsi qu'ils me traitent ?
15 Hélas ! que dis-tu ? Tu me bouleverses l'esprit !

BDÉLYCLÉON. — Considère donc que tu pourrais t'enrichir, ainsi que tous les autres ; mais ces éternels flatteurs du peuple t'en ôtent le moyen. Tu règnes sur une foule de villes[2], depuis le Pont-Euxin (*mer Noire*)
20 jusqu'à la Sardaigne, et tu n'as pour toute jouissance que ce misérable salaire ; encore te le dispensent-ils avec parcimonie et goutte à goutte. Car ils veulent que tu sois pauvre, et je t'en dirai la raison : c'est pour que tu sentes la main qui te nourrit, et qu'au moindre
25 signe, lorsqu'ils te lancent contre un de leurs ennemis, tu fondes sur lui avec fureur.

Aristophane, *Les Guêpes*, 422 av. J.-C., vers 655-712.

[1]. Un talent équivalait à 25,86 kg d'argent ou 6 000 jours de salaire d'un ouvrier à Athènes.
[2]. Il s'agit des démagogues, des politiciens qui flattent le peuple par de beaux discours pour s'attirer ses faveurs.

LEÇON 1 — Les citoyens et la démocratie à Athènes

● QCM interactif

👁 Quelle est l'originalité de la démocratie athénienne dans le cadre de la Méditerranée antique ?

A Les fondements de la démocratie athénienne

- Au VIe siècle av. J.-C., différentes réformes politiques permettent l'émergence de la démocratie qui fonctionne pleinement aux Ve et IVe siècles av. J.-C. **En 508 av. J.-C. les réformes de Clisthène instaurent les institutions démocratiques à Athènes.**

- **Elle repose sur une assemblée des citoyens, l'Ecclésia, qui se réunit sur la colline de la Pnyx.** Les citoyens y débattent, votent la loi ou l'ostracisme, élisent les magistrats ou décident de la guerre et de la paix. Une autre assemblée, la Boulè, examine les projets de loi avant le vote et ses membres sont tirés au sort. C'est aussi le cas des juges de l'Héliée qui rendent justice au nom de la cité.

- La plupart des magistrats exercent leur fonction durant un an. Les magistrats les plus importants, les stratèges, sont élus. **En 454 av. J.-C., Périclès met en place la misthophorie qui permet la participation de tous les citoyens à la vie politique.**

B Une démocratie de citoyens

- En 451 av. J.-C., Périclès restreint l'accès à la citoyenneté. **Dorénavant, un citoyen doit être né de père et de mère athéniens. Il ne devient pleinement citoyen qu'après avoir prêté serment et effectué l'éphébie à 18 ans.** Au Ve siècle av. J.-C., Athènes aurait ainsi compté 40 000 citoyens.

- **Être citoyen confère des droits** politiques (être juge ou magistrat ; siéger à l'Ecclésia), civils (épouser une fille de citoyen, posséder des biens) ou juridiques (droit à un procès équitable).

- **La citoyenneté implique des obligations, notamment dans le domaine militaire ou civique.** Les citoyens doivent ainsi participer aux fêtes religieuses de la cité (comme la fête des Panathénées) et contribuer à ses dépenses. Les citoyens les plus aisés financent les liturgies.

C Un empire maritime au service de la démocratie

- **La naissance de la démocratie à Athènes est étroitement liée à son histoire militaire.** Après les victoires contre les Perses lors des guerres médiques à Marathon (490 av. J.-C.) et Salamine (480 av. J.-C.), Athènes prend la tête d'une alliance militaire, la Ligue de Délos, chargée d'assurer la protection des cités grecques.

- **En 454 av. J.-C., le trésor de la Ligue de Délos est transféré à Athènes. Celle-ci prend la tête d'un empire maritime utile à la démocratie :** une partie de l'argent a permis de financer la misthophorie et des grands travaux à Athènes (notamment le Parthénon).

- **La défaite dans la guerre du Péloponnèse (404 av. J.-C.) remet en cause la démocratie.** Après la défaite de Chéronée, face au roi de Macédoine Philippe II (338 av. J.-C.), la démocratie est mise sous tutelle macédonienne.

Clisthène (vers 570-508 av. J.-C.)

Réformateur et politicien athénien qui renforce les institutions démocratiques de la cité. Ses réformes permettent d'étendre l'égalité de droit et l'égalité devant la loi des citoyens athéniens. Elles permettent aussi de revoir le fonctionnement de l'espace civique. En ce sens, il est un des pères de la démocratie à Athènes.

Vocabulaire

- **éphébie :** formation militaire et civique réalisée entre 18 et 20 ans. Elle permet l'accès à la citoyenneté aux jeunes Athéniens.
- **guerres médiques :** affrontements opposant des cités grecques à l'Empire perse de 490 à 480 av. J.-C.
- **liturgie :** prise en charge par un citoyen, le plus souvent aisé, des dépenses de la cité (armée, festivités, etc.).
- **magistrat :** personne élue ou tirée au sort exerçant une mission de service public.
- **Parthénon :** temple construit en l'honneur d'Athéna sur l'Acropole d'Athènes, sous la direction de Périclès. Il fut le symbole de la renaissance et du prestige d'Athènes après les guerres médiques.

@CTIVITÉ NUMÉRIQUE ● lien internet

■ Utiliser le numérique

En savoir plus sur la guerre du Péloponnèse grâce à un jeu vidéo

1. Quel jeu vidéo est analysé ?
2. Grâce au passage entre 13′15″ à 15′31″, quel aspect de la guerre est mieux connu ?
3. Prenez des notes dessus.
4. La reconstitution du jeu vidéo est-elle totalement vraie ? Justifiez.

1 Les liturgies à Athènes

Je te vois obligé d'offrir de grands sacrifices, sinon tu te mettrais en mauvais termes avec les dieux et avec les hommes je crois ; enfin il te faut offrir à dîner à tes concitoyens et leur rendre service, sinon tu n'auras per-
5 sonne pour toi. De plus, j'observe que la cité t'impose dès maintenant de lourdes dépenses : élever des chevaux, faire les frais d'un chœur (chorégie), d'une fête gymnique (gymnasiarchie), et si la guerre éclate, je sais qu'on t'imposera de faire armer des trières (triérarchie),
10 de verser des contributions extraordinaires (eisphora), telles que tu auras du mal à faire face à ces dépenses.

Xénophon, *Économique*, II, 5-6

Qui est-il ? Xénophon (428-vers 355 av. J.-C.) : chef militaire athénien, il rédigea des ouvrages sur la société athénienne durant son exil.

2 Le serment des éphèbes

Je ne déshonorerai pas les armes sacrées que je porte, je n'abandonnerai pas mon compagnon de rang, je combattrai pour les choses saintes et sacrées, je ne laisserai pas à ma mort ma patrie amoindrie mais plus
5 grande et plus forte que je ne l'ai reçue, dans la mesure de mes forces et avec l'aide de tous.
  J'obéirai à ceux qui gouvernent avec sagesse, aux lois établies, à celles qui seront instituées avec sagesse, si quelqu'un veut les renverser, je m'opposerai de toutes
10 mes forces et avec l'aide de tous. Je vénérerai les cultes de mes pères.
  Soient témoins de ce serment : Aglauros, Hestia, Enyô, Enyalios, Arès et Athéna Areia, Zeux, Thallô, Auxô, Hégémonè, Héraklès, les bornes de la patrie, les blés,
15 les orges, les vignes, les oliviers et les figuiers.

Stèle d'Acharnes, 350-330 av. J.-C.

3 Des hoplites[1] athéniens revêtant leur armure
Détail d'une coupe du Ve siècle av. J.-C., musée historique de Vienne, Autriche
1. Voir définition, page 43.

QUESTIONS

1. Quelles sont les liturgies remplies par ce citoyen **(doc. 1)** ?
2. Pourquoi doit-il assurer ces dépenses pour la cité **(doc. 1)** ?
3. Quel devoir du citoyen est représenté sur cette coupe **(doc. 3)** ?
4. Quels sont les engagements pris par l'éphèbe au cours de son serment **(doc. 2)** ?
5. Sur votre cahier, recopiez puis complétez le schéma ci-contre :

Bilan

À l'aide de vos connaissances et des **documents 1, 2 et 3**, montrez que le statut de citoyen implique plusieurs obligations dans la vie de la cité.

TRAVAIL DE L'HISTORIEN

ÉTUDE → LEÇON 2

Périclès, citoyen réformateur de la démocratie athénienne au Ve siècle av. J.-C.

POINT DE PASSAGE ET D'OUVERTURE

Le Ve siècle av. J.-C. est « l'âge d'or » d'Athènes. Il est aussi « le siècle de Périclès », tant celui-ci marque la vie politique athénienne et son fonctionnement. Homme politique et chef de guerre, il contribue à améliorer le fonctionnement des institutions ainsi qu'à embellir la cité. Cependant, son action est critiquée par ceux qui lui reprochent sa trop grande influence personnelle.

🗨 **Comment l'historien peut-il comprendre le rôle de Périclès dans la démocratie à Athènes ?**

Le contexte historique

- **-490 et -480 :** Guerres médiques
- **-454 :** Mise en place de la misthophorie
- **-451 :** Décret restreignant l'accès à la citoyenneté aux enfants de parents athéniens

Périclès
(vers 495-429 av. J.-C.)

Personnage central du « siècle d'or athénien » à partir de 461 av. J.-C., élu stratège sans discontinuer entre 443 et 429 av. J.-C. Il est à l'origine de réformes, sur la citoyenneté et le fonctionnement des institutions, qui permettent l'implantation durable de la démocratie. Il transforme la Ligue de Délos en un empire athénien et est à l'origine de la reconstruction de l'Acropole. Son influence illustre l'originalité politique de la démocratie et ses limites.

Vocabulaire

- **aristocratie :** forme de gouvernement où le pouvoir appartient à une minorité, dont l'autorité repose sur le contrôle de la force ou des richesses. Dans l'Antiquité, c'est le gouvernement des familles les plus riches.
- **ostracisme :** condamnation d'un citoyen à un exil de dix années votée par l'Ecclésia.

1 DOCUMENT SOURCE — Périclès, tout-puissant dans la démocratie ?

Thucydide[1] présente le gouvernement de Périclès comme une sorte d'aristocratie, à laquelle on donnait le nom de démocratie, mais qui était, dans le fait, une principauté régie par le premier homme de l'État. Suivant plusieurs autres, c'est Périclès qui introduisit la coutume de faire participer
5 le peuple aux distributions des terres conquises, et de lui donner de l'argent pour assister aux spectacles et pour s'acquitter de ses devoirs civiques[2]. Périclès distribua au peuple de l'argent pour assister aux spectacles, pour siéger dans les tribunaux, et d'autres salaires divers ; et bientôt le peuple fut séduit. Le peuple lui servit d'instrument contre l'Aréopage[3], dont il
10 n'était pas membre, parce que jamais le sort ne l'avait désigné Profitant donc de la supériorité que lui donnait la faveur du peuple, Périclès fit bannir Cimon[4], par la voie de l'ostracisme. Tant était grande sur le peuple l'influence de Périclès !

D'après Plutarque, *Vie de Périclès*, 26-29, IIe s. apr. J.-C.

1. Historien athénien contemporain de Périclès.
2. Référence au misthos.
3. Tribunal d'Athènes.
4. Ennemi politique de Périclès, Cimon défendait la place et le rôle de l'aristocratie athénienne.

2 DOCUMENT SOURCE — Périclès, un citoyen menacé ?

Sur cet ostrakon, on peut lire « Périclès, fils de Xanthippe » afin que celui-ci soit exilé de la cité durant dix années. On lui reproche alors d'avoir détourné de l'argent public, mais la procédure n'aboutit pas.
IVe s. av. J.-C., musée de l'Agora antique d'Athènes.

3 Périclès, le réformateur de la citoyenneté athénienne

	Avant les réformes de Périclès	Après les réformes de Périclès
Conditions pour être citoyen athénien	Être un homme libre Fils d'un père citoyen Avoir effectué l'éphébie	Être un homme libre Fils d'un père citoyen et d'une mère fille de citoyen Avoir effectué l'éphébie
Nombre de citoyens athéniens	40 000	22 000
Droits des citoyens athéniens	**Droits civiques :** posséder une terre, signer des contrats **Droits politiques :** siéger à l'Ecclésia, voter et exercer des magistratures **Droits juridiques :** se défendre devant l'Héliée (tribunal des citoyens)	**Droits civiques :** posséder une terre, signer des contrats **Droits politiques :** siéger à l'Ecclésia, voter et exercer des magistratures Toucher le misthos pour siéger à l'Ecclésia et exercer des magistratures **Droits juridiques :** se défendre devant l'Héliée (tribunal des citoyens)

Source : C. Mossé, *Le citoyen dans la Grèce antique*, Paris, Nathan, 1993.

4 L'ANALYSE DE L'HISTORIEN — Périclès, un citoyen sous contrôle dans la démocratie

« Sous le nom de démocratie, c'était en fait le premier citoyen qui gouvernait » : l'ultime phrase de l'éloge funèbre composé par Thucydide[1] en l'honneur de Périclès a de quoi interpeller. À lire l'historien, la démocratie athénienne n'aurait été qu'un vain mot, servant de façade au pouvoir absolu du stratège. Au-delà de son indéniable talent oratoire, c'est sans doute sa politique de grands travaux qui conduisit les auteurs anciens à dépeindre Périclès en monarque tout-puissant. L'Odéon, le Parthénon et les Propylées[2] peuvent être attribués à l'initiative de Périclès. Ensuite il faut relativiser l'emprise supposée du stratège[3] sur les chantiers où il fut directement impliqué. Périclès n'est pas un roi hellénistique, et encore moins un empereur romain, décidant seul, en autocrate, des constructions à lancer. Chacun de ses projets était soumis à un vote à l'Assemblée qui en prévoyait aussi le financement ; les architectes élaboraient plans, modèles et devis, soumis à l'approbation du Conseil ; des magistrats procédaient ensuite à l'adjudication[4] des travaux qui, une fois commencés, étaient l'objet du contrôle tatillon d'un collège de dix épistates (contrôleurs) élus par l'Assemblée.

Vincent Azoulay, *Athènes, citoyenneté et démocratie au Ve siècle av. J.-C.*, La Documentation photographique, mai-juin 2016, p. 32

1. Historien athénien du Ve siècle avant J.-C.
2. Monuments bâtis sur l'Acropole d'Athènes.
3. Officier suprême chargé de diriger les expéditions militaires. Contrairement aux autres magistrats, il est élu par les citoyens et non tiré au sort.
4. À qui confier les travaux.

S'INITIER AU TRAVAIL DE L'HISTORIEN

- Construire et vérifier des hypothèses sur une situation historique
- Procéder à l'analyse critique d'un document selon une approche historique

A L'historien commence par définir le contexte historique

1. Présentez l'auteur et l'œuvre dont est issu cet extrait **(doc. 1)**.
2. Comment qualifier le ton employé par l'auteur pour présenter Périclès ? Donnez deux exemples **(doc. 1)**.

B L'historien confronte les différentes sources disponibles

3. Comment, selon Plutarque, Périclès a-t-il renforcé la démocratie à Athènes **(doc. 1 et 3)** ?
4. Identifiez les reproches faits par Thucydide et Plutarque à Périclès **(doc. 1)**.
5. Pourquoi ce texte témoigne-t-il de l'ambiguïté de Périclès vis-à-vis de la démocratie athénienne **(doc. 1)** ?

C L'historien interprète les sources

6. Montrez que l'action de Périclès ne faisait pas l'unanimité à Athènes **(doc. 1, 2 et 4)**.
7. Pourquoi, selon l'historien, Périclès a-t-il été la cible de critiques chez des auteurs antiques comme Plutarque ou Thucydide **(doc. 4)** ?
8. Comment l'action de Périclès était-elle contrôlée par la démocratie athénienne **(doc. 2 et 4)** ?

Les femmes et la vie civique à Athènes

MÉTHODE BAC
ÉTUDE → LEÇON 2

L'étude de la place et du rôle des femmes dans l'Antiquité est difficile à mener car les sources sont rares et essentiellement d'origine masculine. Reconnue comme une éternelle mineure, la femme athénienne (asté) vit sous l'autorité d'un homme et est exclue de la vie politique et de l'armée. Elle joue pourtant un rôle clé dans la citoyenneté et dans la vie de la cité.

👉 **Pourquoi les femmes sont-elles à la fois exclues et intégrées à la citoyenneté à Athènes ?**

1 **La participation des Athéniennes à certaines cérémonies religieuses**

Jeune femme jouant de l'*aulos* (instrument à vent) devant une femme habillée en hoplite sous les traits de la déesse Athéna. Notons que la lance est remplacée par un bâton pour éviter les blessures. Il s'agit d'une scène de danse en armes, la pyrrhique, qui passait pour avoir été inventée par Athéna et que les hommes et femmes pratiquaient lors des Panathénées.

Cratère (Vienne, Kunsthistorische Museum I 6788, in *La Cité des images. Religion et société en Grèce antique*, p. 87)

2 **Le rôle de la femme selon Xénophon**

Isomachus : Pour toutes les affaires du ménage, j'ai ma femme qui est parfaitement en état, à elle seule, de les diriger.

Socrate : Mais alors, Isomachus, est-ce toi qui, par tes leçons, as rendu ta femme ce qu'elle est, ou bien si tu l'as reçue de son père et de sa mère toute instruite de ses savoirs.

Isomachus : Eh ! Socrate, que pouvait-elle savoir quand je l'ai reçu ? Elle n'avait pas quinze ans quand elle entra chez moi ; elle avait vécu tout ce temps soumise à une extrême surveillance, afin qu'elle ne vît, n'entendît et ne demandât presque rien. Pouvais-je souhaiter plus, dis-le-moi, que de trouver en elle une femme qui sût filer la laine pour en faire des habits, qui eût vu de quelle manière on distribue la tâche aux fileuses ?…

Socrate : Ta femme sacrifiait donc avec toi et adressait au ciel les mêmes prières ?

Isomachus : Assurément, même elle promettait solennellement, à la face des cieux de devenir ce qu'elle devait être, et je voyais bien qu'elle serait docile à mes leçons.

Xénophon (vers 427-355 av. J.-C.), *L'Économique*.

MÉTHODE BAC

Vocabulaire

- **astè :** terme désignant une femme de naissance athénienne apte à donner naissance aux futurs citoyens et futures épouses de citoyens.
- **hoplite :** fantassin grec de l'époque classique portant un bouclier appelé hoplon (en réalité, le bouclier est dit aspis, hoplon désignant les armes).
- **Panathénées :** fête annuelle organisée en l'honneur d'Athéna, déesse protectrice de la cité, qui réunissait l'ensemble de la communauté (citoyens, femmes, enfants, esclaves et étrangers).

Document d'accompagnement 3

Travaux manuels de femmes athéniennes

Lécythe attique à figures noires, v. 550-530 av. J.-C., Metropolitan Museum, New York.
La fabrication d'une étoffe (filage, tissage) est une activité estimée et reconnue, représentée sur les céramiques de l'époque.

CONSIGNE

Quelle place les femmes occupent-elles dans la société athénienne ?

AIDE POUR CONSTRUIRE L'ANALYSE

1. Présentez les documents de manière précise (types de documents, source des documents…)
2. Comment les femmes sont-elles exclues de la citoyenneté athénienne ?
3. Expliquez en quoi les femmes sont indispensables au fonctionnement de la société athénienne.

MÉTHODE : Analyse d'un document

1. Lire et comprendre la consigne
- Repérez les mots-clés de la consigne

2. Travailler au brouillon pour répondre à la consigne posée
- **Dégager les éléments** qui permettent d'identifier et de présenter les documents (nature, auteur, source, date, idée principale)
- **Complétez le tableau** suivant, pour chaque document :

	Informations montrant l'exclusion de la citoyenneté	Informations montrant leur rôle dans la société
Doc. 1		
Doc. 2		

3. Rédiger la réponse organisée en suivant le plan suivant :
a. présentation des documents ; **b.** exclusion des femmes ; **c.** rôle des femmes dans la société

CHAPITRE 1 • La Méditerranée antique, l'empreinte grecque • 43

LEÇON 2 — La démocratie en débat

QCM interactif

Quelle conception les Athéniens avaient-ils de la démocratie au Vᵉ siècle av. J.-C. ?

A. La démocratie, un régime d'exclusion ?

- **Les réformes de Périclès font des citoyens les acteurs majeurs de la vie et de la défense de la cité.** Même s'ils vivent à Athènes, les femmes, les plus jeunes enfants, les métèques et les esclaves demeurent exclus de la citoyenneté.

- **Ainsi les métèques jouissent de droits civiques** (comme être représentés en justice à l'Héliée) **mais sont exclus de la vie politique et de la possession de la terre.** Ils s'orientent ainsi massivement vers les métiers de l'artisanat et du commerce. Des esclaves participent aussi au fonctionnement de la démocratie : ceux des mines du Laurion financent la misthophorie et d'autres servent comme archers pour encadrer les débats à l'Ecclésia.

- **Les femmes, apparemment exclues de la vie politique, participent cependant à la communauté civique.** Suite aux réformes de Périclès, la fille d'un citoyen transmet désormais la citoyenneté. Elles sont qualifiées « d'Athéniennes », en reconnaissance de leur implication dans la vie de la cité, notamment lors des fêtes religieuses telles que les Panathénées en l'honneur d'Athéna, divinité protectrice de la cité.

B. Un régime inégalitaire entre les citoyens

- **La démocratie athénienne reconnaît le principe d'égalité de droits entre les citoyens.** Ils sont égaux devant la loi (*isonomia*) et chacun a le droit de prendre la parole à l'Ecclésia (*iségoria*).

- Cependant le régime ne reconnaît pas d'égalité sociale. Depuis les réformes de Clisthène, **les citoyens sont classés dans quatre classes censitaires qui définissent leur implication dans la vie de la cité.** Ainsi les plus pauvres servent comme rameurs alors que les plus riches servent comme cavaliers. Les liturgies permettent aussi aux plus riches de se distinguer dans la cité.

- Si l'égalité politique est reconnue, dans la réalité, **nombreux sont les citoyens à ne pouvoir participer à la démocratie et ce sont les Athéniens les plus aisés qui la dominent.** Périclès lui-même illustre ces limites. Plusieurs fois élu stratège, il domine la vie politique athénienne et utilise ses ressources pour servir ses intérêts.

C. Un régime critiqué

- **La démocratie ne fait pas l'unanimité auprès des Athéniens, notamment les plus aisés qui s'opposent aux réformes** qui permettent aux citoyens les plus pauvres, mais aussi les plus nombreux, de pouvoir participer à la vie politique.

- **Le théâtre, en plein essor à Athènes au Vᵉ siècle av. J.-C., se fait l'écho de ces dérives.** Des auteurs, tels qu'Aristophane ou Euripide, relaient les questions posées par l'exercice du pouvoir démocratique. Toutefois, la démocratie athénienne perdure jusqu'en 322 av. J.-C.

- Des philosophes comme Platon critiquent également ce régime en **dénonçant la participation des citoyens pauvres et non instruits de la politique qui se laissent manipuler par les démagogues.**

Aristophane (vers 445-386 av. J.-C.)

Auteur grec comique. S'inspirant de la vie politique d'Athènes et de ses acteurs, il tourne en dérision les hommes et les institutions. Ainsi dénonce-t-il, dans *Les Guêpes*, le fonctionnement des tribunaux alors que, dans *L'Assemblée des femmes*, il caricature les faiblesses du fonctionnement démocratique.

Vocabulaire

- **classes censitaires :** répartition des citoyens dans différents groupes en fonction de leurs richesses, chaque classe ayant des compétences et attributions spécifiques qui la distinguent des autres.
- **démagogue :** politicien qui, par son habileté à parler au peuple, parvient à le manipuler pour servir ses intérêts.
- **métèque :** étranger domicilié à Athènes pendant au moins un an. Ce statut lui confère certains droits, mais l'exclut de la citoyenneté.

@CTIVITÉ NUMÉRIQUE

■ Utiliser le numérique

Faire parler un personnage historique : Périclès

1. Téléchargez l'application Photospeak sur tablette ou smartphone. Elle permet de faire parler un personnage à partir d'une image.
2. En vous appuyant sur les pages 40-41, rédigez un texte à la première personne qui rende compte de la vie de Périclès. Il comportera au moins 3 dates et événements.
3. Enregistrez votre texte grâce à l'application, en utilisant l'image du buste de Périclès de la page 40.

	480 av. J.-C.	360 av. J.-C.
Citoyens	30 000	28 000
Femmes et enfants de citoyens	60 000	70 000
Métèques	10 000	47 000
Esclaves	35 000	80 000

1 L'évolution de la population d'Athènes aux Ve et IVe siècles av. J.-C.

C. Orrieux, P. Schmitt Pantel, *Histoire grecque*, PUF, 2004 ; M. Kaplan, *Le monde grec*, Bréal, 1995.

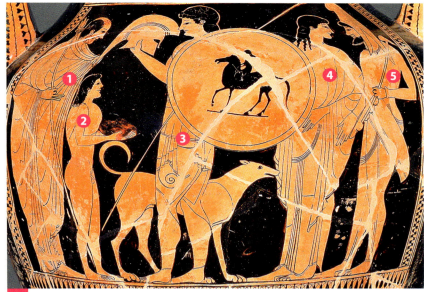

2 Une communauté aux statuts diversifiés

Vase attique à figures rouges, Ve siècle av. J.-C., musée du Louvre, Paris.

❶ Le père du citoyen.
❷ Un esclave apportant à son maître le foie d'un animal sacrifié aux dieux.
❸ Un citoyen dans sa tenue d'hoplite.
❹ La femme du citoyen.
❺ Un archer scythe, esclave public chargé de la police.

3 Les classes censitaires à Athènes

Classe	Cens	Rang social	Place dans la cité
Pentacosiomedimnes	> 500 médimnes[1]	Eupatrides (« bien nés »)	Toutes les fonctions politiques et de commandement militaire
Hippeis (cavaliers)	300 à 500 médimnes	Riches propriétaires	Cavalerie et magistratures
Zeugites	200 à 300 médimnes	Paysannerie moyenne	Hoplite et assemblées
Thètes	< 200 médimnes	Masse des pauvres	Rameurs et sièges à l'Ecclésia (exclus des autres au début)

1. Unité de mesure (volume) utilisée pour évaluer les quantités de denrées alimentaires. Le revenu foncier d'un citoyen est évalué en médimnes.

4 Le théâtre, un espace de critique du fonctionnement de la démocratie

À partir de 425 av. J.-C., le montant du misthos est revu à la hausse. Dès lors, nombreux sont les citoyens pauvres à vouloir être tirés au sort pour devenir juges.

Une fois entré au tribunal, je ne fais rien de ce que j'ai promis, mais j'écoute les accusés employer tous les tons pour obtenir l'acquittement. Parbleu ! Quelle flatterie ne
5 peut-on pas entendre quand on est juge ? Les uns geignent sur leur pauvreté et ils en rajoutent, les autres racontent des histoires ; tel autre plaisante pour me faire rire et me désarmer. Si rien de tout cela ne nous touche, il s'empresse de traîner ses marmots à la barre, filles et garçons,
10 en les prenant par la main, et moi j'écoute. N'est-ce pas là un grand pouvoir, et tourner en dérision la richesse ? Et le plus agréable de tout, j'avais oublié : c'est quand je rentre à la maison, avec mon salaire, et qu'alors à mon arrivée, tout le monde me fait risette à cause de l'argent. N'est-il pas ample mon pouvoir ? Ai-je à envier quelque chose à Zeus ?

D'après Aristophane, *Les Guêpes*, 422 av. J.-C.

Amphore attique, 2e moitié du VIe siècle av. J.-C.

QUESTIONS

1. Identifiez les groupes sociaux vivant à Athènes au Ve siècle av. J.-C. (**doc. 1 et 2**).
2. Montrez que les femmes et les esclaves participent aussi à la vie de la cité (**doc. 2**).
3. Quel critère permet de répartir les citoyens athéniens (**doc. 3 et 4**) ?
4. Montrez quelle est l'incidence d'une telle répartition sur la vie de la cité (**doc. 3 et 4**).

Bilan

À l'aide de vos connaissances et des **documents 1 et 2**, expliquez pourquoi on peut parler d'une citoyenneté exclusive à Athènes.

EXERCICES — Passé / Présent

Nos institutions démocratiques, héritières de l'Athènes antique

Dans quelle mesure les institutions athéniennes ont-elles influencé celles de la Ve République ?

1 L'égal accès à la parole publique

L'Assemblée (*Ecclésia*) formait le cœur battant de la démocratie athénienne. Certains citoyens s'y réunissaient pour délibérer en commun et voter les lois. Alors que la plupart des autres cités ne disposaient d'aucun lieu de réunion spécifique, les Athéniens décidèrent d'aménager la colline de la Pnyx. C'est là que quarante fois dans l'année, les assemblées se déroulaient. L'ordre du jour était fixé quatre jours à l'avance et affiché sur l'Agora. La séance commençait très tôt, et les citoyens s'asseyaient en demi-cercle faisant face aux orateurs juchés sur la tribune. On procédait alors à un sacrifice et à la purification de l'enceinte, avant qu'un héraut[1] n'ouvre la séance en demandant « Qui veut prendre la parole ? ». N'importe quel citoyen pouvait dès lors intervenir, en vertu d'un principe fondamental de la démocratie athénienne : l'accès égal à la parole publique. Couronnés de myrte, les orateurs soumettaient leur proposition tour à tour, la décision finale étant prise à la suite d'un vote à main levée, sous le contrôle des prytanes.

Vincent Azoulay, Athènes. *Citoyenneté* et *démocratie au Ve siècle av. J.-C.*, La Documentation Photographique, mai-juin 2016.

[1]. Responsable chargé d'encadrer et de surveiller le bon déroulement de la séance de l'Ecclésia.

2 Vote d'une loi par les députés de l'Assemblée nationale, au palais Bourbon

❶ **Député** : personne élue pour cinq ans à l'Assemblée nationale pour représenter les citoyens français. Il discute et vote les lois.

❷ **Les huissiers** : ils assurent la distribution des textes aux députés et la circulation du courrier durant les séances ; ils veillent au respect des règles d'accès à la salle.

❸ **La tribune de l'orateur.** Un signal lumineux clignote lorsque le temps de parole attribué à l'orateur est écoulé.

❹ **Le Président de l'Assemblée nationale** : il veille au bon déroulement de la séance et comptabilise les votes, soit à mains levées, soit par boîtier électronique.

❺ **Tribune** ouverte au public et à la presse.

❻ **Banc des membres du gouvernement** qui peuvent siéger pour prendre part aux discussions.

QUESTIONS

- Confronter le savoir acquis en histoire avec ce qui est entendu, lu, vécu
- Mettre en relation des faits de périodes différentes

1. Quelles sont les principales fonctions de l'Ecclésia athénienne ? Qui y siège **(doc. 1)** ?
2. Quelles sont les principales fonctions de l'Assemblée nationale ? Qui y siège **(doc. 2)** ?
3. Comment sont votées les décisions à l'Ecclésia et à l'Assemblée ? Quels peuvent être les avantages et les limites de cette pratique **(doc. 1)** ?
4. Quels éléments d'architecture et d'organisation de l'Assemblée nationale font référence à la démocratie athénienne ? À votre avis pourquoi ces références sont-elles présentes **(doc. 2)** ?
5. Montrez les différences entre l'Assemblée nationale et l'Ecclésia athénienne **(doc. 1 et 2)**.

Réaliser une carte mentale de synthèse

Carte mentale interactive
Carte mentale à télécharger et à compléter PDF

Sur votre cahier, en vous servant du modèle ci-dessous, construisez votre propre carte mentale de synthèse du chapitre.

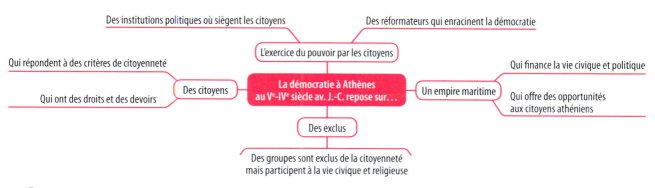

Boîte à outils

- Reprenez les éléments de votre cours et listez-les de manière simple.
- Inspirez-vous des questions proposées pour repérer des éléments clés dans votre cours.
- Identifiez les personnages-clés, les lieux, les institutions au cœur de la démocratie par un code couleur.
- Complétez alors la carte mentale afin qu'elle reprenne l'ensemble des éléments repérés.

Bac contrôle continu — 1. Analyse d'une céramique

■ **CAPACITÉS** : Savoir lire, comprendre et apprécier un document iconographique

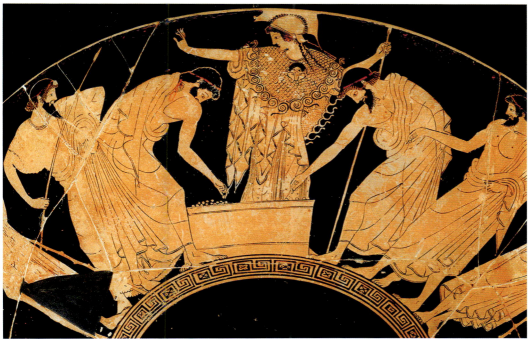

Athéna veille sur un tirage au sort

Coupe attique à figures rouges, vers 480 av. J.-C., Kunsthistorisches Museum, Vienne.

Athéna, divinité protectrice de la ville, est représentée armée. Le tirage au sort est interprété par les Athéniens comme la réalisation de la volonté des dieux.

CONSIGNE

Comment la pratique démocratique se vit-elle à Athènes ?

AIDE POUR CONSTRUIRE L'ANALYSE

1. Quelle catégorie de personnes pratique le tirage au sort ?
2. Pourquoi le tirage au sort est-il considéré comme une pratique démocratique ?
3. Décrivez l'attitude d'Athéna et déduisez-en son rôle. Expliquez sa présence sur cette représentation.

EXERCICES — Bac contrôle continu — 2. Analyse d'un texte
Méthode : Identifier et présenter un document

■ **CAPACITÉS** : Procéder à l'analyse critique d'un document selon une approche historique — Mettre un événement ou une figure en perspective

CONSIGNE : Dans quelle mesure Athènes peut-elle être présentée par Périclès comme un modèle politique ?

ÉTAPE 1 — Identifier le document

L'identification du document est indispensable pour réussir son analyse. Rigoureuse et méthodique, elle permet de cerner le sens général du document. Il est nécessaire tout d'abord de repérer toutes les informations complémentaires qui permettent d'éclairer la compréhension du document, ici pour le texte proposé, ce que l'on appelle le paratexte. Prendre en compte ces informations complémentaires permet d'éviter les contresens.

Vocabulaire
- **paratexte** : ensemble des éléments textuels accompagnant une œuvre écrite.

Titre du document (à trouver, à la fin de l'étape 2)

Dans cet extrait de l'oraison funèbre prononcée en l'honneur des morts de la première année de la guerre du Péloponnèse (été 430 av. J.-C.), Périclès fait l'éloge d'Athènes. Les Athéniens sont dans une situation difficile : assiégés par les Spartiates,
5 *ils doivent aussi subir les ravages de la peste.*

Du fait que l'État, chez nous, est administré dans l'intérêt de la masse et non d'une minorité, notre régime a pris le nom de démocratie. En ce qui concerne les différends particuliers, l'égalité est assurée à tous par les lois ; mais en
10 ce qui concerne la participation à la vie publique, chacun obtient la considération en raison de son mérite, et la classe à laquelle il appartient importe moins que sa valeur personnelle ; enfin nul n'est gêné par la pauvreté ni par l'obscurité de sa condition sociale, s'il peut rendre des services
15 à la cité. La liberté est notre règle dans le gouvernement de la république et, dans nos relations quotidiennes, la suspicion n'a aucune place […] La contrainte n'intervient pas dans nos relations particulières ; une crainte salutaire nous retient de transgresser les lois de la république ;
20 nous obéissons toujours aux magistrats et aux lois, et, parmi celles-ci, surtout à celles qui assurent la défense des opprimés et qui, tout en n'étant pas codifiées, infligent à celui qui les viole un mépris universel. En outre pour dissiper tant de fatigues, nous avons ménagé à l'âme des
25 délassements fort nombreux ; nous avons institué des jeux et des fêtes qui se succèdent d'un bout de l'année à l'autre, de merveilleux divertissements particuliers dont l'agrément journalier bannit la tristesse. L'importance de la cité y fait affluer toutes les ressources de la terre et nous
30 jouissons aussi bien des productions de l'univers que de celles de notre pays.

Thucydide, *Histoire de la Guerre du Péloponnèse*, II, chapitres 36-37, éditions GF, 1966.

[Auteur] [Titre de l'ouvrage] [Éditeur] [Date d'édition]

Membre d'une famille noble d'Athènes, **Thucydide** (460-395 av. J.-C.) est élu stratège au milieu des années -420. Un échec militaire en -424 lui vaut d'être exilé. C'est alors qu'il se consacre à sa tâche d'historien. Son *Histoire de la Guerre du Péloponnèse* couvre la période comprise entre -431 et -411. Il rapporte des faits qu'il a pu voir et a eu la possibilité d'interroger des témoins directs.

ÉTAPE 2 — Présenter le document

Présenter un document correspond à un ensemble d'étapes qui consistent à préciser :

- **Sa nature** : ici, un texte. Il peut s'agir d'un texte officiel, littéraire, scientifique, religieux, journalistique ou politique. La nature permet de s'interroger sur les destinataires et l'intention de l'auteur. Quand il s'agit d'un document reconstitué, il faut indiquer la ou les sources. *Quelle est la nature du document ?*
- **Son auteur et sa fonction** : *L'auteur est-il connu ou anonyme ? Quelle est sa fonction ou son statut au moment de la rédaction ? Est-il contemporain des faits rapportés ?*
- **Sa date** : la date ici n'est pas précisée. Faites attention à ne pas confondre la date des événements rapportés par le document et la date d'édition, date à laquelle le document est reproduit dans un ouvrage qui peut être différent. Mais il ne suffit pas de citer la date du document sans la mettre en relation avec la situation historique étudiée. Il faut alors préciser…
- **Son contexte** : ce terme désigne l'ensemble des circonstances dans lesquelles se déroule un événement en histoire. C'est une bonne connaissance de votre cours qui vous permet de le trouver : *L'auteur est-il contemporain des faits qu'il rapporte ? Quels sont ces faits ? Comment a-t-il pu les connaître ?*
- **Son information principale ou son sujet** : il s'agit du thème abordé par le document. *Qui Thucydide fait-il parler ? Quelle est sa fonction à cette date ? De quoi parle-t-il ? Comment présente-t-il la cité d'Athènes ?*
- Donnez un titre à ce document.

Bac contrôle continu — 3. Analyse de deux documents iconographiques : Athènes, une cité unie autour de ses dieux

■ **CAPACITÉS :** Employer les notions et le lexique acquis en histoire à bon escient – Savoir lire, comprendre et apprécier un document iconographique

1 **La frise des Panathénées, la cité en représentation**

Ce bas-relief est un fragment de la frise des Panathénées, réalisée par Phidias, à la demande de Périclès, entre 447 et 432 av. J.-C. Lors de la fête du même nom, des jeunes filles issues de l'aristocratie, les Ergastines, sont chargées d'apporter le péplos à Athéna, une tunique qu'elles ont tissée et brodée.

Plaque dite des « Ergastines », fragment de la frise est du Parthénon d'Athènes, entre 445 et 438 av. J.-C., 96 cm x 207 cm x 12 cm, marbre du Pentélique, musée du Louvre, Paris.

2 **Athéna, la déesse tutélaire d'Athènes**

Athéna ❶ fait face au démos ❷ placé de part et d'autre d'un olivier ❸.
Sur la partie inférieure apparaissent les comptes des trésoriers du Parthénon pour l'organisation des fêtes en l'honneur d'Athéna.

Stèle dite « marbre Choiseul », vers 409-405 av. J.-C., marbre, 116 cm × 77 cm × 19 cm, marbre pentélique, musée du Louvre, Paris.

CONSIGNE

Montrez comment les œuvres présentées témoignent du fait qu'Athènes est une cité unie autour de ses dieux.

AIDE POUR CONSTRUIRE L'ANALYSE

1. Comment les Athéniens mettent-ils en scène leurs croyances religieuses (doc. 1 et 2) ?
2. Qu'est-ce qui témoigne de l'importance des lieux dédiés à la religion à Athènes (doc. 1 et 2) ?
3. Comment les sculptures montrent-elles la participation de l'ensemble de la communauté athénienne aux fêtes religieuses de la cité (doc. 1 et 2) ?

RÉVISION La Méditerranée antique, l'empreinte grecque

Schéma interactif
Schéma à télécharger et à compléter

Schéma bilan

Athènes et la démocratie dans le monde grec

Une démocratie de citoyens qui repose sur l'Ecclésia et des magistrats élus et/ou tirés au sort.

Un « élan démocratique » lié aux réformes de Périclès, au dynamisme culturel de la cité et aux débats générés par le fonctionnement de la démocratie.

Le modèle démocratique athénien (VIe – IVe siècles av. J.-C.).

Une démocratie en questions.

Une conception restrictive de la citoyenneté : être né de père et mère athéniens (-451).

Une concentration des pouvoirs entre les mains des citoyens les plus aisés et des plus influents.

Une conception exclusive de la citoyenneté : marginalisation des femmes, des métèques, etc.

Je connais les dates importantes

- **-495/-429 av. J.-C. :** vie de Périclès
- **-490/-480 :** guerres Médiques
- **-454 :** mise en place de la misthophorie
- **-451 :** réforme de la citoyenneté
- **-443/-429 :** Périclès élu stratège
- **-431/-404 :** guerre du Péloponnèse

Je maîtrise les notions et le vocabulaire essentiels

- Agora
- Clérouquie
- Démocratie
- Ecclésia
- Ephébie
- Hoplite
- Ligue de Délos
- Liturgie
- Magistrat
- Métèque
- Ostracisme

Ne pas confondre !

- **Démocratie :** ce terme d'origine grecque signifie : « le pouvoir au peuple ». C'est donc un régime politique dans lequel les citoyens ont le pouvoir, même si ce n'est pas la totalité de la population, comme c'est le cas à Athènes. Pour qu'il y ait une véritable démocratie, il faut qu'il y ait des élections et que le droit de vote soit étendu à une partie importante de la population.
- **République :** régime politique dans lequel la souveraineté n'appartient pas à une personne unique (comme dans une monarchie ou un empire), mais au « peuple », représenté par le biais d'assemblées ou de personnes élues. Si la majorité des républiques sont démocratiques, ce n'est pas le cas si, par exemple, des élections libres ne sont pas organisées régulièrement.

AUTOÉVALUATION

Fiche d'autoévaluation à réaliser sur votre cahier ou sur une feuille.

⬇ Fiche d'autoévaluation à télécharger et à compléter PDF

OBJECTIF 1 — **Maîtriser des repères chronologiques**

■ **CAPACITÉ :** identifier et nommer les périodes historiques, les continuités et ruptures chronologiques

Sur votre cahier, reproduisez la frise chronologique ci-dessous et placez-y les repères suivants :
- a. les dates de la vie de Périclès
- b. la réforme de la citoyenneté de Périclès
- c. la durée de la démocratie à Athènes
- d. la date des réformes de Clisthène

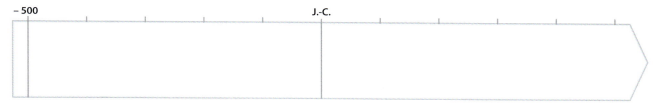

– 500   J.-C.

■ **CAPACITÉ :** identifier et expliciter les dates et acteurs clés des grands événements

Expliquez ensuite en quelques mots les 4 événements cités ci-dessus.

OBJECTIF 2 — **Maîtriser des repères spatiaux**

■ **CAPACITÉ :** nommer et localiser les grands repères géographiques

Dans un court paragraphe, situez géographiquement Athènes, puis expliquez ce qui caractérise la démocratie athénienne à l'époque de Périclès.

■ **CAPACITÉ :** mettre un événement ou une figure en perspective.

Dans un court paragraphe, expliquez quel est l'impact des réformes de Périclès sur le fonctionnement de la démocratie à Athènes, au Ve siècle av. J.-C.

OBJECTIF 3 — **Réaliser sa fiche de révision**

■ **CAPACITÉ :** employer les notions et le lexique acquis en histoire à bon escient

- Noter les mots-clés du chapitre (liste ci-contre dans la partie révision) avec leur définition précise.
- Indiquer pour chaque partie du cours :
  - Les éléments importants (dates, personnages, notions).
  - Les grandes idées (faits historiques, causes, conséquences, etc.).
  - Savoir expliquer : ce qu'est Athènes à l'époque classique – ce qu'est la démocratie – le rôle de Périclès à Athènes – le fonctionnement de la démocratie athénienne – les limites de la démocratie athénienne.

Pour aller plus loin

 À VOIR

- *Athènes au temps de Périclès*, dans la série, *Les civilisations disparues* de la chaîne Planète + : documentaire qui présente l'histoire d'Athènes à l'époque de Périclès et de « l'Âge d'or » de la cité.

 À LIRE

- *Démocratie*, d'Alecos Papadatos, Annie Di Donna et Abraham Kawa, Vuibert, 2015 : bande dessinée qui relate les aventures du jeune Léandre au début de l'ère démocratique, dans l'Athènes du Ve siècle av. J.-C.
- *Périclès : la démocratie athénienne à l'épreuve du grand homme*, de Vincent Azoulay, Armand Colin, 2e éd., 2016.

 À ÉCOUTER ⬇ lien internet

- « Le Siècle de Périclès », *2 000 ans d'histoire*, France Inter, Patrice Gélinet, podcast pour réécouter l'émission.

CHAPITRE 2
La Méditerranée antique, l'empreinte romaine

🕊 **Comment l'Empire romain a-t-il contribué à l'unification de la Méditerranée et à la diffusion du christianisme ?**

RESSOURCES NUMÉRIQUES DU CHAPITRE
Site collection : lycee.hachette-education.com/hg/histoire-2de

1 **Statue dite du « colosse de Barletta » représentant probablement l'empereur Valentinien (364-375)**

Colosse de Barletta, statue en bronze, basilique du Saint-Sépulcre de Barletta, Italie.

❶ Croix (symbole chrétien). ❷ Globe (universalité de l'Empire romain). ❸ Tunique militaire.

❯ Montrez que cette statue témoigne du rôle politique et religieux de l'empereur au sein de l'Empire romain.

Jésus-Christ	50	100	150	200	250	300	350	400	450

27 av. J.-C. à 14 Règne d'Auguste
97-117 Règne de Trajan
306 à 337 Règne de Constantin
378-476 Invasions barbares

- **27 av. J.-C.** Début de l'Empire
- **Vers 30** Mort de Jésus
- **100** Fondation de **Timgad** (Afrique romaine)
- **212** Édit de Caracalla
- **313** Édit de Milan
- **380** Édit de Thessalonique
- **395** Partage de l'Empire
- **476** Fin de l'Empire

IIe siècle Construction du *limes*

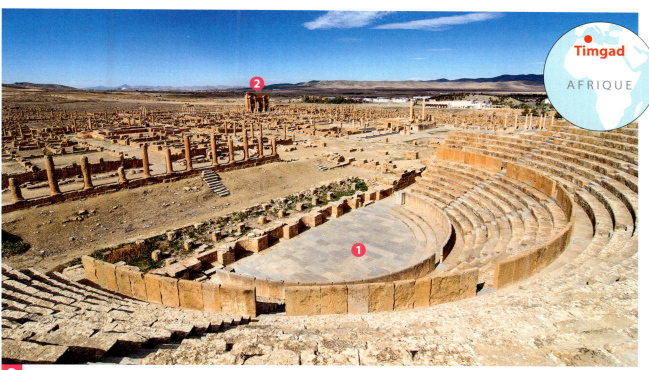

2 L'ancienne colonie romaine de Timgad (Algérie)

Timgad fut créée par Trajan en 100 apr. J.-C. Colonie prospère, Timgad devait être un symbole de la grandeur romaine en Afrique du Nord. Le plan de la ville et son architecture reflètent l'implantation de la culture romaine en Afrique du Nord antique.

❶ Cirque. ❷ Arc de triomphe.

> Quelle empreinte Rome a-t-elle laissée au sein des territoires de l'Empire ?

FICHE D'OBJECTIFS DU CHAPITRE 2

Pour commencer
Vidéo

Un extrait de l'émission *Le Dessous des cartes* – « Occident, l'empire du soleil couchant ? »
Minutage : 2'29" à 3'52".

Questions à aborder

> Comment Octavien a-t-il progressivement imposé son autorité pour établir un nouveau régime, l'Empire ?
> Comment Rome a-t-elle construit un empire territorial immense unifiant différents peuples ?
> Quelles furent les conséquences de l'apparition du christianisme pour l'Empire romain ?

Notions
- christianisme
- empereur
- empire
- principat

Personnages-clés

Auguste (63 av. J.-C.-14 ap. J.-C.), empereur romain

Constantin (272-337 ap. J.-C), empereur romain

Jésus (vers 4 av. J.-C.-vers 30), prophète juif à l'origine du christianisme

Paul de Tarse (vers 10 av. J.-C.-vers 65), diffuse le christianisme dans l'Empire romain

REPÈRES 1 — Rome, l'empereur et l'Empire romain (du Ier au IVe siècle)

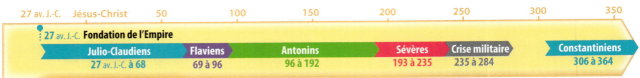

27 av. J.-C. **Fondation de l'Empire**

- **Julio-Claudiens** 27 av. J.-C. à 68
- **Flaviens** 69 à 96
- **Antonins** 96 à 192
- **Sévères** 193 à 235
- **Crise militaire** 235 à 284
- **Constantiniens** 306 à 364

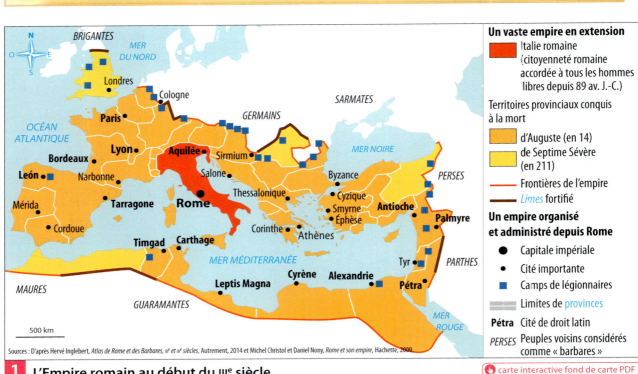

Un vaste empire en extension
- Italie romaine (citoyenneté romaine accordée à tous les hommes libres depuis 89 av. J.-C.)

Territoires provinciaux conquis à la mort
- d'Auguste (en 14)
- de Septime Sévère (en 211)
- Frontières de l'empire
- *Limes* fortifié

Un empire organisé et administré depuis Rome
- ● Capitale impériale
- • Cité importante
- ■ Camps de légionnaires
- Limites de provinces

Pétra Cité de droit latin
PERSES Peuples voisins considérés comme « barbares »

Sources : D'après Hervé Inglebert, *Atlas de Rome et des Barbares, IIIe et IVe siècles*, Autrement, 2014 et Michel Christol et Daniel Nony, *Rome et son empire*, Hachette, 2009.

1 L'Empire romain au début du IIIe siècle

1. Colisée.
2. Forums impériaux.
3. Circus Maximus.
4. Maison d'Auguste.
5. Thermes de Trajan.
6. Temple de Claude.
7. Temple de Vénus et de Rome.

2 La Rome impériale

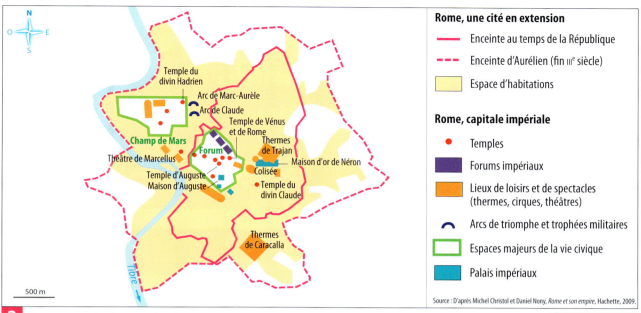

3 Rome, capitale impériale

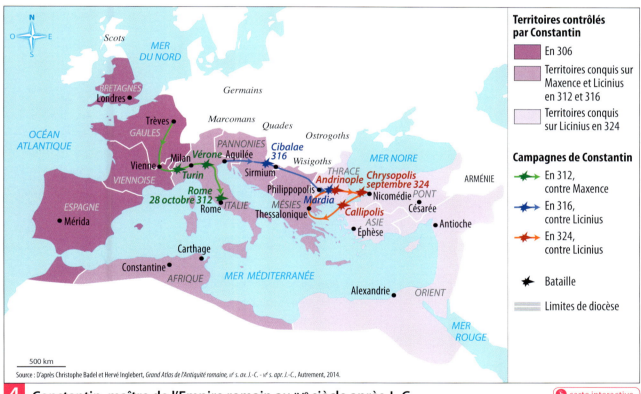

4 Constantin, maître de l'Empire romain au IVe siècle après J.-C.

QUESTIONS

1. Expliquez comment les empereurs ont conquis et géré l'Empire romain entre le Ier et IIIe siècle après J.-C. **(doc. 1)**.
2. Montrez que les empereurs ont laissé leur marque sur le paysage de Rome **(doc. 2 et 3)**.
3. Identifiez les crises qui touchent l'Empire romain au IVe siècle après J.-C. puis expliquez comment Constantin parvient à restaurer la stabilité **(doc. 4)**.

Vocabulaire

- **limes** : système de défense et de fortification de certaines frontières de l'Empire romain.
- **province** : région de l'Empire administrée par Rome.

CHAPITRE 2 • La Méditerranée antique, l'empreinte romaine

REPÈRES 2 — L'Empire romain, espace de la diffusion du christianisme (du Iᵉʳ au IVᵉ siècle)

1 L'évolution du statut du christianisme entre le Iᵉʳ et le IVᵉ siècle

- Vers 4 av. J.-C. à vers 30 : Vie de Jésus
- 45 à 61 : Voyage de Paul (diffusion du christianisme)
- 60 à 100 : Mise par écrit des Évangiles
- 306 à 337 : Règne de Constantin
- 313 : Édit de Milan
- 380 : Édit de Thessalonique
- Christianisme persécuté / Christianisme autorisé / Christianisme religion officielle

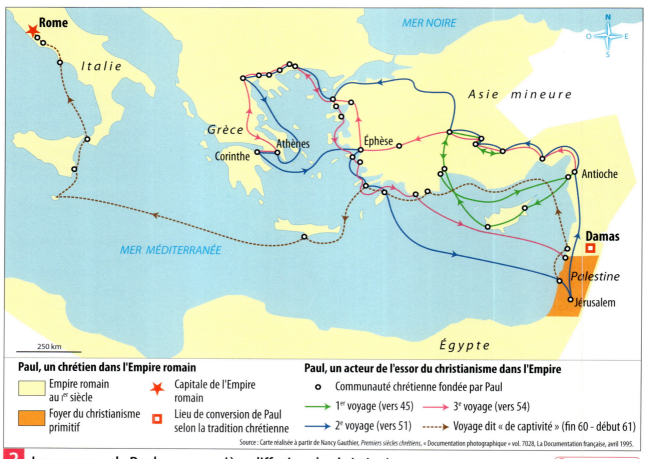

Paul, un chrétien dans l'Empire romain
- Empire romain au Iᵉʳ siècle
- Foyer du christianisme primitif
- ★ Capitale de l'Empire romain
- □ Lieu de conversion de Paul selon la tradition chrétienne

Paul, un acteur de l'essor du christianisme dans l'Empire
- ○ Communauté chrétienne fondée par Paul
- 1ᵉʳ voyage (vers 45)
- 2ᵉ voyage (vers 51)
- 3ᵉ voyage (vers 54)
- Voyage dit « de captivité » (fin 60 - début 61)

Source : Carte réalisée à partir de Nancy Gauthier, *Premiers siècles chrétiens*, « Documentation photographique » vol. 7028, La Documentation française, avril 1995.

2 Les voyages de Paul, une première diffusion du christianisme

Paul de Tarse (vers 10 av. J.-C.-vers 65)

Juif et citoyen romain, Paul se convertit au christianisme. Il voyage dans l'Empire romain pour établir des communautés chrétiennes. Il fut victime des premières **persécutions**.

Vocabulaire

- **christianisme** : à partir du Iᵉʳ siècle, religion reposant sur l'enseignement de Jésus, considéré par les chrétiens comme le Christ, c'est-à-dire l'envoyé de Dieu sur terre, le Messie en hébreu.
- **persécutions** : ensemble de mesures, parfois violentes, visant à opprimer avec acharnement une personne ou un groupe d'individus.

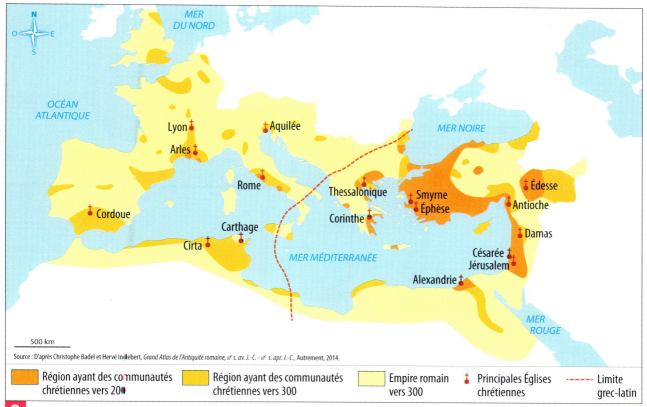

3 La naissance et la diffusion des principales communautés chrétiennes dans l'Empire romain

Légende :
- Région ayant des communautés chrétiennes vers 200
- Région ayant des communautés chrétiennes vers 300
- Empire romain vers 300
- Principales Églises chrétiennes
- Limite grec-latin

 carte interactive fond de carte PDF

4 Rome au IVᵉ siècle, symbole du polythéisme romain

Tout au long du IVᵉ siècle, les empereurs romains facilitent l'édification de lieux de culte chrétiens, notamment en dehors de Rome, à proximité des catacombes (lieux de sépultures chrétiennes).

QUESTIONS

1. Justifiez l'affirmation suivante : « L'Empire romain a été un espace de diffusion du christianisme dans le bassin méditerranéen » **(doc. 2, 3 et 4)**.

2. Identifiez précisément les différentes phases de la diffusion du christianisme à partir du Iᵉʳ siècle et présentez, pour chacune d'entre elles, un acteur précis de cette diffusion **(doc. 1 et 2)**.

3. Montrez qu'au IVᵉ siècle Rome est une ville qui symbolise le brassage religieux dans l'Empire romain **(doc. 2, 3 et 4)**.

CHAPITRE 2 • La Méditerranée antique, l'empreinte romaine

ÉTUDE → LEÇON 1

Auguste, fondateur de l'Empire romain

POINT DE PASSAGE ET D'OUVERTURE

Prétendant mettre un terme aux guerres civiles et restaurer la République romaine, Auguste instaura une nouvelle pratique du pouvoir à Rome dont le *princeps* fut l'incarnation et la principale source des prises de décisions. Son arrivée au pouvoir en 27 avant J.-C. et la fondation d'une dynastie de *princeps* sont considérées comme une rupture avec l'ancienne République et marquent le début de l'Empire romain.

Comment Auguste fonda-t-il un régime politique original à Rome ?

Auguste (63 av. J.-C.-14 ap. J.-C.)

Fils adoptif de Jules César, Octavien prend le nom d'Octave après la victoire de Mutina en 43 av. J.-C. contre les assassins de Jules César. Après avoir vaincu son rival Marc Antoine, il mit un terme aux guerres civiles à Rome. En 27 av. J.-C., il devient Auguste et met en place l'Empire.

1 Auguste et la refonte des institutions de la République

Les institutions romaines	Sous la République	Sous le Principat
Les comices (assemblées du peuple)	– Ils votent les lois. – Ils élisent les magistrats.	**Nouveauté :** les candidats sont présentés par l'empereur.
Les magistrats	– Ils sont élus pour un an. – Ils détiennent les pouvoirs exécutif et militaire (dont l'*imperium* pour les deux consuls).	**Nouveautés :** – de nouveaux magistrats sont nommés par l'empereur. – l'empereur est consul à vie (magistrat suprême à Rome qui contrôle les armées et exerce le pouvoir politique).
Le Sénat	– Il donne son avis sur des projets de loi avant les comices (sénatus-consultes). – gère les finances. – Il attribue les commandements militaires.	**Nouveauté :** l'empereur peut convoquer le Sénat quand il le souhaite.
L'empereur		Les pouvoirs de l'empereur : – il a la puissance tribunitienne (il est sacré et il a un droit de veto) – il a le pouvoir des consuls et il est chef des légions – il est grand pontife (chef de la religion) – il est *princeps* (il s'exprime en premier au Sénat)

Catherine Virlouvet, « Une révolution tranquille », *L'Histoire*, n°395, janvier 2014, p. 46-55.

2 La monnaie au service de la propagande impériale

❶ Buste d'Octave entouré des surnoms de César et d'Auguste (titre accordé à Octave par le Sénat en 27 av. J.-C. en remerciement des actes accomplis pour rétablir la paix et sauver la République).
❷ Char conduit par Octave, chef de guerre triomphant et conquérant.
❸ Devise et emblème de la République romaine.

Avers : Denier d'argent, Colonia Patricia (Cordoue, Espagne), 19-18 av. J.-C.
Revers : Denier d'argent, Colonia Patricia (Cordoue, Espagne), 19-18 av. J.-C.

Vocabulaire

- **Auguste :** titre honorifique emprunté au vocabulaire religieux.
- ***imperium* :** pouvoir de commander.
- ***princeps* :** terme désignant le « premier du Sénat », titre porté par les empereurs romains.
- **Principat :** régime politique fondé par Auguste dans lequel l'empereur domine la vie politique tout en respectant les institutions républicaines.

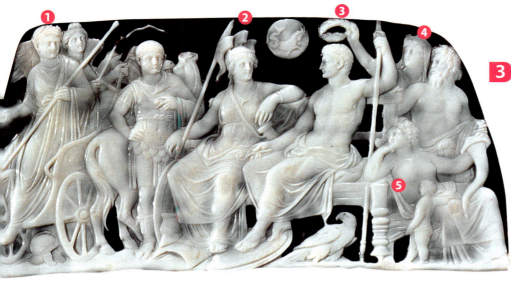

3 Auguste, fondateur d'une dynastie d'empereurs romains

❶ Tibère (successeur d'Auguste).
❷ La déesse Rome.
❸ Auguste.
❹ Oikoumène (la Terre habitée).
❺ La déesse Cérès (prospérité).

Gemma Augustea, camée en onyx, début du Ier siècle, 19 x 23 cm, Kunsthistorisches Museum, Vienne.

4 La mise en place du culte impérial

Bons, bénis et heureux soient l'empereur César Auguste, fils de César divinisé, père de la Patrie, pontife suprême, revêtu de la puissance tribunitienne, son épouse, ses enfants et sa lignée, le Sénat et le peuple romain. Le peuple de
5 Narbonne s'est engagé à honorer sa puissance divine par un culte perpétuel. Le peuple de Narbonne a placé sur le forum un autel, auprès duquel, chaque année le neuvième jour avant les calendes d'octobre[1], jour où le bonheur du siècle l'a fait naître pour gouverner le monde habité, trois
10 chevaliers romains recommandés par la plèbe[2] et trois affranchis immoleront individuellement des victimes et à leurs frais, ce jour-là, assureront l'encens et le vin aux colons et aux domiciliés pour adresser des prières à sa puissance divine ; [...] le septième jour avant les ides de janvier[3] également, jour où il a inauguré son pouvoir sur
15 le monde habité, ils adresseront leurs prières par l'encens et le vin, ils immoleront individuellement des victimes, et ce jour ils assureront au peuple l'encens et le vin.

D'après une inscription de l'autel dédié à Auguste, Narbonne, province de Gaule narbonnaise, 4 ap. J.-C.

1. Le 23 septembre, jour anniversaire de la naissance d'Auguste.
2. La plèbe est la catégorie la plus nombreuse du peuple romain. Elle est distincte des patriciens qui appartiennent à la classe privilégiée traditionnelle.
3. Pour célébrer le jour où Octave reçut du Sénat le titre d'Auguste et un *imperium* de dix ans en 27 av. J.-C.

ANALYSE DE DOCUMENTS

Parcours 1
J'ai besoin d'un peu d'aide

- Identifier et expliciter les dates et acteurs clés des grands évènements
- Mettre une figure en perspective

1. Identifiez les événements célébrés lors du culte impérial **(doc. 4)**.
2. Sur votre cahier, complétez le schéma ci-dessous **(doc. 1 et 3)**.

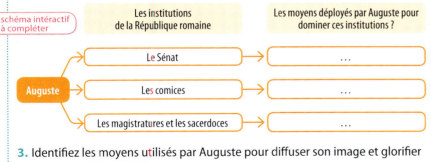

3. Identifiez les moyens utilisés par Auguste pour diffuser son image et glorifier ses actions **(doc. 2 à 4)**.

Bilan À l'aide des **documents 1 et 3**, expliquez comment Auguste a fondé un nouveau régime politique à Rome tout en s'appuyant sur les institutions républicaines.

Parcours 2
Je me débrouille seul(e)

- Utiliser une approche historique pour mener une analyse ou construire une argumentation
- Mettre un événement ou une figure en perspective

Consigne : À l'aide des **documents 1 et 4**, montrez que l'empereur Auguste met en place un régime où il domine et contrôle les institutions politiques romaines.

TRAVAIL DE L'HISTORIEN

ÉTUDE → LEÇON 1

Le Principat d'Auguste, un nouveau régime politique ?

POINT DE PASSAGE ET D'OUVERTURE

En 27 av. J.-C. Auguste impose un pouvoir personnel en continuant de gouverner avec le Sénat romain. Ce régime annonce l'avènement de l'Empire.

Comment s'effectue la transition entre République et Empire ?

Le contexte historique

47-44 av. J.-C. : Dictature de César.

44 av. J.-C. : Mort de César.

44-31 av. J.-C. : Guerre civile, victoire d'Octave sur Marc Antoine et Lépide.

27 av. J.-C. : Octave cumule les plus grandes fonctions au sein de la République et prend le nom d'Auguste.

Statue d'Auguste (2,04 m de hauteur) dite de Prima Porta.
Source : Vers 20 av. J.-C., musée du Vatican, Rome.

1 DOCUMENT SOURCE — Les *Res Gestae*, un bilan du règne d'Auguste

Cette inscription, rédigée par Auguste lui-même, présente un bilan de son action à la fin de sa vie.

Âgé de dix-neuf ans, j'ai levé une armée de mon propre chef et à mes propres frais, grâce à laquelle j'ai rendu sa liberté à l'État. Ce pour quoi le Sénat m'a admis en son sein, me donnant aussi le pouvoir des magistrats supérieurs. Ayant voté le décret déclarant la patrie en danger, il m'a ordonné de veiller à son application. J'ai été vingt et une fois acclamé « imperator ». Pour les campagnes terrestres et navales entreprises par moi-même ou mes officiers, campagnes couronnées de succès, le Sénat a décrété cinquante-cinq fois des actions de grâces envers les dieux immortels. J'ai exercé treize fois le consulat, et j'étais dans ma trente-septième année de puissance tribunitienne. J'ai été triumvir[1] chargé de réformer les institutions de l'État pendant dix années consécutives. Au jour où j'écris ces lignes, j'ai été le *princeps*[2] pendant quarante ans. J'ai été grand pontife[3].

D'après Auguste, *Res Gestae divi Augusti*, vers 14.

1. Charge partagée par trois personnes.
2. Terme honorifique très prestigieux.
3. Charge la plus élevée de la religion publique romaine.

2 L'ANALYSE DE L'HISTORIENNE — Auguste, réformateur républicain ou fondateur de l'Empire ?

Le *princeps*, c'est-à-dire le premier d'entre les citoyens romains, concentrait entre ses mains un ensemble de pouvoirs issus des institutions républicaines mais qui n'avaient jamais été détenus par une même personne ni aussi longtemps. Qu'on en juge plutôt : en 14 ap. J.-C., Auguste possède un *imperium* (un pouvoir militaire) étendu à l'ensemble de l'Empire romain. Contrairement à ce qui prévalait sous la République, il le conserve même lorsqu'il se trouve dans l'enceinte de Rome, où il est autorisé à faire usage des mêmes insignes du pouvoir que les consuls, premiers magistrats de la cité. (…)

Mais Auguste eut le souci de ne pas mettre ce caractère novateur en avant, il insista bien davantage sur les pouvoirs exorbitants qu'il avait refusés : la dictature, le consulat perpétuel, le droit de prendre des décisions ayant valeur de loi. En fait, les pouvoirs qu'il exerça étaient issus des institutions républicaines, il les tenait du sénat et du peuple. Il l'affirma avec insistance dans les *Res Gestae* : ce ne sont pas ces pouvoirs qui firent de lui le *princeps*, mais bien l'autorité qui émanait de sa personne, une autorité qu'il revendique avec fierté.

Catherine Virlouvet, « Une révolution tranquille », *L'Histoire*, n°395, janvier 2014.

S'INITIER AU TRAVAIL DE L'HISTORIEN

- Construire et vérifier des hypothèses sur une situation historique
- Procéder à l'analyse critique d'un document selon une approche historique

A L'historien commence par définir le contexte historique

1. Précisez le nom et les fonctions de l'auteur du texte et le personnage dont il est question dans celui-ci **(doc. 1)**.
2. Dans quelle mesure le contexte évoqué par l'auteur permet-il de comprendre les éléments soulignés **(doc. 1 et 2)** ?

B L'historien confronte la source à ce contexte

3. Listez et présentez les différentes fonctions de l'auteur du texte afin de montrer que celles-ci s'inscrivent bien dans le contexte de la République romaine **(doc. 1)**.
4. Pourquoi les *Res Gestae* sont-ils un instrument à la gloire de l'auteur **(doc. 1 et 2)** ?

C L'historien interprète la source

5. À l'aide de ce document, expliquez par quels moyens s'est progressivement mis en place l'Empire à partir de 27 av. J.-C. **(doc. 2)**.

Constantin et la réorganisation de l'Empire romain

Au Ve siècle, l'Empire est menacé de l'extérieur et en proie à des rivalités internes. Le règne de Constantin va permettre de résoudre ces crises.

Le bilan du règne de Constantin

Comparons l'état présent de nos affaires avec le passé, et reconnaissons l'heureux changement qui est survenu. Autrefois ceux qui avaient entre les mains l'autorité souveraine, et qui prenaient un grand soin du culte de la multitude des dieux, ont marché à la tête de leurs armées et ont porté pour enseignes les images des morts.
5 Mais notre empereur a défait les impies et les démons. Il a reconnu à l'heure même la grâce que Dieu lui avait faite de favoriser ses armes, et lui a rendu la gloire de sa victoire[1]. Il a enseigné aux autres à mettre leur espérance non dans la force de leurs armes, mais dans la protection de Dieu, qui est le dispensateur de la victoire. Il leur a prescrit la méthode de prier et à porter leur esprit jusqu'à Dieu, pour l'invoquer comme
10 le Dieu des armées, comme l'arbitre des combats, comme le protecteur de ceux qui le servent. Il a fait de son palais une église où il adore le Sauveur, et où il se nourrit des vérités de l'Écriture. Il a bâti des églises avec une magnificence convenable à un grand Prince. Notre empereur a élevé bientôt après dans la ville de son nom, et dans plusieurs autres, des églises plus magnifiques que celles qui avaient été démolies.

D'après Eusèbe de Césarée, *Louange à Constantin ou discours pour les trente ans de règne*, 325.

1. Référence aux victoires remportées par Constantin contre les autres empereurs Maxence (en 312) et Licinius (en 324).
2. Constantin fit bâtir une nouvelle capitale en Orient : Constantinople.

Constantin Ier (272-337)

Proclamé empereur en 306, il réunit sous son autorité la totalité de l'Empire à partir de 312. Son règne personnel correspond à une politique réformatrice dans de nombreux domaines, dont la religion. Il impose la liberté religieuse qui met un terme aux persécutions des chrétiens (313). Il facilite ensuite la pratique et la diffusion du christianisme. En 330, il fonde une nouvelle capitale, Constantinople : il envisage d'en faire la nouvelle Rome chrétienne.

CONSIGNE

Après avoir présenté le document et précisé le contexte, montrez que l'auteur dresse un bilan positif du règne de Constantin pour l'Empire et l'Église chrétienne.

AIDE POUR CONSTRUIRE L'ANALYSE

1. Comment Constantin a-t-il réussi à rétablir l'ordre dans l'Empire romain ?
2. Quel rôle l'empereur a-t-il joué dans le développement de l'Église chrétienne ?

MÉTHODE : Analyse d'un document

→ Méthode générale de l'analyse de document, p. 12

1 **Lire et comprendre la consigne**
- Analysez la consigne en repérant les verbes.
- Étudiez bien les questions posées pour répondre plus facilement à la consigne.

2 **a. Travailler au brouillon pour organiser son analyse**
- **1er paragraphe :** Présentez le document (auteur, contexte, partialité ou non de l'auteur, etc.).
- **2e paragraphe :** Expliquez comment Constantin a assuré son contrôle de l'Empire romain.
- **3e paragraphe :** Montrez le rôle que Constantin a joué dans la montée en puissance de l'Église chrétienne dans l'Empire romain.

b. Rédiger la réponse organisée au propre sur la copie

LEÇON 1 — L'empreinte des empereurs sur la Méditerranée romaine

QCM interactif

🏛 **Comment les empereurs ont-ils unifié et étendu la domination romaine sur la Méditerranée ?**

A · La fondation du Principat par Auguste

- Après l'assassinat de Jules César (44 av. J.-C.), le Sénat romain reconnaît son petit-neveu Octavien comme son fils adoptif et héritier. Après l'élimination de ses rivaux, dont Marc Antoine (31 av. J.-C.), il restaure la paix à Rome. Pour le récompenser, **le Sénat lui attribue le titre d'Auguste, titre réservé aux divinités : c'est la naissance de l'Empire** (27 av. J.-C.).
- S'il conserve et respecte les institutions républicaines, **Auguste parvient peu à peu à s'attribuer les principaux pouvoirs à Rome**.
- Avec **la mise en place du culte impérial**, il développe une intense propagande autour de sa personne et de sa famille. Il fonde une dynastie impériale quand son fils adoptif, Tibère, lui succède.

B · Le prince, clé de voûte de l'Empire

- À partir du Ier siècle, **l'empereur est le centre de la vie politique, religieuse, militaire et judiciaire** à Rome, comme en témoignent les titulatures officielles reprises sur les pièces de monnaie.
- L'empereur est source des pouvoirs mais ne peut gouverner. Il partage le pouvoir (*potestas*) avec les magistrats et l'autorité morale (*auctoritas*) avec le Sénat romain. **Les institutions républicaines survivent mais ne remettent pas en cause la prééminence impériale sur l'administration de l'Empire.**
- Le pouvoir de l'empereur est cependant limité. Le « bon empereur » doit être aidé et conseillé dans ses tâches, respecter les traditions, assurer la *Pax romana*. Il doit aussi être victorieux au combat, clément et bienfaiteur auprès du peuple (par des actes d'évergétisme tels que les distributions de blé, d'argent, de pain ou l'organisation de jeux). **Des soulèvements contre des empereurs contestés ont lieu (contre Néron, 68) et sont à l'origine de crises et des changements de dynastie.**

C · Administrer l'Empire, gouverner le monde

- **Les empereurs souhaitent renforcer les frontières de l'Empire (Rhin, Danube).** Certains multiplient les conquêtes comme Claude (41-54), en Bretagne et en Germanie, ou Trajan (98-117), en Arabie et en Dacie. D'autres, à partir du IIe siècle, consolident la défense de l'Empire en fortifiant le *limes* : le mur d'Hadrien (117-138) et le mur d'Antonin (138-161) en Bretagne.
- **Auguste réorganise l'administration de l'Empire par la création de provinces sénatoriales et provinces impériales.** La présence de légions y est souvent nécessaire afin d'y garantir ou d'y établir la *Pax romana*, notamment là où le risque d'invasions barbares est réel. Celles-ci fragilisent l'Empire aux IIIe et IVe siècles.
- **Le Ier siècle voit émerger le christianisme.** Jusqu'au IVe siècle les chrétiens sont ponctuellement persécutés sur ordre impérial ou par les populations de l'Empire. Le règne de Constantin (306-337) représente une rupture. Il autorise la pratique du christianisme (édit de Milan, 313) puis en assure la promotion et la défense tant sur le plan matériel que sur le plan doctrinal. En 380, l'empereur Théodose en fait la religion officielle de l'Empire.

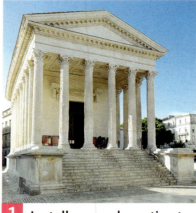

1. Installer une dynastie et un culte à la tête de Rome

Construite en 2-3, la Maison Carrée de Nîmes était un temple dédié au culte impérial rendu par les habitants de la colonie romaine de Nemausus en Gaule aux petits-fils d'Auguste.

Vocabulaire

- **culte impérial** : culte instauré sous Auguste pour célébrer le *genius* et le *numen* des empereurs et des membres de la famille impériale.
- **Empire** : régime politique dans lequel le pouvoir est détenu par un empereur.
- **évergétisme** : action par laquelle un citoyen bienfaiteur fait profiter de ses richesses au reste de la communauté.
- **Pax romana** : terme désignant la période de paix établie par les empereurs romains à l'intérieur de l'Empire également protégé des agressions extérieures.

@CTIVITÉ NUMÉRIQUE — Lien internet

Utiliser le numérique

Découvrir les secrets de fabrication des monuments romains.

Consultez le dossier de l'Inrap consacré aux arènes de Nîmes. Cliquez sur Menu puis Bâtir, puis En vraie grandeur puis Les mesures romaines. Trouvez les dimensions de l'amphithéâtre et relevez trois exemples de mesures utilisées à l'époque.

2 L'empereur, évergète du peuple

Comme tous les empereurs, Marc Aurèle (161-180) offre des grandes fêtes et des jeux au peuple de Rome. À cette occasion, il distribue de la nourriture et de l'argent à des citoyens romains qui ne jouent plus qu'un rôle politique très faible aux comices.

Relief en marbre de l'arc de Constantin, IIe-IVe siècle, Rome.

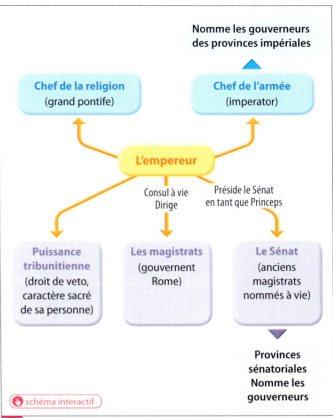

3 L'organisation politique de l'Empire romain

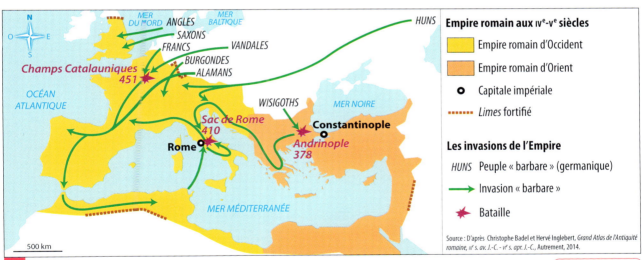

4 L'Empire menacé aux IIIe-IVe siècles : les invasions barbares

QUESTIONS

1. Comment sont considérés l'empereur et la famille impériale dans l'Empire (doc. 1) ?
2. Décrivez les rapports entre l'empereur et les citoyens romains (doc. 2).
3. Comment l'empereur parvient-il à dominer la vie politique et civique à Rome et dans l'Empire (doc. 3) ?
4. Quelle menace les peuples voisins représentent-ils pour l'Empire (doc. 4) ?

Bilan

Sur votre cahier, recopiez et complétez le schéma ci-dessous :

CHAPITRE 2 • La Méditerranée antique, l'empreinte romaine

ÉTUDE → LEÇON 2

TÂCHE COMPLEXE

Constantin, le premier empereur chrétien

POINT DE PASSAGE ET D'OUVERTURE

Mission 1
Vous êtes un des chroniqueurs de l'empereur Constantin. À la fin de son règne, vous rédigez un ouvrage consacré à la vie de celui-ci, dans lequel vous expliquez la façon dont Constantin a mis progressivement en place une politique favorable aux chrétiens.

Mission 2
Professeur d'histoire, vous devez faire une conférence dans laquelle vous racontez comment la conversion religieuse de Constantin fait évoluer les pouvoirs de l'empereur et sa politique en faveur des chrétiens.

CAPACITÉS
- Mettre un évènement ou une figure en perspective
- Utiliser une approche historique pour mener une analyse ou construire une argumentation
- Identifier les contraintes et les ressources d'un évènement, d'un contexte historique

1 Une nouvelle capitale chrétienne à partir de 330 : Constantinople

Constantin décide la fondation d'une nouvelle capitale sur le site de la ville grecque de Byzance. Bâtie sur le modèle de Rome, elle fut inaugurée en 330. Constantin décide rapidement que seuls des lieux de culte chrétiens y seront construits.

2 Selon la tradition chrétienne, une conversion miraculeuse

Selon l'Église, la conversion de Constantin au christianisme date de la veille de la bataille du pont Milvius (312), à proximité de Rome, contre son adversaire Maxence.

Constantin pensa qu'il lui fallait honorer le Dieu unique. Il en
5 appela donc à lui de ses vœux, suppliant et implorant qu'il lui révèle qui il était et qu'il lui tende une main favorable dans les circonstances présentes. Tandis qu'il formulait ces prières et demandes instantes lui apparut alors un signe tout à fait extraordinaire qui émanait de Dieu.
10 Un peu après midi, alors que le jour commençait seulement à décliner, il vit de ses yeux, dit-il, le trophée de la Croix au-dessus du soleil, en plein ciel, formé de lumière, avec l'inscription : « Vaincs par ceci ». À ce spectacle, l'étonnement le saisit, ainsi que toute l'armée qui le suivait et avait
15 assisté au miracle.
Il se demanda alors, dit-il, ce que pouvait être cette apparition. Tandis qu'il réfléchissait ainsi et agitait en lui-même beaucoup de pensées, la nuit tomba ; et, plus tard, pendant son sommeil, le Christ, fils de Dieu, se présenta à lui avec le
20 signe qu'il avait vu dans le ciel, et lui prescrivit de fabriquer une copie de ce signe qui lui était apparu dans le ciel et de recourir à son aide dans les combats.
Il se leva au petit matin et révéla son secret à ses amis. Ayant ensuite convoqué des ouvriers spécialistes de l'or
25 et des pierres précieuses, il s'assied lui-même au milieu d'eux, leur explique la forme du signe et leur ordonne de le reproduire en or et en pierres précieuses.

D'après Eusèbe de Césarée, *Vie de Constantin*, I, 27-29, 337-339.

3 L'édit de Milan

Nous permettons aux chrétiens et à toutes sortes de personnes de suivre telle religion qu'il leur plaira, afin que la divinité qui préside au ciel soit à jamais propice et à nous et à nos sujets. À l'égard des chrétiens, nous voulons encore que, si quelqu'un a acheté de nous ou de qui que ce soit les lieux autrefois destinés à leurs assemblées, il les leur rende promptement et sans délai, même sans en exiger le prix. Ceux aussi à qui nos prédécesseurs pourraient en avoir fait don, les rendront pareillement aux chrétiens sans remise. Et parce qu'outre les lieux où ils ont accoutumé de s'assembler, ils en ont qui appartiennent à leurs Églises, nous voulons que, sans délai, vous les fassiez rendre à la même condition que les précédents.

D'après l'empereur Constantin, l'Édit de Milan, 313.

4 Jusqu'en 312 : des chrétiens persécutés

Illustration du sort réservé à de nombreux chrétiens à partir du Ier siècle.
Mosaïque, Ier siècle, musée de Tripoli (Libye).

5 Constantin, un empereur chrétien

À droite, Constantin présentant la maquette de Constantinople à la Vierge Marie (centre).
Basilique Sainte-Sophie, Xe siècle, Constantinople (Turquie).

Coup de pouce — Besoin d'aide ?

Mission 1
En tant que chroniqueur, vous vivez au quotidien avec l'empereur. Vous connaissez donc ses intentions et ses projets politiques, et vous souhaitez dresser un bilan positif de son action et de son règne.

Mission 2
Pour que votre démarche soit historique, vous devez vous appuyer sur des sources que vous présentez, lisez ou projetez. Vous devez aussi les commenter et les critiquer, en rappelant qu'elles sont favorables à Constantin.

LEÇON 2 — L'Empire romain, une mosaïque culturelle et religieuse

QCM interactif

Comment Rome permet-elle le développement d'un empire multiculturel marqué par le christianisme ?

A. L'Empire romain, une mosaïque religieuse et culturelle

- **L'Empire romain est constitué de provinces ayant chacune leur culture et leurs cultes** : les Juifs en Judée, les Berbères en Maurétanie, les Celtes et Gaulois en Occident, les Hellènes dans la Grèce égéenne.

- **L'hellénisme demeure une importante référence culturelle au sein de l'Empire**. L'*Énéide* de Virgile, épopée relatant le mythe fondateur de Rome et rédigée pendant le règne d'Auguste, est un exemple de ce brassage culturel grec et romain.

- **La *Pax romana* est garantie par la tolérance religieuse de Rome à l'égard des peuples de l'Empire**. Mais les tensions sont parfois vives entre les communautés comme en Judée où les Juifs, dans l'attente du Messie, sont hostiles à Rome. Parmi eux, les zélotes prêchent l'insurrection.

B. La romanisation et le brassage des cultures

- Les marchands qui circulent dans l'Empire, la diffusion des monnaies, les déplacements des légions et le culte impérial au sein des provinces, permettent **des échanges culturels élargis**.

- **Les Romains et les peuples de l'Empire résistent ou s'adaptent à ces influences** selon leurs besoins et leurs attentes : c'est la romanisation. L'*assimilatio* des divinités témoigne de ces contacts et transferts culturels.

- **Les brassages sont à l'origine d'une hybridation culturelle** : les Gaulois adoptent l'amphithéâtre romain avec une scène réduite pour des combats de coqs. Dans la colonie romaine de Silchester (Grande-Bretagne), les thermes privilégient les bains chauds conformément aux pratiques locales.

C. Le christianisme devient la religion officielle de l'Empire romain

- Localisées en Palestine puis en Asie mineure, en Grèce et à Rome, **les premières communautés chrétiennes apparaissent dès 30-40**. Elles se réfèrent à la parole de Jésus, un Juif de Galilée qui parcourt la Palestine romaine en étant acclamé comme le Messie. Ses disciples ou des convertis comme Paul de Tarse diffusent son message.

- Refusant le culte impérial, **les chrétiens sont ponctuellement persécutés sur décision impériale** (64, 250, 257-258, 303) ou sous la pression populaire (Lugdunum, 177). Pourtant, le christianisme se diffuse et semble représenter 15 à 20 % de la population de l'Empire au IVe siècle.

- Par conviction et par intérêt, l'empereur Constantin se convertit (312), autorise le christianisme (édit de Milan, 313) et fait de Constantinople une nouvelle Rome chrétienne. **L'édit de Thessalonique (380) fait du christianisme la religion officielle de l'Empire romain**. À partir de cette date, le christianisme ne cesse de se diffuser parmi les populations de l'Empire.

Jésus de Nazareth (vers 4 av. J.-C. vers 30 ap. J.-C.)

Les historiens reconnaissent l'existence d'un homme nommé Jésus, né vers 4 av. J.-C. à Bethléem (Judée), et juif de Galilée. Ils font débuter sa prédication en Palestine vers 27 et sa mort vers 30, après son arrestation et sa condamnation à la crucifixion par les autorités romaines. La vie de Jésus est racontée dans les Évangiles qui le présentent comme étant le Christ, c'est-à-dire l'envoyé de Dieu sur terre (le Messie). Cette croyance est à l'origine du christianisme, religion nouvelle apparue dès les années 40-50.

Vocabulaire

- **assimilatio** : terme latin décrivant l'association de plusieurs divinités aux attributions proches et issues de cultes différents.
- **disciple** : individu suivant et diffusant l'enseignement de Jésus-Christ.
- **Évangile** : signifie « bonne nouvelle » en grec. Il s'agit du récit de la vie de Jésus et de son enseignement.
- **Messie** : dans la religion juive, il s'agit de celui qui vient annoncer le royaume de Dieu. À partir du Ier siècle, les chrétiens considèrent Jésus comme le Messie, le Christ, fils de Dieu envoyé sur terre.
- **romanisation** : processus d'échanges culturels réciproques entre la culture romaine et les autres cultures de l'empire, soit par appropriation soit par adaptation.
- **zélotes** : mouvement juif politique et religieux qui, au Ier siècle, refuse la présence de Rome en Judée.

@ctivité numérique — Lien internet

■ Utiliser le numérique

Les empreintes de l'Antiquité romaine

Allez sur le site Arrête ton char. Cliquez sur le dossier « Latin, grec ancien et références antiques dans les séries télé » et relevez 2 exemples.

1 Être chrétien dans un empire polythéiste

Les Actes des Apôtres, un des textes composant le Nouveau Testament, relate les voyages de Paul de Tarse au cours desquels il diffusait le christianisme. C'est un texte religieux mais les historiens peuvent l'utiliser en tant que source historique.

Paul de Tarse arriva à Éphèse. Il se rendit à la synagogue où, pendant trois mois, il prit la parole avec assurance ; il discutait et usait d'arguments persuasifs à propos du royaume de Dieu. Cela dura deux ans,
5 si bien que tous les habitants de la province d'Asie, Juifs et Grecs, entendirent la parole du Seigneur. C'est à cette époque qu'il y eut des troubles non négligeables à propos du Chemin du Seigneur Jésus.

Un orfèvre nommé Démétrios, qui fabriquait des
10 sanctuaires d'Artémis en argent, procurait aux artisans des bénéfices non négligeables. Il les réunit, avec les ouvriers qui exerçaient des métiers du même genre, et il leur dit : « Dans presque toute la province d'Asie, ce Paul, par sa persuasion, a dévoyé toute
15 une foule de gens, en disant que les dieux faits de main d'homme ne sont pas des dieux. Cela risque non seulement de jeter le discrédit sur notre profession, mais encore de faire compter pour rien le temple d'Artémis, la grande déesse, et bientôt de
20 la priver de son prestige, elle qui est adorée par toute l'Asie et le monde entier. » Remplis de fureur, les auditeurs criaient : « Grande est l'Artémis des Éphésiens ! » La confusion gagna la ville entière, et les gens se précipitèrent tous ensemble au théâtre,
25 en y entraînant avec eux les Macédoniens Gaïos et Aristarque, compagnons de voyage de Paul.

Actes des Apôtres, XIX, 1-29, fin du Ier s.

2 La basilique, symbole de la christianisation de l'Empire

L'architecture de la basilique Sainte-Sabine, construite au Ve siècle, montre que les plans de la basilique civile romaine (qui était un lieu dédié à la justice et au commerce) ont servi de modèle pour l'architecture des basiliques chrétiennes.
Basilique Sainte-Sabine, Rome, 410.

3 Le dieu Taranis-Jupiter

Cette statue symbolise l'*assimilatio* entre le dieu celte du ciel Taranis (représenté par la roue de son char) et le dieu du ciel romain Jupiter (représenté par l'attribut de Jupiter, le foudre, un ensemble de pointes enflammées en forme de zigzag symbolisant la foudre, qu'il tient à la main).
Taranis, dieu à la roue, sculpture en bronze, Ier s., 10,3 cm, musée d'archéologie national, Saint-Germain-en-Laye.

QUESTIONS

1. Comment cet épisode des *Actes des Apôtres* témoigne-t-il du brassage culturel et religieux dans l'Empire romain (doc. 1) ?
2. Expliquez pourquoi les chrétiens sont persécutés dans l'Empire romain dès le Ier siècle av. J.-C. (doc. 1).
3. Montrez que le christianisme a su adapter des éléments de la culture romaine pour s'implanter dans l'Empire (doc. 2).
4. Pourquoi cette statue illustre-t-elle le brassage culturel et religieux dans l'Empire romain (doc. 3) ?

Bilan

Sur votre cahier, recopiez et complétez le schéma ci-dessous :

🖑 schéma interactif à compléter

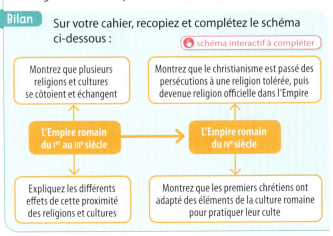

EXERCICES — Autre support : une BD

Murena, de Jean Dufaux et Philippe Delaby

Dans *Murena* (Dargaud, 1997), le scénariste Jean Dufaux et le dessinateur Philippe Delaby collaborent avec des historiens pour évoquer le règne de l'empereur Néron, au cours duquel les chrétiens sont accusés de l'incendie de Rome (en 64) et persécutés.

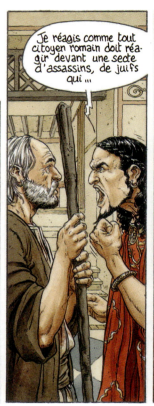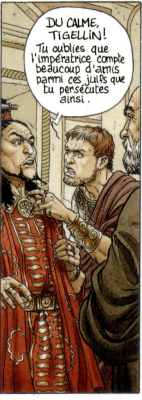

1 Les chrétiens, boucs émissaires de l'incendie de Rome
Murena, Jean Dufaux et Philippe Delaby, *Revanche des cendres*, tome 8, Dargaud, 2010.

1. Poisson : signe de reconnaissance des premiers chrétiens. Se dit *Ichtus* en grec : ce mot est formé des premières lettres de l'expression Iêsous CHristos THeou Uios Sôtêr qui signifie « Jésus Christ, fils de Dieu, Sauveur ».

2 La persécution des chrétiens à Rome
Murena, Jean Dufaux et Philippe Delaby, *Les Épines*, tome 9, Dargaud, 2013.

QUESTIONS

- Employer les notions et le lexique acquis en histoire à bon escient
- Savoir lire, comprendre et apprécier un document iconographique

1. Que les Romains reprochent-ils aux chrétiens (doc. 1) ?
2. Que va-t-il arriver aux chrétiens (doc. 2) ?
3. Pour quelles raisons Néron, appelé César dans l'extrait, décide-t-il de punir les chrétiens (doc. 2) ?

Réaliser une carte mentale de synthèse

Carte mentale interactive
Carte mentale à télécharger et à compléter PDF

Sur votre cahier, en vous servant du modèle ci-dessous, construisez votre propre carte mentale de synthèse du chapitre.

Boîte à outils

- Reprenez les éléments de votre cours et les deux leçons du manuel.
- Inspirez-vous des questions proposées pour repérer des éléments clés dans votre cours.
- Identifiez les personnages clés et les événements marquants.
- Complétez alors la carte mentale pour qu'elle puisse reprendre l'ensemble des éléments repérés.

Bac contrôle continu — 1. Analyser une pièce de monnaie

■ **CAPACITÉS :** Savoir lire, comprendre et apprécier un document iconographique – Mettre une figure en perspective

La représentation du pouvoir impérial
Pièce en laiton représentant l'empereur Trajan (98-117 ap. J.-C.).

CONSIGNE

Expliquez comment cette pièce de monnaie montre l'ambiguïté du pouvoir impérial de Trajan. Montrez également en quoi elle témoigne du développement territorial de l'Empire romain sous son règne.

Méthode

Pour la première partie de la consigne :
1. Identifiez et expliquez les différents pouvoirs exercés par l'empereur.
2. Expliquez les titres de César et d'Auguste portés par Trajan en vous appuyant sur vos connaissances. Que signifie l'expression « Au meilleur des princes » ?
3. Quelles sont les références à la République romaine présentes sur cette pièce ? Expliquez-les.

Pour la seconde partie de la consigne :
4. Comment Trajan a-t-il participé au développement territorial de l'Empire ?
5. Quels sont les éléments figurés qui montrent que c'est un général victorieux ?

CHAPITRE 2 • La Méditerranée antique, l'empreinte romaine

Bac contrôle continu — **2. Analyse d'un texte**

■ CAPACITÉS : Procéder à l'analyse critique d'un document selon une approche historique – Confronter le savoir acquis en histoire avec ce qui est lu

Une description des chrétiens dans l'Empire romain au IIe siècle

Les chrétiens ne se distinguent des autres hommes ni par le pays, ni par le langage, ni par les coutumes. Car ils n'habitent pas de villes qui leur soient propres, ils n'emploient pas quelque dialecte extraordinaire, leur genre de vie n'a rien
5 de singulier […]

Ils habitent les cités grecques et les cités barbares suivant le destin de chacun ; ils se conforment aux usages locaux pour les vêtements, la nourriture et le reste de l'existence, tout en manifestant les lois extraordinaires et vraiment
10 paradoxales de leur manière de vivre. Ils résident chacun dans sa propre patrie, mais comme des étrangers domiciliés. Ils s'acquittent de tous leurs devoirs de citoyens, et supportent toutes les charges comme des étrangers. Toute terre étrangère leur est une patrie, et toute patrie leur est
15 une terre étrangère. Ils se marient comme tout le monde, ils ont des enfants, mais ils n'abandonnent pas leurs nouveau-nés. Ils prennent place à une table commune, mais qui n'est pas une table ordinaire.

Ils sont dans la chair, mais ils ne vivent pas selon la chair. Ils
20 passent leur vie sur la terre, mais ils sont citoyens du ciel. Ils obéissent aux lois établies, et leur manière de vivre est plus parfaite que les lois. Ils aiment tout le monde, et tout le monde les persécute. On ne les connaît pas, mais on les condamne ; on les tue et c'est ainsi qu'ils trouvent la vie. Ils
25 sont pauvres et font beaucoup de riches. Ils manquent de tout et ils ont tout en abondance. On les méprise et, dans ce mépris, ils trouvent leur gloire. On les calomnie, et ils y trouvent leur justification. On les insulte, et ils bénissent. On les outrage, et ils honorent. Alors qu'ils font le bien, on
30 les punit comme des malfaiteurs. Tandis qu'on les châtie, ils se réjouissent comme s'ils naissaient à la vie. Les Juifs leur font la guerre comme à des étrangers, et les Grecs les persécutent ; ceux qui les détestent ne peuvent pas dire la cause de leur hostilité. En un mot, ce que l'âme est dans
35 le corps, les chrétiens le sont dans le monde.

D'après *L'Épître à Diognète*, chrétien anonyme d'Alexandrie, vers 190-200.

CONSIGNE — Après avoir **caractérisé** la place des chrétiens dans la société de l'Empire romain, vous **montrerez** comment ils sont perçus à la fin du IIe siècle.

ÉTAPE 1 — Présenter le document.

Il faut préciser sa nature, son auteur et sa fonction, sa date, son contexte, son information principale ou son sujet. Quand vous présentez le sujet du document, soyez attentif à la position de l'auteur sur la situation qu'il évoque.
> *L'auteur est-il favorable aux chrétiens ? Justifiez votre réponse.*

ÉTAPE 2 — Analyser la consigne.

■ Pour savoir ce que l'on attend de vous dans l'analyse de document, il faut repérer les **verbes de consigne**, les **mots de liaison** et les **signes de ponctuation**. Ainsi, vous dégagerez les axes d'analyse du document afin d'organiser votre analyse. Ici, il faut effectuer trois tâches d'analyse du document pour répondre à la consigne.

■ Il faut s'interroger sur le sens des verbes d'action :
Caractériser : exposer les éléments dominants qui permettent de définir une situation, un fait ou un personnage.
Montrer : prouver, justifier une affirmation en s'appuyant sur des arguments et des exemples.

■ Il faut prendre en compte la virgule (,) qui souligne aussi les deux tâches que vous devez effectuer. Parfois, des mots de liaison ont le même sens : « et, ensuite, puis ». Ici, c'est l'expression « **après avoir** » qui vous indique l'ordre des deux tâches. Soyez attentifs à ces mots de liaisons et ces signes de ponctuation car ils vous donnent des indications importantes pour organiser votre réponse.

ÉTAPE 3 — Prélever les informations du document.

■ Relisez le texte plusieurs fois afin de trouver les informations données par l'auteur qui vous permettront de répondre à chacun des axes de la consigne.

■ Pour réaliser cette étape, nous vous conseillons d'utiliser un code couleur.
> *Ici, le prélèvement d'informations est assez simple car il suit l'ordre du texte.*

ÉTAPE 4 — Mettre en relation les informations prélevées avec des connaissances personnelles.

Vous devez mobiliser vos connaissances et votre cours pour expliquer les informations données par l'auteur. Cette étape est indispensable pour réussir l'analyse de document, car elle permet d'éviter la paraphrase. Il faut préciser les allusions à un événement, un personnage, etc., et confirmer ou contester ce que dit l'auteur.
> *Utilisez des connaissances précises pour interpréter le texte. Aidez-vous de la leçon 2.*

Bac contrôle continu — 3. Confronter deux points de vue

■ **CAPACITÉS :** Mettre une figure en perspective. – Procéder à l'analyse critique d'un document selon une approche historique

1 Le bouclier d'Arles, hommage du Sénat au citoyen et empereur Auguste

Traduction de l'inscription :
Le Sénat et le peuple romain à l'empereur César Auguste, fils du divin (Jules), consul pour la huitième fois, ont offert ce bouclier en hommage à son courage, à sa clémence, à sa justice, à sa piété envers les dieux et la patrie.

Copie en marbre du bouclier des vertus d'Auguste érigée en 26 av. J.-C., peut-être à l'occasion d'un séjour d'Auguste dans la colonie d'Arles.

2 Les réactions à la mort d'Auguste

On disait [d'Auguste] à l'opposé que sa piété filiale et la situation de l'État lui avaient servi de prétextes ; qu'en fait la passion du pouvoir l'avait poussé à recruter des vétérans par des largesses ; tout jeune et simple particulier, il s'est
5 procuré une armée […]. Sans doute la paix avait-elle suivi, mais une paix sanglante […]. Même en adoptant Tibère pour lui succéder, il n'avait eu égard ni à l'affection ni au bien public ; mais ayant sondé cette âme arrogante et cruelle, il avait voulu qu'un odieux contraste servît sa gloire. […] Puis
10 on adressa les prières à Tibère. Celui-ci discourait en termes variés sur la grandeur de l'Empire et ses propres limites. […] Il y avait dans un tel discours plus de dignité que de franchise. […] Mais les sénateurs, qui n'avaient qu'une crainte, avoir l'air de comprendre, se répandaient en plaintes, en larmes,
15 en vœux ; tournés vers les dieux, vers la statue d'Auguste, vers les genoux de Tibère, ils tendaient les bras quand il fit apporter et lire un mémoire. On y trouvait l'inventaire des ressources publiques, le nombre de citoyens et des alliés sous les armes, la liste des flottes, des royaumes, des provinces,
20 l'état des impôts directs et indirects. […] Auguste avait écrit tous ces détails de sa main, et il avait ajouté le conseil de ne pas reculer les bornes de l'empire, sans qu'on sache si c'était par crainte ou sous l'effet de la jalousie.

D'après Tacite[1], *Annales*, I, 10-11, trad. Pierre Wuilleumier, Les Belles Lettres, 1923.

1. Historien romain de la seconde moitié du Ier siècle, Tacite rédige les *Annales* qui sont très critiques vis-à-vis de la dynastie julio-claudienne.

CONSIGNE

Quels sont les fondements du culte impérial et comment Auguste est-il perçu à sa mort ?

AIDE POUR CONSTRUIRE L'ANALYSE

1. Présentez les deux documents en insistant sur l'intention de leurs auteurs.
2. D'après ces documents, quels sont les fondements du pouvoir impérial ?
3. En quoi ces deux documents donnent-ils deux visions différentes de l'empereur Auguste ?

Aides pour classer les informations des deux documents :

1. Complétez le tableau ci-dessous en classant les idées suivantes : créer une dynastie, un éloge des vertus de l'empereur Auguste, posséder des vertus, concentrer les pouvoirs, un empereur qui a pris le pouvoir par la force, gouverner et administrer un vaste territoire, un empereur attaché au pouvoir.
2. Prélevez les informations correspondantes dans les deux documents.

	Idée	Informations tirées du document
Les fondements du pouvoir impérial	– – – –	
Deux visions différentes de l'empereur Auguste	– – –	

RÉVISION : La Méditerranée antique, l'empreinte romaine

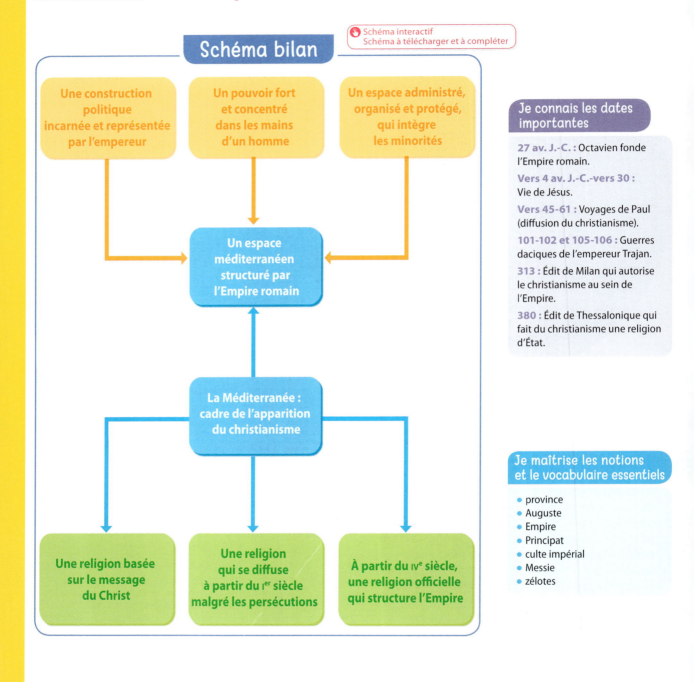

Schéma bilan

- Une construction politique incarnée et représentée par l'empereur
- Un pouvoir fort et concentré dans les mains d'un homme
- Un espace administré, organisé et protégé, qui intègre les minorités

→ **Un espace méditerranéen structuré par l'Empire romain**

→ **La Méditerranée : cadre de l'apparition du christianisme**
- Une religion basée sur le message du Christ
- Une religion qui se diffuse à partir du Ier siècle malgré les persécutions
- À partir du IVe siècle, une religion officielle qui structure l'Empire

Je connais les dates importantes

27 av. J.-C. : Octavien fonde l'Empire romain.

Vers 4 av. J.-C.-vers 30 : Vie de Jésus.

Vers 45-61 : Voyages de Paul (diffusion du christianisme).

101-102 et 105-106 : Guerres daciques de l'empereur Trajan.

313 : Édit de Milan qui autorise le christianisme au sein de l'Empire.

380 : Édit de Thessalonique qui fait du christianisme une religion d'État.

Je maîtrise les notions et le vocabulaire essentiels

- province
- Auguste
- Empire
- Principat
- culte impérial
- Messie
- zélotes

Ne pas confondre !

- **Empire :** un Empire est un régime réunissant des peuples différents sous l'autorité d'un homme, l'empereur. Rome vit sous ce régime à partir du règne d'Auguste.

- **Jésus :** les historiens reconnaissent l'existence d'un homme nommé Jésus, juif de Palestine, et de sa prédication vers 27-30.

- **République :** c'est un régime politique dans lequel la souveraineté n'appartient pas à une seule personne mais au peuple représenté par le biais d'assemblées et/ou de personnes élues.

- **Christ :** envoyé de Dieu. Pour les chrétiens, Jésus est le Christ, fils de Dieu et Dieu lui-même, envoyé sur terre pour annoncer « la bonne nouvelle » (l'Évangile) à tous les êtres humains.

AUTOÉVALUATION

Fiche d'autoévaluation à réaliser sur votre cahier ou sur votre feuille.

Fiche d'autoévaluation à télécharger et à compléter PDF

OBJECTIF 1 — Maîtriser des repères chronologiques

■ **CAPACITÉ** : identifier et nommer les périodes historiques, les continuités et ruptures chronologiques

Sur votre cahier, reproduisez la frise chronologique ci-dessous et placez-y les repères suivants :
a. La fondation de l'Empire par Octavien.
b. Les voyages de Paul.
c. Le règne d'Auguste.
d. L'édit de Milan.

J.-C.   100   200   300   400   500

■ **CAPACITÉ** : identifier et expliciter les dates et acteurs clés des grands événements
Expliquez ensuite en quelques mots les 4 événements cités ci-dessus.

OBJECTIF 2 — Maîtriser des repères spatiaux

■ **CAPACITÉ** : nommer et localiser les grands repères géographiques ainsi que les principaux processus étudiés
Dans un court paragraphe, situez géographiquement l'Empire romain et expliquez la façon dont il s'organise.

■ **CAPACITÉ** : mettre un événement ou une figure en perspective
Dans un court paragraphe, expliquez quel est l'impact des voyages de Paul dans la diffusion du christianisme au Ier siècle.

OBJECTIF 3 — Réaliser sa fiche de révision

■ **CAPACITÉ** : employer les notions et le lexique acquis en histoire à bon escient

- Noter les mots-clés du chapitre (liste ci-contre dans la partie révision) avec leur définition précise.
- Indiquer pour chaque partie du cours :
  – Les éléments importants (dates, personnages, notions).
  – Les grandes idées (faits historiques, causes, conséquences, etc.).
  – Savoir expliquer : ce qu'est l'Empire ; quels sont les pouvoirs de l'empereur ; quel est l'impact politique de la création de l'Empire en Méditerranée (notamment à l'époque d'Auguste) ; l'apparition et la diffusion du christianisme ; le rôle de Constantin au IVe siècle.

Pour aller plus loin

À VOIR

- *Rome*, 2005-2007 : série télévisée historique qui raconte les dernières années de la République romaine du Ier siècle av. J.-C. à l'avènement d'Auguste.
- *Quo Vadis*, 1951, péplum américain de Mervyn LeRoy : adapté du roman *Quo Vadis ?* de Henry Sienkiewicz, prix Nobel de littérature en 1905. Le film décrit l'apparition du christianisme à Rome à l'époque de Néron.

À LIRE

- *Les Aigles de Rome* d'Enrico Marini (BD, 5 tomes en cours, 2007-2016), Dargaud : série ancrée au cœur des arcanes de l'Empire.

SUR LE WEB (lien internet)

- Retrouvez une maquette de la Rome impériale sur le site de l'université de Caen.

CHAPITRE 3

La Méditerranée médiévale : espace d'échanges et de conflits à la croisée de trois civilisations

RESSOURCES NUMÉRIQUES DU CHAPITRE
Site collection : lycee.hachette-education.com/hg/histoire-2de

> Située au carrefour des routes commerciales, comment la Méditerranée est-elle marquée par des tensions et des échanges culturels entre chrétiens, juifs et musulmans ?

1 Une partie d'échecs entre un chrétien et un musulman en Espagne, au XIIIe siècle

« Maure et chrétien jouant aux échecs », d'après *Le Livre des jeux* d'Alphonse X le Sage, enluminure sur parchemin, XIIIe siècle, Madrid, Bibliothèque de l'Escurial.

> Montrez que cette miniature illustre à la fois les oppositions et les échanges culturels entre chrétiens et musulmans en Espagne.

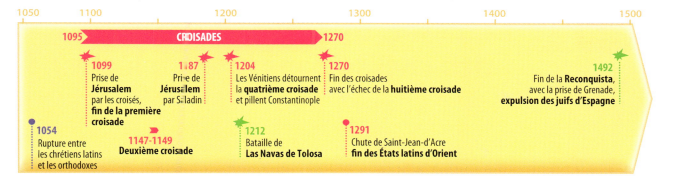

| 1050 | 1100 | 1200 | 1300 | 1400 | 1500 |

1095 ▶ CROISADES ◀ 1270

1099 Prise de **Jérusalem** par les croisés, **fin de la première croisade**

1187 Prise de **Jérusalem** par Saladin

1204 Les Vénitiens détournent **la quatrième croisade** et pillent Constantinople

1270 Fin des croisades avec l'échec de la **huitième croisade**

1492 Fin de la **Reconquista**, avec la prise de Grenade, **expulsion des juifs d'Espagne**

1054 Rupture entre les chrétiens latins et les orthodoxes

1147-1149 **Deuxième croisade**

1212 Bataille de **Las Navas de Tolosa**

1291 Chute de Saint-Jean-d'Acre **fin des États latins d'Orient**

2 Jérusalem, une ville « trois fois sainte »

❶ Saint-Sépulcre ❷ Mur des lamentations ❸ Esplanade des mosquées

> Montrez que Jérusalem est une ville particulièrement importante pour les trois grandes civilisations méditerranéennes.

FICHE D'OBJECTIFS DU CHAPITRE 3

Pour commencer
🎬 Vidéo

Géographie d'Al Idrissi.
Durée de l'extrait : 4' 50".

Questions à aborder

> Quelles sont les différentes civilisations méditerranéennes et quelles fractures existent en leur sein ?
> Quels types de relations entretiennent-elles et quels sont les espaces au cœur de leurs échanges ?
> Quelle est l'origine des affrontements entre musulmans et chrétiens ?

Notions

- christianisme
- empereur
- croisade
- empire
- principat
- islam
- judaïsme

Personnage-clé

Bernard de Clairvaux (1090-1153) abbé, initiateur de la deuxième croisade

CHAPITRE 3 • La Méditerranée médiévale : espace d'échanges et de conflits à la croisée de trois civilisations

REPÈRES 1 — La Méditerranée, au carrefour des civilisations (X^e-XVe siècles)

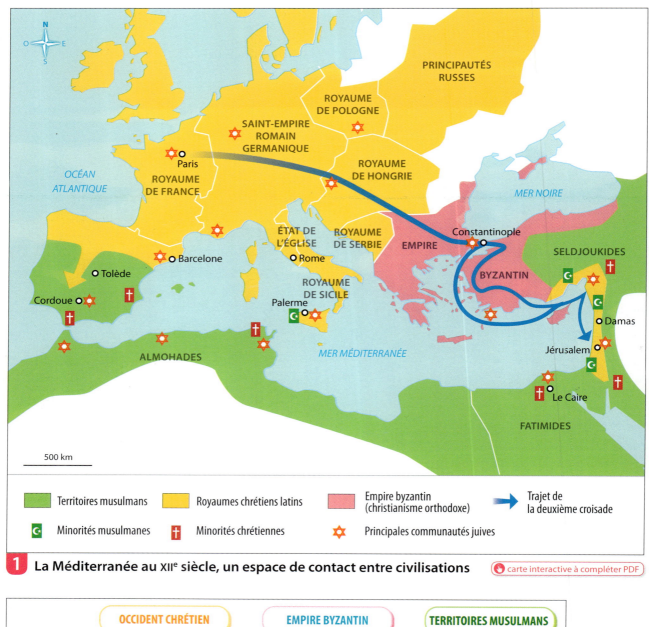

1 La Méditerranée au XIIe siècle, un espace de contact entre civilisations

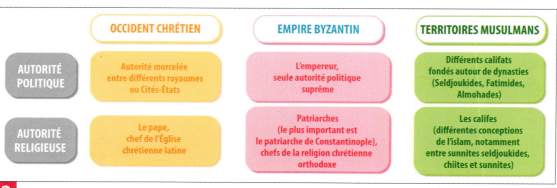

2 Les principales aires de civilisation autour de la Méditerranée

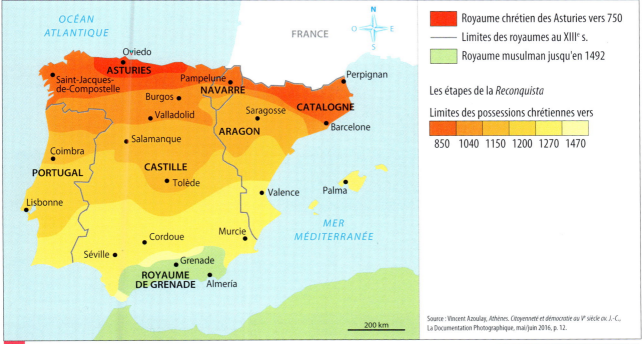

3 La *Reconquista* espagnole

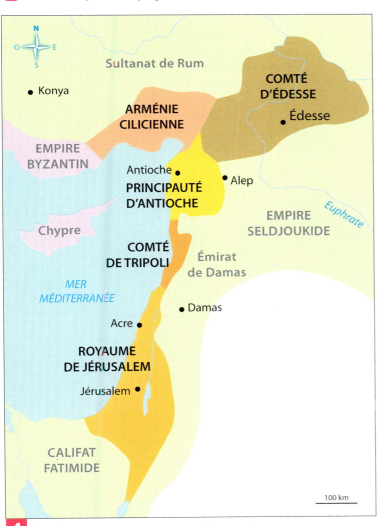

4 Les *États latins d'Orient* en Terre sainte

Vocabulaire

- **Empire byzantin** : appelé également Empire latin d'Orient, créé au IVe siècle, il maintient la tradition de l'empire romain. Il devient le siège du christianisme orthodoxe après le schisme de 1054. Il disparaît en 1453.
- **États latins d'Orient** : royaumes chrétiens nés des différentes croisades, entre la fin du XIe siècle et la fin du XIIIe siècle.
- *Reconquista* : reconquête des royaumes musulmans d'Espagne par les chrétiens à partir de 1006 (bataille de Torà) ; celle-ci ne sera définitivement achevée qu'en 1492 avec la prise de Grenade.

QUESTIONS

1. Montrez que la Méditerranée est un espace qui met en contact les trois grandes religions monothéistes (doc. 1 et 2).
2. Montrez que les frontières entre civilisations sont mouvantes (doc. 1 et 3).
3. Comment se manifeste la présence des Occidentaux en Terre sainte (doc. 4) ?

CHAPITRE 3 • La Méditerranée médiévale : espace d'échanges et de conflits à la croisée de trois civilisations

REPÈRES 2 — Unités et fractures entre les civilisations méditerranéennes

A Le monde chrétien

schéma interactif à compléter PDF

Une même référence religieuse : la Bible et le Nouveau Testament
Deux organisations de l'Église
Séparation définitive entre latins et orthodoxes à partir de 1054

- Christianisme latin
- Europe de l'Ouest
- Un chef de l'Église : le pape

- Christianisme orthodoxe
- Europe de l'Est
- Des chefs religieux : les patriarches
- Un chef spirituel et temporel : l'empereur

Des systèmes politiques différents

- Une Europe de l'Ouest morcelée entre différents États concurrents
- Séparation entre le pouvoir temporel des souverains et le pouvoir spirituel du pape

- Un seul empire
- Une théocratie : l'empereur est le chef politique et spirituel

L'empereur Jean II Comnène et son épouse Irène entourant la Vierge et le Christ, XIIe siècle
Mosaïque de la basilique Sainte-Sophie à Constantinople.

QUESTION

1. Montrez que les différences entre le monde latin et le monde orthodoxe sont religieuses, mais aussi politiques.

B - Le monde musulman

Une religion : l'islam

- **Un texte commun :** le Coran
- **Un Prophète :** Mohamed
- **Des lieux saints :** La Mecque, Médine et Jérusalem
- **Deux courants majoritaires nés de la succession du Prophète :**
  - le **sunnisme**, courant majoritaire, sans clergé, fidèle à la *sunna*, la tradition
  - le **chiisme**, avec un clergé (principalement autour de la Perse, l'Iran actuel)
- **Autres courants minoritaires :** soufisme…

Des États concurrents

- **Dislocation du califat abbasside entre différents États et dynasties :**
  - Empire almohade au Maghreb et au sud de la péninsule Ibérique
  - Califat fatimide, puis sultanat ayyubide en Égypte
  - Empire seldjoukide qui remplace le califat abbasside au Proche-Orient
- **Une mosaïque de peuples :** Arabes, Berbères, Druzes, Kurdes, Perses, Turcs, etc…

La Kaaba, lieu de pèlerinage des musulmans à La Mecque, en Arabie saoudite

Vocabulaire

- **prophète :** personne inspirée par Dieu, qui révèle les vérités sacrées. Pour les musulmans, Mohamed est le dernier prophète.

C - Les communautés juives

Une religion : le judaïsme

- **Un texte sacré :** la Torah
- **Une ville sainte :** Jérusalem

Des communautés disséminées tout autour de la Méditerranée

  - En Terre sainte, sur les territoires des anciens Hébreux
  - Jérusalem pour ville sainte, autour du mur des Lamentations, sur les ruines du temple d'Hérode détruit en 70 apr. J.-C. par les Romains
- **Parmi les juifs de la diaspora, on distingue :**
  - les juifs séfarades, situés dans la péninsule Ibérique ; et qui partent en Afrique du Nord après l'expulsion des juifs d'Espagne en 1492
  - les juifs ashkénazes, principalement en Europe de l'Est et dans les Balkans

La plus ancienne Torah conservée date du XIIe siècle et a été retrouvée en 2013 à l'université de Bologne, en Italie

QUESTIONS

2. Montrez que l'islam assure l'unité du monde musulman, mais que celui-ci est traversé de fractures.
3. Où sont situées les communautés juives méditerranéennes ?

ÉTUDE → LEÇON 1
La péninsule Ibérique, marquée par trois grandes civilisations

La péninsule est, avec la Terre sainte, l'un des espaces de combats entre troupes chrétiennes et armées musulmanes. Les chrétiens appellent cette période de combat la *Reconquista*, qui ne se termine qu'en 1492 avec la prise de Grenade. Cette présence simultanée – musulmane, chrétienne, mais aussi de communautés juives – a durablement marqué le paysage ibérique, où les différentes communautés cohabitent.

🔍 **De quelles manières les différentes communautés qui se trouvent réunies après la *Reconquista* vivent-elles ensemble ?**

Vocabulaire
- **charte** : décision politique et juridique prise par un souverain.
- **civilisation** : société organisée autour de caractéristiques spécifiques dans tous les domaines (religieux, politiques, moraux, artistiques) et installée sur une aire géographique donnée.
- ***Reconquista*** : reconquête des royaumes musulmans d'Espagne par les chrétiens à partir de 1006 (bataille de Tora) ; celle-ci ne sera ne sera définitivement achevée qu'en 1492 avec la prise de Grenade.

1 **La violence de la *Reconquista***
Combat entre troupes chrétiennes et musulmanes.
Miniature extraite des *Cantigas de Santa María* d'Alphonse X le Sage, XIIIe siècle.

2 **La protection des communautés maures au Portugal (1208)**

Après la Reconquista dans la péninsule Ibérique, le royaume du Portugal est fondé en 1143. De nombreuses communautés musulmanes continuent de vivre dans le royaume.

Au nom de Dieu. Moi, le roi Afonso du Portugal, avec mon fils le roi Sancho, je fais une charte de fidélité et affermissement à vous les Maures qui êtes sujets de droit à Lisbonne, Almada, Palmela et Alcácer pour que vous ne receviez aucun mal injustement dans toute ma terre. Et pour qu'aucun chrétien ni juif n'ait sur vous le pouvoir de vous nuire, que soit votre juge celui que vous élirez pour alcaide[1] parmi ceux de votre peuple et de votre religion. Et je fais cela pour que vous me payiez chaque année un morabotin[2] par tête à partir du moment où vous pourrez gagner le nécessaire à votre subsistance et pour que vous me donniez l'alfitra[3], la zaqat[4] et le 1/10 de tout votre travail.

Charte instituant des « communes » maures du Ribatejo (Portugal),
dans *La péninsule Ibérique au Moyen Âge : documents*, 2003.

1. Commandant d'une forteresse **2.** Monnaie utilisée dans la péninsule Ibérique **3.** Impôt **4.** Aumône

3 Charte de Jean Ier en faveur des juifs de Gérone (1391)

Sachent tous, de la part de très haut prince et puissant seigneur roi et par mandement exprès dudit seigneur : que, comme ledit seigneur veut que les juifs et juives de la cité de Gérone et de sa collecta retournent avec leurs familles
5 et leurs biens dans le call[1] et dans les autres lieux de ladite collecta où ils ont coutume d'habiter, et également qu'ils aillent et viennent par ladite Cité et sa viguerie[2] et par les autres lieux de la seigneurie dudit seigneur saufs et sûrs et fassent leurs négoces en sûreté comme ceux qui sont
10 sous la sauvegarde et protection dudit seigneur ; pour ce lesdits viguier et baile, notifiant les choses susdites, à tout homme et toute femme de quelque loi, état ou condition, aussi bien dans ladite Cité qu'en dehors, qu'ils traitent lesdits juifs et juives et leurs familles et biens avec bénévolence[3]
15 et qu'ils ne les molestent pas, ne les injurient ni ne leur fassent ou procurent aucun dommage sur leurs personnes ou leurs biens, sous peine de pendaison sans aucune merci, et en outre au risque d'encourir les autres peines qui sont imposées par le Droit et les usages de Barcelona contre
20 ceux qui rompent la sauvegarde et sécurité du Principat.

D'après la charte du roi Jean Ier en date du 16 décembre 1391, dans *La péninsule Ibérique au Moyen Âge : documents*, 2003.

1. Quartier juif de Gérone
2. Juridiction d'une ville
3. Bienveillance

4 La tour San Salvador de Teruel, un mélange de cultures
Tour de l'église San Salvador à Teruel en Aragon.

ANALYSE DE DOCUMENTS

Parcours 1 — J'ai besoin d'un peu d'aide

■ Procéder à l'analyse critique d'un document selon une approche historique

1. Identifiez la nature des relations entre chrétiens et musulmans en Espagne **(doc. 1 et 2)**.
   Aide : montrez que les relations entre les deux ne se limitent pas à la guerre.
2. Expliquez de quels types de protections bénéficient les minorités.
   Aide : Listez les éléments de protection contenus dans les chartes royales **(doc. 2 et 3)**.
3. Montrez l'influence culturelle arabo-musulmane dans la culture espagnole.
   Aide : soyez attentifs aux décorations de la tour **(doc. 4)**.

Bilan Sur votre cahier, recopiez et complétez le schéma ci-dessous :

- Des affrontements entre civilisations…
- La protection des minorités…
- La péninsule Ibérique au Moyen Âge : différentes communautés présentes
- Des influences culturelles…

(schéma à compléter)

Parcours 2 — Je me débrouille seul(e)

■ Procéder à l'analyse critique d'un document selon une approche historique

Consigne : Après avoir présenté les différents documents proposés, vous montrerez les conséquences de la *Reconquista* dans la péninsule Ibérique.

1. Comment les souverains chrétiens prennent-ils possession de la péninsule Ibérique **(doc. 1)** ?
2. Expliquez quelle est la situation des minorités juives et musulmanes sous la domination des rois chrétiens **(doc. 2 et 3)**.
3. Montrez l'apport des communautés arabes dans l'architecture chrétienne **(doc. 4)**.

Bilan Montrez que les relations entre les différentes communautés sont à la fois pacifiques et conflictuelles.

ÉTUDE → LEÇON 1
Bernard de Clairvaux et la deuxième croisade

POINT DE PASSAGE ET D'OUVERTURE

Après la première croisade (1095-1099), les chrétiens d'Occident avaient établi les États latins d'Orient en Terre sainte. Mais ces derniers, difficiles à défendre, subissent les assauts des États musulmans voisins. En 1144, la forteresse d'Édesse tombe aux mains de Zengi de Mossoul. Bernard de Clairvaux, un abbé bourguignon, se lance dans une grande mission d'appel à la croisade auprès du roi de France Louis VII et du roi des Romains Conrad III. La seconde croisade se conclut par un échec.

> Quels sont les arguments évoqués pour l'appel à la croisade et pourquoi la seconde croisade est-elle un échec ?

Frise chronologique 1145-1149 :
- **24 décembre 1144** : Édesse tombe aux mains de Zengi de Mossoul
- **1er décembre 1145** : Le pape Eugène III appelle à une nouvelle croisade
- **31 mars 1146** : Bernard de Clairvaux prêche une nouvelle croisade devant le roi de France Louis VII
- **13 mars 1147** : Les chevaliers germains décident de partir pour la Terre sainte
- **6 janvier 1148** : Défaite française du mont Cadmos contre les Turcs seldjoukides
- **Du 24 au 28 juillet 1148** : Échec du siège des soldats chrétiens devant Damas

1 Bernard de Clairvaux prêchant, en 1146, la deuxième croisade

Aux très chers seigneurs et pères, archevêques, évêques, et à l'ensemble du clergé et de la population de France orientale et de Bavière, Bernard, appelé abbé de Clairvaux ; que l'esprit de force abonde en eux. [...]

5 Voici maintenant qu'à cause de nos péchés, les ennemis de la croix ont relevé leur tête sacrilège et ont dépeuplé, du tranchant de leur épée, la terre bénie, la terre de la promesse. Bientôt, si nul ne leur résiste, ils se rueront dans la cité même du Dieu vivant, ils y
10 détruiront les témoignages de notre rédemption, ils pollueront les lieux sanctifiés par le sang pourpre de l'Agneau immaculé. [...]

Tu as maintenant, ô vaillant chevalier, tu as, toi qui es un guerrier, un lieu où tu peux combattre sans péril,
15 où vaincre apporte la gloire et où mourir est un gain. Et si tu es un marchand avisé, un conquérant de ce monde, je te révèle quelques bonnes affaires : veille à ne pas les laisser passer. Prenez l'un et l'autre le signe de la croix et vous y gagnerez le pardon de tous les
20 péchés que vous aurez confessés avec un cœur contrit.

Bernard de Clairvaux, *Encyclique*[1] de croisade.
1. Lettre envoyée à tous les évêques

Bernard de Fontaine, abbé de Clairvaux (1090-1153)
moine bourguignon, réformateur de la religion chrétienne, mais aussi l'un des principaux défenseurs de la deuxième croisade. Il est déclaré saint peu de temps après sa mort, en 1174.

2 Conrad III, Louis VII et Baudouin III organisent la croisade

Le 24 juin 1148, un grand conseil de guerre se tient à Saint-Jean d'Acre : au cours de ce concile, il est décidé que les alliés croisés attaqueront Damas. Miniature, XIIe siècle.

Vocabulaire
- **abbé** : religieux qui dirige un monastère ou une abbaye. C'est une place élevée dans la hiérarchie ecclésiastique.
- **croisade** : pèlerinage guerrier lancé par le pape pour la reconquête des lieux saints et notamment Jérusalem.

3 La deuxième croisade en Terre sainte

(carte interactive)

Légende :
- Territoires musulmans
- États latins d'Orient
- Empire byzantin
- Expédition de Louis VII
- Expédition de Conrad III
- Principales batailles

4 Le siège de Damas par Ibn al-Athîr

Cette année-là, le roi d'Allemagne quitta son pays avec une forte armée de Francs pour marcher contre les pays de l'islam. Il se flattait de les conquérir sans grande peine, en raison de sa puissance en hommes, en argent 5 et en matériel. À son arrivée en Syrie, les Francs du pays se présentèrent à lui et lui rendirent hommage. Ils se mirent à ses ordres ; il leur commanda de le suivre à Damas qu'il comptait assiéger et enlever ; ils partirent donc avec lui et mirent le siège devant la ville. [...]
10 Le roi d'Allemagne s'avança jusqu'à Maidân al-Akhdar (la Place Verte) et tout le monde pensa qu'il allait prendre la ville. Cependant Mu'in al-Dîn avait appelé au secours des musulmans, pour repousser l'ennemi, Saif al-Dîn Ghazi, fils de l'atabek Zinkî [seigneur de Mossoul]. [...] Inquiets 15 du nombre de leurs blessés et de la perspective d'avoir à combattre encore Saif al-Dîn, les Francs suspendirent la lutte. [...] Les gens du littoral conférèrent avec le roi d'Allemagne et l'effrayèrent en lui parlant de Saif al-Dîn, de ses nombreuses troupes, des renforts qu'il 20 recevait continuellement, et de la probabilité qu'il prît Damas sans qu'ils fussent en mesure de lui résister. Ils firent tant et si bien que le roi s'éloigna de Damas. Eux occupèrent la place de Baniyâs et les Francs d'Allemagne retournèrent dans leur pays, qui se trouve là-bas en 25 biais au-dessus de Constantinople, et Dieu libéra les croyants de cette calamité !

Ibn al-Athîr, *Somme des histoires*, début du XIIIe siècle.

5 Le Krak des Chevaliers, une forteresse franque

À partir de 1142, le Krak des Chevaliers est sous le contrôle des Hospitaliers, un ordre de chevalerie chargé de protéger les pèlerins en Terre sainte. Après l'échec du siège de Damas, c'est un point important de la défense des États latins d'Orient contre la pression musulmane. En 1271, le château est définitivement pris par le sultan mamelouk.

ANALYSE DE DOCUMENTS

■ Utiliser une approche historique pour mener une analyse ou construire une argumentation

1. Pour quelles raisons Bernard de Clairvaux appelle-t-il à la croisade **(doc. 1)** ?
2. Quels bénéfices les combattants peuvent-ils tirer d'une telle aventure **(doc. 1 et 2)** ?
3. Quel est l'objectif de la deuxième croisade **(doc. 1 et 3)** ?
4. Pourquoi le siège de Damas est-il un échec **(doc. 4)** ?
5. Quelles sont les conséquences de l'échec de la deuxième croisade **(doc. 5)** ?

Bilan

Montrez que la deuxième croisade est une expédition aux enjeux complexes et difficiles à atteindre.

ÉTUDE → LEÇON 1
Contacts et heurts entre chrétienté et islam en Terre sainte

Durant tout le Moyen Âge, la Terre sainte est une terre de pèlerinage, successivement sous la domination politique des souverains arabes ou occidentaux. Source de tensions, dans le cadre des croisades, la Terre sainte est aussi un espace de rencontres entre habitants du pourtour méditerranéen.

Comment la Terre sainte est-elle à la fois un espace de conflits et de rencontres entre Occidentaux et Orientaux, chrétiens, juifs et musulmans ?

1 Jérusalem, une ville sainte pour les trois grandes religions monothéistes

Le Saint-Sépulcre

Le mur des Lamentations et le dôme du Rocher

2 L'assimilation des croisés en Terre sainte

Dans les Gesta Francorum, Foucher de Chartres fait un récit des croisades et de la présence franque en Orient.

Occidentaux nous fûmes et nous voilà transformés en Orientaux. L'Italien ou le Français d'hier est devenu, déplacé en Terre sainte, un
5 Galiléen ou un Palestinien. L'homme de Reims ou de Chartres est mué en Syrien ou en citoyen d'Antioche. Nous avons déjà oublié nos lieux d'origine. [...] Ici l'un possède déjà maison et domesticité avec autant d'assurance que si son père le lui avait laissé en héritage. L'autre a déjà pris pour femme non pas une compatriote, mais une Syrienne,
10 une Arménienne, parfois même une Sarrasine baptisée. Un autre a beau-père, belle-mère, gendre, descendance, parenté. Celui-ci a petits-enfants et neveux. Cet autre boit déjà le vin de sa vigne et cet autre encore se nourrit sur ses champs. Nous nous servons tour à tour des diverses langues du pays ; l'indigène comme le colon est devenu
15 polyglotte et la confiance rapproche les races les plus éloignées. [...] Le colon est maintenant devenu presque un indigène, l'immigré s'assimile à l'habitant. Chaque jour des parents et des amis viennent d'Occident nous rejoindre. Ils n'hésitent pas pour autant à abandonner là-bas tout ce qu'ils possédaient. Car celui qui là-bas était un pauvre
20 hère obtient ici de la grâce de Dieu, l'opulence. [...] Tel qui chez lui ne jouissait même pas d'un domaine se voit ici maintenant seigneur d'une ville. Pourquoi donc s'en retourner puisque l'Orient comble à ce point nos vœux.

D'après Foucher de Chartres, *Gesta Francorum Hierusalem Pelegrinantium*, v. 1105.

3 Les relations entre Francs et Arabes à Jérusalem

Lorsque je visitai Jérusalem, j'entrai dans la mosquée Al-Agrâ (El-Aksa) qui était occupée par les Templiers, mes amis. À côté se trouvait une petite mosquée que
5 les Francs avaient convertie en église. Les templiers m'assignèrent cette petite mosquée pour y faire mes prières. Un jour, j'y entrai, je glorifiai Allah. J'étais plongé dans ma prière, lorsqu'un des Francs bondit sur
10 moi, me saisit et retourna ma face vers l'Orient en me disant : « Voilà comment l'on prie ! » Une troupe de Templiers se précipita sur lui, se saisit de sa personne et l'expulsa. Puis ils s'excusèrent auprès
15 de moi et me dirent : « C'est un étranger qui est arrivé ces derniers jours du pays des Francs ; il n'a jamais vu prier personne qui soit tournée vers l'Orient. »

Usâma Ibn Munqidh (1095-1188), *Des enseignements de la vie*, traduit par André Miquel, 1983.

4 Saladin reprend Jérusalem et le contrôle des États latins d'Orient en 1187

En 1187, Saladin, sultan d'Égypte, reprend le contrôle de tout le territoire franc, sauf Tripoli, Tyr et Antioche.

Guillaume de Tyr, « Le sultan Saladin et les prisonniers chrétiens lors de la troisième croisade » *Histoire d'Outremer*, BnF, Base iconographique du département des manuscrits.

5 Pendant la guerre, le commerce continue

Nous avons été témoins ce mois-là du départ de Saladin [Sultan de l'Égypte et de la Syrie] avec toute l'armée musulmane pour aller assiéger Hisn al-Karak qui est une citadelle chrétienne des plus importantes. En effet, elle barre la route
5 du Hedjaz et empêche les musulmans de circuler en terre ferme ; elle se trouve à environ une journée de marche de Jérusalem. C'est le point névralgique de la Palestine. De là, on a une vue dégagée sur tout le pays. Cette forteresse est entourée d'habitations et on dit qu'elle comprendrait
10 jusqu'à quatre cents villages. Saladin l'assiégea et l'encercla pendant longtemps. Alors, le va-et-vient des caravanes d'Égypte vers Damas à travers le pays franc ne fut pas interrompu ainsi que celui des musulmans de Damas à Akka [Saint-Jean-d'Acre]. On n'empêchait aucun marchand de commercer, ni ne l'inquiétait. Les chrétiens font payer
15 une taxe aux musulmans qui traversent leur territoire, ceux-ci jouissant d'une sécurité extrême ; les marchands chrétiens versent aussi en territoire islamique une taxe sur leurs produits, l'entente régnant entre eux et l'équité étant de rigueur en toutes circonstances. Les hommes de guerre
20 s'occupent de leurs conflits pendant que les autres sont en paix, les biens matériels appartenant aux vainqueurs. C'est ainsi que les gens de ce pays se comportent alors qu'ils sont en guerre.

Ibn Jubayr, « Relation de voyages », *1184-1185*, dans : *Voyageurs arabes*, Bibliothèque de la Pléiade, 1995, p. 309.

ANALYSE DE DOCUMENTS

Parcours 1 — J'ai besoin d'un peu d'aide

- S'approprier un questionnement historique
- Construire et vérifier des hypothèses sur une situation historique

1. Montrez ici la particularité de cette ville auprès des trois aires de civilisation **(doc. 1)**.
2. Expliquez en quoi la présence prolongée des Occidentaux en Terre sainte amène à un rapprochement avec les populations locales **(doc. 2)**.
3. Montrez que les relations peuvent être hostiles, mais aussi pacifiques voire amicales **(doc. 3)**.
4. Montrez que la guerre en Terre sainte conduit à des violences, mais sans empêcher le développement du commerce dans la région **(doc. 4 et 5)**.

Parcours 2 — Je me débrouille seul(e)

- S'approprier un questionnement historique
- Construire et vérifier des hypothèses sur une situation historique

Consigne :
Après avoir présenté les documents, vous montrerez la complexité des relations entre les communautés chrétiennes, musulmanes et juives en Terre sainte.

Bilan

Sur votre cahier, recopiez et complétez le schéma suivant :

- Raisons des affrontements
- Types d'échanges
- Contacts et heurts en Terre sainte
- Cohabitation
- Métissage

(schéma à compléter)

LEÇON 1 — La Méditerranée, un espace de tensions

QCM interactif

Quels sont les lieux de tensions entre les différentes civilisations méditerranéennes ?

A. L'Espagne de la *Reconquista*

- **La conquête de l'Espagne par les musulmans a commencé au milieu du VIIIe siècle.** En Espagne, au XIe siècle, les royaumes chrétiens du nord de la péninsule se lancent à la reconquête (*Reconquista* en espagnol) des terres musulmanes du sud.

- **En 1085, le roi de Castille s'empare de la ville de Tolède.** Puis la bataille de Las Navas de Tolosa en 1212 permet aux chrétiens de prendre possession du sud de l'Espagne, à l'exception du royaume de Grenade, qui reste musulman jusqu'en 1492.

- **Beaucoup de musulmans fuient devant la reconquête chrétienne.** Des libertés sont accordées aux nouveaux habitants, chrétiens convertis ou venus d'ailleurs. C'est pourquoi le peuplement de l'Espagne reste cosmopolite.

B. La Terre sainte, terre de croisade et de jihad

- **Au XIe siècle, la Terre sainte est sous le contrôle des souverains musulmans.** Au concile de Clermont, en 1095, le pape Urbain II appelle à la croisade et à la reprise des lieux saints du christianisme à Jérusalem, en promettant aux croisés le pardon de leurs péchés.

- Jusqu'au milieu du XIIe siècle, **les Francs remportent des succès importants avec la reprise de Jérusalem en 1099.** Ils fondent des États latins dans la région pour faire barrière à l'expansion arabe. À partir de la seconde moitié du XIIe siècle, les musulmans reprennent l'initiative sous l'impulsion de Saladin. Jérusalem est reconquise en 1187, réduisant les possessions chrétiennes sur le littoral de la Méditerranée.

- **Lors des croisades, des tensions apparaissent entre chrétiens catholiques et orthodoxes.** Ainsi, en 1204, la quatrième croisade voit la prise et le pillage de Constantinople, ville chrétienne orthodoxe, par les troupes franques.

C. Des minorités nombreuses autour de la Méditerranée

- **Dans l'Espagne de la *Reconquista*, des minorités cohabitent :** ce sont les chrétiens arabes, les mozarabes, les musulmans restés après la conquête, les mudéjars, de même que des communautés juives. Ces minorités bénéficient de privilèges accordés par les rois d'Aragon et de Castille, mais la tolérance n'est pas toujours respectée, et des violences intercommunautaires persistent.

- **Dans les États latins d'Orient, si les Francs tiennent les châteaux et les villes,** les campagnes sont peuplées de juifs ou de musulmans, souvent hostiles aux croisés. Dans les grandes villes méditerranéennes comme Tolède, Constantinople ou Jérusalem, les différentes communautés vivent ensemble. Elles sont à l'origine de véritables échanges économiques et culturels.

Saladin Ier (1138-1193)

Sultan d'Égypte et de Syrie, il parvient à unifier le Proche-Orient contre les Francs. Il est à l'origine de la reconquête de Jérusalem en 1187.

Vocabulaire

- **concile :** assemblée des évêques catholiques.
- **États latins d'Orient :** royaumes chrétiens nés des différentes croisades, entre la fin du XIe siècle et la fin du XIIIe siècle.
- **mozarabes :** chrétiens d'Espagne sous domination musulmane.
- **mudéjars :** musulmans d'Espagne devenus sujets des chrétiens après la *Reconquista*.

@CTIVITÉ NUMÉRIQUE — lien internet

■ Utiliser le numérique
Réaliser une frise pour réviser

1. Relevez huit dates clés du cours.
2. Rendez-vous à l'adresse indiquée sur le lien.
3. Réalisez une frise de synthèse pour réviser. Vous pouvez vous aider du modèle ci-dessous.
4. Partagez votre frise avec votre classe et votre professeur.

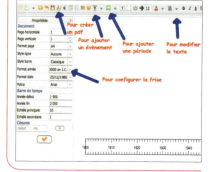

1 La prise de Constantinople par les croisés en 1204

Manuscrit extrait de *L'histoire de la conquête de Constantinople*, chronique de Geoffroi de Villehardouin (vers 1207).

2 Deux sarrasins enchaînés

Trumeau de la cathédrale Sainte-Marie d'Oloron, dans les Pyrénées-Orientales.

3 Extrait du concile de Latran (1215)

Le quatrième concile de Latran marque l'apogée du pouvoir de la papauté en Europe.

Canon 68 : En certaines provinces, juifs ou sarrasins[1] se distinguent des chrétiens par un habit différent ; en d'autres, au contraire, règne une telle confusion que rien ne les différencie. D'où il résulte, parfois, qu'ainsi trompés, des chrétiens s'unissent à des femmes juives ou sarrasines ; des sarrasins ou des juifs à des femmes chrétiennes. Pour éviter que des unions aussi répréhensibles ne puissent à l'avenir invoquer l'excuse de vêtement, nous statuons ceci : en toute province chrétienne et en tout temps, ces gens de l'un ou de l'autre sexe se distingueront publiquement par l'habit des autres populations comme Moïse le leur a d'ailleurs prescrit. Les jours de lamentation et le dimanche de la Passion[2], les juifs devront s'abstenir de paraître en public : certains d'entre eux, en effet, nous l'avons appris, osent en de tels jours arborer leurs plus beaux habits, et se moquent des chrétiens qui portent des signes de deuil en mémoire de la très sainte Passion.

G. Brunel, E. Lalou, *Sources d'Histoire médiévale*, IXe-milieu du XIVe siècle, collection « Textes essentiels », Larousse, 1992.

1. Musulmans.
2. Les fêtes de Pâques.

QUESTIONS

1. Comment se manifestent les tensions qui existent entre les différentes civilisations méditerranéennes **(doc. 1 et 2)** ?
2. Montrez que le concile de Latran stigmatise et marginalise les communautés juives et musulmanes **(doc. 3)**.

Venise à la tête d'un empire commercial

Aux XIIᵉ et XIIIᵉ siècles, Venise est une des villes les plus puissantes d'Italie, grâce à sa flotte et à son vaste réseau commercial. Avec ses navires sillonnant la Méditerranée, elle tisse des liens avec des régions aussi éloignées que l'Angleterre, la France ou la Terre sainte. Son empire commercial devient une puissance militaire quand, en 1204, Venise détourne la quatrième croisade pour s'emparer de Constantinople, ville chrétienne, et prendre possession de terres appartenant à l'Empire byzantin.

Comment Venise réussit-elle à construire un empire commercial à l'échelle méditerranéenne ?

1172 — Institution du **Grand Conseil** qui élit le doge
1204 — **Prise de Constantinople** par les Vénitiens, lors de la quatrième croisade
1218 — **Paix avec Gênes**, principal concurrent commercial

Vocabulaire
- **comptoir** : c'est un territoire en pays étranger destiné à favoriser le commerce avec ce pays.
- **doge** : à Venise, c'est le magistrat le plus important de la ville, élu à vie, qui dirige la ville avec le Grand Conseil.

1 Privilège de Guillaume II accordé aux Vénitiens (septembre 1175)

Guillaume, par la faveur de la divine clémence du roi de Sicile, du duché de Pouille et de la principauté de Capoue, aux prières et à l'affection de Sébastien Ziani, noble duc de Venise, notre cher ami, et des Vénitiens, nous concédons que les Vénitiens venant dans
5 notre pays payent désormais, sur les navires et les marchandises qu'ils apporteront dans notre royaume ou emporteront de celui-ci, seulement la moitié des droits qu'ils versaient aux temps du Seigneur le très glorieux roi Roger, notre grand-père, et du seigneur très magnifique le roi Guillaume notre père, et qu'ils payaient jusqu'ici.

G. B. Stracusa, *Il Regno di Guglielmo II in Sicilia*, t. I, Tipografía Lo Statuto, 1886.

2 Le traité commercial entre le sultan d'Alep et le doge de Venise (1229)

Ce traité fut fait le 27ᵉ jour du mois de Muharram, l'an 627 de l'hégire [16 décembre 1229].

Au nom de Dieu Éternel, amen. L'an du Seigneur 1229, mois de décembre, à Alep. Ceci est le pacte du seigneur Al-Malik al'Aziz sultan d'Alep, qu'il fit avec notre glorieux
5 seigneur Giacomo Tiepolo, illustre **doge** de Venise, dont la teneur est la suivante : dans les ventes et les achats qu'ils font, je m'en tiendrai aux droits, de sorte que chacun leur applique le plus bas des prix forts ; et je fais
10 ceci afin que les susdits marchands viennent plus volontiers dans mes contrées avec leurs marchandises.

Au Pont, je leur ai promis de faire un comptoir (*fondouk*) pour les héberger. À Lattiaqué aussi,
15 ils doivent avoir une église, un comptoir et une Cour de Justice, un baile[1] et un four ; et à Alep de même, un **comptoir**, une Cour de Justice et un baile. S'il advient qu'un litige oppose des Vénitiens ou qu'entre eux ils se blessent
20 ou se tuent, leur baile, et lui seul, doit avoir le pouvoir de juger. De même, j'ai établi pour eux que, chaque semaine, le lundi, un émir rend justice au bureau de toutes les plaintes qu'ils feront ; je leur ai concédé présentement
25 Berardinus Maomedar.

G. L. F Tafel et G. M. Thomas, *Urkunden zur Älteren Handels*, t. II, Vienne, 1856.

1. Représentant du roi.

Document d'accompagnement 1

Venise, une ville ouverte sur l'extérieur
Miniature extraite d'un manuscrit du XVIᵉ siècle, Marco Polo, *Livre des Merveilles*, Oxford, bibliothèque Bodléïan.

MÉTHODE BAC

Document d'accompagnement 2 — Venise et son réseau commercial

CONSIGNE

Après avoir présenté les deux documents, vous expliquerez comment Venise parvient à construire un empire commercial à travers toute la Méditerranée.

MÉTHODE : Analyse de deux documents

→ Méthode générale de l'analyse de document, p. 12

Pour confronter deux points de vue complémentaires sur un même thème, il faut :

1. Lire et comprendre la consigne
- **Analyser la consigne**, en repérant les mots-clés.
- **Identifier les limites** du sujet.

2. Travailler au brouillon pour organiser son analyse
- **Dégagez l'idée générale** de chaque document : précisez qui sont les interlocuteurs.
- **Soulignez** ce qu'obtient chacun des signataires de ces traités.
- **Identifiez les avantages que tire Venise** de la conclusion de ces traités.

Pour vous aider, vous pouvez vous poser les questions suivantes :
> Quels avantages les Vénitiens tirent-ils des taxes ?
> Quel est l'intérêt de bénéficier d'un comptoir en territoire étranger ?
> Pourquoi les privilèges judiciaires sont-ils particulièrement intéressants ?

3. Rédiger une réponse organisée

Introduction :
– **Présentez** les différents signataires de ces traités.
– **Montrez** que ce sont des textes qui présentent les nombreux privilèges obtenus par les Vénitiens.

Développement :
Organisez vos idées en fonction du type de privilèges :
> Quels avantages les Vénitiens tirent-ils des taxes ?
> Quel est l'avantage de bénéficier d'un comptoir en territoire étranger ?
> Pourquoi les privilèges judiciaires sont-ils particulièrement intéressants ?

Conclusion :
– **Montrez** l'étendue du pouvoir de Venise en dehors de ses frontières.
– **Soulignez** le fait que c'est notamment par le biais de la diplomatie et de la signature de traités que Venise s'étend à travers un réseau commercial méditerranéen.

CHAPITRE 3 • La Méditerranée médiévale : espace d'échanges et de conflits à la croisée de trois civilisations

TRAVAIL DE L'HISTORIEN

ÉTUDE → LEÇON 2

Palerme vue par un géographe arabe, Ibn Jubayr

Ibn Jubayr est né près de Valence, en 1145, dans l'Espagne musulmane. Fonctionnaire à la cour de Grenade, il entreprend plusieurs voyages jusqu'à La Mecque et laisse une œuvre importante : ses *Relations de voyages*, témoignage sur la Méditerranée au XIIe siècle. Entre décembre 1184 et janvier 1185, il est à la cour du roi Guillaume II et décrit la cohabitation des diverses communautés religieuses à Palerme.

🌶 **Pourquoi peut-on dire que Palerme est une ville cosmopolite ?**

Document d'accompagnement
Palais des Normands

Le contexte historique

IXe siècle : La Sicile passe sous domination arabe.

1130 : La dynastie normande des Hauteville prend le contrôle de l'île.

1166-1189 : Règne de Guillaume II le Bon.

1 DOCUMENT SOURCE — Ibn Jubayr décrit la ville de Palerme

La plus belle des cités de la Sicile est la résidence de son roi : les musulmans l'appellent la cité al-Madina, et les chrétiens Palerme. C'est là que demeurent les musulmans citadins ; ils y ont des mosquées, et les souks, qui leur
5 sont réservés dans les faubourgs, sont nombreux. Tous les autres musulmans habitent les fermes, les villages et les autres villes, comme Syracuse, etc.

L'attitude du roi est vraiment extraordinaire. Il a une conduite parfaite envers les musulmans ; il leur confie
10 des emplois, il choisit parmi eux ses officiers, et tous, ou presque tous, gardent secrète leur foi et restent attachés à la foi de l'islam. Le roi a pleine confiance dans les musulmans et se repose sur eux de ses affaires, et de l'essentiel de ses préoccupations, à tel point que
15 l'intendant de sa cuisine est un musulman. […]

En cette cité, les musulmans conservent quelques restes de leur foi ; ils fréquentent la plupart de leurs mosquées et ils y célèbrent la prière rituelle sur un appel clairement entendu. Ils ont des faubourgs qu'ils habitent seuls, à
20 l'exclusion des chrétiens. Leurs souks en sont fréquentés par eux, et ils en sont les marchands.

Ibn Jubayr, « Relations de voyages », dans *Voyageurs arabes*, Bibliothèque de la Pléiade, 1995.

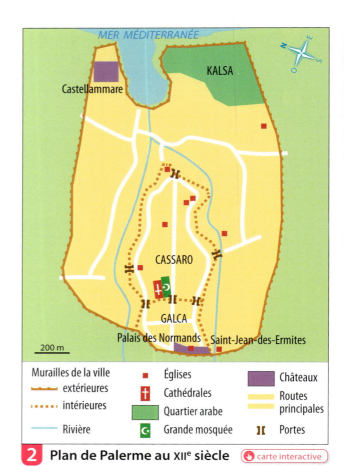

2 Plan de Palerme au XIIe siècle 🔵 carte interactive

3 L'ANALYSE DE L'HISTORIEN — Les différents quartiers de Palerme, selon Henri Bresc et Geneviève Bresc-Bautier

L'ancienne ville haute arabe, le Cassaro, accueille le palais et la ville royale, fermée de murs, la Galca, qui héberge la garnison et concentre les églises et les hôtels de l'aristocratie laïque et ecclésiastique.

À l'extérieur de la Galca, la cathédrale s'est glissée dans les murs de l'ancienne grande mosquée. Les Normands tardent à faire disparaître les traces architecturales de la mosquée et de la cathédrale byzantine qui l'avait précédée. […]

En contrebas du palais, Saint-Jean-des-Ermites, aujourd'hui la préférée des touristes pour le pittoresque de son jardin et la couleur de ses coupoles, offre effectivement l'image la plus véridique de la fraîcheur et du luxe dont on rêvait alors. Peut-être construite vers 1142-1148, dans l'espace d'une ancienne mosquée, elle était le cimetière du palais. On y conserve la tombe aux quatre inscriptions en grec, en latin, en arabe et en arabe encore, mais en caractères hébraïques, du chevalier normand Dreu et de sa femme Anne.

La présence à la cour, de Roger à Frédéric II, d'un nombreux personnel de Grecs, d'Arabes (chrétiens ou musulmans), de Normands d'Angleterre, de juifs, ne s'explique pas seulement par les services politiques que la monarchie attendait de gens entraînés à la gestion étatique et qui avaient servi déjà sous d'autres cieux les monarchies musulmanes ou chrétiennes.

Henri Bresc et Geneviève Bresc-Bautier, *Palerme, 1070-1492*, Paris, Autrement, 1993.

4 L'église Saint-Jean-des-Ermites à Palerme

S'INITIER AU TRAVAIL DE L'HISTORIEN

- Construire et vérifier des hypothèses sur une situation historique
- Procéder à l'analyse critique d'un document selon une approche historique

A L'historien commence par définir le contexte historique
1. Qui est l'auteur de ce texte (doc. 1) ?
2. Pourquoi est-il surpris de la situation de Palerme et de l'attitude du roi Guillaume II (doc. 1) ?

B L'historien confronte les différentes sources disponibles
3. Montrez que les musulmans continuent d'avoir un rôle important dans Palerme sous la domination du roi chrétien Guillaume II (doc. 1 et 2).

4. Comment les différentes communautés cohabitent-elles dans la ville sans avoir toutes un statut de réelle égalité (doc. 1 et 2) ?

C L'historien interprète les sources
5. Quelles influences diverses font de Palerme une ville cosmopolite (doc. 3 et 4) ?
6. Où cette cohabitation est-elle la plus visible (doc. 3 et 4) ?

ÉTUDE → LEÇON 2

TÂCHE COMPLEXE
Tolède, un carrefour de cultures

Mission 1
Je travaille à l'écrit
Vous êtes un voyageur occidental venu découvrir les manuscrits de la cité de Tolède au XIe siècle. Vous écrivez à votre souverain pour lui présenter la richesse culturelle de la ville.

Mission 2
Je travaille le récit à l'oral
Membre de l'Unesco, vous défendez, de nos jours, à l'ONU, un projet de mise en valeur de Tolède, rappelant la richesse culturelle et le patrimoine historique que représente la ville.

CAPACITÉS
- Employer les notions et le lexique acquis en histoire à bon escient
- Savoir lire, comprendre et apprécier un document iconographique
- Utiliser une approche historique pour mener une analyse ou construire une argumentation

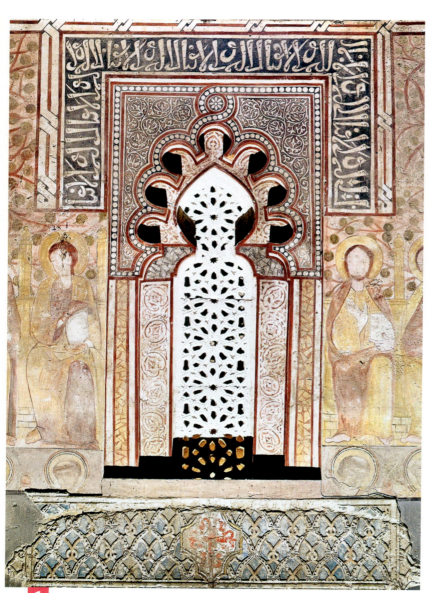

Architecture

● Les arcs de l'architecture islamique

L'architecture islamique est notamment marquée par ses arcs. Certains sont communs à l'art chrétien comme l'arc en plein cintre ou l'arc brisé. D'autres sont particuliers au monde islamique, comme l'arc en plein cintre outrepassé (« arc en fer à cheval ») ou l'arc lobé ou polylobé, très employés en Espagne et en Afrique du Nord.
En Espagne, l'art mozarabe puis mudéjar, du nom des communautés chrétiennes de culture arabe, est un héritage de la longue présence arabo-musulmane dans la région.

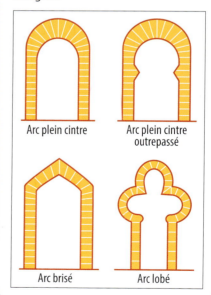

1 **Décor de l'église San Román de Tolède**
Cette église, construite après la *Reconquista*, au début du XIIIe siècle, continue d'utiliser un style architectural arabo-islamique et la calligraphie dans ses décorations.

2 Intérieur de l'ancienne synagogue de Tolède

Cette synagogue fut construite pour la première fois en 1180. En 1260, la communauté juive de Tolède obtint l'autorisation de construire à sa place ce qui serait la « plus grande et la plus belle synagogue » d'Espagne. Elle fut transformée en église au XIVe siècle et prit le nom de Santa María la Blanca.

3 L'éloge funèbre de Gérard de Crémone

Par l'amour de l'*Almageste* [livre d'astronomie rédigé par le Grec Ptolémée au IIe siècle] qui ne se trouvait pas chez les Latins, il se rendit à Tolède. Y voyant
5 l'abondance des livres écrits en arabe dans chaque discipline et déplorant la pénurie des livres latins dont il connaissait l'étendue, poussé par le désir de traduire, il apprit l'arabe. Confiant dans
10 son double savoir scientifique et linguistique (car, comme le dit Ahmad Ibn Yusuf dans la lettre sur le *Rapport et la proportion*, il faut qu'un bon traducteur, outre une excellente connaissance de
15 la langue qu'il traduit et de celle dans laquelle il s'exprime, possède le savoir de la discipline concernée), à la manière de l'homme avisé qui, parcourant les prés verdoyants, y tresse une couronne non
20 avec toutes les fleurs mais avec les plus belles, il passa en revue tout ce qui était écrit en arabe. C'est ainsi qu'il ne cessa jusqu'à la fin de sa vie de transmettre à la latinité, comme à un très cher héritier, les
25 livres qui lui paraissaient les plus élégants dans diverses disciplines, de la façon la plus claire et la plus intelligible possible.

Anonyme, *Éloge funèbre de Gérard de Crémone*, fin du XIIe siècle.

@CTIVITÉ NUMÉRIQUE · lien internet

Enrichir grâce à un site internet

1. Allez à l'adresse indiquée sur le lien.
2. Cliquez sur « recherche assistée » puis saisissez « Tolède » dans Recherche libre, puis choisissez « lieu de production » dans le deuxième onglet.
3. Cliquez sur Chercher. À partir des résultats vous pouvez enrichir la mission 2.

Coup de pouce — Besoin d'aide ?

Mission 1
Si vous écrivez à votre souverain, il faudrait montrer tout l'avantage de la tolérance religieuse et de l'intérêt de bénéficier de toutes les recherches scientifiques et intellectuelles de la Méditerranée.

Mission 2
Dans un discours devant l'ONU, il faut faire le lien entre la période médiévale et la période contemporaine, en montrant comment le patrimoine est une image précieuse des périodes anciennes et des enseignements qu'il peut nous offrir aujourd'hui.

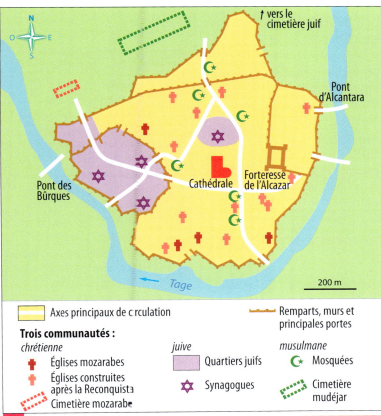

4 Plan de Tolède au XIe siècle

LEÇON 2 — Des espaces d'échanges et de cohabitation

QCM interactif

Comment l'espace méditerranéen devient-il un lieu d'intenses échanges économiques mais aussi culturels ?

Ibn Ruchd ou Averroès (1126-1198)
Né à Cordoue, juge et médecin, il est aussi un grand philosophe. Son interprétation de *La Métaphysique* d'Aristote a exercé une forte influence en Occident.

A — Des échanges économiques dynamiques

- Les croisades n'empêchent pas le développement du commerce entre les différentes civilisations méditerranéennes. **Croisés et marchands empruntent les mêmes routes.** Depuis l'Antiquité, l'Occident exporte des matières premières qui manquent aux Orientaux, comme les minerais ou le bois, alors que depuis l'Orient transitent les épices, la soie, l'or et les produits précieux.

- Ce sont les marchands italiens, notamment Génois et Vénitiens, qui sont les grands bénéficiaires de ce commerce méditerranéen. **Venise acquiert ainsi des comptoirs tout autour de la Méditerranée et bâtit un véritable empire commercial.** En 1204, après le détournement de la quatrième croisade, Venise prend possession d'une part importante de l'Empire byzantin.

B — La circulation des hommes et des savoirs

- **La Méditerranée est aussi un espace d'échanges culturels et de circulation des hommes.** Durant le Moyen Âge, les pèlerinages sont l'occasion de longs voyages vers Jérusalem, La Mecque, Rome ou Saint-Jacques-de-Compostelle. De même, de nombreux voyageurs circulent entre les différentes cours méditerranéennes, tel Ibn Jubayr à la cour du roi de Sicile, Guillaume II.

- **Les intellectuels voyagent à travers les villes de la Méditerranée pour y fréquenter universités et bibliothèques.** Certains copient et traduisent à cette occasion des manuscrits arabes en latin. L'enseignement se développe donc tout autour de la Méditerranée, notamment à Tolède, en Espagne, sous la domination des Almohades. Ainsi, Averroès, né à Cordoue, est un savant important de la culture arabo-musulmane.

- **Ces échanges de savoir,** dans des domaines aussi différents que les mathématiques, la philosophie, l'astronomie ou la médecine, **enrichissent de façon importante la culture occidentale du Moyen Âge.** Certains écrits d'Aristote, par exemple, sont connus à travers des traductions de l'arabe (textes auparavant traduits du grec vers l'arabe).

C — Une culture méditerranéenne marquée par les diverses influences

- **Les régions méditerranéennes sont marquées par cette succession de dominations politiques et de cohabitation des différentes cultures.** C'est le cas, bien sûr, de Jérusalem, lieu saint pour les trois grandes religions monothéistes, mais aussi de la péninsule Ibérique, où la présence musulmane est très importante dans l'architecture et l'urbanisme.

- **La Sicile est, aussi, un lieu important du syncrétisme entre les différentes cultures.** Très influencée par la culture grecque depuis l'Antiquité, elle est occupée par les Arabes, puis reconquise par une dynastie normande, les Hauteville. La culture sicilienne du Moyen Âge est ainsi profondément marquée par des emprunts faits à différentes cultures.

Vocabulaire

- **Almohades :** dynastie berbère qui domine l'Afrique du Nord entre les XIIe et XIIIe siècles.
- **échanges culturels :** échanges fondés sur la circulation des biens culturels (livres, objets d'art) et des connaissances, comme la traduction d'ouvrages, la diffusion de l'algèbre arabe ou le commerce des technologies comme la boussole.
- **syncrétisme :** dans le domaine religieux, ce terme désigne un mélange de pratiques ou de doctrines diverses.

@CTIVITÉ NUMÉRIQUE — lien internet

■ Utiliser le numérique

Patrimoine méditerranéen : traversées d'Orient et d'Occident

1. Allez à l'adresse indiquée sur le lien ; cliquez sur « Thèmes ».
2. Choisissez une des entrées proposées en rapport avec le cours puis, une fois dans le thème, cliquez à droite sur « Sélection complète ».
3. Choisissez deux images proposées en lien avec un aspect de la leçon. Lisez le commentaire proposé et faites-en une synthèse pour enrichir votre cours.
4. Faites attention de bien sélectionner un document relatif à la période concernée. En bas à droite, vous avez la possibilité d'accéder à davantage de ressources, en cliquant sur la flèche bleue.

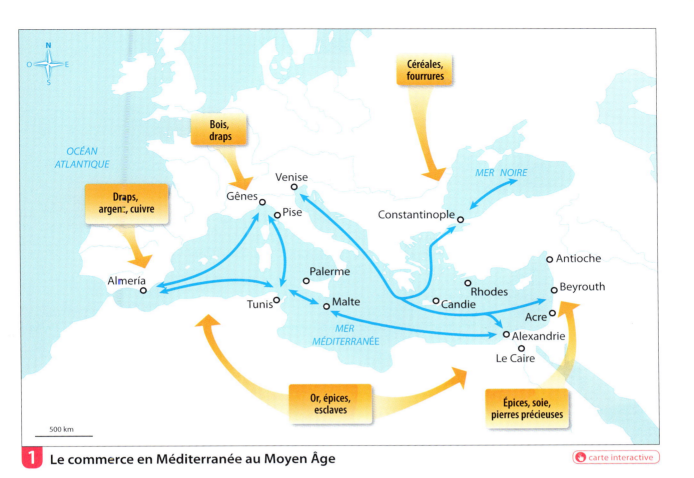

1 Le commerce en Méditerranée au Moyen Âge

3 Le syncrétisme culturel de la cathédrale de Monreale

2 **Tolède, un centre intellectuel de premier rang**

La passion de l'étude m'avait chassé d'Angleterre. Je restai quelque temps à Paris. Je n'y vis que des sauvages installés avec une grave autorité dans leurs sièges scolaires. […] Aussi, comme de nos jours c'est à Tolède que l'enseignement
5 des Arabes, qui consiste presque entièrement dans les arts du quadrivium (arithmétique, géométrie, astronomie, musique), est dispensé aux foules, je me hâtai de m'y rendre pour y écouter les leçons des plus savants philosophes au monde. Des amis m'ayant appelé et ayant été invité
10 à rentrer d'Espagne, je suis venu en Angleterre avec une précieuse quantité de livres. On me dit qu'en ces régions l'enseignement des arts libéraux était inconnu, qu'Aristote et Platon y étaient voués au plus profond oubli. […] Ma douleur fut grande et pour ne pas rester seul Grec parmi
15 les Romains, je me mis en route pour trouver un endroit où apprendre à faire fleurir ce genre d'études.

Daniel de Morley, vers 1200, dans Jacques Le Goff, Les Intellectuels au Moyen Âge, Le Seuil, 1985.

QUESTIONS

1. Montrez que la Méditerranée est un carrefour important pour le commerce entre les différents continents **(doc. 1)**.
2. Pourquoi Daniel de Morley est-il impressionné par la vie intellectuelle tolédane **(doc. 2)** ?

EXERCICES — Autre support : un film

Le Destin de Youssef Chahine

Le film est un plaidoyer contre l'intégrisme et le fanatisme : les protagonistes évoluent dans l'Andalousie musulmane du XIIe siècle, havre de prospérité et terre du grand philosophe Averroès. Ce dernier, conseiller du calife, est reconnu pour sa sagesse et son enseignement libre et ouvert au monde, inspiré de la pensée du philosophe grec Aristote. Cependant, une secte fondamentaliste qui utilise l'islam pour conquérir le pouvoir parvient à obtenir la destitution d'Averroès et la destruction de son œuvre. Le film est aussi à replacer dans le contexte de l'Égypte des années 1990 et de la vie de Youssef Chahine poursuivi en justice en 1994 et condamné pour son film *L'Émigré*.

1 Joseph quitte le royaume de France et arrive à Cordoue après avoir vu son père brûler sur le bûcher comme hérétique pour avoir traduit les œuvres d'Averroès

2 Averroès diffuse son enseignement et juge

3 Averroès surveille la secte fondamentaliste qui a enrôlé un des fils du calife

QUESTIONS

- Mettre une figure en perspective
- Savoir lire, comprendre et apprécier un document iconographique

1. À l'aide de sa biographie et des vignettes du document 2 montrez le rôle joué par Averroès à Cordoue au XIIe siècle **(doc. 2)**.
2. Quels éléments dans l'ensemble des vignettes montrent que Cordoue est une cité riche et prospère **(doc. 1, 2 et 3)** ?
3. Quels aspects de la civilisation arabo-andalouse Youssef Chahine met-il particulièrement en valeur **(doc. 1, 2 et 3)** ?
4. Par quels procédés cinématographiques Youssef Chahine souligne-t-il l'embrigadement et en quoi ces images sont-elles toujours d'actualité (*cf.* les deux dernières vignettes) **(doc. 3)** ?

Réaliser une carte mentale de synthèse

Sur votre cahier, en vous servant du modèle ci-dessous, construisez votre propre carte mentale de synthèse du chapitre.

Boîte à outils

- Reprenez les éléments de votre cours et listez-les de manière simple.
- Inspirez-vous des questions proposées pour repérer des éléments clés dans votre cours.
- Identifiez les personnages-clés, les lieux, les institutions au cœur de la Méditerranée médiévale par un code couleur.
- Complétez alors la carte mentale afin qu'elle reprenne l'ensemble des éléments repérés.

 **1. Réponse à une question problématisée**
Étape 1 Analyser un sujet et comprendre une problématique

■ **CAPACITÉS :** S'approprier un questionnement historique – Employer les notions et le lexique acquis en histoire à bon escient

 ▶ **QUESTION PROBLÉMATISÉE** Comment se caractérisent les conflits et les contacts entre les civilisations autour de la Méditerranée du Xe au XVe siècle ?

ÉTAPE 1 Analyser les termes du sujet

- **Lire** plusieurs fois le sujet, ainsi que les axes donnés, pour construire une argumentation qui réponde au sujet.
- **Repérer** les mots-clés de manière précise.
- **Donner**, grâce à ses connaissances, une définition claire et simple de ces mots-clés.
- **Être attentif** aux mots de liaison, comme « et ».
- **Déterminer** les limites spatiales et chronologiques du sujet.

| Qu'est-ce qu'un conflit ? Quels sont les conflits concernés ? Qui en sont les acteurs ? | En apparence, conflits et contacts s'excluent, mais les deux peuvent coexister. | Quels sont les types de contacts qui existent entre les civilisations méditerranéennes ? Quels espaces sont particulièrement concernés ? |

Comment se caractérisent les conflits et les contacts entre les civilisations autour de la Méditerranée du Xe au XVe siècle ?

Cadre spatial — Cadre chronologique

ÉTAPE 2 Comprendre la question problématisée et trouver des axes pour répondre au sujet

- Avec le sujet, une question problématisée vous est donnée. C'est le fil directeur de votre travail.
- Pour vous aider à construire le développement, il vous faut trouver des axes qui permettront de structurer votre réponse. Lors de l'analyse du sujet, vous avez déjà pu trouver des connaissances qui vont vous permettre de rédiger votre réponse à la question problématisée. Ces axes servent donc à organiser vos connaissances autour d'idées générales.

EXERCICES

Bac contrôle continu

2. Analyse d'un texte
Méthode : Construire le plan d'un commentaire de document et rédiger l'introduction

■ **CAPACITÉS :** Procéder à l'analyse critique d'un document selon une approche historique – Mettre en relation des faits de localisations différentes

Un appel à la croisade de l'archevêque de Compostelle (1125)

« Revêtons les armes de lumière, selon le conseil de l'apôtre, et l'exemple des chevaliers du Christ, fils dévoués de la Sainte Église, qui ont ouvert le chemin de Jérusalem au prix de bien des efforts et de beaucoup de sang répandu, faisons-nous à notre tour chevaliers du Christ et par la défaite infligée à ses ennemis, les sarrasins malfaisants, avec l'aide de sa grâce, ouvrons un chemin plus facile et beaucoup moins ardu au travers des terres d'Espagne jusqu'au Sépulcre du Seigneur. Chacun de ceux qui veulent participer à cette expérience doit faire l'examen de tous ses péchés et aller avec hâte à la confession et à la pénitence véritable. [...] Nous concédons à celui qui agirait ainsi, par l'autorité du Dieu omnipotent [...] l'absolution de tous les péchés qu'il aurait commis à l'instigation du diable depuis le baptême jusqu'au jour présent. [...] Quiconque informé de nos recommandations honorera, aidera et sustentera[1] les athlètes du Christ qui s'en vont joindre l'armée du Seigneur ou en reviennent, méritera de profiter au cours de cette vie des fruits de sa bonne action et de gagner dans le futur la récompense de la béatitude[2] éternelle. »

Histoire de Compostelle (*Corpus Christianorum. Continuatio Mediaevalis*, n° 70), éd. E. Falque, Turnhout, 1988, p. 378-380 (trad. du latin) cité dans Daniel Baloup, Stéphane Boissellier et Claude Denjean, *La péninsule Ibérique au Moyen Âge*, PUR, 2003, p. 36-37.

1. Nourrira 2. Bonheur

CONSIGNE : Après avoir replacé le document dans le contexte d'expansion de la chrétienté, expliquez le projet que l'archevêque de Compostelle défend et identifiez les justifications qu'il utilise pour convaincre les chevaliers et habitants de la péninsule Ibérique de participer à la croisade.

ÉTAPE 1 Présentez le document.

ÉTAPE 2 Analysez la consigne.

Pour savoir ce que l'on attend de vous dans l'analyse de document, il faut repérer les verbes de consigne, les mots de liaison et les signes de ponctuation.

ÉTAPE 3 Prélevez les informations du document et mettez-les en relation avec vos connaissances personnelles pour construire le plan.

1. Classez les informations soulignées dans la deuxième colonne.
2. Mettez-les en relation avec vos connaissances pour les expliquer.

Partie de la consigne	Informations prélevées dans le document	Connaissances personnelles
Le contexte d'expansion de la chrétienté	– l'exemple des chevaliers du Christ. – a ouvert le chemin de Jérusalem au prix de bien des efforts et de beaucoup de sang répandu.	– il s'agit des… – l'auteur parle de la première croisade (1095–1099) qui aboutit à la prise de Jérusalem.
Le projet de l'archevêque de Compostelle	–	Aidez-vous du texte de la leçon 1.
Les justifications utilisées	– –	Aidez-vous des connaissances acquises dans le chapitre 3.

ÉTAPE 4 Rédiger l'introduction.

L'introduction d'une analyse de document comprend deux grandes phases :

■ **La présentation du document :** *Le document proposé est un extrait d'un appel à la croisade écrit par un clerc, l'archevêque de Compostelle, tiré de l'Histoire de Compostelle. Cet appel est effectué en 1125 en pleine reconquête chrétienne de la péninsule Ibérique par les princes chrétiens.*

■ **L'annonce du plan retenu :**
En analysant ce document, nous allons préciser le contexte de cet appel avant d'en expliquer les enjeux. Enfin, nous caractériserons les justifications qui sont utilisées pour convaincre la population de participer à cette entreprise de reconquête.

Bac contrôle continu — 3. Analyse de documents

■ **CAPACITÉS** : Mettre en relation des faits ou événements de natures, de périodes, de localisations différentes – Utiliser une approche historique pour mener une analyse

> Comment Pierre le Vénérable considère-t-il l'islam ? Quel est le but de sa traduction du Coran ?

> Quelle est la situation de l'Espagne en 1141 ? Quel est l'équilibre des forces en Méditerranée entre chrétiens et musulmans au milieu du XIIe siècle ? Au début du XIVe siècle ?

1 La traduction du Coran entreprise par Pierre le Vénérable.

En 1141, Pierre le Vénérable, abbé de Cluny, se rend à Tolède.

« Qu'on donne à l'erreur mahométane le nom honteux d'hérésie ou celui, infâme, de paganisme, il faut agir contre elle, c'est-à-dire écrire. Mais les latins et surtout les modernes, l'antique culture périssant, suivant le mot des juifs qui admiraient jadis les apôtres polyglottes, ne savent pas d'autre langue que celle de leur pays natal. Aussi n'ont-ils pu ni reconnaître l'énormité de cette erreur ni lui barrer la route. Aussi mon cœur s'est enflammé et un feu m'a brûlé dans ma méditation. Je me suis indigné de voir les latins ignorer la cause d'une telle perdition et leur ignorance leur ôter le pouvoir d'y résister ; car personne ne répondait, car personne ne savait. Je suis donc allé trouver des spécialistes de la langue arabe qui a permis à ce poison mortel d'infester plus de la moitié du globe. Je les ai persuadés à force de prières et d'argent de traduire d'arabe en latin l'histoire et la doctrine de ce malheureux et sa loi même qu'on appelle Coran. Et pour que la fidélité de la traduction soit entière et qu'aucune erreur ne vienne fausser la plénitude de notre compréhension, aux traducteurs chrétiens j'en ai adjoint un sarrasin[1]. Voici les noms des chrétiens : Robert de Chester, Hermann le Dalmate, Pierre de Tolède ; le sarrasin s'appelait Mohammed. Cette équipe après avoir fouillé à fond les bibliothèques de ce peuple barbare en a tiré un gros livre qu'ils ont publié pour les lecteurs latins. Ce travail a été fait l'année où je suis allé en Espagne et où j'ai eu une entrevue avec le seigneur Alphonse, empereur victorieux des Espagnes, c'est-à-dire en l'année du Seigneur 1141. »

Pierre le Vénérable

[1]. Musulman.

> Décrivez les actions des personnages : Comment l'auteur montre-t-il que les idées circulent entre les deux cultures ?

> D'où sont originaires les savants présents à Tolède ? Quelles sont les sources utilisées ?

> Observez la composition de la scène : Que peuvent en signifier la taille et l'attitude des deux personnages ?

> Qui est Averroès ? Quelle est son œuvre ? (voir biographie p. 94)

2 Averroès et Porphyre de Tyr, philosophe néoplatonicien (234-310 apr. J.-C.)

Monfredo de Monte Imperiali, tiré de *Liber de herbis et plantis*, manuscrit sur parchemin, Italie, première moitié du XIVe siècle. BnF, Manuscrits.

Porphyre est un philosophe qui a voyagé dans le Bassin méditerranéen. Il a contribué à faire la synthèse entre les idées des auteurs grecs Aristote et Platon.

CONSIGNE

Quelles relations les chrétiens et les musulmans entretiennent-ils en Méditerranée ?

AIDE POUR CONSTRUIRE L'ANALYSE

1. Présentez les documents en insistant sur leur contexte.
2. Comment les idées circulent-elles dans le Bassin méditerranéen entre les XIIe-XVe siècles ?
3. En quoi les deux documents donnent-ils un point de vue différent sur les relations entre chrétiens et musulmans ?

Aidez-vous des indications dans les encadrés rouges pour la question 2 et celles dans les encadrés bleus pour la question 3.

CHAPITRE 3 • La Méditerranée médiévale : espace d'échanges et de conflits à la croisée de trois civilisations

RÉVISION

La Méditerranée médiévale : espace d'échanges et de conflits à la croisée de trois civilisations

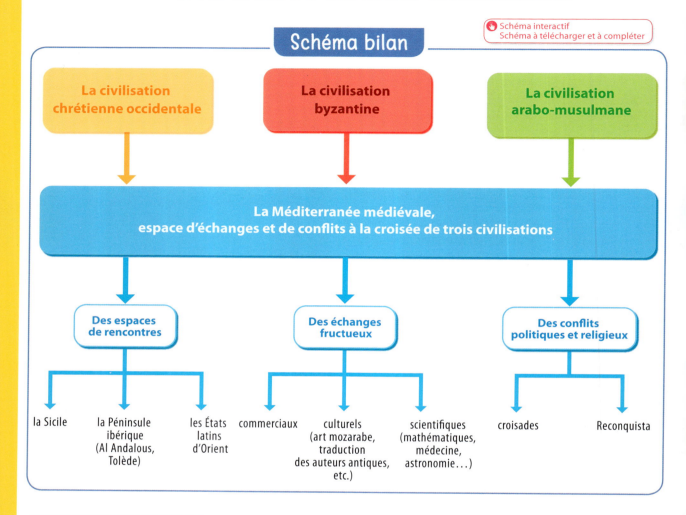

Je connais les dates importantes

1095-1270 : Croisades

1054 : Rupture entre les chrétiens latins et les orthodoxes.

1099 : Prise de Jérusalem par les croisés, fin de la première croisade.

1147-1149 : Deuxième croisade

1153-1189 : Règne de Guillaume II le Bon, roi de Sicile

1187 : Prise de Jérusalem par Saladin

1204 : Les Vénitiens détournent la quatrième croisade et pillent Constantinople

1212 : Bataille de Las Navas de Tolosa

1270 : Fin des croisades avec l'échec de la huitième croisade

1492 : Fin de la *Reconquista*, expulsion des juifs d'Espagne

Je maîtrise les notions et le vocabulaire essentiels

- civilisation
- comptoir
- croisade
- doge
- échanges culturels
- États latins d'Orient
- mozarabe
- mudéjar
- *Reconquista*
- syncrétisme

Ne pas confondre !

- **États latins d'Orient :** territoires contrôlés par des nobles chrétiens au Proche-Orient dès la fin de la première croisade et jusqu'à la fin du XIIIe siècle pour la plupart (royaume de Jérusalem, principauté d'Antioche…).

- **Terre sainte :** ensemble des terres visitées par Jésus et mentionnées dans les Évangiles.

AUTOÉVALUATION

Fiche d'autoévaluation à réaliser sur votre cahier ou sur votre feuille.

🔵 Fiche d'autoévaluation à télécharger et à compléter PDF

OBJECTIF 1 — Maîtriser des repères chronologiques

■ **CAPACITÉ :** identifier et nommer les périodes historiques, les continuités et ruptures chronologiques

Sur votre cahier, reproduisez la frise chronologique ci-dessous et placez-y les repères suivants :
a. La seconde croisade.
b. La prise de Jérusalem par Saladin.
c. La fin de la *Reconquista* espagnole.

```
1000        1100        1200        1300        1400
```

■ **CAPACITÉ :** identifier et expliciter les dates et acteurs clés des grands événements

Expliquez ensuite en quelques lignes les 3 événements cités ci-dessus.

OBJECTIF 2 — Maîtriser des repères spatiaux

■ **CAPACITÉ :** nommer et localiser les grands repères géographiques

Dans un court paragraphe, situez géographiquement les États latins d'Orient et expliquez leur constitution.

■ **CAPACITÉ :** utiliser une approche historique pour mener une analyse ou construire une argumentation

Dans un court paragraphe, expliquez en quoi la Sicile et les États latins d'Orient sont des zones de contacts et d'échanges entre les civilisations méditerranéennes du Moyen Âge.

OBJECTIF 3 — Réaliser sa fiche de révision

■ **CAPACITÉ :** employer les notions et le lexique acquis en histoire et en géographie à bon escient
- Noter les notions et le vocabulaire du chapitre (liste page précédente) avec leur définition précise.
- Indiquer pour chaque partie du cours :
  – Les éléments importants (dates, personnages, notions).
  – Les grandes idées (faits historiques, causes, conséquences…).
  – Savoir expliquer : les raisons qui poussent les chrétiens à partir en croisade ; les différents types d'échanges économiques et culturels qui existent entre les civilisations ; la *Reconquista* espagnole.

Pour aller plus loin

À VOIR
- *Kingdom of Heaven*, film américain de Ridley Scott, 2005.

À LIRE
- *Saladin*, bande dessinée de Mariolle, Méli et Loiseau, collection « Ils ont fait l'histoire », tome XII, Glénat/Fayard, 2015.
- *L'Histoire de France pour les nuls en BD*, de Jean-Joseph Julaud, tome III, *Des croisades aux Templiers*, First, 2012.

SUR LE WEB 🔵 lien internet
- La présentation des croisades sur le site de la BNF, avec des documents d'époque.

THÈME 2

XVe-XVIe siècles : un nouveau rapport au monde, un temps de mutation intellectuelle

4 L'ouverture atlantique : les conséquences de la découverte du « Nouveau Monde » 104
Comment les échanges vers l'Atlantique ouvrent-ils la voie à une première forme de mondialisation ?

5 Renaissance, humanisme et réformes 134
Comment la période de la Renaissance fait-elle entrer l'Occident dans la modernité ?

Le plafond de la chapelle Sixtine
Michel-Ange (1475-1564), 1508-1512, Rome, Italie.

CHAPITRE 4

L'ouverture atlantique : les conséquences de la découverte du « Nouveau Monde »

🐋 **Comment les échanges vers l'Atlantique ouvrent-ils la voie à une première forme de mondialisation ?**

RESSOURCES NUMÉRIQUES DU CHAPITRE
Site collection : lycee.hachette-education.com/hg/histoire-2de

1 **Lisbonne, un grand port du XVIe siècle ouvert sur le monde**

Gravure de Théodore de Bry, *Départ de Lisbonne pour le Brésil, les Indes et l'Amérique*, 1592. Service historique de la marine, Vincennes.

❶ Le soleil couchant indique la route de l'Ouest, celle du Nouveau Monde. **❷** Capitaine de navire et armateur[1].
1. Personne qui équipe à ses frais des navires marchands.

▸ Montrez que cette gravure témoigne du dynamisme du port de Lisbonne au XVIe siècle.

2 La forteresse de Saint-Sébastien (XVIe s.), construite pour défendre São Tomé (Afrique de l'Ouest)

> D'après vous, pourquoi les Portugais doivent-ils défendre São Tomé ?

FICHE D'OBJECTIFS DU CHAPITRE

Pour commencer

▶ Vidéo

À la conquête du monde : Fernand de Magellan
Un film de Holger Preusse, Arte
Minutage : 0' à 1'15".

Questions à aborder

› Comment la prise de Constantinople par les Ottomans a-t-elle poussé les Européens à rechercher d'autres sources d'approvisionnement en produits d'Orient ?

› Pourquoi les Européens sont-ils partis par l'Atlantique vers le sud et vers l'ouest ?

› Quelles furent les conséquences des conquêtes sur les populations européennes et sur les populations colonisées ?

Notions

• civilisation
• colonisation
• « Grandes Découvertes »
• mondialisation
• « Nouveau Monde »

Personnages-clés

 Christophe Colomb (1451-1506), navigateur

 Hernán Cortés (1485-1547), conquistador

 Fernand de Magellan (1480-1521), navigateur

CHAPITRE 4 • L'ouverture atlantique : les conséquences de la découverte du « Nouveau Monde »

REPÈRES 1 — L'expansion européenne à travers le monde (XVe-XVIe siècles)

A — Les civilisations amérindiennes avant la conquête européenne

CIVILISATIONS AMÉRINDIENNES (fin XVe s.)			
Empire aztèque	500 000 km²	20 millions d'habitants	Tenochtitlán, capitale de l'empire, 150 000 hab. env.
Empire inca	2 000 000 km²	12 à 20 millions d'habitants	

Source : d'après les chiffres de Gérard-François Dumont, *Les populations du monde*, Armand Colin, Paris, 2001 ; et de *Populations et sociétés* n°394, 2003.

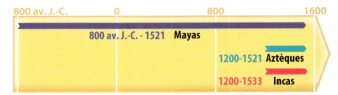

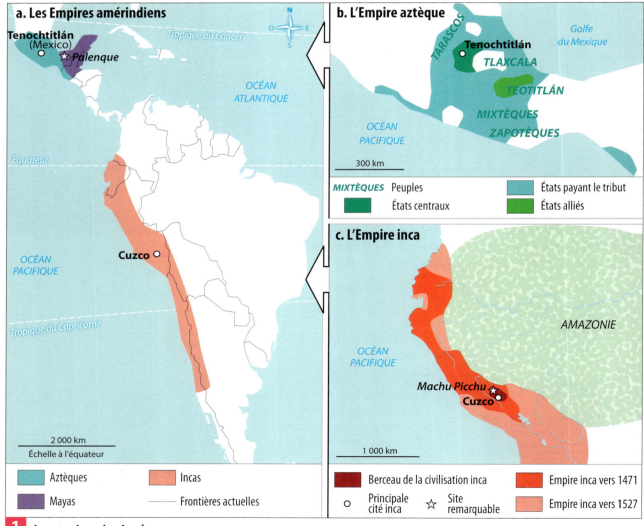

1 Les trois principales civilisations amérindiennes

QUESTIONS

1. Où les principales civilisations amérindiennes sont-elles situées (doc. 1) ?
2. Comment l'Empire inca s'est-il agrandi au XVe et au début du XVIe s. (doc. 1) ?

B — Des Européens à la conquête du monde

2 Le site maya de Palenque

3 Un *tumi*, couteau de sacrifice inca
Museo De Oro Del Perù Y Armas Del Mundo, Lima, Pérou.

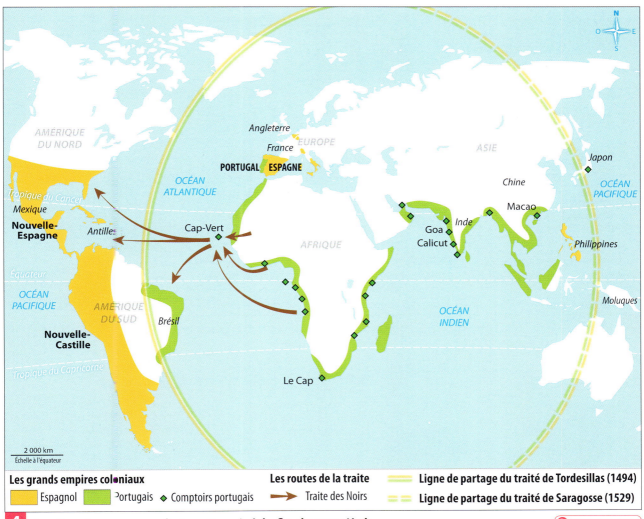

Les grands empires coloniaux
- Espagnol
- Portugais
- ◆ Comptoirs portugais

Les routes de la traite
- → Traite des Noirs

— Ligne de partage du traité de Tordesillas (1494)
-- Ligne de partage du traité de Saragosse (1529)

4 Les Empires espagnol et portugais à la fin du XVIᵉ siècle

🔴 Carte interactive

QUESTIONS

1. Où les Empires espagnol et portugais s'étendent-ils à la fin du XVIᵉ s. **(doc. 4)** ?
2. Que semblent avoir privilégié les Portugais pour la constitution de leur empire colonial **(doc. 4)** ?

REPÈRES 2 — 1453-1492 : les Européens se tournent vers l'Atlantique

A — À partir de 1453, l'Empire ottoman bloque les routes commerciales vers l'Asie des Européens

| EMPIRE OTTOMAN (fin XVIe s.) | 5 200 000 km² | 30 millions d'habitants | Istanbul, 600 000 à 700 000 hab. |

Source : d'après les chiffres de Gérard-François Dumont, *Les populations du monde*, Armand Colin, Paris, 2001 ; et de *Populations et sociétés* n°394, 2003.

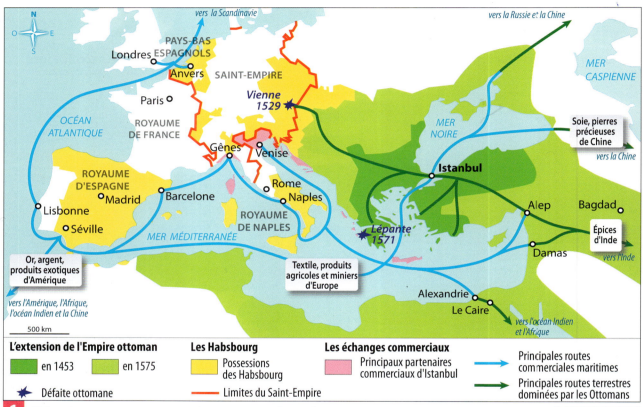

1 L'Empire **ottoman**, un empire au cœur des échanges commerciaux entre Orient et Occident

2 Caravane de la route de la Soie (1375)
Atlas catalan (détail) – Attribué à Abraham Cresques, 1375. – Manuscrit enluminé sur parchemin, 12 demi-feuilles de 64 x 25 cm chacune – BnF, département des Manuscrits, Espagnol 30, tableau IV

Après la chute de Constantinople, la fermeture de la Route de la soie provoque un renchérissement des produits venus d'Orient et place les pays européens en situation de dépendance vis-à-vis de l'Empire ottoman pour les approvisionnements. Il faut donc rechercher de nouvelles routes commerciales pour rejoindre l'Asie par l'Afrique (les Portugais) ou par l'Ouest (les Espagnols).

Vocabulaire

- **Empire byzantin :** appelé également Empire latin d'Orient, créé au IVe siècle, il maintient la tradition de l'Empire romain. Il devient le siège du christianisme orthodoxe après le schisme de 1054. Il disparaît en 1453.
- **Ottomans :** nom donné aux Turcs qui conquièrent l'Empire byzantin (vient du fondateur de la dynastie, Osman Ier).

QUESTION

Dans quelle mesure l'Empire ottoman contrôle t-il la Méditerranée (doc. 1) ?

B Jusqu'en 1492 : les premières incursions ibériques en Atlantique

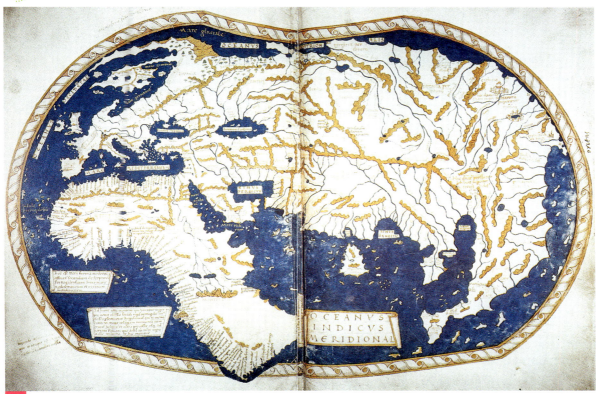

3 Les limites du monde connu au XVe siècle

Planisphère d'Henricus Martellus, 1489
Installé à Florence, l'Allemand Martellus a intégré les découvertes des Portugais le long des côtes africaines, notamment celles de Dias qui a atteint le cap de Bonne-Espérance en 1488.

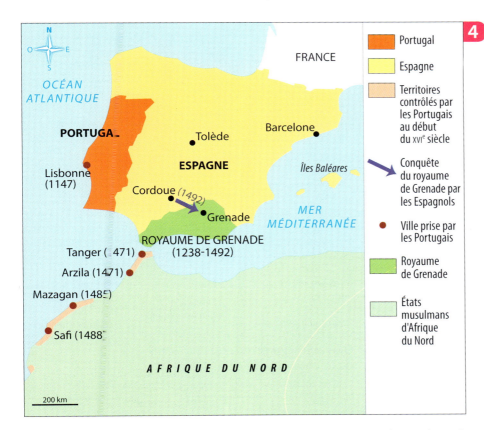

4 Poursuite de la guerre contre les Arabes en Espagne (Reconquista) et en Afrique du Nord (par les Portugais)

Les Portugais ont repris le contrôle total de leur territoire dès le XIIIe s. (prise de Lisbonne en 1147, contrôle de l'Algarve en 1249). En 1415, ils se sont implantés en Afrique du Nord, avec la prise de Ceuta. Cet événement lance leur politique d'expansion atlantique le long des côtes africaines. Les Espagnols doivent attendre la prise de Grenade en 1492, après un long siège, pour terminer leur Reconquista. L'Espagne peut alors à son tour penser à conquérir de nouvelles routes commerciales par l'ouest.

🔴 Carte interactive

QUESTION

Pourquoi les Européens peuvent-ils se tourner vers l'Atlantique à la fin du XVe s. **(doc. 2 et 4)** ?

ÉTUDE → LEÇON 1
Le Portugal à la conquête des océans

Après la prise de Constantinople par les Ottomans en 1453, l'approvisionnement des Européens en produits d'Orient est rendu plus difficile. Or les besoins en épices, parfums ou soies sont très importants. Afin de s'affirmer face à l'Espagne et de se construire une place importante au sein des nations européennes, le Portugal se lance à la conquête de l'Atlantique sud pour contrôler une route nouvelle vers les Indes.

Henri le Navigateur (1394-1460)

Henri le Navigateur, troisième fils du roi du Portugal Jean Ier, permit la conquête de Ceuta (1415) et organisa les expéditions maritimes du Portugal.

Comment le Portugal est-il devenu un des pays européens les plus puissants ?

- **4 septembre 1479** — Traité d'Alcàçovas : le Portugal se voit reconnaître les terres situées au sud du cap Bojador, de Madère et des Açores
- **6 mars 1480** — Traité de Tolède : réserve au Portugal le commerce de la côte de Guinée
- **1488** — Bartolomeu Dias double le cap de Bonne-Espérance
- **1498-1499** — Vasco de Gama arrive aux Indes

1 Un prince à l'origine de l'expansion atlantique

Après la prise de Ceuta en 1415, l'Infant don Henrique eut toujours sur mer des navires armés contre les infidèles parce qu'il désirait savoir quelles terres il y avait au-delà des
5 Canaries et d'un cap appelé Bojador car, jusqu'à cette époque, ni par écrit, ni par la mémoire d'homme, personne ne savait quelle terre il y avait au-delà de ce cap. L'Infant voulut savoir la vérité sur ce point. Il envoya ses
10 propres navires vers ces contrées afin d'acquérir une certitude. Ceci fut la première raison de son entreprise. Et la deuxième fut l'idée que si en ces terres se trouvaient quelques populations de chrétiens, on pourrait en rapporter
15 au royaume beaucoup de marchandises bon marché pour la raison qu'il n'y aurait point d'autres personnes de ce côté-ci qui négocieraient avec eux. La troisième raison fut fondée sur ce qu'on disait que la puissance des Maures
20 sur cette terre d'Afrique était beaucoup plus grande qu'on ne le pensait généralement. La quatrième raison fut celle-ci : il désirait savoir si, en ces régions, il y aurait quelques princes chrétiens en lesquels la charité et l'amour du
25 Christ fussent assez forts pour qu'ils aidassent à combattre contre ces ennemis de la foi. La cinquième fut son grand désir d'augmenter la sainte foi de Notre Seigneur Jésus-Christ et d'amener à elle toutes les âmes désireuses
30 d'être sauvées.

Gomes Eanes de Zurara, historien portugais du XVIe siècle, *Chronique de Guinée*, vers 1468.

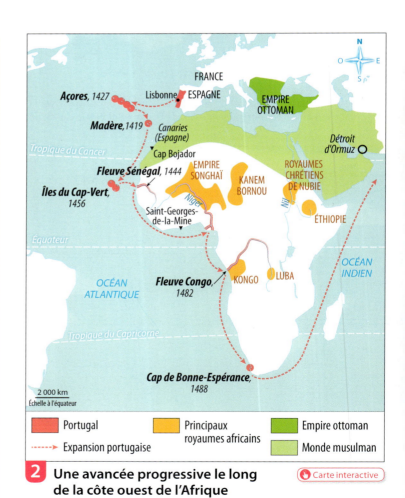

Légende :
- Portugal
- Principaux royaumes africains
- Empire ottoman
- Monde musulman
- --- Expansion portugaise

2 Une avancée progressive le long de la côte ouest de l'Afrique

Les Portugais partent à la découverte des côtes africaines en empruntant la route du sud pour rejoindre les Indes. Peu à peu, ils atteignent le cap de Bonne-Espérance.

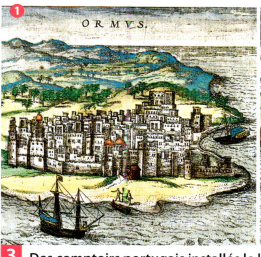

❶ Ormuz (entrée du golfe Persique) : comptoir portugais depuis 1515, centre d'échanges des épices.

❷ Saint-Georges-de-la-Mine : fort construit par les Portugais au Ghana (Afrique) en 1482. Premier comptoir commercial dans le golfe de Guinée et centre de la traite négrière.

❸ Des comptoirs portugais installés le long de la route commerciale vers l'Inde

Civitates orbis terrarum, Georg Braun et Franz Hogenberg, 1572-1598. Gravure sur bois, BnF, Paris.

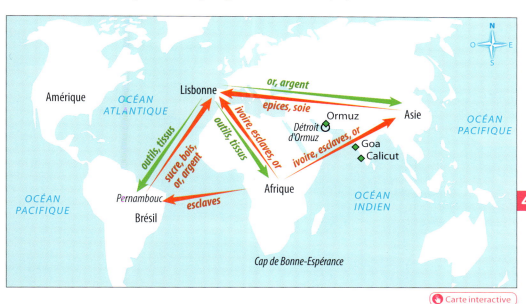

❹ Des produits du monde entier convergent vers Lisbonne, capitale du Portugal

ANALYSE DE DOCUMENTS

Parcours 1
J'ai besoin d'un peu d'aide

- Savoir lire, comprendre et apprécier un document iconographique
- Procéder à l'analyse critique d'un document selon une approche historique
- S'approprier un questionnement historique

1. Pour quelles raisons les Portugais s'aventurent-ils dans l'Atlantique au XVe siècle **(doc. 1)** ?
2. De quelle manière l'Empire portugais s'est-il peu à peu construit **(doc. 2 et 3)** ?
   Aide : je décris tout d'abord les espaces où s'étend cet empire (sur quels continents ? dans quelles régions précisément ?) et j'essaie d'en expliquer les raisons (pourquoi les Portugais ont-ils choisi de s'implanter là ?).
3. De quelle façon se manifeste la présence portugaise dans ces comptoirs **(doc. 3)** ?
4. Comment Lisbonne et le Portugal ont-ils tiré profit de cette expansion coloniale **(doc. 4)** ?
   Aide : je présente à la fois l'importance du port de Lisbonne et la diversité des produits qui transitent par la ville.

Bilan Pourquoi le Portugal est-il devenu un des pays européens les plus puissants aux XVe et XVIe siècles ?

Parcours 2
Je me débrouille seul(e)

- Savoir lire, comprendre et apprécier un document iconographique
- Procéder à l'analyse critique d'un document selon une approche historique
- S'approprier un questionnement historique

Consigne : Comment le Portugal s'est-il affirmé comme l'un des pays les plus puissants aux XVe et XVIe siècles ? Pour cela, pensez à présenter l'étendue de l'Empire portugais et les atouts commerciaux de cet empire.

ÉTUDE → LEÇON 1 : TÂCHE COMPLEXE
Les voyages de Christophe Colomb vers le « Nouveau Monde »

Mission 1
Je travaille à l'écrit
Capitaine d'un navire de Christophe Colomb, de retour chez vous en Espagne, vous racontez par écrit dans une lettre votre expérience du voyage à un ami.

Mission 2
Je travaille le récit à l'oral
Élève de seconde, vous êtes chargé d'aller raconter le voyage de Christophe Colomb à une classe de CM1. Vous devez être clair, précis, et faire vivre votre histoire pour intéresser les 30 élèves face à vous.

CAPACITÉ
- Utiliser une approche historique pour construire une argumentation

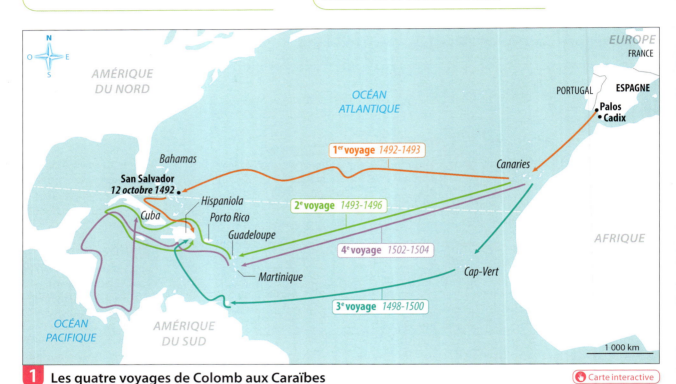

1 Les quatre voyages de Colomb aux Caraïbes

2 Des expéditions organisées pour les rois d'Espagne et la chrétienté

Très Chrétiens et Très Puissants Princes, Roi et Reine des Espagnes. J'avais informé Vos Altesses des pays de l'Inde et d'un prince qui est appelé Grand Khan, et vous avais dit comment, maintes fois, lui et ses prédécesseurs avaient fait demander à Rome des docteurs en notre sainte foi[1]. Vos Altesses, en chrétiens catholiques,
5 désireux de son accroissement et ennemis de la secte de Mahomet[2] et de toutes les idolâtries et hérésies, pensèrent m'y envoyer, moi, Christophe Colomb. Ils ordonnèrent que j'allasse vers l'orient non pas par terre, par où l'on a coutume de se diriger, mais en suivant le chemin de l'occident, par lequel, à ce jour, nous ne savons pas de façon certaine que quiconque ait passé. Pour cela elles me firent
10 de grandes faveurs et m'anoblirent, afin que dorénavant je m'appelasse Don et fusse Grand Amiral de la mer océane, et Vice-Roi, et Gouverneur perpétuel de toutes les îles et de la terre ferme que je pourrais découvrir et conquérir.

D'après une lettre de Christophe Colomb aux rois d'Espagne, 1492.

1. Prêtres chargés d'enseigner la religion chrétienne. – 2. L'islam.

Christophe Colomb (1451-1506)
Né à Gênes, il devient marin très jeune, apprend la navigation et étudie la circulation des vents marins. Vers 1484, il est convaincu que l'on peut éviter le voyage vers les Indes par l'Afrique, en coupant par l'Atlantique. Il croit en un voyage court. Il propose son projet au roi du Portugal, qui le refuse en 1485 et 1488, avant d'obtenir le soutien des rois d'Espagne par les capitulations de Santa Fe, le 17 avril 1492. Colomb va accomplir quatre voyages de 1492 à 1504.

3 Christophe Colomb arrive en Amérique

Gravure du XVIe siècle, Théodore de Bry, BNF, Paris.

4 La première expédition

3 août 1492 : Nous partîmes le vendredi 3 août 1492, à 8 heures, de la barre de Saltes[1]. Nous allâmes vers le sud […] puis au sud quart sud-ouest, ce qui était le chemin des Canaries.

24 septembre : Plus les indices de la terre […] se révélaient vains, plus la peur des marins grandissait. Ils se retiraient à l'intérieur des navires et disaient que l'Amiral, par sa folle déraison, s'était proposé de devenir grand seigneur à leurs risques et périls et de les vouer à une mort abandonnée.

12 octobre (aux Bahamas) : La terre paraît à 2 heures du matin. Au matin, je débarque dans une île. Je déploie la bannière royale, j'en prends possession au nom du Roi et de la Reine.

21 octobre (à San Salvador) : Ensuite je veux partir pour une autre île, très grande, qui doit être Cipango[2] si j'en crois les indications que me donnent les Indiens que j'emmène avec moi, laquelle ils nomment Colba[3]. […]

13 janvier 1493 : Après avoir vendu deux arcs, [les Indiens] ne voulurent pas en céder davantage ; ils se mirent, au contraire, en disposition d'attaquer et de prendre les Espagnols. […] Les Espagnols fondirent sur eux, donnèrent à un Indien un grand coup de sabre sur les fesses et en blessèrent un autre à la poitrine d'un coup de flèche.

16 janvier 1493 : Il partit trois heures avant le jour […] du golfe des Flèches[4] […] et reprit le cap nord-est quart est, droit sur l'Espagne.

15 mars (arrivée à Lisbonne) : Je promets à nos rois que je leur donnerai autant d'or qu'ils en auront besoin, autant d'aromates qu'ils le désireront, ainsi que du coton et de la gomme, qu'on n'a trouvés seulement que dans la Chine ; je leur fournirai, en outre, autant de bois d'aloès, autant d'esclaves qu'ils en exigeront […] ou que pourront trouver par la suite les hommes que j'ai laissés dans la citadelle.

Journal de bord de Christophe Colomb, 1492-1493.

1. Près de Huelva en Espagne. 2. Japon. 3. Cuba. 4. Nord de Saint-Domingue.

Coup de pouce — Besoin d'aide ?

Mission 1 En tant que pilote, vous êtes proche du capitaine, vous pouvez donc savoir ce qu'il entreprend. Mais vous devez exprimer les sentiments, les ressentis, de l'équipage.

Mission 2 Pour intéresser les plus petits, vous devez insister sur les conditions difficiles du voyage, la peur, l'angoisse, mais aussi sur la joie de la découverte, l'espoir de trouver des richesses, etc. Il faut faire ressortir sur certains faits qui les intéresseront, quitte à passer sous silence d'autres aspects.

@CTIVITÉ NUMÉRIQUE Lien internet

■ Utiliser le numérique

Rendez-vous sur le lien proposé et visionnez la vidéo.
Cette vidéo de 1'30" présente les cartes dont disposait Colomb avant son voyage.

1. Pourquoi les connaissances géographiques de la fin du XVe siècle poussent-elles Christophe Colomb à chercher une route vers l'Inde par l'ouest ?

2. Quelles différences voyez-vous entre la « carte de Christophe Colomb », le globe de Behaim et le planisphère de Cantino ?

LEÇON 1 — De nouveaux horizons pour les Européens

QCM interactif

Comment les Européens entrent-ils en contact avec de nouvelles civilisations ?

A Un contexte favorable

- **Au XVᵉ siècle, la consommation des produits en provenance d'Orient augmente en Europe** grâce à la croissance économique : épices, parfums, soie, sucre, perles, or, etc. Les routes commerciales sont perturbées par les conquêtes ottomanes. Les Européens cherchent donc de nouvelles routes maritimes, vers l'Asie.
- **Depuis le début du XVᵉ siècle, les Portugais ont commencé l'exploration du littoral africain** afin d'atteindre l'Inde en contournant ce continent. Les rois d'Espagne, qui achèvent la Reconquista en 1492, souhaitent continuer la reconquête religieuse pour diffuser la foi chrétienne, et sont désormais plus enclins à envisager la tentative de traverser l'océan Atlantique par l'Ouest.
- De plus, à la fin du Moyen Âge, **les explorateurs bénéficient des progrès techniques** qui permettent une navigation plus sûre et plus lointaine : les portulans, mais aussi la boussole, ou la caravelle, bateau aux bords élevés qui permet de naviguer en haute mer et de se lancer à l'assaut des océans.

B Les « Grandes Découvertes »

- Après les Açores en 1427, les Portugais atteignent l'embouchure du Congo en 1483. Encouragées par le prince Henri le Navigateur, les expéditions portugaises se multiplient : **Bartolomeu Dias est le premier Européen à rejoindre le cap de Bonne-Espérance en 1488.** Vasco de Gama continue les explorations portugaises dans l'océan Indien et atteint l'Inde dix ans plus tard, en 1498.
- **En octobre 1492, Christophe Colomb arrive aux Antilles. Il pense avoir atteint l'Asie.** Amerigo Vespucci, un de ses lieutenants, décrit ses voyages et évoque en 1503 un « monde nouveau ». Martin Waldseemüller, un cartographe allemand, donne à ces terres le nom de « terres d'Americus ou America ».
- **En 1519, Magellan entreprend** le projet d'atteindre les Indes par la route de l'Ouest pour le compte de Charles Quint. Son équipage accomplit **la première circumnavigation**, tour de la terre par la mer. Magellan meurt en route, et l'expédition, dirigée par Elcano, arrive à Séville après trois ans de voyage.

C Les échanges et la constitution d'empires

- De nombreuses explorations européennes sont organisées afin de continuer ces découvertes. **De nouvelles routes commerciales sont créées.** Les Portugais établissent des comptoirs tout le long de la route africaine vers les Indes : en Afrique subsaharienne, en Inde, en Chine.
- **Les échanges concernent l'or et l'argent mais aussi les plantes** : des plantes connues au Moyen Âge sont introduites et cultivées en Amérique : canne à sucre, coton, café. D'autres originaires d'Amérique, comme l'ananas, la cacahuète, le maïs ou l'avocat, sont exportées vers l'Europe, mais aussi en Afrique et en Asie où elles s'acclimatent.
- **En Amérique, les puissances européennes bâtissent de véritables empires.** Ils sont alors confrontés à de nouvelles civilisations qu'ils décident de soumettre, comme c'est le cas en Amérique, ou avec lesquelles ils décident d'établir des relations purement commerciales.

Vasco de Gama (1469-1524)
Navigateur portugais, il découvre la route des Indes en contournant le cap de Bonne-Espérance le 22 novembre 1497. Il arrive dans le sud de l'Inde, vers Calicut, en mai 1498.

Fernand de Magellan (1480-1521)
Navigateur portugais, il se met au service de l'Espagne et se lance dans le premier tour du monde en 1519. Parti de Séville, il longe les côtes orientales de l'Amérique du Sud et franchit le détroit qui porte son nom (octobre 1520).

Vocabulaire
- **circumnavigation** : tour de la terre par voie de mer.
- **portulan** : carte marine indiquant les ports, les courants et les marées.
- **Reconquista** : reconquête de l'Espagne par les rois chrétiens sur les musulmans.

@CTIVITÉ NUMÉRIQUE — Lien internet
■ Utiliser le numérique
Le Dessous des cartes : les cartes de Magellan

1. Pour quelles raisons Magellan entreprend-il son tour du monde (5'03") ?
2. En quoi la carte que fait circuler le roi du Portugal au moment du départ de Magellan est-elle un instrument de propagande (6'40") ?
3. Quel bilan peut-on dresser du voyage de Magellan (8'00") ?

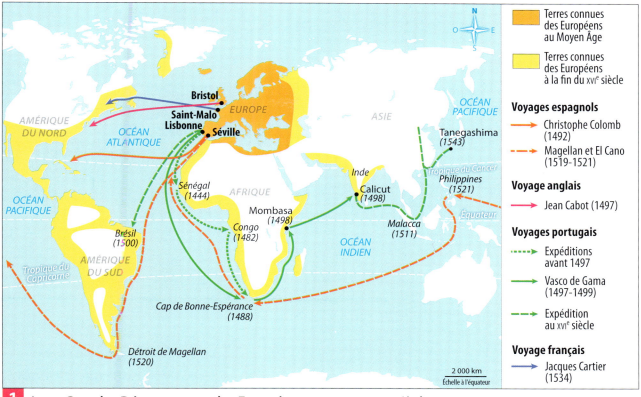

1 Les « Grandes Découvertes » des Européens aux XVᵉ et XVIᵉ siècles

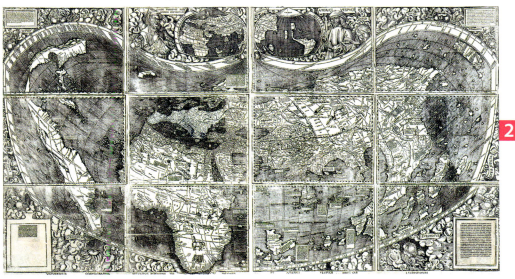

2 Le planisphère de Waldseemüller, la première carte représentant l'Amérique

Un exemplaire de cette carte de 1507 a été retrouvé en 2012 par hasard à la bibliothèque de Munich.

POUR RÉSUMER LE COURS...

Sur votre cahier, recopiez et complétez le schéma ci-dessous (doc. 1 et 2 et leçon 1) :

Bilan

Racontez comment les Européens acquièrent peu à peu une connaissance plus précise du monde.

Tenochtitlán, une cité prise par les conquistadors

→ LEÇON 2

À l'arrivée des Espagnols, les Aztèques dirigent un empire qui s'étend sur le centre de l'actuel Mexique depuis le début du XVe siècle. Il repose sur une société hiérarchisée, dirigée par un empereur tout-puissant. Cortés va rapidement contrôler le pays avec ses 600 hommes, en profitant des divisions entre Aztèques et peuples soumis.

Vocabulaire

- **conquistadors** : signifie les « conquérants » en espagnol. Ce sont les soldats et leurs chefs qui ont conquis l'Amérique aux XVIe et XVIIe siècles.

Pourquoi Cortés a-t-il conquis Tenochtitlán ? Dans quelles conditions ?

1519 Cortés débarque au Mexique puis arrive à Tenochtitlán

1520 Mort de l'empereur Moctezuma II, alors prisonnier des Espagnols

1521 Cortés s'empare de la capitale aztèque, Tenochtitlán (Mexico)

1525 Mexico devient la capitale de la Nouvelle-Espagne

❶ **Templo Mayor**, entourée de l'enceinte sacrée, avec le palais de l'empereur.

❷ **Chinampas** : zone de production maraîchère sur des jardins flottants.

1 Une vaste cité de plus de 200 000 habitants
Plan datant de 1524 accompagnant une lettre de Cortés à Charles Quint. Musée de la ville de Mexico.

2 La conquête de la ville (1521)

Au terme d'un siège de trois mois, les troupes de Cortés prennent possession de Tenochtitlán.

Guatemuz [successeur de Moctezuma, mort en 1520] pria Cortés de permettre que tout ce qui restait des Mexicains dans la capitale sortît et se réfugiât dans les villages alentour. Pendant trois jours et trois nuits, les trois chaussées furent absolument couvertes d'Indiens, de femmes et d'enfants sortant à la file sans discontinuer, si maigres, si sales, si jaunes, si infects que c'était pitié à voir. Cortés fit visiter la ville aussitôt qu'elle fut évacuée. Il trouva, ainsi que je l'ai dit, toutes les maisons pleines d'Indiens morts et, au milieu des cadavres, quelques pauvres Mexicains qui n'avaient pas la force de sortir. Le sol de la ville était partout remué pour mettre à nu les racines des plantes que les assiégés faisaient bouillir pour leur nourriture. Ils avaient même mangé l'écorce des arbres. Il n'y eut certainement jamais dans le monde un peuple qui ait eu tant à souffrir de la faim, de la soif et des combats.

Bernal Díaz del Castillo, *La conquête du Mexique*, vers 1550.

ANALYSE DE DOCUMENTS

- Procéder à l'analyse critique d'un document selon une approche historique

1. Comment la ville de Tenochtitlán est-elle organisée (doc. 1) ?
2. En quoi la cité apparaît-elle comme extraordinaire aux voyageurs qui y arrivent (doc. 1) ?
3. Comment s'est effectuée la prise de la ville par les Espagnols (doc. 2) ?

Bilan

Pour quelles raisons et dans quelles conditions, Cortés et ses hommes se sont-ils emparés de Tenochtitlán ?

ÉTUDE → LEÇON 2
Des populations autochtones soumises aux conquistadors

Les conquistadors espagnols, peu nombreux, vont contrôler les populations d'Amérique, en s'appuyant sur des alliés locaux et en utilisant parfois la ruse ou le mensonge pour asseoir leur domination. Mais pour s'imposer définitivement, il fallait utiliser des moyens de soumission politiques, religieux ou économiques.

🔎 **Par quels moyens les Espagnols soumettent-ils les populations amérindiennes ?**

Vocabulaire
- **colonisation** : processus d'expansion territoriale et/ou démographique qui se caractérise par l'occupation, la domination et l'exploitation d'un espace et de sa population.

❶ **La Malinche** (vers 1496-vers 1529 ou 1551) est une indigène retenue en esclavage par les Mayas et offerte à Cortés dont elle fut l'interprète, la conseillère et la mère d'un de ses enfants.

1 Cortés contrôle les seigneurs aztèques
Lienzo de Tlaxcala, codex, fin XVIᵉ siècle.

2 Une **colonisation** violente : l'exemple de Carthagène

La province de Carthagène se situe dans l'actuelle Colombie. Elle fut conquise par les armées de Pizarre, qui prit le contrôle de l'ensemble de l'Empire inca.

Les Espagnols commencèrent à désoler ce pays en 1499, et ils n'ont pas cessé depuis d'en exterminer les habitants, se dirigeant toujours par les mêmes motifs qui leur en ont fait immoler tant d'autres. Ils y ont employé, comme ailleurs, le feu, le pillage, les massacres et l'escla-
5 vage, qu'ils ont rendu plus affreux encore par les cruautés exercées sur les infortunés tombés dans leurs fers. Après avoir vu fuir une partie des Indiens dans les montagnes, ils se sont mis à les poursuivre, et leur ont fait pour les ramener toutes sortes de promesses qu'ils ont toujours violées.

D'après Bartolomé de Las Casas, *Très bref exposé de la destruction des Indes*, 1552.

ANALYSE DE DOCUMENTS
- Savoir lire, comprendre et apprécier un document iconographique
- Procéder à l'analyse critique d'un document selon une approche historique

1. Par quels moyens les Espagnols contrôlent-ils les populations locales (doc. 1) ?
2. Comment le dominicain Las Casas présente-t-il l'action des Européens (doc. 2) ?

Bilan
En quoi peut-on dire que l'objectif des Espagnols est d'éradiquer la civilisation amérindienne ?

MÉTHODE BAC — ÉTUDE → LEÇON 2

La controverse de Valladolid

POINT DE PASSAGE ET D'OUVERTURE

En 1550-1551, sous l'impulsion du roi Charles Quint, a lieu la controverse de Valladolid entre Bartolomé de Las Casas et Juan Ginés Sepúlveda devant un jury de savants théologiens, spécialistes de l'étude des questions religieuses. Il s'agit de répondre à une question centrale : « Les Indiens ont-ils une âme ? » La réponse conduirait soit à interdire l'esclavage de ces derniers, soit à le maintenir.

1 Sepúlveda justifie la conquête

Les Indiens demandent, de par leur nature et dans leur propre intérêt, à être placés sous l'autorité des princes ou d'États civilisés et vertueux, dont la puissance, la sagesse et les institutions leur apprendront une morale plus haute et un mode de vie plus digne.

Comparez ces bienfaits dont jouissent les Espagnols – prudence, invention, magnanimité, tempérance, humanité et religion – avec ceux de ces hommelets[1] si médiocrement humains, dépourvus de toute science et de tout art, sans monument du passé autre que certaines peintures aux évocations imprécises. Ils n'ont pas de lois écrites mais seulement des coutumes, des traditions barbares. Ils ignorent même le droit de propriété.

Juan Ginés Sepúlveda, *Des justes causes de la guerre*, 1544, traduction en espagnol par Angel Losada, Madrid, 1984.

1. Petit homme, terme péjoratif pour montrer leur faible valeur.

Juan Sepúlveda (1490-1573)

Chanoine[1] de Cordoue, il se fait l'avocat des conquistadores. Il est pour la colonisation et l'asservissement des Indiens, qu'il appelle des « sauvages ».

1. Membre du clergé.

Légende
En rouge : le point de vue sur les Indiens ;
En vert : le point de vue sur les Espagnols.

2 Bartolomé de Las Casas défend certains droits pour les Indiens

Alors que les Indiens étaient si bien disposés à leur égard, les chrétiens ont envahi ces pays tels des loups enragés qui se jettent sur de doux et paisibles agneaux. Et comme tous ces hommes qui vinrent de Castille étaient gens insoucieux de leur âme, assoiffés de richesses et possédés des plus viles passions, ils mirent tant de diligence à détruire ces pays qu'aucune plume, certes, ni même aucune langue ne suffirait à en faire relation. Tant et si bien que la population, estimée au début à onze cent mille âmes, est entièrement dissipée et détruite, s'il est vrai qu'il n'en reste pas aujourd'hui douze mille entre petits et grands, jeunes et vieux, malades et valides [...].

Voici les causes pour lesquelles, dès le commencement, furent tuées tant et tant de personnes : en premier lieu, tous ceux qui sont venus ont cru que, s'agissant de peuples infidèles, il leur était loisible de les tuer ou de les capturer, de leur prendre leurs terres, leurs biens et leurs domaines, sans se faire aucune conscience de ces choses ; en second lieu, ces mêmes infidèles étaient les êtres les plus doux et les plus pacifiques du monde, totalement dépourvus d'armes ; à quoi s'est ajouté que ceux qui sont venus, ou la plupart d'entre eux, étaient le rebut de l'Espagne, un ramassis de gens convoiteux et pillards.

Bartolomé de Las Casas, *Très bref exposé de la destruction des Indes*, 1552, traduit par Marianne Mahn-Lot, Payot, Paris, 1982.

Bartolomé de las Casas (1484-1566)

Le dominicain Bartolomé de las Casas pense que les Indiens sont des humains à part entière et il défend leurs droits. Il a ainsi obtenu, par le roi Charles Quint, la publication des *Nouvelles Lois de l'Amérique*. Ce sont 6 000 lois protégeant les Indiens dans les colonies espagnoles à partir de 1542 (droit de se convertir au catholicisme, liberté de travail et de résidence...). Mais beaucoup d'Espagnols sont hostiles à sa position.

MÉTHODE BAC

CONSIGNE

Après avoir présenté les deux documents, vous **confronterez les deux points de vue** sur les Indiens d'Amérique.

MÉTHODE : Analyse de deux documents

→ Méthode générale de l'analyse de document, p. 12

Pour **confronter deux points de vue** opposés sur un même sujet, il faut :

1. Lire et comprendre la consigne
- **Analyser la consigne**, en repérant les mots clés.
- **Identifier les limites du sujet**.

2. Travailler au brouillon pour organiser son analyse
- **Dégager l'idée générale** de chaque auteur sur le traitement des Indiens lors de la conquête.
- **Rechercher les raisons** qui expliquent qu'ils présentent ainsi les faits en vous aidant des biographies.
- **Confronter les points de vue** des deux documents consiste à les comparer pour faire apparaître des ressemblances ou des différences. Ici, il s'agit d'opposer les idées de chaque auteur sur la colonisation.

Pour vous aider, vous vous interrogerez sur les points de vue de chaque auteur en réfléchissant autour des questions suivantes qui permettront d'avoir les trois axes du commentaire :
> Comment Sepúlveda et Las Casas s'opposent-ils dans leur description des Indiens ?
> Comment s'opposent-ils dans leur description de l'attitude des chrétiens vis-à-vis des Indiens ?
> Comment s'opposent-ils sur le droit à la conquête ?

3. Rédiger la réponse organisée

■ **Introduction :**
– **Présenter le contexte de la controverse**, puis les deux documents en insistant sur leurs auteurs.
– **Terminer par la présentation** du plan en reprenant les trois axes.

■ **Développement :**
Comparer les points de vue autour de deux ou trois idées fortes (= les 2 ou 3 parties rédigées).
Ici, vous réfléchirez autour des trois questions suivantes :
> Comment Sepúlveda et Las Casas s'opposent-ils dans leur description des Indiens ?
> Comment s'opposent-ils dans leur description de l'attitude des chrétiens vis-à-vis des Indiens ?
> Comment s'opposent-ils sur le droit à la conquête ?

Conseil :
Développer les trois axes en confrontant à chaque fois les idées des auteurs.
En aucun cas le plan ne peut être : 1re partie = **doc. 1**, seconde partie = **doc. 2**.
Pensez également à toujours bien citer les documents quand vous exprimez une idée.

■ **Conclusion :**
– **Établir un bilan de cette confrontation** en montrant en quoi *l'argument principal de Las Casas (doc. 2) détruit celui de Sepúlveda (doc. 1)*.
– Puis expliquer **la portée de ces textes** en évoquant l'influence qu'ils ont eue dans l'Histoire.

Pour aller plus loin

- *La Controverse de Valladolid*, Le livre de Jean-Claude Carrière, Plon, 1999.
- *La Controverse de Valladolid*, film français de 1992 de Jean-Daniel Verhaeghe.

LEÇON 2 — La constitution d'empires coloniaux

QCM interactif

Par quels moyens les Européens colonisent-ils le monde aux XVe et XVIIe siècles ?

A Coloniser par la force : les conquistadors

- **En 1494 par le traité de Tordesillas, l'Espagne et le Portugal obtiennent de la papauté un partage des terres connues ou à découvrir** : la limite est fixée sur le méridien qui passe à 370 lieues à l'est du Cap-Vert. Ainsi, l'Espagne obtient le contrôle de l'Amérique latine, à l'exception du Brésil, et le Portugal celui de l'Afrique et de l'essentiel de l'Asie.
- **Hernán Cortés (1485-1547) débarque au Mexique en 1519** avec 600 hommes. En 1521, après avoir été accueilli par l'empereur aztèque, il prend la capitale Tenochtitlán par la force. Il reçoit l'appui de nombreuses tribus asservies par les Aztèques qui souhaitent mettre fin à leur domination.
- **Francisco Pizarro (1475-1541) arrive au Pérou en 1531** avec 183 hommes. En 1532, il invite l'empereur Atahualpa à Cajamarca et le fait prisonnier. L'empereur inca est exécuté l'année suivante et son empire est conquis par les Espagnols.

B Coloniser par la religion : les missionnaires

- **Les missions d'évangélisation ont toujours été liées aux voyages d'explorations** des Espagnols ou des Portugais. Dès 1523, des missionnaires franciscains débarquent au Mexique. Le premier évêché est créé à Mexico en 1528. Des missionnaires partent également vers l'Afrique et l'Asie, comme François-Xavier en Inde (1542) puis au Japon (1549) ou Matteo Ricci en Chine.
- **Au concile de Lima en 1583, le catéchisme catholique est traduit en trois langues indiennes.** De plus, pour évangéliser les populations, les Espagnols souhaitent organiser un clergé composé d'*autochtones* : c'est un échec et ce sont des enfants de colons qui deviennent prêtres.
- **Dans les colonies, la lutte contre les pratiques religieuses des peuples autochtones est implacable**. La population est convertie de force au catholicisme. Les Européens justifient leur politique en insistant sur le caractère inhumain des civilisations rencontrées, notamment sur le cannibalisme.

C Coloniser au moyen des échanges commerciaux : les marchands

- **C'est l'appât du gain qui a attiré beaucoup de jeunes hispaniques à partir s'installer dans les colonies** d'Afrique, d'Asie ou d'Amérique. La découverte de métaux précieux chez les *Amérindiens*, que ce soit sous la forme de bijoux, d'objets de culte ou de poudre d'or, a notamment attiré beaucoup de convoitises.
- **Les colons et les marchands européens prennent le contrôle des mines d'or et d'argent**, comme celles du Potosí au Pérou (1545). Ils fondent des villes nouvelles et créent des exploitations agricoles et des ports.
- **Les populations autochtones sont réduites en esclavage, mais sont aussi durement touchées par les épidémies**, notamment de variole (90 % de mortalité en Amérique) et de rougeole, c'est le *choc microbien*. Ainsi, la population amérindienne serait passée de 25 millions en 1519 à un million en 1605. C'est pourquoi les Européens font appel aux esclaves africains comme main-d'œuvre et se lancent dans la traite.

1 Matteo Ricci, un missionnaire en Asie

Matteo Ricci et un converti chinois, Paul Ly.
Gravure d'Athanase Kircher, XVIIe s.

Francisco Pizarro (1475-1541)

Francisco Pizarro est un conquistador espagnol issu de la petite noblesse. Avec ses frères Gonzalo et Hernándo, il s'empare de l'empire des Incas. Il est assassiné à Lima en 1541 par les partisans d'un de ses rivaux, le conquistador Almagro.

Vocabulaire

- **Amérindiens** : populations vivant sur le continent américain avant l'arrivée des Européens.
- **autochtone** : population vivant dans une région dans laquelle elle est née. En Amérique, le terme est utilisé pour qualifier les populations amérindiennes.
- **choc microbien** : arrivée de maladies inconnues qui vont décimer une population par l'absence de défenses immunitaires.

2 Le traité de Tordesillas

Ferdinand et Isabelle, par la grâce de Dieu, Roi et Reine de Castille, de Léon, d'Aragon, de Sicile, de Grenade, de Tolède, de Galice. Ainsi, son altesse, le sérénissime Roi de Portugal, notre frère bien-aimé, nous a dépêché ses
5 ambassadeurs et mandataires afin d'établir, de prendre acte et de se mettre d'accord avec nous sur ce qui appartient à l'un et à l'autre de l'océan qu'il reste encore à découvrir.

Leurs altesses souhaitent que l'on trace et que l'on établisse sur ledit océan une frontière ou une ligne droite, de pôle
10 à pôle, à savoir, du pôle arctique au pôle antarctique, qui soit située du nord au sud à trois cent soixante-dix lieues des îles du Cap-Vert vers le ponant[1]; tout ce qui jusqu'alors a été découvert ou à l'avenir sera découvert par le Roi de Portugal et ses navires, îles et continent, depuis ladite ligne
15 telle qu'établie ci-dessus, en se dirigeant vers le levant[2] appartiendra au Roi de Portugal et à ses successeurs. Et ainsi, tout ce qui, îles et continent, est déjà découvert ou viendra à être découvert par les Roi et Reine de Castille et d'Aragon, depuis ladite ligne en allant vers le couchant
20 appartiendra aux dits Roi et Reine de Castille.

D'après le *traité de Tordesillas*, 7 juin 1494.

1. L'ouest. 2. L'est.

3 Les Aztèques victimes du choc microbien

Aztèques mourant de la variole.
Codex Florentin, 1540-1585.

4 Trois chefs amérindiens à la mode espagnole

La peinture représente Francisco de Arobe et ses deux fils, Pedro et Domingo, chefs autochtones de l'actuel Équateur. Ils sont ici habillés à l'espagnole, mais portent des bijoux de la culture indigène locale, afin de montrer le succès de la conversion et de l'acculturation sur les élites amérindiennes.
A. Sánchez Gallque, *Los mulatos de Esmeraldas*, 1599, musée des Amériques, Madrid.

QUESTIONS

1. Dans quelle mesure l'action des missionnaires chrétiens participe-t-elle à l'expansion européenne **(doc. 1)** ?
2. En quoi le traité de Tordesillas est-il fondamental pour l'expansion coloniale du Portugal et de l'Espagne **(doc. 2)** ?
3. Quelles sont les conséquences des « Grandes Découvertes » pour les Amérindiens **(doc. 3)** ?
4. Décrivez sur cette peinture les éléments d'un métissage entre les cultures amérindienne et espagnole **(doc. 4)**.

Bilan

Complétez le schéma suivant à l'aide du cours et des documents.

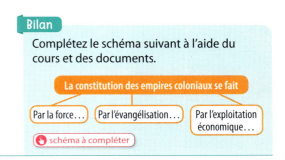

schéma à compléter

ÉTUDE → LEÇON 3
L'or et l'argent, des Amériques à l'Europe

POINT DE PASSAGE ET D'OUVERTURE

La découverte de nombreuses mines d'or ou d'argent dans les colonies portugaises ou espagnoles va provoquer un afflux des métaux précieux en Europe. Si les Espagnols font de Séville le point de passage obligé pour ces produits, c'est par Lisbonne qu'ils entrent au Portugal. Cet afflux va provoquer une inflation galopante en Europe, avec notamment une forte hausse des prix des produits de première nécessité. Mais cela va aussi enrichir les ports et les deux États ibériques.

Comment l'or et l'argent des Amériques arrivent-ils en Europe et profitent-ils à la monarchie espagnole ?

1 Vue du port de Séville au XVIᵉ siècle
Deux fois par an, un convoi de galions, chargés d'or et d'argent en provenance d'Amérique, arrive à Séville par le Guadalquivir. C'est l'occasion de fêtes somptueuses dans toute la cité.
Alonso Sánchez Coello, *Vue du port de Séville*, 1576. 150 x 300 cm, musée de l'Amérique, Madrid.

a. Un galion en construction dans un chantier naval

b. La Casa de Contratación dans laquelle sont conduites les richesses provenant d'Amérique

c. Une galère pour le commerce en Méditerranée et un galion en provenance d'Amérique

2 Le chargement d'une flotte en provenance d'Amérique

Séville, le 1ᵉʳ novembre 1572

Compte et enregistrement de l'or, de l'argent, des réaux[1] (*monnaie espagnole*), de la teinture et des cuirs que transporte la flotte qui arrive sous le commandement de don Cristobal de Eraso, exprimé en ducats :
– pour Sa Majesté : 653 240 ducats[1],
– pour les particuliers, or et argent : 2 041 757 ducats,
– 6 200 arrobes[2] de cochenille[3] : 225 818 ducats,
– 110 000 cuirs de vache : 165 000 ducats.
Total 3 085 816 ducats.
Il faut y ajouter quantité de perles, de sucre et d'autres marchandises. On l'attend, avec l'aide de Dieu, dans six jours. Dieu la protège.

Lettre de M. Ruiz, marchand de Séville.
D'après *La Péninsule ibérique à l'époque des Habsbourg. Textes et documents*, Paris, Sedes, 1993.

1. Monnaies espagnoles 2. Environ 12 kg
3. Colorant rouge naturel

Vocabulaire

- **Casa de Contratación :** organisme fondé à Séville en 1503, par les rois d'Espagne, chargé de contrôler tous les navires et toutes les marchandises en provenance ou à destination de l'Amérique.
- **galion :** gros navire à voiles à plusieurs ponts utilisé par les Espagnols pour transporter de grandes quantités de produits en provenance des Amériques.
- **travail forcé (ou *encomienda*) :** système d'exploitation des populations indiennes qui doivent impôts et jours de corvée contre une prétendue protection et une instruction religieuse.

3 Travail forcé dans les mines d'argent d'Amérique

Les mines du Potosí en Bolivie fournissent 80 % de l'argent de l'Espagne. Les Indiens doivent la *mita*, un impôt consistant à travailler chaque année six mois pour l'État espagnol, dans des conditions épouvantables.
Miniature de Théodore de Bry, XVIe siècle.

4 La vie dans les mines en Amérique

Je suis descendu jusqu'à 150 toises[1]. J'ai vu dans cette mine comment travaillent les Indiens, et examiné l'endroit, sa grande profondeur, les dangers, l'épaisse fumée des bougies, l'étroitesse des galeries, la corruption de l'air causée par la sueur, les immondices et les gaz du minerai, la poussière qui s'échappe des roches sous le coup des outils, la difficulté à respirer car l'air ne peut pénétrer en ce lieu, la remontée sans fin jusqu'à l'entrée de la mine avec de lourds sacs de minerai par des échelles verticales, l'air glacé que les Indiens recouvrent dehors lorsqu'ils sortent en sueur, l'eau froide qu'ils boivent alors qu'ils ont très chaud, leurs aliments peu nourrissants, le poids d'un travail aussi éprouvant, le danger des chutes, l'absence presque totale de sécurité des ponts et des appuis à l'intérieur de la mine et, enfin, les nombreux milliers d'Indiens morts et enterrés, sans compter tous les autres qui vont mourir, si bien que depuis quelques années l'expérience prouve que tous ceux qui y entrent en ressortent condamnés à mort ; si quelques-uns décèdent aussitôt et d'autres plus tard, il est certain qu'aucun ne tient trois ans. La maladie dont ils souffrent est si cruelle que ces malheureux préféreraient mourir sur le coup plutôt que d'endurer d'aussi grandes douleurs.

F. Miguel Agia, *Servidumbres personales de Indios*, 1601.

1. Environ 300 mètres

5 L'afflux de métaux précieux en Espagne

Or et argent américains enregistrés en Espagne, en tonne, de 1500 à 1600.

Années	Argent	Or
1500-1520	0	14
1520-1540	86	19
1540-1560	478	68
1560-1580	1 461	21
1580-1600	4 808	32

E. J. Hamilton, *American Treasure and the Price Revolution in Spain (1501-1650)*, Harvard University Press, États-Unis, 1934.

ANALYSE DE DOCUMENTS

- Mettre en relation des faits de natures différentes
- S'approprier un questionnement historique

1. Comment est assuré le transport des métaux vers Séville **(doc. 1 et 2)** ?
2. Quelles sont les richesses qui parviennent en Espagne grâce aux flottes de galions **(doc. 2)** ?
3. Comment Séville apparaît-elle comme une place commerciale essentielle du XVIe siècle **(doc. 1 et 2)** ?
4. Dans quelles conditions les métaux sont-ils extraits des mines **(doc. 3 et 4)** ?
5. Comment la quantité de métaux arrivés en Espagne évolue-t-elle au cours de la période **(doc. 5)** ?

Bilan

À l'aide des documents de l'étude et de vos connaissances, montrez comment l'or et l'argent des Amériques arrivent en Europe et profitent à la monarchie espagnole.

ÉTUDE → LEÇON 3
L'économie sucrière et l'esclavage au Brésil

POINT DE PASSAGE ET D'OUVERTURE

Prisé des élites bourgeoises et nobles au XVe siècle, la culture de la canne à sucre fut introduite sur l'île d'Hispaniola par Colomb lors de son deuxième voyage en 1493. Vers 1600, grâce à ses sols fertiles, le Brésil devient le principal producteur. Pour exploiter la canne à sucre, les Portugais se lancent dans la traite des esclaves.

Comment une économie sucrière esclavagiste se met-elle en place au Brésil aux XVIe et XVIIe siècles ?

Vocabulaire
- **traite** : commerce des esclaves venus d'Afrique noire et utilisés dans les mines et les plantations d'Amérique.

1 Vue de la sucrerie d'Engenho Real au Brésil
Peinture de Frans Post (XVIIe s.).

2 Une production sucrière en constante augmentation
Le développement des moulins à sucre au Brésil.

	Sud	Centre	Nord
1570	5	31	24
1583	13	52	66
1610	40	50	140
1629	70	84	192
1710	136	146	246

Schwartz (Stuart B.), « Indian Labor and New world Plantation : European Demands and Indian Responses in Northeastern Brazil », dans *American Historical Review*, vol. 83/3, 1978.

3 L'esclavage comme moyen de production

Le Brésil est le pays qui a accueilli le plus d'esclaves africains au monde, entre 4 et 5 millions. Car la culture de la canne à sucre nécessite une main-d'œuvre abondante pour travailler parfois jour et nuit lors des récoltes.

L'Angola est la propre conquête de la Couronne. Il a été découvert et régulièrement acquis, comme tout le monde le sait, par vos prédécesseurs. Il a été conquis par leurs armes et l'envoi des nombreux navires avec lesquels ils l'ont reconnu et occupé il y a de nombreuses années.

En plus de cette raison, l'Angola est de grand intérêt et profit pour les habitants du Brésil et pour les finances de Votre Majesté. Grâce aux Noirs exportés chaque année, il y avait le profit de leur travail dans la production du sucre et le travail des terres du Brésil avec, encore, les droits sur la production et les droits de douane.

Délibération du Conseil d'Outre-mer sur la situation de l'Angola, 19 septembre 1643.

ANALYSE DE DOCUMENTS
- Savoir lire, comprendre et apprécier un document iconographique
- Procéder à l'analyse critique d'un document selon une approche historique

1. Décrivez les activités que réalisent les esclaves dans la plantation (doc. 1).
2. Quelle est la région qui connaît la plus forte progression de production sucrière entre 1570 et 1710 (doc. 2) ?
3. Expliquez pourquoi l'Angola est nécessaire au développement économique du Brésil (doc. 3).

Bilan
Expliquez pourquoi l'économie sucrière au Brésil a stimulé le développement de la traite des esclaves vers l'Amérique.

TRAVAIL DE L'HISTORIENNE
ÉTUDE → LEÇON 3

La traite atlantique

La traite des esclaves africains vers l'Amérique commence parallèlement à la colonisation de l'Amérique. Elle prend une telle ampleur qu'elle transforme profondément la société américaine.

Comment la traite des esclaves s'organise-t-elle ?

1 DOCUMENT SOURCE — L'ampleur de la traite aux XVIe et XVIIe siècles

A. Rythme de la traite par l'Atlantique

Périodes	Esclaves embarqués en Afrique
1519-1600	266 000
1601-1650	503 000
1651-1675	240 000
1676-1700	509 000
Total	1 518 000

B. Principales régions d'arrivée des esclaves

Régions	1519-1675
Amérique espagnole continentale	339 000
Brésil	273 000
Antilles	167 000
Guyanes	8 000
Total	789 000

C. Les transporteurs d'esclaves (1519-1675)

Nations négrières	Nombre d'esclaves transportés
Portugal	757 000
Angleterre	140 000
Hollande	106 000
France	6 000
Total	1 009 000

O. Pétré-Grenouilleau, *Les traites négrières*, Paris, Gallimard, 2005.

2 DOCUMENT D'ACCOMPAGNEMENT — Schéma simplifié du commerce triangulaire

3 L'ANALYSE DE L'HISTORIENNE — La route des esclaves aux XVIe et XVIIe siècles

Depuis la bulle pontificale et le traité de Tordesillas (partage du monde) de 1494 entre Portugais et Espagnols, confirmé par le pape en 1533, ce sont les Espagnols, les premiers arrivés, qui occupaient les zones les plus riches, conquises sur les Empires aztèque (Mexique) et inca (Pérou). Mais ils sont dès le départ dépendants des Portugais pour obtenir les esclaves africains dont ces derniers vont avoir le monopole pendant un siècle et demi environ. Les Espagnols n'ont pas seulement besoin d'esclaves pour les plantations, mais aussi pour leurs mines et toute une série de travaux de force. Très vite, aux XVIe et XVIIe siècles, les esclaves se trouvent au cœur de la production sucrière brésilienne avant que celle-ci ne soit supplantée à partir du XVIIIe siècle par les îles Britanniques, la Barbade et la Jamaïque et bientôt par Saint-Domingue. Car le monopole portugais s'érode, d'abord en raison de la concurrence des Hollandais, qui vont s'emparer momentanément des places fortes portugaises en Afrique occidentale et dans l'île du Mozambique, réussissant ainsi à contrôler le trafic des esclaves dans la région ; ils occupent aussi une partie de l'Angola et, en 1624, la région de Bahia au Brésil.

C. Coquery-Vidrovitch, *Les Routes de l'esclavage*, Albin Michel/ARTE Éditions, 2018.

S'INITIER AU TRAVAIL DE L'HISTORIENNE

■ Construire et vérifier des hypothèses sur une situation historique

A L'historienne commence par définir le contexte historique

1. Repérez à quelle période la traite est la plus forte.
   Aide : soyez attentifs à la durée des périodes concernées.
2. Quelle est la principale puissance européenne qui transporte des esclaves d'Afrique vers l'Amérique ?
3. Quelle est la région américaine la plus touchée par la traite des esclaves ?

B L'historienne confronte et interprète la source

4. Comment l'auteure explique-t-elle le développement de la traite des esclaves durant la période ?
5. Pourquoi l'Espagne est-elle présentée par l'auteure comme dépendante du Portugal ?
6. Quels concurrents sont apparus pour déstabiliser le Portugal sur la traite des esclaves au début du XVIIe siècle ?
7. Montrez à l'aide des deux documents le rôle central qu'a joué le Portugal dans la traite aux XVIe et XVIIe siècles.

LEÇON 3 — Une première mondialisation

QCM interactif

👉 Quels furent les effets et les limites de la première mondialisation orchestrée par les Européens sur les civilisations amérindiennes et asiatiques ?

A. La naissance des empires coloniaux espagnol et portugais

- En **1494**, par le biais du **traité de Tordesillas** dont l'initiative revient à la papauté, **les Espagnols et les Portugais se répartissent les terres découvertes et à découvrir** de part et d'autre d'un méridien qui passe à environ 1 500 km à l'est du Cap-Vert.
- **En Amérique centrale, la prise de Tenochtitlán en 1521 poursuit le processus de colonisation** des Espagnols dans le Nouveau Monde avec la chute de l'Empire aztèque. À partir de 1522, les Espagnols vont également s'emparer de l'immense Empire inca en Amérique du Sud. Dans leur nouvel empire en construction, les Espagnols développent leur domination sur les populations autochtones afin d'exploiter les richesses de ces territoires.

B. Un enrichissement des grands ports européens

- **L'Espagne et le Portugal s'enrichissent de l'exploitation de ces richesses** : l'afflux d'or et d'argent transforme les villes portuaires. Ce sont des lieux importants du développement d'une première mondialisation économique.
- **Séville, la ville andalouse, est devenue le port par lequel transitent obligatoirement tous les produits venant des Amériques**, depuis la création en 1503 de la Casa de Contratación. Deux fois par an, un convoi de galions apporte une grande quantité d'or et d'argent dans la cité.
- **Lisbonne, la capitale portugaise, profite des expéditions lancées par le prince Henri le Navigateur** pour attirer vers elle les richesses des comptoirs portugais de la route africaine des Indes et du Brésil.
- D'autres ports européens profitent du commerce transatlantique et colonial, comme Anvers, Londres, Saint-Malo ou Bordeaux.

C. Des civilisations amérindiennes anéanties

- **En 1533, les conquistadors espagnols s'emparent de l'Empire inca.** Ils exploitent les mines (notamment les riches mines du Potosí), prennent le contrôle des ressources agricoles et réduisent en esclavage une partie de la population amérindienne.
- **Les populations locales, victimes notamment du choc microbien, sont décimées.** Les civilisations aztèques et incas disparaissent progressivement avec la conquête espagnole. Certains humanistes comme Bartolomé de Las Casas s'émeuvent de la situation des Indiens, ce qui est au cœur de la controverse de Valladolid.
- Mais par ailleurs, pour faire face à la nécessité de main-d'œuvre **pour exploiter les richesses, Espagnols et Portugais font appel à la traite négrière et à l'achat d'esclaves venus d'Afrique**, ce qui va durablement influencer le peuplement de l'Amérique. Une population métissée se développe alors sur tout le continent.

1 Carrière de pierre dans l'Empire aztèque
Codex de Florence, XVIe siècle

Vocabulaire

- **civilisation** : société organisée autour de caractères communs sur un territoire donné.
- **mondialisation** : ouverture des économies nationales à l'échelle de la planète, qui s'accompagne d'échanges culturels ou scientifiques.

@CTIVITÉ NUMÉRIQUE — Lien internet

■ Utiliser le numérique

L'organisation de la traite atlantique
Consultez le site sur le lien proposé.

1. Pourquoi le mot Portugal est-il associé à Brazil ?
2. Cliquez sur Maps, puis sur le 4 qui apparaît sur le Brésil. Combien d'esclaves sont-ils arrivés sur la période ?
3. Expliquez la différence entre les deux premières colonnes (embarked/disembarked). Que cela nous indique-t-il ?
4. Relevez les espaces concernés par les arrivées d'esclaves. Comparez avec les documents 4 page 107 et 1 page 125.

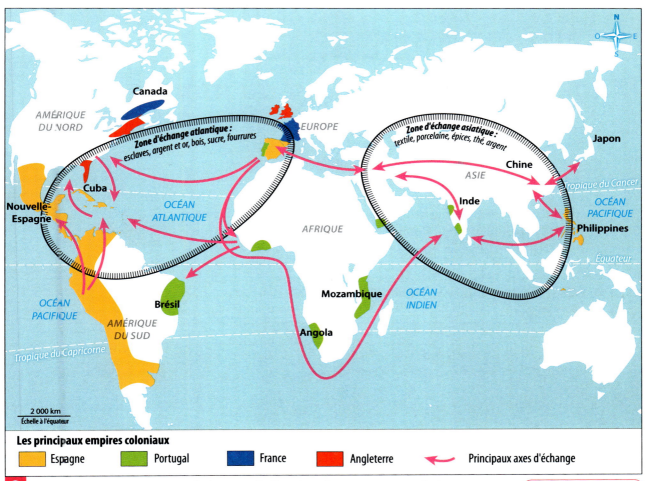

2 Les espaces et les routes de la mondialisation des XVIᵉ et XVIIᵉ siècles

3 L'introduction de nouveaux animaux et de nouvelles plantes en Amérique

Comme il sera agréable aux lecteurs présents et à venir de savoir quelles choses étaient inconnues au Pérou avant la conquête des Espagnols, j'ai cru bon d'écrire à ce sujet un chapitre à part, pour que l'on
5 voie et considère de combien de choses si nécessaires apparemment à la vie humaine se passaient ces gens-là, qui vivaient malgré cela fort contents.

Il faut d'abord savoir qu'ils n'avaient pas de chevaux ni de juments pour leurs guerres ou leurs fêtes, ni
10 de vaches ni de bœufs pour fendre la terre et semer leurs grains, ou de chameaux, d'ânes et de mulets pour leurs transports, ni de brebis ordinaires, ni de mérinos pour la laine et la viande, ni de chèvres, ni de porcs, ni même de chiens de race pour leurs
15 chasses, tels qu'épagneuls, braques, barbets, chiens d'arrêt, ni limiers, ni lévriers. Ils n'avaient pas non plus de blé, ni d'orge, ni de vin, ni d'huile, ni de fruits ou légumes d'Espagne. Nous parlerons à part de chaque chose, et dirons comment et à quel moment
20 elles ont été importées au Pérou.

L'Inca Garcilaso de la Vega,
Commentaires royaux sur le Pérou des Incas, 1609.

QUESTIONS

1. Montrez que le XVIᵉ siècle ouvre une première période de mondialisation **(doc. 2)**.
2. Expliquez les bouleversements qu'implique l'arrivée des Européens en Amérique **(doc. 3)**.
3. Sur votre cahier, recopiez et complétez le schéma ci-dessous en utilisant le texte de la leçon, page 126, et les documents proposés

Bilan

Expliquez à l'oral ou par écrit quels sont les principaux effets de cette première mondialisation.

EXERCICES — Autre support : Une BD

Magellan, jusqu'au bout du monde
de Christian Clot, Bastien Orenge et Thomas Verguet

La bande dessinée est aujourd'hui un support artistique reconnu, surnommée le 9e art. Dans *Magellan, jusqu'au bout du monde* (Glénat, 2012), illustrations de Bastien Orenge et Thomas Verguet, le scénariste Christian Clot, membre de la Société des explorateurs français, aborde avec une grande rigueur le voyage du célèbre navigateur qui se lance dans le premier tour du monde.

1 L'expédition repose sur les épaules de Magellan
1. Le veedor est le surintendant de la flotte royale.

3 Le retour en Espagne de El Cano (ou Del Cano) en 1422, après la mort de Magellan aux Moluques l'année précédente

2 Une traversée difficile pour les marins

QUESTIONS

■ Utiliser une approche historique pour mener une analyse ou construire une argumentation

1. Comment le rôle prépondérant de Magellan est-il montré dans ces vignettes **(doc. 1 et 2)** ?
2. Dans quelles conditions se fait ce tour du monde **(doc. 2 et 3)** ?
3. À l'aide de l'étude sur Colomb pages 112-113 et de ces vignettes, expliquez quelle place occupent la religion et la politique dans ces voyages d'exploration.

Réaliser une carte mentale de synthèse

Carte mentale interactive
Carte mentale à télécharger et à compléter PDF

Sur votre cahier, en vous servant du modèle ci-dessous, construisez votre propre carte mentale de synthèse du chapitre.

Boîte à outils

- Reprenez les différents éléments de votre cours et listez-les de manière simple.
- Ensuite, réfléchissez à quelle idée de la carte mentale ils correspondent.
- Utilisez par exemple un code couleur (je surligne sur mon brouillon en jaune fluo ce qui montre l'enrichissement des pays européens, en rose fluo les effets au détriment des populations autochtones…).
- Puis complétez au propre la carte mentale avec tous les éléments listés et classés.

Bac contrôle continu — 1. Analyse d'une gravure

■ **CAPACITÉS :** Identifier les continuités et ruptures chronologiques – Procéder à l'analyse critique d'un document selon une approche historique

Des horizons géographiques nouveaux

Gérard Mercator, *Orbis terrae compendiosa descriptio*, Gravure aquarellée, 1587, Stedelijk museum – Mercatormuseum, Sint-Niklaas

Gérard Mercator réalise en 1538 sa première carte du monde et crée un système de projection cartographique auquel il donne son nom.

CONSIGNE

En vous appuyant sur vos connaissances, expliquez en quoi cette gravure rend compte des progrès de la connaissance géographique du monde par les Européens, mais qu'elle reste encore limitée.
Expliquez comment la cartographie permet de servir les intérêts économiques des pays colonisateurs européens.

Méthode

1. Identifiez les espaces connus des Européens. Donnez pour chacun le ou les explorateurs qui ont eu un rôle déterminant dans leur découverte. D'après vos connaissances, quels progrès techniques ont facilité les découvertes des Européens ?
2. Identifiez les parties du monde encore mal connues ou inconnues présentes sur cette carte. Aidez-vous de la carte (**doc. 1**), page 115. N'oubliez pas de mentionner les espaces maritimes.
3. Expliquez pourquoi les cartes peuvent être utiles aux marchands européens. Quels sont les autres aspects non présents sur le document qui montrent la domination commerciale de l'Europe au XVIe siècle ?

Bac contrôle continu — **2. Analyse d'un texte**

■ **CAPACITÉS** : Procéder à l'analyse critique d'un document selon une approche historique – S'approprier un questionnement historique

L'Amérique vue par un Européen à la fin du XVIe siècle

Notre monde vient d'en trouver un autre non moins grand, plein et fourni de membres que lui, toutefois, si nouveau et si enfant qu'on lui apprend encore son a, b, c : il n'y a pas cinquante ans qu'il ne connaissait ni lettres, ni poids, ni mesures, ni vêtements, ni céréales, ni vignes. Il était encore nu dans le giron de sa mère nourricière et ne vivait que par les moyens qu'elle
5 lui fournissait […] Je crains bien que nous aurons bien fort hâté son déclin et sa ruine par notre contagion, et que nous lui aurons bien cher vendu nos opinions et nos arts. C'était un monde enfant ; pourtant nous ne l'avons pas fouetté ni soumis à notre discipline par la supériorité de notre valeur et de nos forces naturelles, ni ne l'avons séduit par notre justice et notre bonté, ni subjugué par notre grandeur d'âme. La plupart de leurs réponses et des
10 négociations faites avec eux témoignent qu'ils ne nous devaient rien en clarté d'esprit et en pertinence. La stupéfiante magnificence des villes de Cusco et de Mexico, et, entre plusieurs choses semblables, le jardin du roi de cette ville, où tous les arbres, les fruits et toutes les herbes, selon l'ordre et grandeur qu'ils ont dans un jardin, étaient excellemment formés d'or ; […] et la beauté de leurs ouvrages en pierreries, en plume, en coton, celle de leur peinture, tout
15 cela montre qu'ils ne nous cédaient non plus en habileté. […] Ce qui les a vaincus, ce sont les ruses et les mensonges avec lesquels les conquérants les ont trompés, et le juste étonnement qu'apportait à ces nations-là l'arrivée inattendue de gens barbus, si différents par la langue, la religion, l'apparence et le comportement. […] Nous nous sommes servis de leur ignorance et de leur inexpérience, pour les plier plus facilement vers la trahison, la luxure, l'avarice, et
20 vers toute sorte d'inhumanité et de cruauté, à l'exemple et sur le patron de nos mœurs. Qui fit jamais payer un tel prix, pour les profits du commerce et du trafic ? Tant de villes rasées, tant de nations exterminées, tant de millions de peuples passés au fil de l'épée, et la plus riche et belle partie du monde bouleversée pour la négociation des perles et du poivre !

Michel de Montaigne, *Essais*, Livre III, chapitre VI, 1588.

Michel de Montaigne est un moraliste et philosophe de la Renaissance. Dans les *Essais,* il se penche sur la condition humaine en compilant parfois de manière désordonnée toutes ses réflexions et expériences.

CONSIGNE

À partir de l'analyse du texte et de vos connaissances, montrez comment Montaigne décrit la société amérindienne avant l'arrivée des Européens, puis expliquez les conséquences de leur conquête sur les sociétés d'Amérique.

ÉTAPE 1 Analysez la consigne en repérant les mots-clés.

ÉTAPE 2 Repérez les idées du texte permettant de répondre aux parties de la consigne.
Pensez à utiliser un code couleur.

ÉTAPE 3 Interprétez le texte en utilisant vos connaissances.

■ **Pour la première partie de la consigne :**
1. Montrez que Montaigne nuance sa description de la civilisation amérindienne.
   Utilisez vos connaissances pour justifier l'analyse de l'auteur.
2. Quels éléments du texte montrent qu'il doute de l'opinion générale que les Européens ont sur les Amérindiens ?

■ **Pour la seconde partie de la consigne :**
3. Expliquez la phrase soulignée. Rappelez les raisons qui ont poussé les Européens à partir à la découverte de l'Amérique.
4. Montrez qu'il caractérise de manière plutôt négative la conquête du continent par les Européens.
   Expliquez ses propos en vous appuyant sur des exemples pris dans vos connaissances.
5. Montrez que l'appât du gain est le motif mis en avant par Montaigne pour expliquer la conquête par les Européens.

Bac contrôle continu

3. Réponse à une question problématisée
Étape 2 Mobiliser ses connaissances pour répondre au sujet

■ **CAPACITÉS :** Utiliser une approche historique pour construire une argumentation – Employer les notions et le lexique acquis en histoire à bon escient

SUJET ▶ **QUESTION PROBLÉMATISÉE** « Comment la découverte de l'Amérique aux XVe et XVIe siècles entraîne-t-elle l'expansion de l'Europe et transforme-t-elle le Nouveau Monde ? »

ÉTAPE 1 RAPPEL — Analysez les termes du sujet.

- Définir les **mots-clés** de manière précise.
- Déterminer les **limites chronologiques et spatiales** du sujet.
- Faites attention aux mots de liaison. Ici, le « et » indique une mise en relation, c'est parce que les Européens découvrent le monde qu'ils le transforment profondément.

Voyages d'exploration des Européens découvrant de nouveaux espaces.

Limites spatiales : le Nouveau Monde que découvrent les Européens et les civilisations avec lesquelles ils entrent en contact. Il faut prendre en compte les relations entre l'Europe et l'Amérique.

Comment la découverte de l'Amérique aux XVe et XVIe siècles entraîne-t-elle l'expansion de l'Europe et transforme-t-elle le Nouveau Monde ?

Limites chronologiques : période des voyages de découvertes pour les Européens.

Les changements consécutifs à l'exploration du monde par les Européens. Conséquences politiques et économiques en Europe et sur les sociétés et territoires américains. Il faut aussi prendre en compte les conséquences en Afrique et en Asie de cette première forme de mondialisation.

ÉTAPE 2 — Mobiliser ses connaissances à partir de l'analyse du sujet.

- **Réécrire le sujet et trouver des axes** permettant ensuite de guider le travail.
- **Se poser une ou plusieurs questions** en fonction des connaissances mobilisées.
- Mobiliser **ses connaissances** en rapport avec le sujet.

Comment la découverte de l'Amérique aux XVe et XVIe siècles entraîne-t-elle l'expansion de l'Europe et transforme-t-elle le Nouveau Monde ?

Comment la connaissance du monde progresse-t-elle avec les explorations européennes ?	Pourquoi peut-on parler de premiers échanges mondialisés ?	De quelles manières les Européens transforment-ils les sociétés d'Amérique ?
Les grands explorateurs ibériques. De nouveaux espaces découverts : Amérique, océan Pacifique, premier tour du monde, etc. Des progrès dans la connaissance du monde par les Européens.	Constitution des empires coloniaux. Exploitation des richesses des terres découvertes : or et argent, développement de l'économie sucrière dans les Antilles. Des sociétés amérindiennes transformées et soumises au contact des Européens : choc microbien, peuplement européen. Le développement de l'esclavage dans les espaces colonisés au moyen de la traite atlantique. Basculement des échanges de la Méditerranée vers l'Atlantique. Développement des échanges commerciaux à travers le monde.	

CHAPITRE 4 • L'ouverture atlantique : les conséquences de la découverte du « Nouveau Monde »

RÉVISION

L'ouverture atlantique : les conséquences de la découverte du « Nouveau Monde »

Schéma bilan

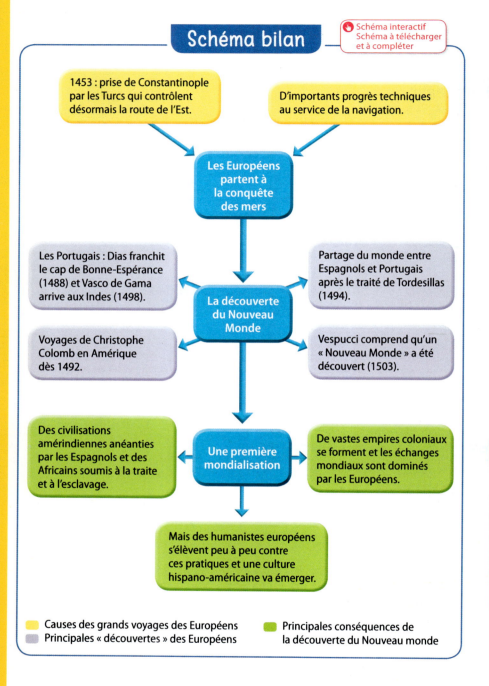

Je connais les dates importantes

- **1453** : Prise de Constantinople par les Ottomans.
- **1492** : Christophe Colomb découvre l'Amérique.
- **1503** : Fondation de la Casa de Contratación.
- **1519-1522** : Premier tour du monde réussi par Magellan.
- **1521** : Prise de Tenochtitlán par Cortés.
- **1525** : Mexico devient la capitale de la Nouvelle-Espagne.
- **1533** : Conquête de l'Empire inca par Pizarro.
- **1550-1551** : Controverse de Valladolid

Je maîtrise les notions et le vocabulaire essentiels

- civilisation
- colonisation
- choc microbien
- « Grandes Découvertes »
- mondialisation
- galion
- « Nouveau Monde »
- Ottoman
- Casa de contratación
- conquistadores

Légende :
- Causes des grands voyages des Européens
- Principales « découvertes » des Européens
- Principales conséquences de la découverte du Nouveau monde

Ne pas confondre !

- **« Découvertes »** : il s'agit des premiers voyages maritimes vers des territoires inconnus. Les premiers découvreurs comme Christophe Colomb ou Magellan décrivent ces nouvelles routes, cartographient les territoires, mais ne s'installent pas dans ces territoires.

- **Conquête** : les conquistadors arrivent après la découverte. Ce sont des soldats et des chefs de guerre dont l'objectif est avant tout la prise de possession des nouveaux territoires. Ainsi, des hommes comme Hernán Cortés ou Pizarro ont renversé les Empires aztèque et inca pour assurer la domination espagnole sur le continent américain.

AUTOÉVALUATION

Fiche d'autoévaluation à réaliser sur votre cahier ou sur une feuille.

🔴 Fiche d'autoévaluation à télécharger et à compléter PDF

OBJECTIF 1 — Maîtriser des repères chronologiques

■ **CAPACITÉ : identifier et nommer les périodes historiques, les continuités et ruptures chronologiques**

Sur votre cahier, reproduisez la frise chronologique ci-dessous et placez-y les repères suivants :
a. La conquête de l'Empire inca.
b. La conquête de l'Empire aztèque.
c. La prise de Constantinople par les Ottomans.

| 1400 | 1450 | 1500 | 1550 | 1600 |

■ **CAPACITÉ : identifier et expliciter les dates et acteurs clés des grands événements**

Expliquez ensuite en quelques lignes les 3 événements cités ci-dessus.

OBJECTIF 2 — Maîtriser des repères spatiaux

■ **CAPACITÉ : nommer et localiser les grands repères géographiques**

Dans un court paragraphe, situez géographiquement l'Empire portugais et expliquez son agrandissement.

■ **CAPACITÉ : utiliser une approche historique ou géographique pour mener une analyse ou construire une argumentation**

Dans un court paragraphe, expliquez comment la monarchie espagnole contrôle le commerce de l'or et de l'argent des Amériques.

OBJECTIF 3 — Réaliser sa fiche de révision

■ **CAPACITÉ : employer les notions et le lexique acquis en histoire à bon escient**

- Noter les notions et le vocabulaire du chapitre (liste page 132) avec leur définition précise.
- Indiquer pour chaque partie du cours :
  – les éléments importants (dates, personnages, notions).
  – les grandes idées (faits historiques, causes, conséquences).
- Savoir expliquer : quelles furent les causes et les conséquences de la découverte du « Nouveau Monde » – la conquête de Tenochtitlán (capitale de l'Empire aztèque) – les caractéristiques du commerce transatlantique au XVIe s. – l'organisation de la traite atlantique.

Pour aller plus loin

 À VOIR

- *1492, Christophe Colomb* (1992) : film américain de Ridley Scott qui retrace avec emphase l'épopée de Colomb.
- *À la conquête du monde, Fernand de Magellan*, film de Holger Preusse, Arte, 2014 : un documentaire travaillé comme une bande dessinée.

 À LIRE

- *Conquistador* de Philippe Xavier et Jean Dufaux (BD, 4 tomes, 2011-2015) chez Glénat : sur les traces de Cortés, chez les Aztèques.
- *L'âge d'or des cartes marines – quand l'Europe découvrait le monde*, sous la direction de Catherine Hofmann, Hélène Richard et Emmanuelle Vagnon, BNF / Le Seuil : ce livre retrace l'exposition de la BNF d'octobre 2012 à janvier 2013.

 SUR LE WEB 🔴 lien internet

- Cartes et portulans, sur le site de la BNF.

CHAPITRE 5

Renaissance, humanisme et réformes

❦ **Comment la période de la Renaissance fait-elle entrer l'Occident dans la modernité ?**

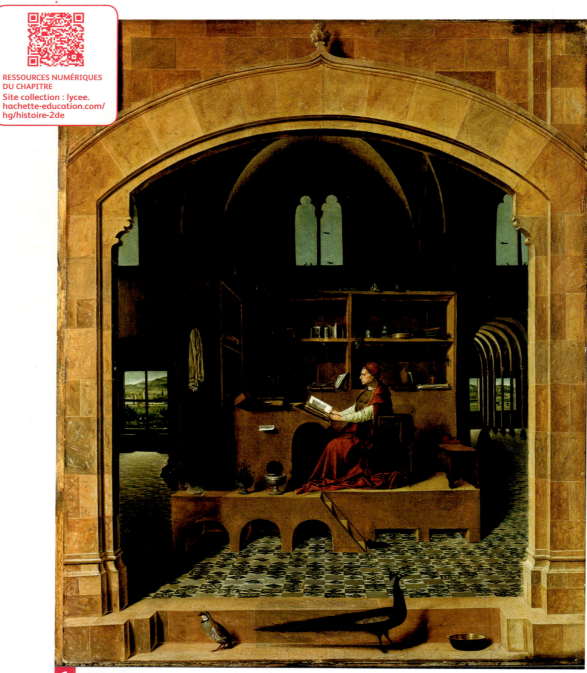

1 Saint Jérôme, le traducteur de la Bible

Saint Jérôme (v. 347-420) qui fut le traducteur de la Bible (de l'hébreu et du grec au latin), a souvent été représenté par les artistes de la Renaissance comme un des symboles de l'humanisme.
Antonello da Messina, détail de *Saint Jérôme dans son cabinet d'étude*, huile sur bois, 45,7 × 36,2 cm, v. 1475, Londres, National Gallery.

▶ Qu'est-ce que l'artiste a choisi de mettre en valeur sur ce tableau ?

	1450	1500	1550

HUMANISME
- Vers 1450 : Invention de l'**imprimerie**
- 1470 : **Premier atelier** d'imprimerie à Paris
- 1509 : Érasme publie l'*Éloge de la Folie*
- 1540 : Création du **Collège Royal** en France

RENAISSANCE ARTISTIQUE
- 1420-1436 : Construction du dôme de la cathédrale de Florence par **Brunelleschi**
- 1503 : Léonard de Vinci peint la *Joconde*
- 1508-1512 : Michel-Ange peint les plafonds de la **chapelle Sixtine**
- 1519 : Début de la construction du château de **Chambord**

LA RÉFORME
- 1517 : 95 thèses de **Luther**
- 1536 : **Calvin** à Genève
- 1545-1563 : **Concile de Trente**
- 1572 : Massacre de la **Saint-Barthélemy**

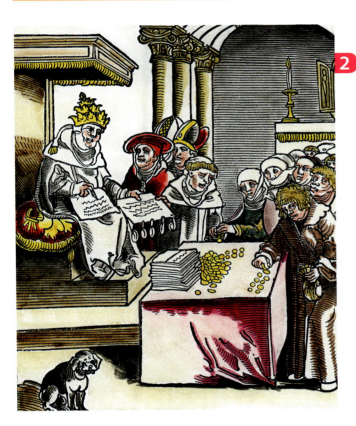

2 Depuis la fin du XVe siècle, le pape a autorisé la vente d'indulgences qui assurent un temps réduit au purgatoire. En 1515, avec la construction de la basilique Saint-Pierre de Rome qui entraîne des coûts très importants, Léon X en relance le commerce.
Lucas Cranach l'Ancien, *Le Pape vendant des indulgences*.
Illustration de *Passional Christi und Antichristi* de Martin Luther, 1521.

> Pourquoi la vente d'indulgences scandalise-t-elle certains chrétiens ?

Vocabulaire
- **humanisme** : mouvement de pensée qui renoue avec les valeurs de l'Antiquité et met l'homme au centre de ses préoccupations.
- **indulgences** : permission pour un défunt de se faire pardonner ses péchés et de réduire le temps qu'il devra passer au purgatoire.
- **purgatoire** : lieu intermédiaire où les défunts doivent se purifier avant de pouvoir accéder au paradis.

Pour commencer
▶ Vidéo

Il y a 500 ans, La Réforme.
Une vidéo du site du journal suisse *Le Temps*.
Durée : 2'22"

FICHE D'OBJECTIFS DU CHAPITRE

Questions à aborder
> Comment la culture humaniste se diffuse-t-elle en Europe ?
> Comment l'art européen se transforme-t-il aux XVe-XVIe siècles ?
> Comment le christianisme se divise-t-il au XVIe siècle ?

Notions
- modernité
- humanisme
- Renaissance
- Réforme

Personnages-clés

 Didier Érasme (1469-1536), philosophe et humaniste

 Léonard de Vinci (1452-1519), artiste et ingénieur

 Michel-Ange (1475-1564), artiste et urbaniste

 Martin Luther (1483-1546), théologien et réformateur

CHAPITRE 5 • Renaissance, humanisme et réformes

REPÈRES 1 — L'imprimerie, une révolution technique et idéologique

A De nouvelles idées qui se diffusent grâce à l'imprimerie

1 Un atelier d'imprimeur au XVIᵉ siècle

Dessin sur panneaux, XVIᵉ siècle, musée municipal de Dole.

❶ Des typographes assemblent les caractères.
❷ Tampon encreur badigeonné sur les plaques de caractères métalliques.
❸ Les plaques sont pressées sur le papier.
❹ Les feuilles imprimées sont séchées…
❺ … avant d'être assemblées pour former le livre.

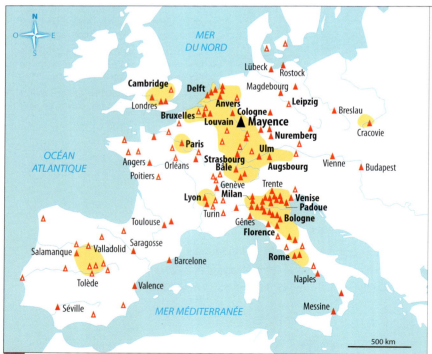

2 La diffusion de l'imprimerie et de l'humanisme en Europe au XVIᵉ siècle

Centres d'imprimerie
- ▲ Première mise au point de l'imprimerie
- ▲ Avant 1481
- △ De 1481 à 1500
- **Lyon** Centres importants

Humanisme
- Principales zones de diffusion de l'humanisme

QUESTIONS

1. Quelles sont les différentes étapes pour imprimer un livre au XVIᵉ siècle (doc. 1) ?
2. Quel lien existe-t-il entre l'humanisme et l'imprimerie (doc. 2) ?

B — La Renaissance : des codes artistiques renouvelés

3 Un renouveau artistique

	Au Moyen Âge	À la Renaissance
Des objectifs différents	Peinture le plus souvent au service de la religion, les thèmes sacrés dominent donc.	Peinture qui place l'individu au cœur de la réflexion artistique : les hommes sont différents, dissemblables, autonomes. Les thèmes picturaux deviennent beaucoup plus variés.
L'art du portrait	Le plus souvent de profil, peu expressif, peu réaliste. Utilisation fréquente d'un fond or pour rappeler la lumière divine. Des personnages représentés plus ou moins grands selon leur importance sociale.	Une forme artistique où l'individu est mis en avant par ses différences et ses caractères propres. Développement de la peinture de nu. Respect des proportions. Travail sur l'anatomie. Réalisme renforcé.
Les peintures de paysages	Image souvent figée, sans respect des proportions.	Développement de la perspective.

4 La modernité de la peinture et de l'architecture de la Renaissance

Ce tableau met en évidence l'utilisation des mathématiques par les artistes de la Renaissance : la géométrie est très présente dans la composition. La taille des personnages et la couleur entrent aussi en jeu dans l'élaboration de la perspective. Les artistes imaginent des espaces urbains ouverts avec de vastes places et des bâtiments à l'architecture influencée par l'Antiquité, comme le montre le décor créé par le peintre.

Raphaël, *Le Mariage de la Vierge*, 1504, huile sur bois, 114 × 169 cm, pinacothèque de Brera, Milan.

5 Schéma de réalisation du *Mariage de la Vierge* de Raphaël

🔴 schéma interactif

Vocabulaire

- **ligne de fuite** : ligne qui fait converger le regard vers un point du tableau et contribue à sa structure d'ensemble.
- **perspective** : art de représenter, sur une surface plane, des objets en trois dimensions tels qu'ils sont vus par l'œil humain.
- **typographie** : techniques de composition des pages et d'impression.

QUESTIONS

1. Quelles sont les nouveautés artistiques à la Renaissance (doc. 3 et 4) ?
2. Quelles techniques sont davantage utilisées dans l'art (doc. 3, 4 et 5) ?

REPÈRES 2 — La chrétienté divisée par la Réforme

A Les fractures religieuses en Europe

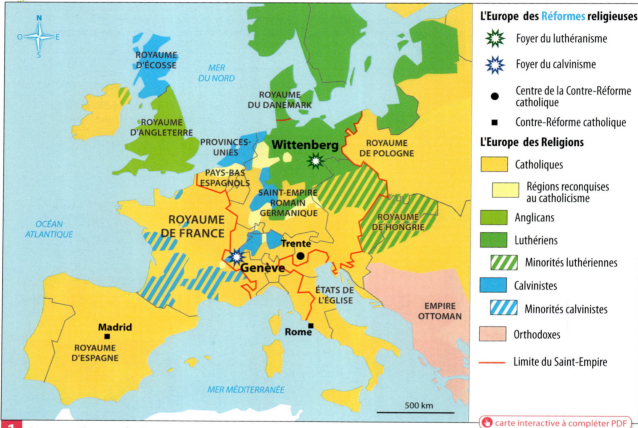

1 La mosaïque religieuse en Europe à la fin du XVIᵉ siècle

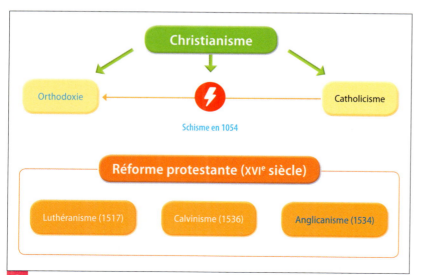

2 Une accentuation des divisions religieuses à la Renaissance

schéma interactif à compléter

Vocabulaire

- **anglicanisme** : confession protestante et religion officielle en Angleterre depuis le XVIᵉ siècle.
- **orthodoxie** : branche du christianisme séparée du catholicisme depuis le XIᵉ siècle.
- **Réforme** : volonté de réformer le christianisme par un retour aux textes fondateurs et à des pratiques plus simples. Le mouvement qui en est issu rompt avec l'Église catholique pour former les cultes protestants.
- **schisme** : cassure, séparation dans une religion.

QUESTIONS

1. Quelles sont les grandes divisions du christianisme en Europe au XVIᵉ siècle (doc. 1 et 2) ?
2. Le protestantisme est-il lui-même uni (doc. 1 et 2) ?

B Deux conceptions du christianisme

3 Le catholicisme : croire en Dieu, en Marie et aux saints.

Titien, détail du retable[1] de la famille Pesaro, 1519-1526, huile sur toile, 385 × 270 cm, basilique Santa Maria dei Frari, Venise.

❶ La famille Pesaro richement vêtue en humble position de prière devant les saints, intermédiaires entre le Christ et les Hommes.
❷ Saint Pierre symbolisé par les clés à ses pieds.
❸ La Vierge tenant l'enfant Jésus.
❹ Saint François d'Assise.
❺ Rappel d'une victoire sur les Turcs : permanence de l'idée de croisade.
❻ Richesse de l'encadrement du tableau, autre moyen de rendre gloire à Dieu.

1. Élément de décor peint ou sculpté placé près de l'autel dans une église.

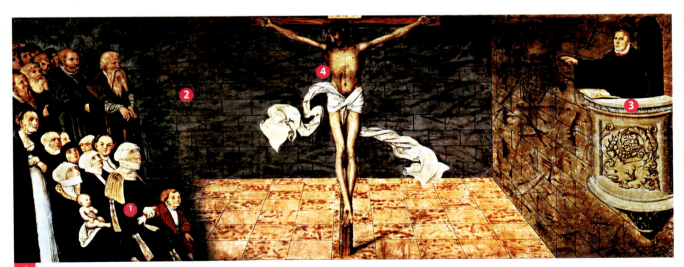

4 Le protestantisme, se concentrer sur la parole du Christ

Lucas Cranach l'Ancien, prédelle du retable de l'église de Wittenberg, 1547.

❶ Les fidèles dont la femme de Luther et ses enfants.
❷ Sobriété de la décoration de l'église et des costumes des fidèles, absence de statues de la Vierge et des saints.
❸ Le peintre rappelle l'importance de la prédication dans le protestantisme (Luther en chaire).
❹ Le Christ, seul personnage sacré, au cœur du tableau et de la foi chrétienne.

QUESTIONS

1. Quels aspects du culte catholique sont ici mis en avant par le peintre (doc. 3) ?
2. Pourquoi le Christ en croix est-il au centre de cette œuvre protestante (doc. 4) ?

Érasme, « prince des humanistes »

POINT DE PASSAGE ET D'OUVERTURE

MÉTHODE BAC — ÉTUDE → LEÇON 1

Érasme est considéré dès son époque comme le plus grand **humaniste** de son temps. Doté d'une immense culture et intellectuel brillant, il est ami de nombreux humanistes. Il parcourt l'Europe. Ses écrits influencent Luther bien qu'Érasme restât toujours catholique et opposé aux troubles religieux.

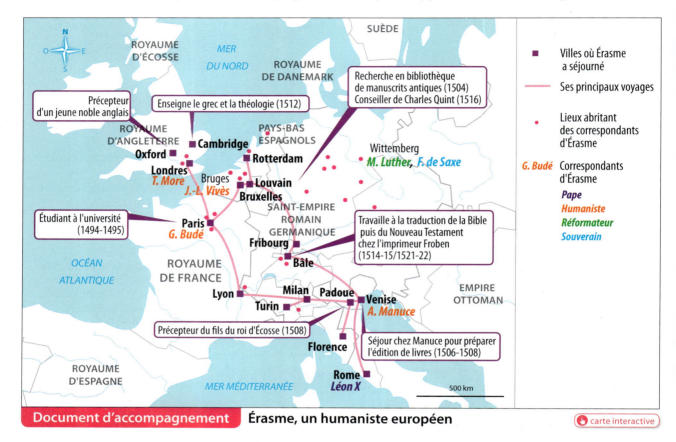

Document d'accompagnement — Érasme, un humaniste européen

1 Érasme et l'accès aux textes sacrés

C'est aux sources mêmes que l'on puise la pure doctrine ; aussi avons-nous revu le Nouveau Testament tout entier d'après l'original grec, qui seul fait foi, à l'aide de nombreux manuscrits des deux langues, choisis parmi les plus anciens et les plus corrects […]. Nous avons ajouté des notes pour justifier nos changements, expliquer
5 les passages équivoques, ambigus ou obscurs, rendre moins facile dans l'avenir l'altération d'un texte rétabli au prix d'incroyables veilles. […]

Je suis en effet profondément en désaccord avec ceux qui refusent aux ignorants la lecture des lettres divines dans leur traduction en langue vulgaire, comme si l'enseignement du Christ était si obscur que seule une poignée de théologiens pouvait le
10 comprendre. […] Je voudrais que les plus humbles lisent les Évangiles. […] Pourquoi restreindre à un petit nombre un enseignement et une profession qui appartiennent à tous ? Voici qui est illogique : alors que le baptême et les autres sacrements sont communs à tous voilà que les doctrines sont réservées à un petit nombre que l'on appelle les membres du clergé dont je souhaiterais l'attitude à l'image de l'enseigne-
15 ment du Christ. Pourquoi l'enseignement du divin serait-il confisqué par une minorité alors qu'elle concerne l'intégralité de la communauté des chrétiens ?

Érasme, *Lettre à Léon X*, préface à l'édition de la traduction du Nouveau Testament, 1516.

Vocabulaire

- **humaniste** : savant spécialiste des langues et cultures antiques qui place l'être humain au centre de ses réflexions.

Didier Érasme (1467-1536)

Humaniste célèbre, passionné par les questions d'éducation, il parcourt l'Europe et publie en 1509 *L'Éloge de la folie*, son œuvre majeure. En 1516 il donne la première traduction du Nouveau Testament en grec. Il ne se rallie cependant pas à la Réforme, au nom d'un idéal de modération.

MÉTHODE BAC

2 Un humaniste curieux des livres de son temps

« J'apprends que Platon, que tous les lettrés attendent déjà avec impatience, s'imprime chez toi en caractères grecs. J'aimerais savoir quels ouvrages de médecine tu vas imprimer [...]. Je t'adresse deux tragédies traduites par moi avec grande audace : tu jugeras toi-même si c'est avec assez de bonheur [...]. J'estimerais l'immortalité accordée à mes œuvres, si elles venaient au jour, imprimées dans tes caractères, de préférence ceux qui, assez petits, sont les plus jolis de tous[1]. Le volume ainsi serait des plus minces, et la chose réalisée à peu de frais. [...] Si tu as dans ta boutique quelque chose d'auteurs peu connus, tu me feras plaisir en me le faisant savoir [...]. »

Lettre d'Érasme à Alde Manuce[2], Bologne, 1507, In *Correspondance d'Érasme*, t. I, 1484-1514, Paris, Gallimard, 1968.

1. Alde Manuce a introduit dans l'imprimerie la lettre italique qui réduit le format des livres.
2. Alde Manuce (1449-1515), célèbre imprimeur et humaniste vénitien.

CONSIGNE

Après avoir présenté les deux documents, vous expliquerez en quoi ils permettent d'affirmer qu'Érasme est un modèle d'humaniste.

MÉTHODE : Analyse de deux documents de même nature

→ Méthode générale de l'analyse de document, p. 12

1 Lire et comprendre la consigne
- Analysez la consigne, en repérant les mots clés.
- Identifiez les limites du sujet.
> S'agit-il de définir l'humanisme ou de montrer en quoi Érasme incarne ce mouvement intellectuel ?

2 Travailler au brouillon pour organiser son analyse
- Dégagez l'idée générale de chaque document.
- Identifiez la nature commune des deux documents, qui sont les correspondants d'Érasme et ce que cela peut indiquer sur sa célébrité. Aidez-vous de la carte.
- Montrez pourquoi Érasme a proposé une nouvelle traduction du Nouveau Testament **(doc. 1)**.
- Justifiez l'intérêt d'Érasme pour l'imprimerie **(doc. 2)**. Les questions suivantes vous fourniront les trois axes du commentaire :
> Qu'ont en commun ces documents ?
> Comment Érasme incarne-t-il l'humanisme ?
> Comment voit-on qu'il est une figure majeure de ce mouvement ?

3 Rédiger la réponse organisée

Introduction :
– **Présentez rapidement Érasme** puis les deux documents en respectant la méthode de la présentation (nature, auteur, source, date, idée principale).
– **Terminez par la présentation** du plan en reprenant les trois axes de votre analyse.

Développement :
Puisque vous avez déjà répondu à la première partie de la consigne (la présentation des documents), **vous répondrez à la seconde partie en reprenant votre travail préalable et en répondant aux deux questions** composant les deux axes suivants de votre analyse :
> Comment Érasme incarne-t-il l'humanisme ?
> Comment voit-on qu'il est une figure majeure de ce mouvement ?

Conseils :
Souvenez-vous de ce qui caractérise l'humanisme (et utilisez aussi les documents supports de cette analyse). Vous trouverez logiquement des idées communes dans les deux documents.
N'oubliez pas la dimension religieuse !

Conclusion :
– Insistez sur la nature des documents pour illustrer la notion de « république des lettres » utilisée pour parler du groupe des humanistes.
– Reprenez en quelques mots vos idées principales pour expliquer pourquoi Érasme a été qualifié de « prince des humanistes ».

CHAPITRE 5 • Renaissance, humanisme et réformes

ÉTUDE
→ LEÇON 1

Léonard de Vinci, un artiste complet

Léonard de Vinci (1452-1519)

Peintre florentin, architecte et sculpteur, il se passionne pour des sujets scientifiques et séjourne en France en 1516 pour aider à la conception des châteaux de François Ier.

Artiste brillant, Léonard de Vinci était un esprit curieux qui s'est intéressé à différents domaines (anatomie, mathématiques, mécanique, urbanisme, zoologie…). Pratiquant de nombreuses expériences, parfois interdites par les autorités civiles et religieuses, il était un ingénieur inventif et talentueux au service des princes qui appréciaient son génie.

🗨 **En quoi Léonard de Vinci est-il un artiste et un savant humaniste ?**

| 1450 | 1460 | 1470 | 1480 | 1490 | 1500 | 1510 | 1520 |

- **1452** Naissance à Vinci (près de Florence)
- **1481** Ingénieur au service du duc de Milan
- **1503** Commence *La Joconde*
- **1516** Se rend en France à l'invitation du roi François Ier
- **1519** Mort au château du Clos Lucé (Amboise)

1 Léonard de Vinci, un ingénieur militaire

Très illustre Seigneur, j'ai maintenant vu et bien examiné ce dont sont capables ceux qui se donnent pour spécialistes des machines de guerre. Aussi tenterai-je, sans porter tort à personne, de m'adresser à Votre Excellence pour lui découvrir mes secrets et lui proposer de réaliser, au moment qu'il lui plaira
5 le mieux, tout ce qui va être brièvement énuméré ci-dessous :
1 – Je connais un modèle de ponts très légers et solides, faciles à transporter […].
7 – Je fabriquerai des chars couverts, sûrs et inattaquables, qui entreront dans les lignes ennemies avec leur artillerie et enfonceront toute formation de troupes, si nombreuse soit-elle. L'infanterie pourra suivre, sans pertes et
10 sans obstacles […].
10 – En temps de paix, je crois pouvoir donner toute satisfaction, à l'égal de quiconque, en architecture, en construction d'édifices publics et privés, en adductions d'eau […].
Et si l'un des points du programme énuméré paraissait à d'aucuns impossible
15 et irréalisable, je me déclare prêt à en faire l'essai dans votre parc ou en tout lieu qu'il plaira à Votre Excellence à qui je me recommande en toute humilité.

Léonard de Vinci, brouillon de Lettre à Ludovic Sforza, duc de Milan, vers 1482.
Codex Atlanticus, Biblioteca Ambrosiana, Milan.

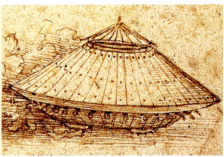

Dessin d'une machine de guerre, fin du XVe siècle. Crayon et encre brune, British Museum, Londres.

2 La démarche scientifique de Léonard de Vinci

Mes idées sont nées de simple expérience qui est la seule interprète de la nature. Il faut donc la consulter toujours et la varier de mille façons. Aucune investigation humaine ne peut s'appeler véritable science si elle ne passe pas par des démonstrations mathématiques. Ceux qui s'adonnent à la pratique
5 sans science sont comme le navigateur qui monte sur un navire sans gouvernail ni boussole. J'ai imaginé toutes ces machines parce que j'étais possédé, comme tous les hommes de mon temps, par une volonté de puissance. J'ai voulu dompter le monde. Mais j'ai voulu aussi passionnément connaître et comprendre la nature humaine, savoir ce qu'il y avait à l'intérieur de nos
10 corps. Pour cela, j'ai disséqué des cadavres, bravant ainsi l'interdiction du pape. Ce que j'ai recherché, à travers tous mes travaux, et particulièrement à travers la peinture, ce que j'ai cherché toute ma vie, c'est à comprendre la nature humaine.

Léonard de Vinci, *Carnets*, XVIe siècle.

3 La divine proportion (L'Homme de Vitruve)

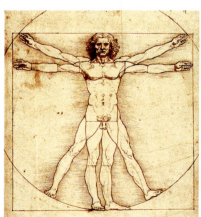

Léonard de Vinci, *Étude des proportions du corps humain*, dessin, 1492, 34 × 26 cm. Cabinet des dessins et estampes, Venise.

4 Le premier portrait moderne : *La Dame à l'Hermine*

Portrait de Cecilia Gallerani ou La Dame à l'hermine, vers 1490, huile sur bois, 54 × 39 cm, musée Czartoryski, Cracovie (Pologne).

❶ Cecilia Gallerani était la maîtresse de Ludovico Sforza, duc de Milan, qui aurait commandé son portrait à Vinci.

❷ L'hermine est un symbole de pureté mais était aussi représentée dans les armes du duc de Milan.

❸ « Sfumato », technique perfectionnée par Vinci dans ses portraits qui permet par un effet vaporeux et un contour imprécis, d'augmenter la profondeur et le volume des tableaux.

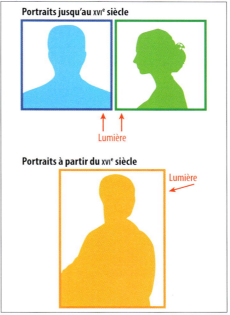

Un nouveau traitement du portrait et de la lumière

👆 document en très haute définition

ANALYSE DE DOCUMENTS

Parcours 1
J'ai besoin d'un peu d'aide

- Procéder à l'analyse critique d'un document selon une approche historique
- Construire et vérifier des hypothèses sur une situation historique

1. **Analysez les différents talents de Léonard de Vinci.**
   Aide : montrez ce qu'indiquent ces inventions sur sa maîtrise technique et sa créativité (doc. 1), indiquez ses domaines de compétence scientifique (doc. 2) et comment ils s'illustrent dans son art (doc. 3 et 4).

2. **Expliquez son intérêt pour la science.**
   Aide : présentez comment Léonard de Vinci explique ses recherches scientifiques et jusqu'où il est prêt à aller pour développer ses connaissances (doc. 2).

3. **Montrez la virtuosité de l'artiste.**
   Aide : expliquez comment Léonard de Vinci parvient à augmenter la profondeur de ses tableaux et identifiez en quoi il s'agit d'un portrait moderne (doc. 4).

Parcours 2
J'applique la méthode bac de la page 141 pour analyser un document

- Mettre une figure en perspective
- Procéder à l'analyse critique d'un document selon une approche historique
- Construire et vérifier des hypothèses sur une situation historique

Consigne : Vous montrerez en quoi Léonard de Vinci est l'incarnation de l'artiste complet de la Renaissance.

Bilan Complétez la carte mentale suivante : 👆 schéma à compléter

ÉTUDE → LEÇON 1

Michel-Ange et la chapelle Sixtine

POINT DE PASSAGE ET D'OUVERTURE

De son vivant, Michelangelo Buonarroti dit Michel-Ange (1475-1564) est considéré comme un génie de l'art. À la fois peintre, sculpteur, architecte et urbaniste, il travaille pour les Médicis à Florence et pour les papes à Rome. En 1508, Jules II lui demande ainsi de réaliser les **fresques de la chapelle Sixtine**. Ce travail qu'il termine en 1512 est considéré comme une œuvre majeure de la Renaissance.

❔ Pourquoi les fresques de la chapelle Sixtine nous permettent-elles de considérer Michel-Ange comme un génie artistique de la Renaissance ?

Michelangelo Buonarroti dit **Michel-Ange** (1475-1564)

Sculpteur, peintre, architecte et poète italien, Michel-Ange est l'un des plus grands artistes de la Renaissance. Ses sculptures les plus connues sont le *David*, le *Tombeau de Jules II* et la *Piéta*. À la demande du pape Jules II, il a également peint le plafond de la chapelle Sixtine.

- **1504** Fin de la statue du *David*
- **1512** Fin de la peinture du plafond de la **chapelle Sixtine**
- **1537-1541** Réalisation de la fresque du *Jugement dernier*
- **1546** En charge du chantier de la basilique **Saint-Pierre de Rome**

1 *La Création d'Adam*
Détail du plafond de la chapelle Sixtine (1508-1512), 480 × 230 cm, Rome-Vatican.

2 **Michel Ange, un artiste audacieux**

Michel-Ange avait presque achevé le Jugement dernier, lorsque Paul III alla le visiter, accompagné de messire Biagio da Cesena, son maître des cérémonies. Sa Sainteté ayant demandé à ce scrupuleux personnage ce qu'il pensait de
5 cette peinture, il répondit que cette foule de figures nues était très mal placée dans un lieu si respectable et qu'elle convenait mieux à une salle de bains ou à une taverne qu'à la chapelle du pape. Aussitôt que Paul III fut sorti, Michel-Ange, pour se venger ce méchant propos, jeta messire
10 Biagio, sous la forme de Minos, au milieu d'un groupe de démons. Biagio se plaignit au pape et supplia l'artiste de passer l'éponge sur cette figure ; mais ses instances furent vaines et il fut condamné à l'immortalité.

Giorgio Vasari (1511-1574), *Vies des peintres, sculpteurs et architectes*, t. 5, trad. Leclanché, 1839.

3 *Le Jugement dernier*
Mur de la chapelle Sixtine (1536-1541), 1370 × 1220 cm, Rome-Vatican.

4 Les hésitations de l'artiste

Dis au prêtre de ne plus m'écrire à *Michelangelo, sculpteur*, parce que je ne suis connu que sous le nom de Michel-Ange Buonarroti ;
5 et aussi parce que, si un citoyen florentin veut faire peindre une table d'autel, il faut qu'il s'adresse à un peintre. Moi, je n'ai jamais été ni peintre ni sculpteur, comme ceux
10 qui tiennent boutique. Je m'en suis toujours défendu, par honneur pour mon père et pour mes frères, et je n'ai pas moins servi trois papes, – encore que contraint…

Lettre de Michel-Ange à son neveu Leonardo, fils de Buonarroti, Rome, 2 mai 1545.

❶ Jésus représenté imberbe (comme une statue antique) et sa mère, la Vierge Marie.
❷ Les saints avec les instruments de leur martyre.
❸ Les anges qui réveillent les morts pour le jugement des âmes.
❹ Les damnés qui sont conduits en enfer dans la barque de Charon (personnage de la mythologie grecque). L'un d'entre eux porte le visage du maître des cérémonies Biagio da Cesena, qui avait critiqué les nombreux nus de la fresque en présence du pape.

ANALYSE DE DOCUMENTS

Parcours 1
J'ai besoin d'un peu d'aide

- Savoir lire, comprendre et apprécier un document iconographique
- Identifier les contraintes et les ressources d'un évènement, d'un contexte historique
- Construire et vérifier des hypothèses sur une situation historique

1. Quelle vision de l'être humain Michel-Ange donne-t-il par cette œuvre (doc. 1) ?
   Aide : regardez la place que Michel-Ange donne à l'homme, sa façon de représenter le corps et le lien avec Dieu (sur la droite).
2. Démontrer pourquoi cette fresque est une œuvre chrétienne qui s'inscrit pleinement dans la Renaissance (doc. 3).
   Aide : la Renaissance puise son inspiration dans l'Antiquité ; relevez tous les éléments qui l'indiquent et regroupez-les avec ceux qui sont plus spécifiquement chrétiens.
3. Expliquez pourquoi Michel-Ange n'ose pas se définir comme artiste (doc. 4).
4. Montrez les critiques qui ont pu être faites sur l'œuvre de Michel-Ange (doc. 2 et 4).

Bilan Comment Michel-Ange incarne-t-il l'artiste de la Renaissance à travers son œuvre à la chapelle Sixtine ?

Parcours 2
J'applique la méthode bac de la page 141 pour analyser un document

- Savoir lire, comprendre et apprécier un document iconographique
- Identifier les contraintes et les ressources d'un évènement, d'un contexte historique
- Construire et vérifier des hypothèses sur une situation historique

Consigne : Après avoir présenté le contexte de réalisation du **document 3**, vous expliquerez en quoi il indique que Michel-Ange est un artiste de la Renaissance.

@CTIVITÉ NUMÉRIQUE Visite virtuelle de la chapelle Sixtine. lien internet

LEÇON 1 — Une nouvelle vision de l'homme et de l'art

QCM interactif

Comment la pensée et l'art se transforment-ils à la Renaissance ?

A — La redécouverte de l'Antiquité

- Au Moyen Âge, les textes antiques contenaient souvent des erreurs de traduction. À partir du XIVe siècle, des **érudits** veulent retrouver le sens premier des textes en les corrigeant. **Grâce à leurs connaissances en langues anciennes, ces humanistes retrouvent un savoir jugé supérieur à celui de la période médiévale.** Ils traduisent les livres antiques et les commentent.

- Influencés par la culture grecque, **les humanistes ont une vision très optimiste d'un homme, placé au centre de la Création,** pouvant s'améliorer grâce à une éducation ambitieuse.

- Valorisant l'esprit critique, l'expérimentation et la tolérance, ils restent des catholiques convaincus. Ils cherchent aussi la protection et le soutien des princes. **La « république des lettres » désigne ce réseau d'intellectuels qui s'écrivent et s'échangent idées et livres, mais qui reste une élite restreinte** dont les idées se diffusent auprès des courtisans et riches marchands.

B — L'imprimerie, une révolution technique et intellectuelle

- Avant 1450, les livres étaient manuscrits. Très chers, ils étaient longs à réaliser. À Mayence, Johannes Gutenberg utilise les caractères métalliques pour imprimer des textes. **Les livres peuvent désormais être produits rapidement, en grande quantité et à faible coût.**

- **L'imprimerie qui se développe en Europe, est une révolution culturelle qui permet une diffusion très large des idées et du savoir.** Si les premiers ouvrages imprimés sont religieux, les classiques de l'antiquité gréco-romaine ainsi que les ouvrages humanistes sont très majoritaires au début du XVIe siècle.

- Des entreprises familiales artisanales deviennent de véritables **dynasties** d'imprimeurs. **Proches des humanistes, elles contribuent à diffuser leurs idées en publiant leurs écrits et en démocratisant leurs livres.**

C — Des arts renouvelés

- Dès le XVe siècle, **des artistes s'intéressent à des sujets qui ne sont plus exclusivement religieux, et utilisent de nouvelles techniques comme la perspective, les proportions et l'anatomie.** L'architecture s'enrichit par la maîtrise des mathématiques.

- **De riches mécènes cultivés aident, protègent et financent les artistes** par goût de l'esthétique, mais aussi pour cultiver leur prestige.

- **Les artistes sont donc de plus en plus considérés**, signent leurs œuvres et se représentent dans des autoportraits. Maîtrisant souvent plusieurs techniques (peinture, sculpture, architecture), ils travaillent généralement en atelier. Certains sont particulièrement recherchés par les puissants.

- **La Renaissance naît en Italie autour de Florence** puis gagne d'autres villes comme Milan, Venise et Rome. Dans les riches cités de la Flandre, des artistes développent un style particulier. Grâce aux guerres d'Italie et aux voyages des artistes, ce mouvement artistique se diffuse en Europe.

1 L'affirmation de l'artiste

Albrecht Dürer, *Autoportrait aux gants*, 1498, huile sur panneau, 52 × 41 cm, musée national du Prado, Madrid.

Vocabulaire

- **érudits :** personnes disposant d'un très grand savoir.
- **dynastie :** succession de souverains ou de personnes célèbres au sein d'une même famille.
- **mécènes :** riches familles ou individus qui protègent et financent les artistes.

@CTIVITÉ NUMÉRIQUE — Lien internet

■ Utiliser le numérique

Utiliser Google Art Project

1. Rendez-vous sur Google Arts & Culture.
2. Cliquez sur « Explorer » puis « Catégories » et « Mouvements artistiques ».
3. Sélectionnez « Renaissance » puis « Art gothique ».
4. En vous appuyant sur le tableau 3 p. 137, trouvez trois exemples différents pour chaque case. Relevez le nom du peintre, le titre de l'œuvre et sa date.

2 Des artistes financés par de riches mécènes

Benozzo Gozzoli, *Procession des rois mages*, chapelle Médicis, fresque, partie est, 1459-1462, 405 cm × 516 cm. Palazzo Medici-Riccardi, Florence.

❶ Laurent de Médicis.   ❷ Son père, Pierre Iᵉʳ de Médicis.   ❸ Cosme de Médicis, fondateur de la dynastie.

3 Des progrès de la connaissance

Évoquons par la pensée un vieux docteur de cette académie[1] qui s'est éteint voici cent ans. S'il pouvait comparer le souvenir de son temps avec le nôtre, ne regarderait-il pas avec étonnement la floraison que les lettres, jointes aux sciences du réel, ont déjà connue en France, en Italie
5 et en Angleterre ? Il n'avait entendu que des gens qui parlaient d'une manière barbare et grossière ; il entendrait d'innombrables hommes de tout âge parler et écrire en élégant latin. À propos du grec, il avait toujours entendu répéter le dicton commun : « c'est du grec, c'est illisible » ; non seulement il entendrait lire le grec avec la plus grande facilité,
10 mais il entendrait des érudits capables d'enseigner la langue, avec une suprême maîtrise. Parmi grammairiens, poètes et orateurs, il avait connu Alexandre de Villedieu[2] ; en philosophie, les Écossais et les Espagnols, en médecine, les Arabes, en théologie certains auteurs venus d'on ne sait où. Il écoutera Térence, César, Virgile, Cicéron, Aristote, Galien, Hippocrate,
15 Moïse, les Prophètes, les Apôtres et les autres véritables annonciateurs de l'Évangile et il entendra parler dans leur langue.

Pierre de la Ramée[3], *Discours inaugural au collège de Presles*, 1546.

1. Professeur de ce collège. 2. Poète et grammairien français (1175-1240).
3. Philosophe et humaniste français. Converti au protestantisme, il est assassiné lors de la Saint-Barthélemy en 1572.

QUESTIONS

1. Comparer les deux époques évoquées par Pierre de la Ramée (doc. 3) en complétant le tableau :

Époque de Pierre de la Ramée (XVIᵉ siècle)	« Il y a 100 ans » (époque du vieux professeur)
…	…

2. Quels sont les nouveaux sujets d'intérêt pour les artistes à la Renaissance (doc. 1 et 2) ?

3. Schéma de synthèse :

CHAPITRE 5 • Renaissance, humanisme et réformes   147

TRAVAIL DE L'HISTORIEN

ÉTUDE → LEÇON 2

1517 : Luther ouvre le champ des réformes

POINT DE PASSAGE ET D'OUVERTURE

En 1515, le pape Léon X encourage la vente des indulgences pour financer la construction de la basilique Saint-Pierre de Rome. En octobre 1517, un théologien allemand, Martin Luther, scandalisé par ce commerce, placarde sur l'église de Wittenberg *95 thèses* qui le dénoncent et critiquent les décisions du pape. Il ignore alors que ce texte, et plus largement ses idées, vont se propager en Allemagne et en Europe très rapidement.

Comment Luther a-t-il pu diffuser ses idées réformatrices ?

1 DOCUMENT SOURCE — La vente des indulgences condamnée par Luther

21. C'est pourquoi les prédicateurs de l'indulgence sont dans l'erreur quand ils disent que les indulgences du pape délivrent l'homme de toutes les peines et le sauvent. [...]

36. Pour tout chrétien cherchant vraiment le pardon, la rémission[1] plénière de la pénitence et même du péché est permise sans lettres d'indulgence. [...]

62. Le véritable trésor de l'Église, c'est le très saint Évangile de la gloire et de la grâce de Dieu.

67. Les indulgences dont les prédicateurs prônent à grands cris les mérites, n'en ont qu'un, celui de rapporter de l'argent [...].

86. Pourquoi le pape, dont le sac est aujourd'hui plus gros que celui des plus riches, n'édifie-t-il pas au moins cette basilique de Saint Pierre avec ses propres deniers, plutôt qu'avec l'argent des fidèles ?

D'après Martin Luther, *95 thèses*, 1517.

1. Action de remettre un péché, de faire grâce.

Martin Luther (1483-1546)

Moine et théologien allemand, Martin Luther enseigne à l'université de Wittenberg. Après les *95 thèses*, il entre en conflit avec le pape qui l'excommunie en 1521. Menacé par l'empereur Charles Quint, il est protégé par divers princes. Il traduit la Bible en allemand. Il organise ensuite la Réforme et l'Église luthérienne.

Vocabulaire

- **excommunié** : rejeté de la communion des croyants, exclu de la religion.
- **langue vernaculaire** : langue locale, parlée par une communauté, un peuple.

2 L'ANALYSE DE L'HISTORIENNE — Des thèses luthériennes accessibles au plus grand nombre

Luther a rédigé ses thèses pour convier des universitaires à un débat. Il les a écrites en latin, et le meilleur moyen d'inviter des personnes pour ce type de manifestation, c'était d'afficher les thèses. [...] Ces thèses ont d'abord touché le milieu des humanistes. [...] Ce sont ces gens dans un premier temps, ainsi que des clercs instruits, en Allemagne notamment, qui ont propagé les idées de Luther. [...] Luther était le premier surpris par le succès de ses thèses, au point que lui-même en mars 1518, en a rédigé une nouvelle version, le « sermon sur les indulgences et la grâce », qui simplifiait, résumait son propos d'octobre 1517. En allemand cette fois, pour mettre ses idées à la portée d'un public plus large. [...] En 1517, lorsque Luther publie ses *95 thèses*, il attaque à la fois des doctrines qui lui semblent fallacieuses[1], et en même temps il propage un message rassurant : rappeler qu'on peut être sauvé rien qu'en se repentant sincèrement [...] L'imprimerie a contribué au succès de Luther, mais je dirais que ce n'est pas l'imprimerie seule. [...] Simplement, la Réforme a été la fille de l'imprimerie, mais aussi la fille de la langue vernaculaire. Ce que Luther a compris, c'est qu'il y avait un certain nombre de questions que l'on pouvait traiter dans de petits écrits destinés à un large public et rédigés en allemand. Et cela, ses adversaires ne l'ont pas compris d'emblée. Bien souvent, ils vont répliquer seulement avec de gros traités latins.

D'après l'entretien d'Hélène Combis avec Matthieu Arnold, historien et biographe de Luther, France Culture, 30 octobre 2017.

1. Qui cherche à tromper, à nuire.

3 DOCUMENT CONTEXTE — La nouvelle doctrine luthérienne

Lucas Cranach le Jeune, *La vraie et fausse Église*, 1546, gravure sur bois, Kupferstichkabinett, Berlin.

- **A** Le pasteur sous les traits de Luther prêche grâce à la Bible.
- **B** Dieu (représenté ici par la Trinité – Père, Fils, Saint-Esprit) est en lien direct, sans intermédiaires.
- **C** Les fidèles de tous âges et de tous milieux.
- **D** Le ciel dominant sur cette partie de l'image.
- **E** Les deux sacrements conservés par Luther (le baptême et la communion).

- **1** Le pape comptant l'argent rapporté par la vente des indulgences.
- **2** Un prêtre gras prêche avec un diable lui soufflant à l'oreille.
- **3** Un des moines perd ses cartes de jeu (péché du jeu d'argent).
- **4** Un prêtre fait la messe en tournant le dos aux fidèles comme cela se faisait à l'époque.
- **5** Dieu, furieux de cette fausse Église, envoie des éclairs.

S'INITIER AU TRAVAIL DE L'HISTORIEN

■ Mettre un événement ou une figure en perspective – Procéder à l'analyse critique d'un document selon une approche historique – Confronter le savoir acquis en histoire avec ce qui est entendu, lu et vécu

A L'historien commence par définir le contexte historique

1. Expliquez ce que sont les indulgences.
2. Montrez pourquoi le pape encourage leur commerce.
   Aide : faites le lien avec le besoin d'argent qu'il pouvait avoir.

B L'historien confronte la source à ce contexte

3. Expliquez ce que reproche Luther aux indulgences.
   Aide : relevez les deux critiques principales qu'il fait.
4. Quelles sont les critiques adressées au pape ?

C L'historien interprète la source

5. Selon l'historienne, qui furent les premiers à diffuser les *95 thèses* (doc. 2) ?
6. La critique des indulgences est-elle la seule raison qui explique le succès des idées de Luther ?
7. Comment la gravure représente-t-elle les thèses défendues par Luther (doc. 3) ?
8. Pourquoi cette gravure permet-elle une meilleure accessibilité des thèses luthériennes (doc. 3) ?

CHAPITRE 5 • Renaissance, humanisme et réformes

ÉTUDE → LEÇON 2

TÂCHE COMPLEXE

Le concile de Trente, une réforme catholique ?

Mission 1
Je travaille à l'écrit
Vous êtes un observateur présent au concile de Trente. Vous écrivez à un ami catholique inquiet du développement de la Réforme. Trouvez dans les documents les informations indiquant que le concile de Trente tente de résister au protestantisme et qu'il essaye de réformer l'Église catholique.

Mission 2
Je travaille à l'oral
Lycéens, vous devez présenter au reste de la classe l'importance et les limites du concile de Trente. Pour cela, cherchez les différents éléments dans les documents et organisez-les pour une présentation orale de 5-10 minutes, construite et vivante.

Vocabulaire
- **hérésie** : doctrine condamnée par l'Église catholique.
- **jésuites** : membres de l'ordre religieux de la compagnie de Jésus. Souvent missionnaires ou professeurs, ils sont chargés d'appliquer les idées de la Contre-Réforme.

1510 — 1520 — 1530 — 1540 — 1550 — 1560

- **1517** : 95 thèses de **Luther**
- **1545-1549** : 1re session du concile
- **1551-1552** : 2e session du concile
- **1562-1563** : 3e session du concile et clôture

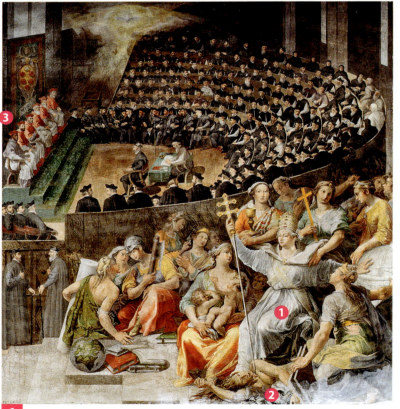

1 Un concile pour lutter contre l'hérésie protestante
Fresque de Pasquale Cati da Iesi, vers 1588 (Santa Maria in Trastevere, Rome)
❶ L'Église catholique triomphante revêtue des symboles du pape.
❷ L'hérésie protestante.
❸ Le pape Pie IV qui préside le concile.

2 Les décisions prises lors du concile de Trente

Les évêques doivent être irréprochables, sobres, chastes. Qu'ils fuient les vices et suivent les vertus. Le saint Concile ordonne et déclare que la Vulgate [la Bible en latin] soit tenue pour authentique et que nul que ce soit, ne présume de la rejeter. Qu'il y a sept sacrements[1] : le baptême, la confirmation, l'eucharistie, la pénitence, l'extrême-onction, l'ordre et le mariage. Si quelqu'un dit que dans l'Église catholique, il n'y a pas de hiérarchie composée des évêques, des prêtres et des ministres, instituée par une disposition divine, qu'il soit anathème[2]. Instruire avec soin les fidèles, principalement au sujet de l'intercession[3] des saints, de leur invocation, de l'honneur dû à leurs reliques et du légitime usage de leurs images. On doit avoir et garder, surtout dans les églises, les images du Christ, de la Vierge Marie, mère de Dieu et des autres saints, et leur rendre l'honneur et la vénération qui leur sont dus.

Actes du concile de Trente, Session XXV.

1. Luther et Calvin n'en reconnaissent que deux : le baptême et l'eucharistie (la communion).
2. Excommunié, rejeté hors de l'Église catholique.
3. Agir en faveur d'une personne.

3 Une reconquête catholique par l'art et l'enseignement

Maître-autel de l'église jésuite du Gesù à Rome. C'est la première église de la Compagnie de Jésus (dont les membres sont appelés jésuites), fondée en 1540 par Ignace de Loyola dont la tombe est conservée dans l'Église. Leur église incarne dans l'art les idées de la Contre-Réforme.

Intérieur de l'église jésuite du Gesù à Rome, qui fut terminée en 1584.

4 L'Index des livres prohibés (1564)

Le concile de Trente confie au pape le soin de publier une liste des ouvrages interdits et d'établir les peines encourues pour l'impression, la diffusion ou la lecture de ces livres. Cette liste est connue sous le nom d'Index.

Règle 2. – Tous les livres des hérétiques, publiés [...] par les archi-hérétiques Luther, Zwingli, Calvin [...] et autres semblables, sont et demeurent entièrement condamnés. [...].

Règle 4. – Il est prouvé par l'expérience que la lecture de la Bible en langue vulgaire, si elle est autorisée sans discrimination à tout le monde, peut provoquer de graves inconvénients à cause de l'orgueil des hommes ; elle ne doit donc être autorisée [...], qu'en faveur de personnes qui sont en mesure de la comprendre d'une façon pieuse et saine, et uniquement dans une version due à des auteurs catholiques. [...].

Règle 7. – Les livres qui traitent de choses lascives ou obscènes, susceptibles de corrompre non seulement la foi mais les mœurs, sont et demeurent entièrement prohibés. Ceux qui les possèdent ou les lisent doivent être sévèrement punis par les évêques. Cependant, la lecture des auteurs anciens peut être permise pour l'étude du langage et du style [...].

Pape Pie IV, *Index librorum prohibitorum* (Index des livres interdits), 1564.

5 Un concile moqué par les protestants

Médaille en argent moulé, vers 1580, diamètre 34 mm, copie de l'original d'environ 1545.

Cette médaille qui se moque du concile de Trente, représente un cardinal et un pape, mais à l'envers, elle représente un démon et un farceur.

« ECCLESIA PERVERSA TENET FACIEM DIABOLI » : « L'Église perverse a le visage du diable ».
« SAPIENTES STULTI ALIQUANDO » : « Les sages sont quelquefois des imbéciles »

Coup de pouce — Besoin d'aide ?

- Mettre un événement en perspective
- Utiliser une approche historique pour mener une analyse ou construire une argumentation

Mission 1 Vous devez rassurer votre correspondant en vous montrant convaincant. Présentez-lui les propositions de changements à apporter à l'Église et les moyens et acteurs de ce changement. Pensez à organiser votre lettre avec des formules de politesse, une présentation soignée et des idées claires et bien argumentées.

Mission 2 Votre présentation orale doit être dynamique, attrayante et structurée : présentez les éléments importants de manière vivante, en alternant les temps de parole. Identifiez la vision qu'a l'Église du protestantisme, les propositions de changements, les moyens et acteurs qu'elle se donne et les limites de ce concile.

LEÇON 2 — La Réforme divise l'Europe

QCM interactif

Comment le christianisme se divise-t-il au XVIe siècle ?

A. Un climat d'inquiétude religieuse

- **La fin du Moyen Âge est marquée par de nombreuses crises.** Les croyants vivent dans une forte inquiétude religieuse : ils veulent sauver leur âme. Le culte traditionnel ne paraît plus suffisant. Les dons se multiplient, les pèlerins sont plus nombreux et le purgatoire inquiète. L'Église exploite cette angoisse par la vente des indulgences.

- **Le clergé est très critiqué et la plupart des fidèles ne comprennent pas la messe en latin.** Les humanistes, conscients de ces dérives, veulent un clergé plus honnête et mieux formé. Ils souhaitent un culte plus simple, rendre les textes sacrés (traduits et corrigés) accessibles au plus grand nombre.

B. Le temps des réformateurs : Luther et Calvin

- En 1517, Martin Luther (1483-1546), un moine allemand indigné par la vente des indulgences, placarde, sur la porte de l'église de Wittenberg, *95 thèses* qui dénoncent les abus de l'Église. Grâce à l'imprimerie, le texte est très largement diffusé. La polémique avec Rome ne cesse de grandir et, en 1521, le pape l'excommunie. **Protégé par le prince de Saxe, Luther met en place progressivement un nouveau culte chrétien.**

- **Pour lui, seule la Foi sauve l'âme** (et donc ni les indulgences ni les dons). Il considère aussi que tous les hommes sont pécheurs, y compris les prêtres et même le pape. Il rejette donc le culte des saints et toute la hiérarchie de l'Église catholique. Il souhaite un rapport plus personnel à la foi et encourage la lecture de la Bible qu'il traduit en allemand.

- **À partir de 1531, Jean Calvin (1509-1564) reprend les idées de Luther en France et en Suisse.** Son protestantisme est plus exigeant (mode de vie austère) et radical (prédestination, interdiction des images). Chassé de France, il se réfugie à Genève d'où il continue à développer ses idées.

- **En Angleterre, le roi Henry VIII s'oppose au pape** qui lui refuse le divorce avec Catherine d'Aragon. Il se sépare de Rome et fonde une nouvelle Église protestante dont il prend la tête (**anglicanisme**).

C. La réaction de l'Église catholique

- Dans un premier temps, **l'Église pratique la répression face aux idées protestantes** jugées hérétiques (rétablissement de l'Inquisition en 1542). Les jésuites (ordre religieux créé en 1540) luttent contre les idées réformées.

- **Mais consciente des abus, l'Église catholique organise un concile à Trente (1545-1563).** Celui-ci réaffirme les dogmes catholiques mais propose aussi des changements : création de séminaires pour former les prêtres et rédaction d'un catéchisme à destination des fidèles. L'art baroque est encouragé pour montrer la force du catholicisme et l'importance des images pour soutenir la foi.

- **Ce concile qui met en place la Contre-Réforme arrive trop tard :** l'Europe est déjà largement divisée entre protestants et catholiques. L'intolérance religieuse, croissante au long du XVIe siècle, entraîne les guerres de Religion.

Jean Calvin (1509-1564)

Étudiant en théologie et en droit, Jean Calvin reçoit une solide formation humaniste à Paris. Converti aux idées de Luther en 1531, il essaye de les diffuser en France mais il est rapidement menacé de prison. Il se réfugie à Genève en 1536 où il crée une Église réformée qui s'implante en Suisse, en France et dans le reste de l'Europe.

Vocabulaire

- **catéchisme** : enseignement de la religion chrétienne.
- **concile** : assemblée d'évêques réunie pour préciser la croyance.
- **dogme** : l'ensemble de la doctrine religieuse qu'il faut croire.
- **Inquisition** : tribunaux de l'Église chargés depuis le Moyen Âge de juger les hérétiques.
- **prédestination** : doctrine qui affirme que Dieu décide du sort (Salut au paradis ou damnation en enfer) de chaque homme sans lien avec les actes réalisés dans sa vie.
- **protestant** : qui suit la doctrine et le culte réformé.

@CTIVITÉ NUMÉRIQUE — Lien internet

Utiliser le numérique

Réaliser un audio pour réviser

1. Rendez-vous sur le site de Vocaroo.
2. Cliquez sur « Click to record » et autorisez le site à accéder au micro.
3. Réalisez un fichier audio qui récapitule la vie de Luther. Vous pouvez vous appuyer sur l'étude de la page 148.
4. Cliquez sur « Click to stop » puis sur « Click here to save » et partagez l'adresse donnée par le site.

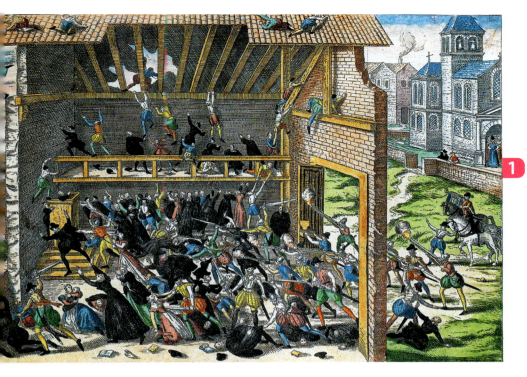

1 Le début des guerres de Religion

Le *Massacre de Wassy, 1er mars 1562*, Frans Hogenberg, d'après Jacques Tortorel, d'après Jean-Jacques Perrissin, XVIe siècle, musée national du château de Pau.

À Wassy (en Champagne), des protestants réunis dans une grange sont attaqués le 1er mars 1562 par les troupes du duc de Guise. Il y a une cinquantaine de morts et près de cent cinquante blessés.

2 Les textes sacrés à la portée de tous

Le soleil est un bien commun, offert à tout le monde. Il n'en va pas autrement avec la science du Christ […] Je suis tout à fait opposé à l'avis de ceux qui ne veulent pas que les lettres divines soient traduites en langue vulgaire pour être lues
5 par les profanes, comme si l'enseignement du Christ était si voilé que seule une poignée de théologiens pouvait le comprendre, ou bien comme si le rempart de la religion chrétienne était fait de l'ignorance où on la tiendrait. Je voudrais que toutes les plus humbles des femmes lisent les
10 évangiles, lisent les épîtres de saint Paul. Puissent ces livres être traduits en toutes les langues, de façon que les Écossais, les Irlandais, mais aussi les Turcs et les Sarrasins soient en mesure de les lire et de les connaître… Puisse le paysan au manche de sa charrue en chanter des passages, le tisserand
15 à ses lisses en moduler quelque air, ou le voyageur alléger la fatigue de la route avec ses récits.

Érasme, Préface de sa traduction du Nouveau Testament, 1516.

3 L'angoisse face à la mort

Le Triomphe de la mort, fresque de Giacomo Borlone de Buschis, 1485, oratoire des Disciplinaires, Clusone, Italie.

QUESTIONS

1. Montrez comment ce document illustre les violences religieuses qui se déchaînent **(doc. 1)**.
2. Expliquez pourquoi Érasme souhaite que tous aient accès à la lecture des textes sacrés **(doc. 2)**.
3. Comment ce document décrit-il la période d'angoisse de la fin du XVe siècle **(doc. 3)** ?
4. À partir de la leçon et de vos connaissances, complétez le schéma de synthèse suivant :

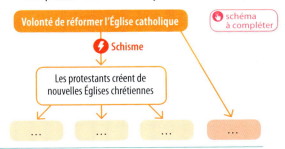

Bilan

À partir des **documents 1 et 2** et de vos connaissances, montrez comment les catholiques réagissent face au développement du protestantisme.

EXERCICES — Passé / Présent

Le numérique au secours de la Bible de Gutenberg

La Bible de Gutenberg a été le premier livre imprimé de l'histoire, mais, des 180 exemplaires initiaux, seule une cinquantaine reste encore conservée dans le monde. Depuis le développement d'Internet dans les années 1990, les livres se lisent et se consultent aussi sous la forme numérique. La numérisation des ouvrages permet leur conservation et facilite leur lecture et leur consultation.

Comment le numérique peut-il sauver la Bible de Gutenberg ?

1 Les derniers exemplaires de la Bible imprimée par Gutenberg

Un exemplaire complet de la Bible de Gutenberg peut valoir jusqu'à dix millions de dollars.
Bible de Gutenberg exposée à la Beinecke Rare Book and Manuscript Library à l'université de Yale, New Haven (États-Unis).

2 La Bible de Gutenberg numérisée

La Bibliothèque nationale de France enrichit sa bibliothèque numérique Gallica de la Bible de Gutenberg, numérisée en très haute définition dans ses propres ateliers. Première œuvre d'envergure imprimée, la Bible de Gutenberg est aussi l'une des plus abouties que l'Occident médiéval ait produites. Sa beauté, sa renommée et la diffusion rapide de la technique de production en ont fait le livre le plus emblématique de la culture occidentale.
Les deux exemplaires conservés à la BNF sont désormais consultables dans Gallica. Ils y sont augmentés d'un sommaire de manière à rendre plus aisée la navigation dans le texte biblique et satisfaire les besoins des chercheurs, comme ceux de tous les curieux.
Produite à Mayence vers 1455, la Bible de Gutenberg est le premier grand livre occidental réalisé au moyen de la technique nouvelle de l'imprimerie à caractères mobiles. Cette œuvre capitale, qui inaugure l'une des grandes révolutions du livre, n'est plus aujourd'hui connue que par une cinquantaine d'exemplaires dispersés à travers le monde.

Communiqué de presse de la BNF, 23 janvier 2017.

3 Un livre précieux désormais consultable par tous

Capture d'écran de la Bible de Gutenberg sur le site gallica.bnf.fr.

QUESTIONS

■ Utiliser une approche historique pour mener une analyse

1. Pourquoi l'invention de l'imprimerie par Gutenberg a-t-elle permis une diffusion massive des livres **(doc. 2)** ?
2. Décrivez la technique de présentation et de conservation de cet exemplaire de la Bible de Gutenberg **(doc. 1)**.
3. Comment peut-on expliquer la valeur d'un tel ouvrage aujourd'hui **(doc. 1 et 2)** ?
4. Dans quelle mesure la numérisation permet-elle une diffusion plus large de ce livre **(doc. 2 et 3)** ?

Réaliser une carte mentale de synthèse

Sur votre cahier, en vous servant du modèle ci-dessous, construisez votre propre carte mentale de synthèse du chapitre.

🔎 **Boîte à outils**

- Reprenez les différents éléments de votre cours et listez-les de manière simple.
- Ensuite, réfléchissez à quelle partie de la carte mentale ils correspondent.
- Pour les différencier, utilisez un code couleur (par exemple, je surligne sur mon brouillon en jaune fluo ce qui montre l'apport des imprimeurs à l'humanisme...).
- Puis complétez au propre la carte mentale avec tous les éléments listés et classés.

🔗 Carte mentale interactive
Carte mentale à télécharger et à compléter PDF

Bac contrôle continu — 1. Analyse d'une gravure

■ **CAPACITÉS** : Savoir lire, comprendre et apprécier un document iconographique – Procéder à l'analyse critique d'un document selon une approche historique

Érasme, un humaniste accompli
Érasme au travail avec son secrétaire Cognatus, illustration, 1533.

CONSIGNE

Montrez en quoi Érasme est un intellectuel humaniste.

AIDE POUR CONSTRUIRE L'ANALYSE

1. Décrivez la scène.
2. Quelles sont les valeurs humanistes représentées dans cette gravure ?
3. En quoi Érasme est-il représentatif de la République des lettres ?

EXERCICES

Bac contrôle continu — 2. Analyse d'une peinture

■ **CAPACITÉS :** Savoir lire, comprendre et apprécier un document iconographique

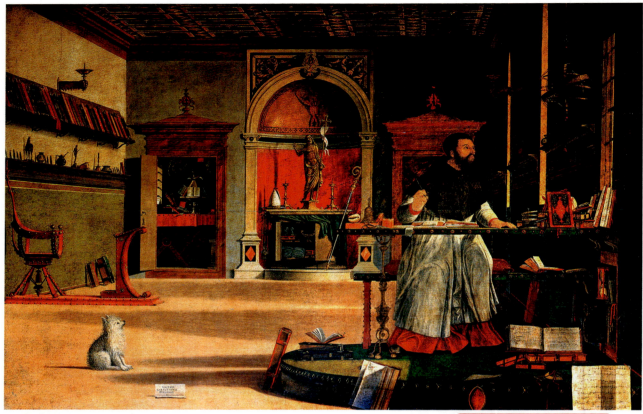

Un humaniste au travail

La Vision de saint Augustin, Vittore Carpaccio, 1502-1507, huile sur toile, 144 × 208 cm, scuola di San Giorgio degli Schiavoni, Venise.
Saint Augustin (354-430) veut lier le christianisme et la philosophie de Platon. Sur ce tableau, il est représenté en train de rédiger la vie de saint Jérôme dont il entend alors la voix qui lui annonce sa mort et la promesse du paradis.

● document en très haute définition

CONSIGNE Montrez en quoi ce tableau est révélateur des mutations de la Renaissance.

ÉTAPE 1 RAPPEL — **Présenter le document.**
Précisez le type de tableau : portrait, tableau religieux ou mythologique, scène historique, abstraction.

ÉTAPE 2 RAPPEL — **Analyser la consigne.**

ÉTAPE 3 — **Décrire le tableau.**
- Décrivez le sujet : lieu, personnage(s), objets.
- Observez la composition : lignes directrices, plans.
- Observez les couleurs (quelles sont celles qui dominent ?) et décrivez les effets de lumière. Que mettent-ils en valeur ?

ÉTAPE 4 — **Interpréter le sens du tableau.**
- Analysez la signification du personnage, des symboles et des objets : pourquoi saint Augustin est-il représenté comme un érudit du XVIe siècle ? En quoi les objets sont-ils caractéristiques de l'humanisme ?
- En vous aidant de la page Repères 1B, identifiez les éléments caractéristiques de l'art de la Renaissance.

Bac contrôle continu

3. Réponse à une question problématisée
Étape 3 Passer du brouillon à la rédaction sur la copie : le développement

■ **CAPACITÉS :** Utiliser une approche historique pour construire une argumentation – Employer les notions et le lexique acquis en histoire à bon escient

SUJET ▶ **QUESTION PROBLÉMATISÉE** Pourquoi les hommes de la Renaissance ont-ils le sentiment de vivre un moment de rupture culturelle et religieuse avec le Moyen Âge ?

 Analyser le sujet.
RAPPEL   Repérer les mots clés et déterminer les limites chronologiques et spatiales du sujet.

 Mobiliser ses connaissances pour construire le plan détaillé.
RAPPEL   Il faut donc faire le tri et classer vos connaissances (voir exemple ci-dessous).

 Passer du brouillon à sa copie.

- Les étapes 1 et 2 se réalisent sur plusieurs feuilles de brouillon, pour rédiger l'introduction et le plan détaillé. N'écrivez qu'au recto.
- La rédaction complète se fait uniquement sur la copie, vous n'avez pas le temps nécessaire de tout écrire au brouillon. Sur le brouillon, il faut utiliser des abréviations (« ê » pour « être », « ds » pour « dans », « pdt » pour « pendant », etc.). La gestion du temps est essentielle pour réussir l'exercice en temps limité.
- La disposition du texte et les mots de liaison font ressortir le plan comme dans l'exemple ci-dessous, dans lequel se succèdent de manière hiérarchisée pour une partie, une idée générale, un argument expliqué et des exemples. Chaque partie de votre réponse reprend donc les différents points du plan rédigés complètement. Vous devez compléter votre argumentation par des exemples développés et prévoir une transition entre chaque partie.

Plan détaillé de la 1re partie	Partie rédigée
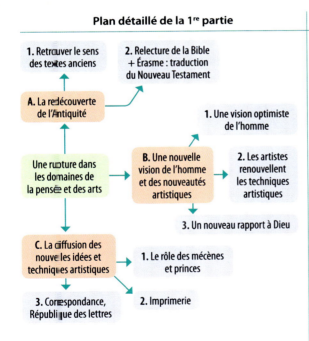	La Renaissance (XVe-XVIe siècles) est vécue par les contemporains comme une rupture avec le Moyen Âge dans la pensée et les arts. C'est tout d'abord la redécouverte des auteurs et artistes antiques qui conduit à de nouvelles réflexions sur le monde. Les humanistes cherchent à retrouver le sens premier des textes antiques en corrigeant ce qu'ils estiment être des erreurs de traduction. Au Moyen Âge, les textes antiques sont souvent recopiés les uns sur les autres entraînant des erreurs. Comme ils ont une meilleure maîtrise des langues anciennes (latin, grec, hébreu), ils peuvent avoir accès à un savoir méconnu qu'ils jugent supérieur à celui de la période médiévale. De plus, après la prise de Constantinople par les Turcs en 1453, de nombreux savants byzantins arrivent en Occident en apportant de nombreux ouvrages qui y sont peu ou pas connus (comme les ouvrages de mathématiques d'Euclide). Les humanistes s'intéressent à tous les textes, qu'ils soient profanes ou sacrés, comme la Bible. Celle-ci est relue à partir de manuscrits grecs et hébreux ce qui permet de nouvelles interprétations. Pour les faire connaître, Érasme réalise une nouvelle traduction du Nouveau Testament en latin en 1516. Ainsi, les hommes de la Renaissance prennent appui sur l'héritage antique pour le dépasser. Cette redécouverte de l'Antiquité a des répercussions dans la vision de l'homme et le monde de l'art.

- D'après le modèle proposé, poursuivez la rédaction de cette partie du sujet de réponse à une question problématisée.

RÉVISION : Renaissance, humanisme et réformes

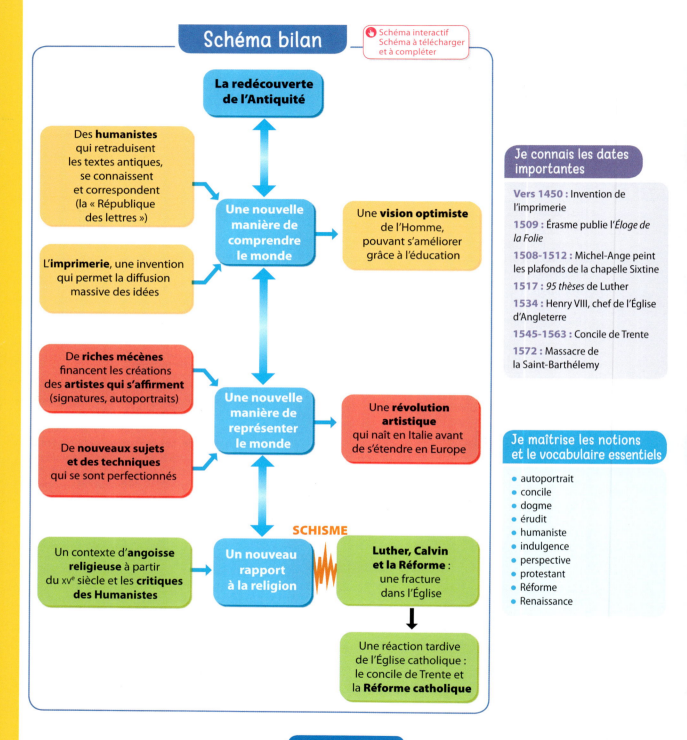

Ne pas confondre

- **L'Humanisme** désigne le mouvement intellectuel européen du XVIᵉ siècle qui place l'Homme au centre de sa réflexion. Il vise l'épanouissement de l'être humain par la connaissance, en particulier des textes et œuvres de l'antiquité gréco-romaine.

- **La Renaissance** est la période de renouveau artistique et culturel qui commence en Italie au XVᵉ siècle avant de se répandre en Europe au XVIᵉ siècle. Elle comprend notamment l'humanisme mais s'élargit à d'autres aspects (artistiques, religieux, etc.).

AUTOÉVALUATION

Fiche d'autoévaluation à réaliser sur votre cahier ou sur une feuille.

Fiche d'autoévaluation à télécharger et à compléter PDF

OBJECTIF 1 Maîtriser des repères chronologiques

■ **CAPACITÉ** : identifier et nommer les périodes historiques, les continuités et ruptures chronologiques

Sur votre cahier, reproduisez la frise chronologique ci-dessous et placez-y les repères suivants :
a. L'invention de l'imprimerie
b. L'*Éloge de la folie* d'Érasme
c. Les *95 thèses* de Luther
d. Le concile de Trente

| 1400 | 1450 | 1500 | 1550 | 1600 |

■ **CAPACITÉ** : identifier et expliciter les dates et acteurs clés des grands événements

Expliquez ensuite en quelques lignes les quatre événements cités ci-dessus.

OBJECTIF 2 Maîtriser son cours et des repères spatiaux

■ **CAPACITÉ** : utiliser une approche historique pour mener une analyse

Dans un court paragraphe, présentez l'Italie comme foyer de la Renaissance artistique.

■ **CAPACITÉ** : identifier les contraintes et les ressources d'un événement

Dans un court paragraphe, expliquez comment la Réforme va diviser l'Europe religieusement.

OBJECTIF 3 Réaliser sa fiche de révision

■ **CAPACITÉ** : employer les notions et le lexique acquis en histoire à bon escient

● Notez les notions et le vocabulaire du chapitre (liste page précédente) avec leur définition précise.

■ **CAPACITÉ** : utiliser une approche historique pour mener une analyse ou construire une argumentation

● Indiquez pour chaque partie du cours :
 – Les éléments importants (dates, personnages, notions).
 – Les grandes idées (faits historiques, causes, conséquences…).
 – Savoir expliquer : qui sont les humanistes et leurs idées – la révolution culturelle de l'imprimerie – quelles sont les innovations apportées par les artistes de la Renaissance – la Réforme de Luther et Calvin – la réaction de l'Église catholique face au protestantisme.

Pour aller plus loin

 À LIRE

- Gilbert Sinoué, *L'enfant de Bruges*, Gallimard, Paris, 2001 : un enfant est plongé dans une conspiration qui touche le monde des arts.

- Jean Diwo, *Au temps où la Joconde parlait*, Éditions 84, Paris, 2000 : une présentation romancée des peintres de la Renaissance italienne.
- Anne Cuneo, *Le maître de Garamond : Antoine Augereau, graveur, imprimeur, éditeur, libraire*, Le livre de poche, Paris, 2004 : l'histoire d'un érudit qui a connu les intellectuels les plus brillants des débuts de la Renaissance.

 À VOIR

- *Luther*, film d'Éric Till, 2003 : un film basé sur la vie de Martin Luther.

Séries télévisées :
- *Les Tudors* : malgré des libertés avec les faits historiques, la série retranscrit bien l'époque.
- *Les Médicis, maîtres de Florence* (depuis 2016) : l'ascension de la famille Médicis et son goût pour l'art et les intrigues politiques.

 SUR LE NET  lien internet

- Le musée virtuel du protestantisme (avec de nombreux parcours pédagogiques).
- Sur Google Arts & Culture sont présentées des milliers d'œuvres d'art, dont des œuvres de la Renaissance.

THÈME 3

L'État à l'époque moderne : France et Angleterre

6 L'affirmation de l'État dans le royaume de France ... 162
Comment l'État absolu s'affirme-t-il en France aux XVIe-XVIIe siècles ?

7 Le modèle britannique et son influence 192
Comment l'exemple de la monarchie anglaise, devenue régime parlementaire, inspire-t-il les Lumières et les fondateurs des États-Unis d'Amérique ?

***Le Roi gouverne par lui-même*, 1661 (détail),**
Charles Le Brun, 1681-1684, galerie des Glaces, château de Versailles.

CHAPITRE 6
L'affirmation de l'État dans le royaume de France

🗨 **Comment l'État absolu s'affirme-t-il en France aux XVIe et XVIIe siècles ?**

RESSOURCES NUMÉRIQUES DU CHAPITRE
Site collection : lycee.hachette-education.com/hg/histoire-2de

Décor antiquisant de style Renaissance

❶ Manteau du sacre couvert de fleurs de lys

Les *regalia* (objets remis au roi lors du sacre et symbolisant ses pouvoirs)

❷ Sceptre fleurdelisé : pouvoir de commandement

❸ Main de Justice

❹ Couronne fermée : le roi prétend à l'Empire

1 Le roi François Ier en majesté
Le roi est représenté en tenue de sacre (25 janvier 1515).
Miniature extraite de Jean Du Tillet, *Recueil des rois de France*, Paris, v. 1545-1547, BnF.

▸ Identifiez les différents *regalia*, symboles du pouvoir, détenus par le roi. Quelle image et quels pouvoirs du monarque cette miniature met-elle en scène ?

| 1525 | 1550 | 1575 | 1600 | 1625 | 1650 | 1675 | 1700 |

- **1525** Défaite de François Ier à Pavie
- **1539** Ordonnance de Villers-Cotterêts
- **1562** Début des guerres de Religion
- **1572** Massacre de la Saint-Barthélemy
- **1598** Édit de Nantes
- **1624** Richelieu, principal ministre de Louis XIII
- **1648-1652** Fronde
- **1661** Début du règne personnel de Louis XIV
- **1664** Colbert fonde les Compagnies des Indes
- **1682** Louis XIV s'installe à Versailles
- **1685** Révocation de l'édit de Nantes

Vocabulaire

- **roi absolu :** roi « délié des lois ». Dans un État absolu, il ne connaît donc, en théorie, aucune limite à son pouvoir et n'est contrôlé par aucune institution. Seul, le Parlement s'estime gardien des « lois fondamentales ».
- **souveraineté :** au sens du XVIIe siècle, capacité du roi de faire et défaire la loi selon sa seule volonté.

2 Louis XIV, roi de guerre

Portrait équestre de Louis XIV, peinture de Charles Le Brun et Adam Van der Meulen, 1668, Musée des beaux-arts, Tournai, Belgique.

> Comment le pouvoir royal est-il mis en scène dans ce portrait ?
> Quelles qualités supposées du roi sont mises en avant ?

Pour commencer
🎬 Vidéo

La construction du château de Versailles (reconstitution 3D)
Vidéo extraite de « Des racines et des ailes », 2017
Durée : 2' 39"

FICHE D'OBJECTIFS DU CHAPITRE 6

Questions à aborder

> Comment se sont affirmés l'État et le pouvoir royal en France aux XVIe et XVIIe siècles ?
> Quelles sont les limites de l'autorité du souverain ?
> Comment caractériser la monarchie française après deux siècles d'évolution ?

Notions
- absolutisme
- parlement de Paris
- raison d'État
- roi absolu

Personnages-clés

Jean-Baptiste Colbert (1619-1683), Contrôleur général des Finances et secrétaire d'État à la Marine de Louis XIV

François Ier (1494-1547), roi de France de 1515 à 1547

Louis XIV (1638-1715), roi de France de 1643 à 1715

CHAPITRE 6 • L'affirmation de l'État dans le royaume de France

REPÈRES — Ruptures dynastiques et développement du pouvoir royal

A — Les rois de France aux XVIe et XVIIIe siècles

Dynastie des Valois-Angoulême
- François Ier — 1515-1547
- Henri II — 1547-1559
- François II — 1559-1560
- Charles IX — 1560-1574
- Henri III — 1574-1589

Dynastie des Bourbons aux XVIIe-XVIIIe siècles
- Henri IV — 1589-1610
- Louis XIII — 1610-1643
- Louis XIV — 1643-1715
- Louis XV — 1715-1774
- Louis XVI — 1774-1792

B — L'extension du royaume de France aux XVIe et début du XVIIIe siècles

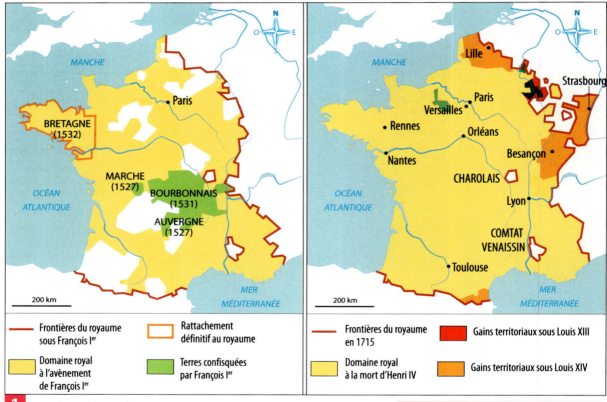

1 Les frontières du royaume en 1547 et 1715

Légende carte de gauche :
- Frontières du royaume sous François Ier
- Domaine royal à l'avènement de François Ier
- Rattachement définitif au royaume
- Terres confisquées par François Ier

Territoires indiqués : Bretagne (1532), Marche (1527), Bourbonnais (1531), Auvergne (1527).

Légende carte de droite :
- Frontières du royaume en 1715
- Domaine royal à la mort d'Henri IV
- Gains territoriaux sous Louis XIII
- Gains territoriaux sous Louis XIV

Villes indiquées : Lille, Strasbourg, Versailles, Paris, Rennes, Orléans, Nantes, Besançon, Charolais, Lyon, Comtat Venaissin, Toulouse.

Carte interactive, fond de carte à compléter PDF

QUESTIONS

1. Que semble assurer la stabilité de l'État moderne dans la durée (doc. 1) ?
2. Quels territoires sont intégrés au domaine royal à l'époque de François Ier ? Comment le domaine royal évolue-t-il après la mort d'Henri IV (doc. 2) ?

Vocabulaire

- **compagnie des Indes orientales** : entreprise coloniale créée par Colbert en 1664 ; protégée par l'État, elle obtient le monopole du commerce avec l'océan Indien et les terres à épices.
- **comptoir** : enclave en territoire étranger à vocation commerciale permettant de se procurer des ressources agricoles et des matières premières.

C. Le gouvernement central aux XVIe-XVIIIe siècles

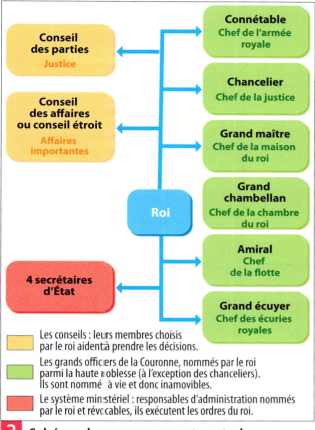

2 Schéma du gouvernement central sous François Ier (1515-1547) et Henri II (1547-1559).

Schéma interactif, à compléter, PDF

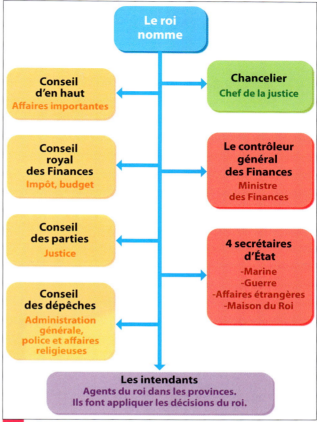

3 Schéma du gouvernement sous le règne personnel de Louis XIV (1661-1715).

Schéma interactif, à compléter, PDF

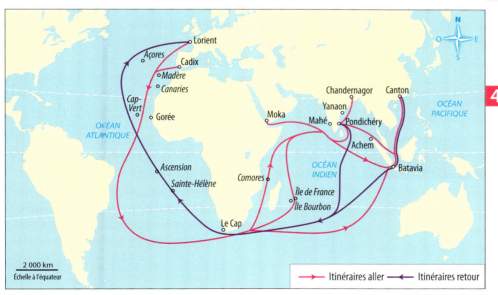

4 Les escales et comptoirs de la compagnie des Indes orientales

Carte des escales, musée de la Compagnie des Indes, Lorient. De Lorient aux comptoirs d'Asie, aller et retour, les voyages durent de 14 à 26 mois (dont 11 à 20 en mer), en fonction des aléas de la navigation, de la durée des escales et des itinéraires empruntés.

Carte interactive

QUESTIONS

1. Pourquoi les rois de France ont-ils intérêt à réduire le nombre d'officiers de la Couronne **(doc. 2 et 3)** ?
2. Pourquoi peut-on parler d'une complexification du gouvernement entre les règnes d'Henri II et de Louis XIV **(doc. 2 et 3)** ?
3. Par quel biais le roi de France étend-il son influence au-delà des limites de l'Europe **(doc. 4)** ?

ÉTUDE → LEÇON 1

Villers-Cotterêts : le renforcement de l'administration royale

POINT DE PASSAGE ET D'OUVERTURE

Parfois défini comme un « premier absolutisme », le règne de François Ier (1515-1547), prince de la Renaissance, se caractérise par un affermissement de l'autorité monarchique et un renforcement de l'administration royale.

Comment François Ier transforme-t-il l'État monarchique ?

1515 • Début du règne de **François Ier**
1516 • **Concordat** de Bologne
1525 • Défaite de Pavie et captivité de François Ier
1539 • Ordonnance de Villers-Cotterêts
1547 • Avènement d'**Henri II**

Vocabulaire
- **absolutisme** : terme inventé pour désigner un système politique où le roi dispose de tous les pouvoirs.
- **lit de justice** : séance du Parlement de Paris, quand le roi vient en personne faire enregistrer une décision.
- **officier** : agent du roi propriétaire de sa charge (l'office).
- **Parlement de Paris** : Cour de justice qui enregistre les lois du roi en vue de leur publication. À cette occasion, le Parlement, par droit de remontrances, peut contester le texte royal. Cette contestation manifeste souvent sa volonté de jouer un rôle politique.

1 Le roi, image vivante de l'État

François Ier, peinture de Jean Clouet, vers 1530, Paris, musée du Louvre.

① François Ier coiffé d'une toque de velours noir ornée d'une plume d'autruche
② Collier de l'ordre chevaleresque de Saint-Michel
③ Épée
④ Vêtement de soie et de satin brodé d'or recouvrant une chemise de soie d'un blanc immaculé
⑤ Couronnes ornant le décor

François Ier (1494-1547)
Roi entre 1515 et 1547, il renforce l'administration royale et mène de nombreuses guerres, notamment contre l'empereur Charles Quint. Mécène, il encourage les lettres et les arts.

2 La loi du roi : l'ordonnance de Villers-Cotterêts

Article 50 : Les sépultures doivent être enregistrées par les prêtres qui doivent mentionner la date du décès.

Article 51 : Aussi sera fait un registre, en forme de preuve, des baptêmes et par l'extrait dudit registre, on pourra prouver le temps de majorité ou de minorité.

Article 52 : Et afin qu'il n'y ait aucune faute auxdits registres, il est ordonné qu'ils seront signés d'un notaire.

Article 53 : Et les prêtres seront tenus de mettre les registres pour chaque année par-devant le greffe le plus proche du bailli ou du sénéchal[1], pour y être fidèlement conservés.

Article 110 : Afin qu'il n'y ait aucun doute sur le sens des arrêts de nos cours souveraines[2], nous voulons et ordonnons qu'ils soient faits et écrits si clairement qu'il n'y ait aucune incertitude ni besoin de demander leur interprétation.

Article 111 : Nous voulons dorénavant que tous arrêts, ensemble toutes autres procédures, soit de nos cours souveraines et autres cours inférieures, soit de registres, enquêtes, contrats, commissions, sentences, testaments, et autres actes de justice, ou qui en dépendent, soient prononcés, enregistrés et délivrés en langage maternel français et non autrement.

Article 185 : Que seront interdites et défendues toutes confréries [associations] de gens de métier et artisans dans tout notre royaume.

D'après l'*ordonnance de Villers-Cotterêts* (août 1539).

1. officier royal qui rend la justice
2. juridictions statuant en dernier ressort comme le Parlement

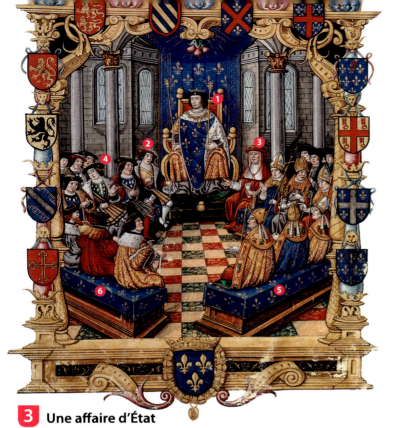

3 Une affaire d'État

En 1527, le roi préside une séance de la cour des pairs au parlement de Paris qui juge l'ancien connétable Charles de Bourbon pour traîtrise et crime de lèse-majesté (attentat contre un souverain). Celui-ci avait rejoint l'empereur Charles Quint après que le roi lui a confisqué ses terres pour étendre le domaine royal (voir carte repères p. 164). Cette condamnation permet de les intégrer définitivement au territoire soumis à l'autorité royale.

Registrum processus criminalis… contra et adversus Carolum de Borbonio…, 1527, département des Manuscrits.

❶ Le roi placé sur un trône surélevé et sous un dais de majesté
❷ L'héritier du trône, François
❸ Chancelier Antoine Duprat
❹ Représentants de la haute noblesse issus du Parlement
❺ Représentants du haut clergé issus du Parlement
❻ Présidents du Parlement

4 Un roi au-dessus des lois ?

Tous les termes mis en italique sont des titres d'offices

Le roi était sur son trône au Parlement de Paris tenant son lit de justice. M. Claude Guillard, président du Parlement s'adresse au roi :

« Nous ne voulons discuter de votre puissance, ce serait une espèce de sacrilège et savons bien que vous êtes par-dessus les lois, et que les lois ne peuvent vous contraindre, mais nous entendons dire que vous ne devez pas faire ce que vous pouvez mais seulement ce qui est en raison bon et équitable, qui n'est autre chose que justice. »

Le roi était sur son trône tenant son conseil étroit, auquel était présent : le roi de Navarre, le duc de Vendôme, le comte de Saint-Paul ; Antoine Duprat, archevêque de Sens et chancelier[1], les sires de Montmorency, *grand maître de France* ; de Brézé, *grand sénéchal de Normandie* ; l'archevêque de Bourges ; messieurs F. Robertet, *chambellan* ; messires N. de Neuville et J. Robertet, *secrétaires de ses finances*.

Quand les membres du Parlement se sont trouvés devant le roi, il leur fit dire : « le roi vous défend que vous vous mêliez de quelque façon d'autre chose que la justice. Le roi défend au Parlement d'user de limitation, modification ou restriction sur ses ordonnances et édits. »

Après cette lecture, le roi s'est levé et s'est retiré accompagné des membres de son conseil.

D'après *le procès-verbal du lit de justice tenu par le roi*, 24 juillet 1527.

1. Chef de la justice

ANALYSE DE DOCUMENTS

- Savoir lire, comprendre et apprécier un document iconographique
- Procéder à l'analyse critique d'un document selon une approche historique

1. Expliquez par quels moyens l'artiste met en scène la puissance du roi (doc. 1).
   Aide : vous pouvez vous aider des pages du manuel consacrées à la Renaissance artistique

   Ordonnance de Villers-Cotterêts
   — Contrôle des populations…
   — Justice royale…
   — Unification et centralisation des procédures administratives…

   Schéma interactif, à compléter, PDF

2. Recopiez le croquis ci-contre et remplissez les différentes cases en synthétisant les informations de l'édit qui se rapportent à chaque thème (doc. 2).

3. Analysez quelle image des rapports entre le roi et le Parlement est donnée (doc. 3). Pourquoi est-il important pour le roi d'invoquer l'appui du Parlement dans cette procédure judiciaire ?

4. Analysez la phrase soulignée : que nous apprend-elle sur le pouvoir du roi ? Cherchez dans le texte une confirmation de cette vision du pouvoir du roi (doc. 4).

5. En vous appuyant sur les schémas de la page 165 et sur le document 4, expliquez comment et avec l'aide de qui le roi prend la plupart de ses décisions (doc. 4).

Bilan

En utilisant l'ensemble des documents proposés, vous réaliserez un portrait nuancé de la monarchie sous François Ier en montrant comment le pouvoir royal s'affirme.

ÉTUDE → LEÇON 1

Le massacre de la Saint-Barthélemy

À partir de 1562, une guerre civile et religieuse éclate en France entre protestants et catholiques. En 1572, l'union entre Henri de Navarre, prince protestant, et Marguerite de Valois, sœur du roi Charles IX, doit sceller la paix. De nombreux protestants séjournent à Paris. Le 22 août, leur chef, l'amiral de Coligny, est blessé par un tir d'arquebuse, prélude à un terrible massacre.

Comment les conflits religieux fragilisent-ils le pouvoir monarchique dès la seconde moitié du XVIe siècle ?

Vocabulaire
- **huguenots** : protestants.
- **religion prétendue réformée** : expression critique employée par les catholiques pour désigner le protestantisme.
- **tyran** : le tyran est celui qui opprime le peuple par une domination violente, en bafouant les lois du royaume ou les principes de la morale chrétienne.

1570 — Paix de Saint-Germain. Fin de la 3e guerre de religion
18 août — Union à Paris entre **Henri de Navarre et Marguerite de Valois**
22 août — Attentat raté contre l'amiral de Coligny
24 au 30 août — **Massacre généralisé des protestants**
26 août — Charles IX assume devant le Parlement **l'assassinat des chefs protestants**

1 La Saint-Barthélemy (24 août 1572), l'acte d'un roi devenu **tyran**

Le Massacre de la Saint-Barthélemy à Paris, tableau de François Dubois, un peintre protestant français réfugié à Genève, vers 1572, Musée cantonal des beaux-arts de Lausanne.

A. Les assassinats politiques (matin du 24 août 1572)
1. Défenestration de l'amiral de Coligny, chef des protestants
2. Décapitation et émasculation du cadavre de Coligny
3. Corps de Coligny traîné au gibet de Montfaucon pour y être pendu et exposé
4. Gibet de Montfaucon

B. Le massacre populaire (24 au 30 août 1572)
5. Pilleurs s'emparant des biens des protestants
6. Enfants traînant le cadavre d'un nourrisson, symbole de la fureur populaire
7. Meurtre de femmes protestantes
8. La Seine remplie de cadavres de protestants (2 000 à 3 000 victimes)

C. Les responsables du massacre selon le peintre
a. Le roi Charles IX tire à l'arquebuse sur le peuple,
b. puis sort du Louvre entouré de soldats prêts à massacrer les protestants.
c. La mère du roi, Catherine de Médicis, examine des cadavres de protestants.
d. Le duc de Guise, chef des ultra-catholiques, brandit la tête de Coligny.

2 Un massacre légitimé par les catholiques

Admirons leur habileté [du roi et de Catherine de Médicis] à concevoir la résolution si noble et si généreuse du 24 août, leur esprit et leur artifice à la dissimuler, leur prudence et leur discrétion à la taire, leur audace à exécuter, enfin leur grand bonheur à l'accomplir […] Il est indispensable aussi de confesser que cette grande action a été préméditée, ourdie et préparée pendant plusieurs mois, et qu'il est faux qu'elle soit l'ouvrage du hasard.

Camille Capilupi, *Le stratagème ou la ruse de Charles IX*, 1574.
Noble mantouan proche du pape Grégoire XIII.

Le destin, qui ne laisse jamais un bonheur entier aux humains, changea l'heureux état des noces son [Mariage avec Henri de Navarre] en un tout contraire par cette blessure de l'amiral de Coligny, qui offensa tellement les protestants, que cela les mit au désespoir. De sorte que quelques chefs huguenots en parlèrent si haut à la reine mère [Catherine de Médicis], qu'ils lui firent penser qu'ils avaient quelques mauvaises intentions. Par l'avis de M. de Guise et de mon frère [le futur Henri III], il fut pris résolution de prévenir ces intentions ; décision prise au Conseil sans le roi […] et à ce que je lui ai entendu dire lui-même, il y eut beaucoup de peine à y consentir et si on ne lui fait craindre pour sa vie et pour l'État, il ne l'eut jamais fait.

Mémoires de Marguerite de Valois, sœur du roi Charles IX et
épouse d'Henri de Navarre, chef des protestants.

3 Le roi revendique une partie du massacre

Sa Majesté désirant faire connaître et savoir à tous seigneurs, gentilshommes et autres sujets, la cause et occasion de la mort du défunt amiral de Coligny et ses complices, advenue à Paris, le vingt-quatrième jour d'août dernier, d'autant que ledit fait pourrait avoir été déguisé autrement qu'il n'est.

Sa Majesté déclare que tout ce qui est advenu a été par son exprès commandement et non pour cause de religion, et ne contrevient pas à ses édits de pacification, qu'il veut encore observer, mais pour <u>prévenir l'exécution d'une malheureuse et détestable conspiration faite par l'amiral de Coligny et ses complices contre la personne du roi et contre son État</u>.

Par quoi sa dite Majesté fait savoir par cette déclaration à tous ceux de la Religion prétendue réformée qu'elle veut qu'en toute sûreté et liberté, ils puissent vivre et demeurer avec leur famille en leurs maisons, sous la protection du roi, ainsi qu'ils peuvent le faire suivant le bénéfice dudit édit de pacification.

Commandons et ordonnons très expressément à tous gouverneurs et lieutenants généraux en chacune des provinces, et à tous ses autres officiers qu'il appartiendra de n'attenter, ni permettre d'être attenté aux personnes et aux biens de ceux de la Religion prétendue réformée.

D'après une déclaration royale, 6 septembre 1572.

@CTIVITÉ NUMÉRIQUE — lien internet

■ Utiliser le numérique

Vous réaliserez une présentation rapide de la troisième des guerres de Religion, celle qui précède la Saint-Barthélemy, à partir de la page internet proposée.

Aide : éléments clés à trouver – causes spécifiques de cette guerre, déroulement des combats, rôle du roi Charles IX, contenu de l'édit de Saint-Germain qui met fin au conflit.

ANALYSE DE DOCUMENTS

■ Savoir lire, comprendre et apprécier un document iconographique
■ Procéder à l'analyse critique du document selon une approche historique

1. Recopiez et complétez le schéma ci-contre.
2. Pourquoi le roi endosse-t-il la responsabilité du massacre ?
3. Expliquez ce que le roi assume dans cette déclaration (doc. 3). Quel aspect de la Saint-Barthélemy refuse-t-il d'endosser ? Pourquoi (doc. 3) ?
4. Interprétez la phrase soulignée : comment le roi justifie-t-il le meurtre des chefs protestants (doc. 3) ? Expliquez pourquoi il s'exprime à cette occasion comme un « roi absolu » (voir définition p. 163).
5. Expliquez pourquoi la Saint-Barthélemy marque une rupture dans la relation entre le roi et une partie de ses sujets (doc. 1).

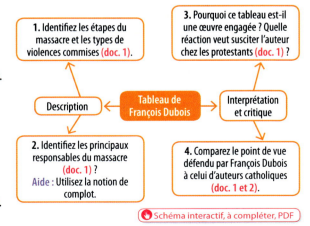

Schéma interactif, à compléter, PDF

Bilan

En utilisant l'ensemble des documents proposés, vous expliquerez pourquoi un événement comme la Saint-Barthélemy constitue une rupture majeure dans l'histoire de l'État royal.

L'édit de Nantes et sa révocation

ÉTUDE → LEÇON 1

POINT DE PASSAGE ET D'OUVERTURE

Chef huguenot, mais également prince du sang (membres de la famille royale), Henri de Navarre devient après l'assassinat d'Henri III l'héritier légitime du royaume. Nombre de catholiques refusent de le reconnaître comme roi et prennent les armes contre un homme qu'ils considèrent être un ennemi de leur foi.

Comment les rois Bourbons réussissent-ils à restaurer leur autorité malgré les tensions religieuses ?

Vocabulaire

- **ligueurs** : ultra-catholiques qui prennent les armes pour éradiquer le protestantisme et refusent toute forme de tolérance à leur égard.
- **tolérance** : au XVIe siècle, ce terme n'a pas le sens positif que lui ont donné les Lumières. Il s'agit d'accepter (« tolérer ») les protestants, à défaut d'être en capacité de les convertir de force au catholicisme.

1589 Assassinat d'Henri III — Henri de Navarre, chef des protestants, devient Henri IV, premier roi des Bourbons
1593 Henri IV se convertit au catholicisme
1598 Édit de Nantes — Fin des guerres de Religion
1629 Édit de grâce d'Alès, fin des garanties militaires des protestants
1685 Révocation de l'édit de Nantes

1 L'édit de Nantes (1598), la fin des guerres de Religion

Bien que désigné héritier par Henri III et sacré en 1594, Henri IV doit s'imposer par les armes. En 1598, il reçoit à Nantes la soumission du duc de Mercœur, gouverneur de Bretagne, dernier grand noble ligueur.

Henri, par la grâce de Dieu, roi de France et de Navarre.

Nous avons jugé nécessaire de donner maintenant à tous nos sujets une loi générale, claire, nette et absolue, par laquelle seront réglés tous les différends présents et à venir, afin d'établir une bonne et durable paix.

Art. 2 – Défendons à tous nos sujets de s'attaquer, s'injurier et de se provoquer en se reprochant le passé.

Art. 3 – Ordonnons que la religion catholique sera remise et rétablie en tout lieu de notre royaume.

Art. 6 – Permettons à ceux de la religion prétendue réformée (R.P.R.) de vivre et demeurer partout dans notre royaume sans être vexés, brutalisés ou obligés d'agir contre leur conscience.

Art. 9 – Nous permettons aussi à ceux de ladite religion d'exercer leur religion dans les endroits où ils la pratiquaient en 1597.

Art. 22 – Ordonnons qu'il ne sera fait aucune différence, pour des raisons religieuses, dans l'accueil des écoliers ou des malades.

Par un dernier article secret, le roi accorde que toutes les places, villes et châteaux que tiennent ceux de la R.P.R. depuis fin août 1597 demeurent en leur garde pour 8 ans.

2 Louis XIII recevant la soumission des protestants de La Rochelle (1628)

Louis XIII recevant les clefs de La Rochelle après le siège de 1628, Peinture anonyme, XVIIe siècle, musée d'Orbigny Bernon, La Rochelle.

L'édit de Nantes accordait des places de sûreté aux protestants pour garantir leur sécurité. En 1627, Louis XIII confie à Richelieu, nommé lieutenant général des armées, le soin d'assiéger la plus importante d'entre elles : La Rochelle.

❶ Allégorie[1] de La Rochelle déposant les armes et donnant les clefs de la ville au roi Louis XIII
❷ Le roi Louis XIII couronné par la Victoire
❸a La Rochelle assiégée : digue de 1,5 km construite sur ordres de Richelieu pour bloquer le canal d'entrée
❸b Fortifications entourant La Rochelle et tenues par les troupes royales. Elles empêchent les assiégés de sortir
❹ Allégories de la Justice et de la Clémence

1. représentation par un personnage d'une idée, d'un sentiment ou d'un pays.

3 L'édit de Fontainebleau signé par Louis XIV (18 octobre 1685)

Sa Majesté a révoqué l'édit de Nantes. Sa Majesté défend de faire aucun exercice public de la religion prétendument réformée et ordonne que tous les temples [protestants]
5 seront démolis, que les pasteurs protestants sortent du royaume dans les quinze jours et leur défend de faire aucun prêche ni aucune fonction de ministère sous peine de galère. Sa Majesté défend toutes les écoles particu-
10 lières pour les enfants de ceux de la Religion Prétendue Réformée. Ceux qui naîtront seront désormais baptisés par les curés des paroisses, et élevés dans la Religion Catholique. Ceux de la Religion Prétendue Réformée qui sont sortis
15 du Royaume avant la publication de cet Édit, pourront y revenir dans quatre mois : à faute de quoi leurs biens seront confisqués suivant la déclaration du 20 août dernier. Par le même édit, le Roi fait de nouvelles défenses à tous ses
20 sujets de la Religion Prétendue Réformée qui sont dans le royaume d'en sortir sous peine de galères pour les hommes, et de confiscation de corps et de biens pour les femmes.

D'après *La gazette de France*, octobre 1685.

4 La gloire du roi « Très Chrétien »
Allégorie à la révocation de l'édit de Nantes, peinture de Guy Louis Vernansal, 1687, Château de Versailles.

❶ Louis XIV, habillé à l'antique, assis devant l'allégorie de la Piété
❷ Édit de Fontainebleau présenté par l'allégorie de la Vérité
❸ Allégorie de la Foi catholique
❹ Allégorie de la Religion catholique
❺ Les protestants vaincus et voués aux enfers

5 L'exode des protestants français après 1685
Sur les 800 000 protestants que compterait le royaume de France, 200 000 décident de fuir.

ANALYSE DE DOCUMENTS

- Savoir lire, comprendre et apprécier un document iconographique
- Procéder à l'analyse critique d'un document selon une approche historique

1. Recopiez et complétez le schéma à l'aide du **(doc. 1)**.

> Schéma à compléter
>
> Édit de Nantes 1598 →
> - Objectif de l'édit selon le roi…
> - Religion catholique : où est-elle autorisée ?…
> - Religion protestante : où est-elle autorisée ?…
> - Garanties juridiques et politiques accordées aux protestants…
> - Garantie militaire accordée aux protestants…

2. À quelle partie de l'édit de Nantes Louis XIII met-il fin ? Comment **(doc. 1 et 2)** ?

3. Expliquez pourquoi, alors que c'est Richelieu qui a mené l'essentiel du siège, seul Louis XIII est représenté **(doc. 2)**.

4. Résumez le contenu de l'édit de Fontainebleau **(doc. 3)**.

5. Analysez comment la propagande royale rend compte de l'abrogation de l'édit de Nantes **(doc. 4)**.

6. Quelle conséquence découle de la révocation de l'édit de Nantes pour les protestants. Identifiez les principaux pays d'accueil **(doc. 5)** ?

Bilan
Transposez le schéma précédent en texte afin d'expliquer à la classe ce que signifie **tolérance religieuse** en 1598.

LEÇON 1 — L'affirmation contestée de l'autorité monarchique

QCM interactif

❓ **Pourquoi une conception absolue du pouvoir monarchique triomphe-t-elle en France ?**

A — François Ier, un roi absolu ?

- **Avec François Ier, l'exercice du pouvoir se fait plus autoritaire.** Secondé par un conseil restreint, le roi reste seul maître de la décision politique et s'oppose au Parlement lorsque celui-ci prétend interpréter les lois. Il démontre aussi sa supériorité sur les grands lignages aristocratiques en saisissant les biens du connétable de Bourbon.

- **Le roi étend son emprise sur le territoire par une activité législative accrue** (grandes ordonnances comme celle de Villers-Cotterêts, en 1539) et l'accroissement du nombre d'officiers le représentant dans les provinces. Désormais, servir le prince et servir l'État est indissociable.

- **Il est cependant excessif de parler d'absolutisme**, car le roi recherche le plus souvent la collaboration des parlements et des élites urbaines. Il est aussi dépendant de l'influence des seigneurs pour compenser un nombre d'officiers (5 000) insuffisant pour administrer un si vaste royaume.

B — L'État royal contesté

- **À partir de 1562, des guerres civiles opposent catholiques et protestants.** Les rois, bien que catholiques, sont conscients de l'impossibilité d'éradiquer les réformés par la seule force. Ils tentent d'imposer des édits de paix tolérant le protestantisme sous des conditions très restrictives. Faute de disposer des moyens de désarmer les adversaires, dont certains sont de puissants aristocrates, et d'incarner fortement l'État, ils échouent.

- **En 1572, Charles IX, en assumant une partie du massacre de la Saint-Barthélemy,** perd sa position d'arbitre aux yeux des protestants qui le considèrent dès lors comme un tyran à renverser. Plus tard, ce sont les catholiques ligueurs qui justifient le régicide d'Henri III en 1589. L'État semble au bord de l'implosion.

- **L'héritier d'Henri III est Henri de Navarre, chef des protestants.** Bien que converti au catholicisme (1593), il doit reconquérir son royaume pour imposer son pouvoir. **Il restaure la paix civile par l'édit de Nantes (1598)** : le catholicisme est proclamé religion d'État, mais le protestantisme est toléré. Tous les Français, quelles que soient leurs croyances religieuses, doivent obéir au souverain : la fidélité au roi est supérieure aux opinions religieuses.

C — Le triomphe de la raison d'État

- **Richelieu, principal ministre de Louis XIII, veut saper la puissance de tous les groupes susceptibles de menacer l'autorité du roi.** Ainsi, après la prise de La Rochelle (1628) par les troupes royales, les protestants perdent les places fortes accordées par l'édit de Nantes, tandis que les nobles, protestants comme catholiques, sont désormais sommés d'obéir.

- **En 1635, la guerre contre l'Espagne donne l'occasion à Richelieu, au nom de l'urgence militaire, de revendiquer l'usage de la violence** pour écraser les oppositions et mettre au pas la société. Pour financer une armée surdimensionnée, il opère un « tour de vis fiscal » et envoie des intendants dans les provinces pour assurer la levée des impôts.

1 Les recettes du budget : le « tour de vis fiscal »

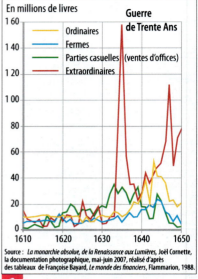

Armand Jean du Plessis de Richelieu (1585-1642)

Évêque de Luçon et proche conseiller de la régente Marie de Médicis, mère de Louis XIII, il obtient par son intermédiaire le cardinalat, puis d'entrer au conseil du roi en 1624. Il devient rapidement le principal ministre du roi. Sa politique consiste alors à renforcer le pouvoir royal et à lutter contre l'influence des monarques Habsbourg (Espagne et Empire) en Europe, quitte à s'opposer à la reine mère et à une partie de l'aristocratie.

Vocabulaire

- **favori** : proche du roi qui capte sa faveur et exerce une influence politique.
- **intendants** : agents du roi aux larges pouvoirs, le représentant dans les provinces. Ils sont nommés par lettre de commission et révocables à tout moment contrairement aux officiers royaux.
- **raison d'État** : la survie de l'État justifie l'usage de procédures extraordinaires contraires aux lois et aux traditions.
- **régicide** : meurtre du roi.

2 Les rébellions urbaines et rurales entre 1635 et 1638

Carte interactive

Source : Hervé Drévillon, *Les Rois absolus*, collection « Histoire de France », Belin, 2011.

- Frontière du royaume de France en 1630
- ★ Ville ayant connu un ou plusieurs soulèvements pendant la période
- Région ayant connu un ou plusieurs soulèvements pendant la période

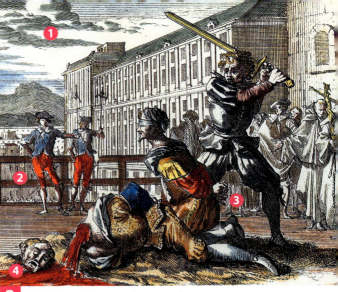

3 Conspirations aristocratiques et répression

Supplice de Cinq-Mars et de Thou à Lyon (1642). Gravure de Casper Luyken, 1710, Paris, BnF.

La décapitation le 12 septembre 1642 du marquis de Cinq-Mars, ancien favori du roi Louis XIII, et de François-Auguste de Thou, conseiller d'État, après leur participation à un complot contre Richelieu.

❶ Place des Terreaux à Lyon, ville du procès
❷ 1 200 soldats ferment l'accès à l'échafaud
❸ La qualité des tenues et le mode d'exécution par décapitation rappellent que les condamnés sont membres de la noblesse.
❹ Cinq-Mars subit un véritable supplice puisque le bourreau doit s'y prendre à plusieurs fois pour séparer la tête du corps.

4 Tracer une trajectoire politique

Dans un récit rétrospectif, Richelieu rend une cohérence à sa politique :

Intentions : « Lorsque Votre Majesté se résolut de me donner en même temps et l'entrée à ses conseils [1624], et grande part de sa confiance pour la direction de ses affaires ; je puis dire avec vérité que les huguenots[1] partageaient l'État avec elle ; que les Grands[2] se conduisaient comme s'ils n'eussent pas été ses sujets. Je promis [à votre Majesté] d'employer toute mon habileté et toute l'autorité qu'il lui plaisait de me donner pour ruiner le parti huguenot, rabaisser l'orgueil des Grands, réduire tous ses sujets à leurs devoirs et relever son nom dans les nations étrangères. »

Moyen : « Je crois qu'il sera très utile d'envoyer souvent dans les provinces des chargés de mission bien choisis, non seulement pour faire la fonction d'intendants de justice dans les villes, mais pour aller en tous les lieux des provinces s'enquérir des mœurs des officiers de justice et [ceux] des finances ; voir si les impositions se lèvent conformément aux ordonnances, si les officiers n'y commettent pas d'injustice en vexant les peuples ; découvrir la façon avec laquelle ils exercent leurs charges ; apprendre comme se gouverne la noblesse, et arrêter le cours de toutes sortes de désordres. »

D'après Richelieu, *Testament politique*, tome I, Amsterdam, 1688, BnF.

1. Protestants. **2.** Élite de la noblesse.

QUESTIONS

1. Expliquez quelle est la situation du royaume, d'après Richelieu, en 1624. Quelle mission s'assigne-t-il et contre qui **(doc. 4)** ?
2. Caractérisez la conception de la monarchie défendue par le cardinal **(doc. 4)**.
3. Identifiez les différents moyens utilisés par Richelieu pour mener à bien sa politique dans le royaume. Pourquoi peut-on parler de moyens proprement extraordinaires **(doc. 1, 3 et 4)** ?
4. Déterminez qui s'oppose, au sein de la société, à la politique menée par le cardinal. Comment se manifestent ces oppositions **(doc. 3 et 4)** ?

Bilan

À l'aide du texte de la leçon et de vos connaissances, recopiez et complétez le schéma de synthèse suivant en caractérisant chaque période sur le thème de « l'affirmation de l'État ». Vous associerez également à chaque période un événement qui justifie votre réponse.

Aide mots-clés : renforcement de l'État ; affaiblissement de l'État.

TÂCHE COMPLEXE
Versailles, instrument de pouvoir de l'absolutisme

POINT DE PASSAGE ET D'OUVERTURE

 À Versailles, où Louis XIV s'installe définitivement en 1682, la cour rassemble en permanence les 5 % de nobles les plus puissants.

Comment le château de Versailles permet-il au roi de contrôler une partie de sa noblesse ?

- **1624** Louis XIII construit un premier château à **Versailles**
- **1664** Versailles, lieu privilégié **des grandes fêtes royales**
- **1668** Début des travaux d'agrandissement du château
- **1671** Début de la construction de la **ville neuve de Versailles**
- **1682** Installation définitive de **Louis XIV** à Versailles
- **1684** Achèvement de la **galerie des Glaces**

Vocabulaire
- **cour** : lieu où vivent le roi et son entourage : la famille royale, la haute noblesse, certains officiers, les artistes au service du roi, les domestiques, etc.
- **étiquette** : ensemble des règles qui organisent la vie à la cour.
- **Roi-Soleil** : Louis XIV choisit le soleil comme emblème, symbole d'Apollon, dieu de la Lumière et des Arts.

Mission 1
Je travaille à l'écrit
Vous êtes une femme de la cour de Louis XIV rédigeant sa correspondance : vous décrivez dans une lettre à une amie étrangère votre vie au château de Versailles.

Mission 2
Je travaille le récit à l'oral
Vous êtes un(e) historien(ne) qui prépare une conférence publique sur le thème suivant : « la cour du roi Louis XIV, instrument de domination d'une partie de l'aristocratie. »

CAPACITÉ
- Utiliser une approche historique pour construire une argumentation

Louis de Rouvroy, duc de Saint-Simon
(1675-1755)
Aristocrate et courtisan, Saint-Simon rédige, d'après ses souvenirs et de nombreux documents collectés par ses soins, ses mémoires sur le règne de Louis XIV. Il y dresse un portrait impitoyable de la cour de Versailles.

❶ Versailles, chef-d'œuvre du Roi-Soleil
Photo aérienne prise depuis le nord-ouest.
❶ Jardins à la française (plan géométrique), fontaines et statues mythologiques
❷ Château et ailes nord et sud prévus pour loger la famille royale et 6 000 courtisans
❸ Ville de Versailles, créée en 1671, avec de nombreux hôtels particuliers appartenant aux courtisans

Orientation est-ouest du château qui suit la course du soleil.

Élisabeth-Charlotte de Bavière, duchesse d'Orléans, dite la princesse Palatine
(1652-1722)
Princesse allemande, belle-sœur de Louis XIV. Elle laisse une correspondance abondante (plus de 60 000 lettres) où elle décrit parfois crûment sa vie à la cour de Versailles.

2 Un accès au roi codifié

Louis XIV et sa cour sur le grand canal de Versailles, miniature destinée à l'éventail d'une courtisane, 1676, Musée des beaux-arts de Reims.
❶ Le roi – ❷ Navires d'apparat de taille réduite circulant sur le grand canal – ❸ Les musiciens de la cour – ❹ Un festin offert par le roi – ❺ Courtisans distingués par le roi et participants à la fête – ❻ Courtisans spectateurs des festivités

3 Le système de la faveur royale

Les fêtes fréquentes, les promenades particulières à Versailles, les voyages furent des moyens que le roi saisit pour distinguer et pour mortifier en nommant les personnes qui à chaque fois en devaient être, et pour tenir chacun assidu et attentif à lui plaire.

Ainsi, le bougeoir qu'il faisait tenir tous les soirs à son coucher par un courtisan qu'il voulait distinguer, et qu'il nommait tout haut au sortir de sa prière. Les justaucorps à brevet[1] furent une autre de ces inventions. Les plus distingués de la cour les demandaient au roi, et c'était une grâce que d'en obtenir. Ils furent imaginés pour ceux, en très petit nombre, qui avaient la liberté de suivre le roi aux promenades de Saint-Germain à Versailles, et depuis que cela cessa, ces habits ont cessé de donner aucun privilège, excepté celui d'être portés et jusqu'à la mort du roi, dès qu'il en vaquait un, c'était à qui l'aurait entre les gens de la cour les plus considérables.

Le roi remarquait tout le monde. Il distinguait très bien les absents de ceux qui étaient toujours à la cour. C'était une disgrâce pour qui n'y venait jamais.

D'après les *Mémoires* du duc de Saint-Simon, édition Arthur de Boislisle, Paris, t. XXVIII, p. 131-134.

1. Justaucorps : habit bleu doublé de rouge, brodé d'un dessin or et argent. Il n'est porté que si on a reçu un brevet du roi.

4 Le règne de l'étiquette

Quant à notre voyage en Lorraine, il a fallu y renoncer. Le roi n'a pas voulu adapter le cérémonial. Le duc de Lorraine prétendait avoir devant Monsieur[1] [frère du roi] et devant moi une chaise à bras, disant que l'empereur d'Autriche le lui permet. Le roi répond que chez l'empereur il y a une étiquette, et que chez lui il y en a une autre. Par exemple, les cardinaux reçoivent chez l'empereur une chaise à bras et ici ils ne peuvent s'asseoir devant le roi. L'ancien duc de Lorraine, quoiqu'il fût beau-père de feu Monsieur [frère de Louis XIII], n'a jamais eu, devant lui et devant sa sœur, qu'un tabouret.

Monsieur aurait bien accordé une chaise à dos, et le roi y aurait consenti, mais le duc prétend être traité comme un électeur [prince de l'Empire d'Autriche], et c'est ce que le roi ne veut pas admettre. Monsieur avait proposé alors qu'on fît comme chez le roi d'Angleterre [Jacques II en exil à Versailles], qui ne veut pas nous donner de chaises, tandis que nous prétendons y avoir droit ; alors qu'il nous reçoit, il s'assoit sur un tabouret, et nous en faisons de même, mais le roi n'a pas voulu souffrir non plus cela, et alors, pour ne pas faire un affront au duc, nous avons renoncé à un voyage projeté.

D'après une lettre de la princesse Palatine, 5 octobre 1699.

Coup de pouce — Besoin d'aide ?

Mission 1 Rédigez votre lettre de femme de cour en vous servant des informations fournies par chaque document et en suivant les étapes proposées :
1. Vous décrirez rapidement le palais où vous vivez.
2. Les rituels et le cérémonial de cour auxquels vous devez vous plier.
3. Les plaisirs qui s'offrent à vous à Versailles.
4. Les stratégies que vous devez déployer pour plaire au roi et obtenir ses faveurs.

Mission 2 Relevez les arguments essentiels tirés des documents pour structurer votre propos et utilisez les anecdotes rapportées dans les textes pour que votre conférence soit attrayante. Vous pourrez expliquer au public comment le roi soumet les nobles au rythme de son emploi du temps tout en focalisant, par le cérémonial, leur attention sur sa personne. Vous insisterez aussi sur l'étiquette de la cour et le système de la faveur royale comme moyens d'obtenir leur obéissance et leur présence à Versailles.

@CTIVITÉ NUMÉRIQUE — lien internet

■ Utiliser le numérique

Consultez la page Internet sur « la journée du roi » pour compléter vos informations.
Prenez des notes afin de pouvoir décrire l'emploi du temps du roi de son lever à son coucher.

Colbert, un ministre mercantiliste

POINT DE PASSAGE ET D'OUVERTURE

Jean-Baptiste Colbert a longtemps été présenté comme un modèle d'homme d'État. Aujourd'hui, son image s'est quelque peu brouillée dans la mesure où l'on sait qu'il n'a pas hésité à se servir de l'État pour favoriser ses proches. Reste qu'il est avec Louis XIV le cofondateur d'une monarchie centralisée et administrative.

Comment Colbert organise-t-il une politique maritime et mercantiliste ?

- **1619** Naissance de Colbert à Reims
- **1661** Arrestation et procès de Nicolas Fouquet. Colbert membre du conseil de gouvernement
- **1664** Création des compagnies des Indes occidentales et orientales
- **1665** Colbert devient contrôleur général des Finances
- **1683** Mort de Colbert

Vocabulaire
- **centralisation** : le pouvoir de décision échappe au niveau local et se concentre à l'échelon gouvernemental, à Versailles ou Paris.
- **manufacture** : site de production d'objets de luxe regroupant de nombreux travailleurs manuels.
- **mercantilisme** : conception où l'économie est entièrement soumise aux objectifs d'accroissement de puissance de l'État.

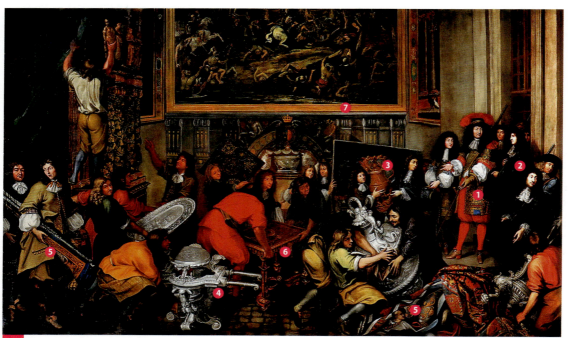

1 Les Gobelins, une manufacture royale

Louis XIV visite la Manufacture des Gobelins, 15 octobre 1667, carton de tapisserie de Renard de Saint-André-Simon, XVIIIe siècle, château de Versailles.

1. Louis XIV accompagné de son frère, le duc d'Orléans
2. Colbert
3. Pièce d'orfèvrerie
4. Pièce d'argenterie
5. Tapisserie originale de grand format roulée
6. Mobilier de bois : table en marqueterie et bois précieux
7. Tableau célébrant une victoire de Louis XIV

Jean-Baptiste Colbert (1619-1683)

Protégé de Mazarin, puis de Louis XIV, il participe à l'élimination de son principal rival, Nicolas Fouquet, et cumule à partir de 1665 un grand nombre de charges (contrôleur général des Finances, secrétaire d'État de la Marine, secrétaire d'État de la Maison du roi, surintendant des Bâtiments du roi) ce qui lui donne un grand pouvoir. Conseiller écouté du roi, il est celui qui oriente la politique économique du royaume.

MÉTHODE BAC

2 Le mercantilisme : l'économie au service de la puissance de l'État

Le but de Colbert est de rendre le pays entier supérieur à tout autre en prospérité, abondant en marchandises, n'ayant besoin de rien et fournisseur de toutes choses aux autres États. En conséquence, il ne néglige rien pour adapter en France les meilleures industries des autres pays et il empêche par diverses mesures d'introduire leurs produits en France. Ce qui se fabrique en particulier en Angleterre, ce que la nature y produit de rare, est étudié pour l'importer dans le royaume. Il essaye de faire tanner à l'anglaise les peaux de bœufs françaises afin qu'elles servent aux mêmes usages que les cuirs anglais et les remplacent. Ce qu'il y a de mieux dans toutes les parties du monde se fabrique à présent en France.

Autant Colbert est charmé de voir passer l'or des autres dans le royaume, autant il est jaloux et soigneux de l'empêcher d'en sortir, et à cet effet les ordres les plus sévères sont donnés partout.

Il s'est aussi appliqué à développer le grand commerce extérieur, le commerce maritime, celui des Indes[1] principalement et du Levant[2]. Le but de Colbert n'est pas de s'implanter dans les Indes pour s'enrichir en distribuant des produits dans les autres pays de l'Europe comme le font les Anglais et les Hollandais, mais pour les répandre en France et y ruiner ce commerce colonial des Anglais et Hollandais et, par là, capter l'argent des Français.

D'après une lettre adressée à son gouvernement par l'ambassadeur vénitien Marcantonio Giustinian, 1668.

1. les Indes occidentales sont l'Amérique et les Caraïbes ; les Indes orientales, l'Inde et l'Asie du sud.
2. à destination de l'Empire ottoman.

CONSIGNE

Après avoir **présenté** les deux documents, vous **montrerez** comment Colbert veut **renforcer la puissance du roi et de l'État absolu** dans le domaine économique ; puis vous expliquerez **pourquoi on peut parler de mercantilisme** au sujet de cette politique économique.

MÉTHODE

→ Méthode générale de l'analyse de document, p. 12

1 Présentez les documents :
- **Identifiez** la nature des différents documents ; leurs destinataires possibles ; leurs auteurs ; le contexte de production (période du règne, moment de la biographie de Colbert)
- **Établissez des liens** entre les documents : pourquoi sont-ils associés dans cette analyse ?

2 Analysez le document 1 au brouillon :
- **Repérez** la composition du tableau : les éléments au centre du tableau ; les personnages à la marge ; les lignes directrices et les jeux de lumière utilisés pour équilibrer les différentes parties du tableau.
- **Analysez** les attitudes et les gestes des différents personnages.
- **Identifiez** les objets représentés dans le tableau et expliquez quels liens existent entre eux.
- **Critiquez** : une telle accumulation d'objets de luxe est-elle réaliste ? Que veut montrer le peintre ?

3 Analysez le document 2 au brouillon :
- **Identifiez** quels sont les objectifs économiques, mais aussi politiques de Colbert.
- **Identifiez** les pays que la France souhaite concurrencer.
- **Identifiez** quels sont les moyens utilisés par Colbert pour atteindre ces objectifs.
  Indice : vous distinguerez les mesures prises liées au commerce et celles liées au processus de fabrication d'objets.

4 Répondez à la consigne :
Pour vous aider
- Partez du document 2 dont les éléments identifiés doivent structurer votre réponse. Le document 1 doit surtout vous servir à trouver des exemples pour enrichir votre argumentation.
- Recopiez et soulignez, dans la définition de mercantilisme, les mots-clés qui peuvent servir d'appui à votre démonstration.

LEÇON 2 — L'État de Louis XIV, un exercice absolu du pouvoir

QCM interactif

En quoi le règne de Louis XIV est-il la réalisation la plus aboutie de l'État absolu ?

A. Le devoir d'obéissance

- **Pendant la minorité de Louis XIV éclate la Fronde**, une série de révoltes animées par des parlementaires puis des nobles opposés à la progression de l'absolutisme entreprise par Richelieu et poursuivie par Mazarin.

- La monarchie triomphe d'adversaires désunis et, après la mort de Mazarin en 1661, Louis XIV opère un changement majeur dans l'exercice de l'autorité : il ne veut pas simplement régner, mais gouverner les affaires du royaume sans principal ministre ni membre de sa famille pour l'assister. Il entend ainsi exercer une autorité sans partage, longtemps confisquée par des favoris.

- **Nul ne peut plus désormais discuter ou contrôler un pouvoir qui se prétend de droit divin.** Parlements, élites urbaines et aristocrates sont, dès lors, exclus de la prise de décision. Quant aux protestants, la révocation de l'édit de Nantes en 1685 les oblige à se convertir ou à fuir. Enfin, le roi s'émancipe de lois considérées comme inviolables en intégrant, en 1714, ses fils bâtards à l'ordre de succession au trône.

- **Dans cette réduction à l'obéissance, Versailles se révèle une pièce maîtresse.** Dans ce palais où tous les arts sont convoqués pour célébrer sa gloire, Louis XIV réussit à sédentariser l'aristocratie et à la discipliner. Pour maintenir un train de vie fastueux au fondement de son influence sociale, celle-ci doit éviter de se disqualifier aux yeux d'un roi dont la faveur lui est vitale et, par conséquent, se soumettre à la rigueur de l'étiquette.

1. La ceinture de fer
Carte parue dans la revue *L'Histoire* n° 386, avril 2013.

- Frontière du royaume de France à la fin du règne de Louis XIV
- ★ Place forte construite ou remaniée par Vauban
- ★ Place forte aujourd'hui disparue

B. Agir en roi absolu

- **Louis XIV organise son emploi du temps** selon un rythme régulier et quasi immuable, dicté par sa volonté de superviser l'activité de son administration. Il préside ainsi les séances du conseil où se prennent les décisions fondées sur une délibération collective, et s'informe de l'avancée des affaires lors d'entretiens individuels avec ses ministres. Véritable « roi bureaucrate », il étudie plusieurs heures par jour ses dossiers avant de trancher une question.

- **Il est aussi un roi de guerre,** commandant personnellement ses armées jusqu'en 1693, puis expérimentant une stratégie de cabinet, rendue possible par le perfectionnement de l'administration des armées. Désormais, les soldats sont disciplinés et encadrés par des spécialistes tel l'ingénieur Vauban qui crée un réseau de fortifications aux frontières du royaume.

Jules Mazarin (1602-1661)

Prêtre et diplomate italien au service du pape, il passe au service du roi de France et devient le protégé de Richelieu qui lui obtient le cardinalat. À sa mort, il le remplace comme principal ministre de Louis XIII, puis de la Régente, Anne d'Autriche. Contesté par les Frondeurs, il brise néanmoins les oppositions et forme le jeune Louis XIV.

C. La monarchie administrative

- **Au sein des ministères, des centaines de commis produisent les pièces bureaucratiques** nécessaires au travail gouvernemental et préparent la correspondance administrative à destination des provinces. Ici, la compétence et l'expertise prennent souvent le pas sur le privilège de la naissance. Sur place, des intendants aux pouvoirs étendus appliquent les décisions, veillent à la levée de l'impôt et enquêtent pour informer les ministres.

- **Colbert façonne cette administration centralisée** en lui imposant des normes strictes de fonctionnement. Il mène aussi une politique mercantiliste où l'État contrôle une partie de la vie économique à des fins de puissance.

Vocabulaire

- **droit divin :** le roi est censé tenir son autorité de Dieu. Il n'a donc de compte à rendre à aucune instance humaine.
- **Fronde :** troubles politiques qui éclatent entre 1648 et 1653, pendant la régence d'Anne d'Autriche qui débute quand Louis XIV a 5 ans.
- **stratégie de cabinet :** direction globale des opérations militaires par le roi depuis Versailles.

2 Portrait d'un roi absolu

Portrait de Louis XIV en costume de sacre, peinture de Hyacinthe Rigaud, 1701, Paris, musée du Louvre.

3 Régner et gouverner

En 1661, Louis XIV décide de gouverner différemment de ses prédécesseurs.

Plusieurs se persuadaient que dans peu de temps quelques-uns de ceux qui m'approchaient s'empareraient de mon esprit et de mes affaires. La plupart regardaient l'assiduité de mon travail comme une
5 chaleur qui devait se ralentir ; et ceux qui voulaient en juger plus favorablement, attendaient à se déterminer par les suites.

Le temps a fait voir ce qu'il fallait en croire, et c'est ici la dixième année que je marche, comme il me semble, assez constamment dans la même route, ne relâchant rien de mon application ; informé de tout ;
10 écoutant mes moindres sujets ; sachant à toute heure le nombre et la qualité de mes troupes, et l'état de mes places ; donnant incessamment mes ordres pour tous leurs besoins ; traitant immédiatement avec les ministres étrangers ; recevant et lisant les dépêches ; faisant moi-même une partie des réponses, et donnant à mes secrétaires la
15 substance des autres ; réglant la recette et la dépense de mon État ; me faisant rendre compte directement par ceux que je mets dans les emplois importants ; tenant mes affaires aussi secrètes qu'aucun autre ne l'ait fait avant moi ; distribuant les grâces par mon propre choix, et <u>retenant ceux qui me servent</u>, quoique comblés de bienfaits
20 pour eux-mêmes et pour les leurs, <u>dans une modestie fort éloignée de l'élévation et du pouvoir des Premiers ministres</u>.

Mémoires de Louis XIV, Tallandier, collection « Relire l'histoire », 2001, « Mémoires pour l'année 1662 », livre Ier, p. 49-50.

@CTIVITÉ NUMÉRIQUE 🔗 lien internet

■ **Utiliser le numérique**
Louis XIV, le Roi-Soleil, en 3 minutes

4 Le chef d'un État centralisé

Louis XIV tenant les sceaux en présence des conseillers d'État et des maîtres des requêtes, peintre anonyme, XVIIe siècle, château de Versailles.

❶ Le roi préside la séance
❷ Conseillers d'État (assis) et maîtres des requêtes (debout), officiers chargés de missions administratives et judiciaires
❸ Personnages apposant les sceaux (scellant) sur les actes royaux pour les authentifier

QUESTIONS

1. Comment Louis XIV renforce-t-il la protection du royaume **(doc. 1)** ?
2. Comparez ce portrait de Louis XIV **(doc. 2)** avec celui de François Ier **(doc. 1, p. 162)** : décor, insignes du pouvoir, vêtements, corps du roi, posture et attitude du roi ?
3. Comment ce portrait de Louis XIV contribue-t-il à l'affirmation de sa puissance comme roi absolu **(doc. 2)**.
4. Caractérisez la manière dont Louis XIV entend diriger l'État **(doc. 3 et 4)**. En quoi est-ce une rupture avec ses prédécesseurs ?
   Aide : commentez particulièrement la phrase soulignée du document 3.
5. À l'aide de la leçon et de vos connaissances, complétez les cases du schéma de synthèse suivant.

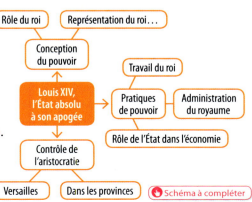

CHAPITRE 6 • L'affirmation de l'État dans le royaume de France

TRAVAIL DE L'HISTORIEN
ÉTUDE → LEÇON 3

Le Languedoc, la réduction d'une province à l'obéissance ?

Monarchie centralisée, la monarchie louis-quatorzienne s'appuie sur les intendants « de police, de justice et de finances » dans les provinces pour faire appliquer ses décisions. L'image usuelle est celle d'un pouvoir qui impose aux gouvernés les volontés du roi, mais qu'en est-il réellement ?

🗨 **Comment le compromis est-il au cœur de la pratique de l'État absolu ?**

1 DOCUMENT SOURCE L'intendant ordonne la persécution religieuse

Caricature hollandaise de Gottfried Engelmann d'après un dessin de 1686. BnF. Lamoignon de Basville est célèbre pour avoir multiplié les dragonnades afin de convertir les protestants.

❶ Protestant contraint de se convertir au catholicisme
❷ Acte d'abjuration du protestantisme signé sur un tambour militaire
❸ Dragon, soldat de l'armée régulière

Vocabulaire

- **dragonnade :** persécution exercée à l'encontre des protestants qui refusaient de se convertir.
- **finances extraordinaires :** prélèvements exceptionnels ou emprunts levés surtout en temps de guerre pour financer l'armée.
- **pays d'élection :** provinces où le roi, à travers son intendant, décide du montant de l'impôt, de sa répartition et veille à son prélèvement.
- **pays d'États :** provinces qui ont des états provinciaux, assemblées composées de représentants des trois ordres (nobles, clergé, tiers état), qui négocient l'impôt avec l'intendant avant de le voter, de le répartir et de le lever.

CHAPITRE 6 • L'affirmation de l'État dans le royaume de France

2 DOCUMENT SOURCE — Le quotidien d'un administrateur

En 1718, Lamoignon de Basville, se fondant sur son expérience, fait connaître à son successeur l'ampleur de la tâche qui l'attend.

Pendant toute l'année, l'intendant reçoit un grand nombre de lettres des communautés villageoises de la province : il y en a 2 500. Pas une ne peut faire aucune affaire que ce ne soit par ordre de l'intendant, ce qui donne lieu aux lettres qu'on reçoit continuellement de toutes parts. Cette même règle produit aussi grand nombre de requêtes. Comme les communautés ne peuvent faire aucune dépense de quelque nature qu'elle soit sans une ordonnance de l'intendant, cela donne lieu à beaucoup de requêtes ; mais ce sont des affaires légères dont la question est toujours de savoir si la dépense que les communautés veulent faire est utile ; l'intendant est comme un tuteur à l'égard des communautés.

L'intendant a aussi les affaires que l'on a dans les autres provinces, soit pour exécuter les ordres de la cour, soit pour donner des avis sur toutes les affaires qui lui sont renvoyées. Il y en a peu d'importance en Languedoc sur lesquelles les consuls[1] ne veuillent avoir l'avis de l'intendant avant de décider, et c'est une de ses principales occupations. Tel est maintenant l'objet journalier, du travail de l'intendant ; il se trouve délivré du fardeau [de la guerre] qui était le détail de toutes les affaires de finances extraordinaires. Il n'y en a plus aucune dans la province [...].

L'intendant doit, de plus, veiller pendant les états qu'il ne s'y passe rien contre les intérêts du roi. La grande règle est que les états ne peuvent rien faire qui ne soit autorisé par Sa Majesté, comme elle ne peut aussi ordonner d'imposition qui ne soit approuvée par les états.

D'après Nicolas Lamoignon de Basville, *Mémoires secrets pour faire connaître à Louis de Bernage, son successeur, l'esprit de la province et l'art de gouverner*, 1718.

1. Magistrat local élu par les habitants.

Nicolas de Lamoignon de Basville
(1648-1724)

Issu d'une famille de grands magistrats, il franchit avec succès toutes les étapes d'une carrière administrative avant d'être nommé intendant à Poitiers en 1682, puis du Languedoc en 1685. Ses talents d'administrateur comme la puissance de ses réseaux politiques lui permettent de rester 33 ans à la tête de cette province. Il quitte sa charge en 1718.

3 L'ANALYSE DE L'HISTORIEN — L'absolutisme au quotidien

L'historien William Beik évoque la collaboration entre les élites du Languedoc et le roi, à partir des années 1670, en particulier dans le cadre des états provinciaux. Si cette heureuse entente s'explique par la moindre pression de la charge militaire et le développement économique stimulé par Colbert, elle tient aussi, et surtout, à la nature de la redistribution de l'impôt : en comparant, grâce aux archives du diocèse de Toulouse et aux procès-verbaux des séances des états provinciaux, les flux de prélèvement entre 1647 et 1677, William Beik met en valeur l'importance des sommes qui sont reversées aux intermédiaires provinciaux. Au-delà de la complexité du système de collecte de l'impôt, retenons l'essentiel : les classes dirigeantes du Languedoc, récupéraient 29,6 % de l'impôt direct en 1647, 36,4 % en 1677. Plus encore : dans le détail, seulement 41,8 % de l'impôt récolté quittent réellement la province pour Paris alors que 58,2 % de celui-ci sont répartis dans la province au plus grand profit des notables. Autorité royale et classes dirigeantes provinciales se renforcent mutuellement dans le « doux maniement des finances ». (Cardin Le Bret)

D'après Joël Cornette, *Chroniques du règne de Louis XIV*, SEDES, 1997, p. 260-261.

S'INITIER AU TRAVAIL DE L'HISTORIEN

- Construire et vérifier des hypothèses sur une situation historique
- Procéder à l'analyse critique d'un document selon une approche historique

A L'historien commence par définir le contexte historique

1. Expliquez ce qu'est une dragonnade à partir de la caricature **(doc. 1)**.
2. Quelle image cette caricature donne-t-elle des pouvoirs et du rôle de l'intendant ? Quel point de vue s'exprime ici **(doc. 1)** ?

B L'historien confronte les différentes sources disponibles

3. Décrivez l'activité quotidienne de l'intendant **(doc. 2 et 3)**.
   Aide : distinguez parmi ses activités, celles qui relèvent de l'imposition, d'une décision, de la négociation ou de la simple consultation.
4. Pourquoi Basville se croit-il obligé de rappeler les modalités de levée de l'impôt en Languedoc **(doc. 2)** ? Quels éléments atténuent ici l'image donnée par le **(doc. 1)** ?

C L'historien interprète les sources

5. En quoi le travail de l'historien William Beik relativise-t-il encore l'image d'un pouvoir royal autoritaire imposant sans discussion ses décisions au Languedoc par le biais de l'intendant **(doc. 3)** ?
6. Qui a intérêt à soutenir la monarchie absolue ? Pourquoi **(doc. 2 et 3)** ?
7. Comment l'historien William Beik a-t-il travaillé pour formuler ses conclusions (sources, méthode de recherche, méthode d'exposition des données collectées) **(doc. 3)** ?
8. Expliquez dans un paragraphe argumenté comment l'étude du Languedoc corrige l'image de toute puissance que souhaite se donner la monarchie absolue **(doc. 1, 2 et 3)**.

LEÇON 3 — Limites, crises et contestations de l'État absolu

QCM interactif

🗨 **Pourquoi la dynamique de l'État absolu s'essouffle-t-elle à la fin du règne de Louis XIV ?**

A Un État vraiment absolu ?

- **Derrière les proclamations de toute-puissance du roi se dévoile une pratique quotidienne différente.** En effet, l'État royal ne dispose pas du nombre d'agents suffisants dans les provinces pour être véritablement absolu : près de 46 000 officiers servent le roi en 1665, soit en moyenne un pour 10 km².

- **La diversité des coutumes, des langues, des privilèges locaux, des statuts des territoires sont autant d'obstacles également à la mise en œuvre de la volonté royale.** Pour compenser ces faiblesses, les intendants tentent moins d'imposer que de trouver des compromis avec les élites locales, en particulier dans les pays d'états où l'impôt est négocié, parfois âprement.

- **De plus, l'aristocratie en apparence domestiquée à Versailles, conserve son influence dans les provinces par l'intermédiaire de ses fidèles.** Elle place une partie de sa fortune dans les prêts consentis au roi pour financer ses guerres. Ces nobles obéissent en raison de leur intérêt financier.

B Les difficultés de l'État absolu

- À la fin du règne, les difficultés s'accumulent, révélant les failles de la monarchie absolue. **L'État est au bord de la banqueroute.** La dette publique, inlassablement creusée pour payer les guerres par l'emprunt, devient colossale. Le gouvernement doit créer de nouveaux impôts pour faire face à ses dépenses (capitation, dixième, taxes sur la consommation), sans pour autant arrêter d'emprunter auprès de financiers, pourtant détestés des populations.

- L'impopularité du régime est à son comble : **les guerres épuisent les peuples et ruinent l'économie du pays**, d'autant que de terribles famines éclatent en 1693 et 1709, faisant des millions de morts. Les émeutes se multiplient alors pour réclamer du pain, contredisant ainsi l'image d'un royaume pacifié.

- Enfin, **à partir de 1708, la France est menacée d'invasion**, après les défaites successives de la guerre de Succession d'Espagne. Louis XIV est contraint d'accepter une mauvaise paix qui lui fait perdre certains territoires conquis lors des conflits précédents et l'oblige à réduire ses ambitions coloniales.

C Les contestations de l'État absolu

- **Ces difficultés font naître de multiples contestations.** Ainsi, les protestants, qui ont fui le pays après la révocation de l'édit de Nantes, participent-ils, à une propagande anti-louis-quatorzienne d'échelle européenne qui dénonce le despotisme du roi et moque ses défaites. À l'intérieur du royaume (Cévennes), des rebelles protestants, les camisards, prennent les armes pour réclamer en vain leur liberté de culte.

- **Des critiques apparaissent aussi au sein de la cour.** La plus célèbre est celle formulée par Fénelon dans une lettre au roi, où il dénonce sa manière de diriger le pays. D'autres critiques d'ordre économique émergent avec Boisguilbert et Vauban qui dénoncent les inégalités fiscales. Surtout, un profond désir de paix s'exprime dans toute la société. À la raison d'État, certains commencent à opposer le bonheur du peuple.

Louis XIV (1638-1715)

Roi à l'âge de 5 ans, sa mère Anne d'Autriche assure la régence. En 1661, débute son règne personnel. Le roi veut rester maître de la décision et entend gouverner sans Premier ministre. Il réforme l'administration et renforce le pouvoir de l'État.

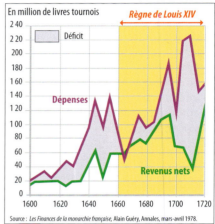

1 Les finances de l'État

Source : *Les Finances de la monarchie française*, Alain Guéry, Annales, mars-avril 1978.

François de Salignac de La Mothe-Fénelon dit Fénelon (1651-1715)

Précepteur du duc de Bourgogne, puis archevêque de Cambrai (1695-1715), il se montre critique à l'égard de l'exercice du pouvoir tel que pratiqué par Louis XIV et préconise des réformes pour diminuer l'autorité royale. En 1698, certaines de ses idées apparaissant dans son roman *Télémaque*, Louis XIV le bannit de la cour.

Vocabulaire

- **banqueroute d'un État :** expression qui désigne l'incapacité d'un État à assurer ses paiements (dette publique, rétribution des agents publics, factures des fournisseurs, etc.).
- **camisards :** protestants français de la région des Cévennes qui se soulèvent en 1702 contre le gouvernement royal.
- **despotisme :** forme d'autorité qui tend à devenir tyrannique et qui se caractérise par l'oppression qu'elle exerce.

2 Une contre-image du roi absolu

Le crieur de Versailles. Gravure allemande, 1693, BnF, Paris.

❶ Crieur public chargé d'annoncer les nouvelles importantes au public

❷ Le crieur dit : « ceux qui pourront faire rentrer dans les ports de France quelques-uns des vaisseaux dénommés dans la liste ci-dessous auront 100 000 livres de récompense pour chaque vaisseau. »

❸ Sévère défaite maritime des vaisseaux français face à la flotte anglo-néerlandaise à La Hougue en 1692

❹ Liste de la quinzaine de navires perdus par les Français

3 Un réquisitoire contre l'État absolu

L'abbé Fénelon, précepteur du Dauphin, adresse une lettre anonyme à Louis XIV. Le roi n'a jamais reçu la missive.

Depuis environ trente ans, vos principaux ministres ont ébranlé et renversé toutes les anciennes maximes de l'État, pour faire monter jusqu'au comble votre autorité, qui était devenue la leur parce qu'elle était dans leurs mains. On n'a plus parlé de l'État ni des règles ; on n'a parlé que du Roi et de son bon plaisir. On a poussé vos revenus et vos dépenses à l'infini. On vous a élevé jusqu'au ciel, pour avoir effacé, disait-on, la grandeur de tous vos prédécesseurs ensemble, c'est-à-dire pour avoir appauvri la France entière, afin d'introduire à la cour un luxe monstrueux et incurable.

Il est vrai que vous avez été en apparence jaloux de votre autorité, mais, sur le fond, chaque ministre a été le maître dans l'étendue de son administration. Ils ont bien montré au public leur puissance, et on ne l'a que trop sentie. Ils ont été durs, hautains, injustes, violents, de mauvaise foi. Ils n'ont connu d'autre règle, ni pour l'administration de l'État, ni pour les négociations étrangères, que de menacer, que d'écraser, que d'anéantir tout ce qui leur résistait. Ils ne vous ont accoutumé à recevoir sans cesse des louanges outrées qui vont jusqu'à l'idolâtrie, et que vous auriez dues, pour votre honneur, rejeter avec indignation. On a rendu votre nom odieux, et toute la nation française insupportable à tous nos voisins. On n'a conservé aucun allié, parce qu'on n'a voulu que des esclaves. On a causé depuis plus de vingt ans des guerres sanglantes.

D'après François de Salignac de la Mothe-Fénelon, *Lettre à Louis XIV* [1694] dans *Écrits et lettres politiques*, Paris, Bossard, 1920, p. 143-157.

QUESTIONS

1. Interprétez le graphique proposé et expliquez pourquoi il montre la faiblesse du régime sur le plan financier (doc. 1).
2. Expliquez le sens de la gravure (doc. 2). Quels aspects du règne et de la propagande de Louis XIV sont dénoncés par son auteur ?
3. Formulez une hypothèse en répondant à cette question : pourquoi cette gravure allemande est-elle traduite en français (doc. 2) ?
4. Identifiez les reproches faits par Fénelon en recopiant et complétant le tableau ci-dessous (doc. 3) :

	Critiques de Fénelon
Personne du roi	
Mode de gouvernement	
Conditions de vie des sujets	
Rôle de la France en Europe	

5. À l'aide de la leçon et de vos connaissances, complétez le schéma de synthèse suivant en renseignant les cases selon le thème indiqué.

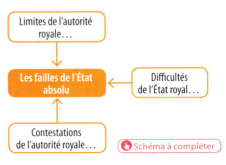

CHAPITRE 6 • L'affirmation de l'État dans le royaume de France

EXERCICES — Passé / Présent

Travailler à partir d'une légende : le masque de fer, mythe de l'absolutisme

En 1698, un nouveau prisonnier arrive à la Bastille. Bénéficiant d'un régime d'incarcération particulier et ne se déplaçant en public que muni d'un masque de velours noir pour tenir son identité secrète, cet inconnu qui meurt en 1703 intrigue rapidement. Un mythe politique est né, soigneusement entretenu par ceux qui dénoncent les secrets d'un roi jugé bien trop absolu.

1 L'inconnu le plus célèbre du XVIIIe siècle

Quelques mois après la mort de Mazarin, il arriva un événement qui n'a point d'exemple ; et ce qui est non moins étrange, c'est que tous les historiens l'ont ignoré. On envoya dans le plus grand secret, au château de l'île Sainte-Marguerite un prisonnier inconnu, d'une taille au-dessus de l'ordinaire, jeune et de la figure la plus belle et la plus noble. Ce prisonnier, dans la route, portait un masque dont la mentonnière avait des ressorts d'acier, qui lui laissaient la liberté de manger avec le masque sur son visage. On avait ordre de le tuer s'il se découvrait. Il resta dans l'île jusqu'à ce qu'un nommé Saint-Mars, devenu gouverneur de la Bastille, l'an 1690, l'y conduise toujours masqué. Le marquis de Louvois[1] alla le voir dans cette île avant le départ, et lui parla debout et avec respect.

Cet inconnu fut logé aussi bien qu'on peut l'être dans ce château de la Bastille. On ne lui refusait rien de ce qu'il demandait. Son plus grand goût était pour le linge d'une finesse extraordinaire, et pour les dentelles. Il jouait de la guitare. On lui faisait la plus grande chère[2], et le gouverneur s'asseyait rarement devant lui. Un vieux médecin de la Bastille, qui l'avait souvent soigné, a dit qu'il n'avait jamais vu son visage mais qu'il était admirablement bien fait : sa peau était un peu brune ; il intéressait par le seul ton de sa voix, ne se plaignant jamais de son état, et ne laissant point entrevoir ce qu'il pouvait être.

D'après Voltaire, *Le siècle de Louis XIV*, chapitre XXV.

1. Louvois est ministre de la Guerre.
2. Il était nourri de mets délicats.

2 La Bastille, symbole de l'arbitraire royal

Gravure anonyme, 1789, après le 14 juillet.
Extrait de la légende : « Des papiers trouvés à la Bastille nous apprennent que cette dénomination [de masque de fer] n'a jamais appartenu qu'à Louis de Bourbon, comte de Vermandois, fils [illégitime] de Louis XIV, né le 2 octobre 1667, qui fut condamné à un emprisonnement perpétuel pour avoir, à l'âge de 16 ans, donné un soufflet au Dauphin [fils légitime du roi]. »

3 Le masque de fer, héros de fiction international

Affiches d'un téléfilm de Mike Newell (1977) et d'un film de Randall Wallace (1998).
Dans ces adaptations du *Vicomte de Bragelonne* d'Alexandre Dumas, l'écrivain affirme que le masque de fer serait le frère jumeau caché de Louis XIV, d'où l'utilisation du même acteur pour les deux rôles.

QUESTIONS

■ Utiliser une approche historique pour mener une analyse ou construire une argumentation

1. Comment Voltaire procède-t-il pour intriguer son lecteur (doc. 1) ?
2. Quel événement historique relance le mythe du masque de fer ? Pourquoi (doc. 2) ?
3. Quelles solutions sont proposées pour résoudre cette énigme historique (doc. 2 et 3) ? Jugez de leur crédibilité.
4. À l'aide des documents proposés, expliquez en quoi cette légende du masque de fer participe d'une critique de la monarchie absolue (doc. 1 et 2).

Réaliser une carte mentale de synthèse

● Carte mentale interactive
Carte mentale à télécharger et à compléter PDF

Sur votre cahier, en vous servant du modèle ci-dessous, construisez votre propre carte mentale de synthèse du chapitre. Vous n'oublierez pas d'intégrer pour certaines branches les limites de l'autorité royale.

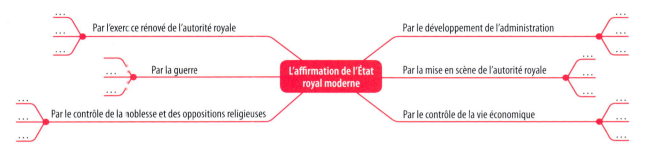

Boîte à outils

- Reprenez les éléments de votre cours et listez-les de manière simple.
- Inspirez-vous des questions proposées pour repérer des éléments clés dans votre cours.
- Identifiez les personnages-clés, les lieux, les institutions au cœur de l'État royal moderne par un code couleur.
- Complétez alors la carte mentale afin qu'elle reprenne l'ensemble des éléments repérés.

Bac contrôle continu — 1. Analyse d'un texte

■ CAPACITÉ : Procéder à l'analyse critique d'un document selon une approche historique.

SUJET : Le renforcement du pouvoir royal au XVIᵉ siècle

Un ambassadeur italien, Michel Suriano, décrit le pouvoir royal en France (1561)

Quant à l'autorité de celui qui gouverne […], je vous dirai que ce royaume si grand si peuplé, abondant en commodités et en richesses dépend uniquement de la volonté suprême du roi, qui est aimé et servi par son peuple et qui possède une autorité absolue. Le roi de France est prince par droit naturel, puisque cette forme de
5 gouvernement dure dans ce pays depuis mille ans. Il ne succède pas à la couronne par l'élection des peuples, aussi n'est-il pas forcé de briguer leur faveur. Il n'y arrive pas non plus par la force, ce qui le dispense d'être cruel et tyran. La succession royale est dévolue selon les lois de la nature du père au fils aîné, ou bien au plus proche parent à l'exclusion des enfants naturels ainsi que des femmes. Le royaume ne se divise pas
10 et appartient à un seul […]. Tout cela sert de fondement à l'amour et à l'obéissance des Français pour leurs rois. Habitués depuis si longtemps à être gouvernés par eux, ils ne désirent pas d'autre gouvernement, ils savent que leur condition est d'obéir et de servir leur roi, et ils servent volontiers celui qui est né exprès pour les commander, celui qui pour pouvoir parvenir au trône n'a dû user ni de ruse ni de violence et qui ne
15 suspectant pas les intentions de ses sujets, n'a garde de leur nuire mais les conserve au contraire comme un instrument de grandeur et de gloire.

D'après Niccolò Tommaseo, *Relations des ambassadeurs vénitiens sur les affaires de France au XVIᵉ siècle*, Imprimerie royale, 1838.

> Rappelez quel est le roi dont il est question dans le texte. À quelle époque de son règne se situe le texte ?

> Cette vision vous paraît-elle véridique ? Justifiez votre réponse.

> Comment le pouvoir royal s'est-il renforcé depuis le début du XVIᵉ siècle ?

CONSIGNE

En vous appuyant sur vos connaissances et l'analyse du texte, expliquez sur quoi repose le pouvoir royal en France pour cet ambassadeur vénitien. L'autorité dont parle l'auteur est-elle véritablement absolue ?

AIDE POUR CONSTRUIRE L'ANALYSE

1. Présentez le document.
2. Sur quoi repose le pouvoir royal en France selon cet ambassadeur vénitien ?
3. L'autorité dont parle l'auteur est-elle véritablement absolue ?

EXERCICES — Bac contrôle continu

2. Analyse critique d'un document iconographique (gravure)

CAPACITÉS : Procéder à l'analyse critique d'un document selon une approche historique – Utiliser une approche historique pour mener une analyse

SUJET : Le Roi-Soleil à Versailles

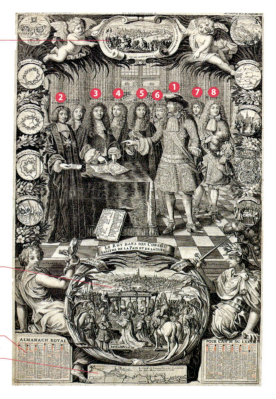

Annotations de la gravure :
- Les troupes du roi prennent la citadelle de Casal en Italie le 30 septembre 1681, vendue en réalité par le duc de Mantoue
- Entrée de Louis XIV dans Strasbourg le 30 octobre 1681
- Calendrier
- Canal du Languedoc achevé en 1681

Vocabulaire

- **almanach royal :** recueil bon marché qui recense les noms des différentes institutions royales et de leurs membres ; ces volumes largement diffusés présentent également, sous forme d'estampes, les « actions remarquables » du roi.

Louis XIV dans son conseil
Henri Noblin, Gravure extraite de l'almanach royal de 1682

1. Le roi
2. Le Tellier, chancelier
3. Louvois, secrétaire d'État à la guerre
4. Colbert de Croissy, secrétaire d'État aux Affaires étrangères
5. Colbert, contrôleur général des Finances
6. Le prince de Condé, cousin du roi
7. Monsieur, le frère du roi
8. Le Dauphin, fils du roi

CONSIGNE

Après avoir présenté ce document, montrez ce qu'il révèle du pouvoir de Louis XIV à la fin du XVIIe siècle.

AIDE POUR CONSTRUIRE L'ANALYSE

1. Quels sont les moyens de gouvernement utilisés par Louis XIV ?
2. En quoi Louis XIV est-il un roi de guerre ?

Aides pour la description

1. Observez le médaillon central. Quel personnage est au centre de la scène ? Comment l'auteur de la gravure le met-il en valeur ? Quelle est la scène représentée ? Où peut-elle avoir lieu ? Identifiez les deux groupes de personnages entourant le roi et décrivez leur costumes et attitudes. Rappelez le rôle de Colbert.

2. Relevez les éléments du document montrant que Louis XIV est un roi de guerre. Expliquez le nom précis du Conseil du roi. Quels personnages participent aux relations avec les puissances étrangères ? Quels sont les éléments absents de cette gravure caractérisant le développement territorial de la France sous son règne ?

Pour rédiger l'analyse :

■ **Introduction :**
Si Louis XIV succède à son père Louis XIII en 1643, ce n'est qu'en 1661 à la fin de la régence assurée par Mazarin qu'il exerce véritablement le pouvoir ouvrant la période de son règne personnel. Ce moment inaugure un changement radical dans la manière de gouverner la France. C'est ce que permet d'entrevoir le document qui nous est proposé. Il s'agit...
> Poursuivez la rédaction et présentez le document en insistant sur sa nature, puis en annonçant les axes de votre réponse.

■ **1re partie de l'analyse :**
Cet almanach révèle les moyens utilisés par Louis XIV pour renforcer le pouvoir royal et agir en roi absolu. En effet, Louis XIV est représenté...

■ **2e partie de l'analyse :**
La place de Louis XIV, roi de guerre, est aussi mise en avant par cet almanach. En effet, ce dernier célèbre ici deux exploits militaires de Louis XIV effectués l'année précédente en 1681...
> Utilisez les aides à la consigne pour compléter ces deux parties.
> N'oubliez pas de faire référence à des connaissances précises.

■ **Conclusion :** le document illustre bien les projets de Louis XIV de renforcer le pouvoir royal...
> Montrez l'intérêt du document pour comprendre les mécanismes de la monarchie dite « absolue », en rappelant l'objectif des almanachs dans la seconde moitié du XVIIe siècle. Élargissez votre propos en expliquant que le pouvoir absolu du roi n'est pas sans limites.

Bac contrôle continu

3. Réponse à une question problématisée
Étape 4 Rédiger la courte introduction de la réponse à la question problématisée

■ CAPACITÉS : Utiliser une approche historique pour construire une argumentation

SUJET ▶ **QUESTION PROBLÉMATISÉE** Comment le renforcement du pouvoir royal permet-il l'affirmation de l'État en France aux XVIe-XVIIe siècles ?

> Que suggère la juxtaposition des deux termes ?
> Quelle notion centrale du cours est au cœur du sujet ?

Comment le renforcement du pouvoir royal permet-il l'affirmation de l'État en France aux XVIe-XVIIe siècles ?

- Comment peut-on définir l'État ?
- Quelles dates peut-on choisir pour borner le sujet ? Comment peut-on caractériser le pouvoir royal à ces dates ?
- Qu'est-ce qui caractérise le pouvoir royal ? Par quels moyens se renforce-t-il ?

ÉTAPE 1 Analysez le sujet.

Le sujet suggère ici de montrer l'évolution simultanée du développement du pouvoir royal et de l'État. L'analyse du sujet et les questions que vous allez vous poser au brouillon doivent vous permettre de répondre efficacement à la question problématisée.

ÉTAPE 2 et 3 Construire le plan détaillé.

1. Du début du XVIe siècle au début du XVIIe siècle, la difficile affirmation du pouvoir royal freine le renforcement de l'autorité de l'État.
   A. François Ier essaie de renforcer le pouvoir du roi.
   B. Les guerres de Religion remettent en cause le pouvoir royal incapable d'incarner l'État.
   C. Dans la première moitié du XVIIe siècle, le renforcement du pouvoir royal fait triompher la raison d'État.
2. Le règne personnel de Louis XIV confirme l'affirmation de l'État absolu.
   A. Louis XIV confirme la toute-puissance royale.
   B. Un roi qui cherche à contrôler une administration d'État centralisée
   C. Mais l'État absolu a aussi des limites.

> *Pourquoi le plan chronologique choisi ici peut-il convenir pour répondre au sujet ?*

ÉTAPE 4 Rédiger l'introduction.

- Partie très importante du devoir, elle permet de montrer au lecteur que vous avez compris le sujet. Vous devez donc utiliser les éléments de votre analyse du sujet au brouillon **(étapes 1 et 2)**.
- Elle doit être entièrement rédigée au brouillon.
- Elle s'organise autour de temps forts :
   a. Une entrée en matière au sujet (« amorce ») est possible.
   b. Annoncer le plan qui indique les idées générales/directrices de votre question problématisée.

Exemple d'introduction détaillée :

Depuis le XIIIe siècle, les rois de France ont cherché à assurer leur pouvoir sur le territoire et le peuple. Cette volonté se poursuit à l'époque moderne. Après avoir étudié l'affirmation du pouvoir royal et de l'État du début du XVIe siècle au milieu du XVIIe siècle, nous verrons comment sous le règne de Louis XIV, l'État absolu s'incarne dans le pouvoir personnel du roi.

RÉVISION : L'affirmation de l'État dans le royaume de France

Schéma bilan

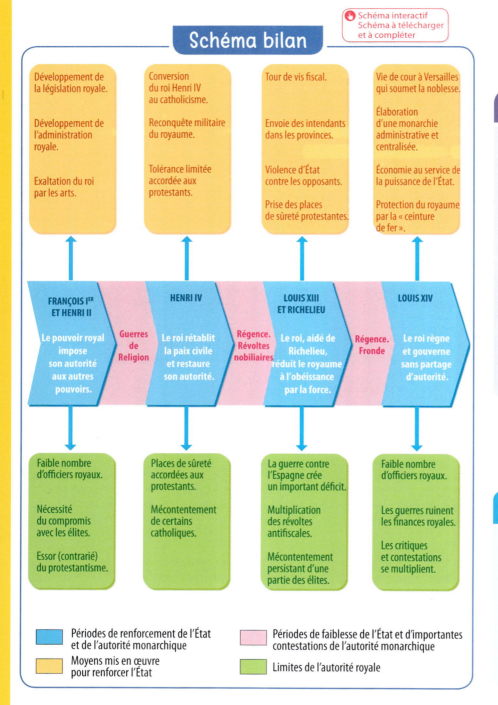

Je connais les dates importantes

- **1539** : Ordonnance de Villers-Cotterêts
- **1562** : Début des guerres de Religion
- **1572** : Massacre de la Saint-Barthélemy
- **1598** : Édit de Nantes
- **1628** : Prise de La Rochelle
- **1661** : Le roi Louis XIV décide de gouverner seul, sans principal ministre
- **1664** : Création des compagnies des Indes occidentales et orientales
- **1682** : Louis XIV s'installe à Versailles
- **1685** : Révocation de l'édit de Nantes

Je maîtrise les notions et le vocabulaire essentiels

- absolutisme
- cour
- droit divin
- intendants
- mercantilisme
- officier
- parlement de Paris
- raison d'État
- roi absolu
- souveraineté
- tolérance

Ne pas confondre !

La « **tolérance** » religieuse d'aujourd'hui avec la « **tolérance** » civile des édits royaux : le terme de tolérance n'a pas alors la valeur positive qu'on lui connaît aujourd'hui. Tolérer ne signifie pas, aux XVIe et XVIIe siècles, accepter l'autre dans sa différence et lui laisser pratiquer sa religion de manière bienveillante. À l'époque, il n'existe pas de respect entre les religions, mais un expédient juridique : comme on ne peut pas, pour des raisons pratiques, supprimer ce qui est considéré comme une hérésie et rétablir l'unité religieuse, l'État proclame qu'il faut cesser de le combattre par les armes. Les rois ne renoncent pas pour autant à l'affrontement théologique et encouragent les missions pour convertir leurs sujets protestants, sans exclure toutefois de devoir reprendre les armes, un jour prochain, si le rapport de force venait à évoluer.

AUTOÉVALUATION

Fiche d'autoévaluation à réaliser sur votre cahier ou sur une feuille.

Fiche d'autoévaluation à télécharger et à compléter PDF

OBJECTIF 1 — Maîtriser des repères chronologiques

■ **CAPACITÉ** : identifier et nommer les périodes historiques, les continuités et ruptures chronologiques

Sur votre cahier, reproduisez la frise chronologique ci-dessous et placez-y les repères suivants :
a. Ordonnance de Villers-Cotterêts.
b. Louis XIV s'installe à Versailles.
c. L'édit de Nantes.

1500 — 1600 — 1700

■ **CAPACITÉ** : identifier et expliciter les dates et acteurs clés des grands événements

Expliquez ensuite en quelques lignes les 3 événements cités ci-dessus.

OBJECTIF 2 — Maîtriser des repères spatiaux

■ **CAPACITÉ** : nommer et localiser les grands repères géographiques ainsi que les principaux processus et phénomènes étudiés

Dans un court paragraphe, situez géographiquement le royaume de France et expliquez l'évolution du territoire soumis à l'autorité du roi.

■ **CAPACITÉ** : utiliser une approche historique pour mener une analyse ou construire une argumentation

Dans un court paragraphe, expliquez comment la monarchie française tente d'imposer sa puissance économique en Europe et dans le monde à l'époque de Colbert.

OBJECTIF 3 — Réaliser sa fiche de révision

■ **CAPACITÉ** : employer les notions et le lexique acquis en histoire à bon escient

- Noter les notions et le vocabulaire du chapitre (liste ci-contre) avec leur définition précise.
- Indiquer pour chaque partie du cours :
  – Les éléments importants (dates, personnages, notions).
  – Les grandes idées (faits historiques, causes, conséquences…).
  – Savoir expliquer : comment l'administration royale s'est développée – quelles attitudes a successivement pris le pouvoir royal dans les conflits opposants catholiques et protestants – Comment s'est exprimée la volonté du pouvoir royal de soumettre la noblesse – Le contrôle de la vie économique par l'État – les limites de l'autorité royale.

Pour aller plus loin

À VOIR

- *L'allée du roi*, téléfilm de Nina Comparez qui rend compte de la vie de cour à Versailles à travers le destin de Mme de Maintenon, 1995.

- *La reine Margot* de Patrice Chéreau, d'après Alexandre Dumas : évocation passionnée et romancée des guerres de religion, film devenu un classique (1994).

- *Versailles, le rêve d'un roi*, docufiction de Thierry Binisti, 2007.

À LIRE

- *Le Grand Hyver 1709*, bande dessinée de Nathalie Sergeef et Philippe Xavier, chez Glénat : sur la fin apocalyptique du règne de Louis XIV, avec la participation de Joël Cornette (2018).

SUR LE WEB — *lien internet*

- Exposition virtuelle consacrée à François Ier par la BnF.
- Site permettant à travers des vidéos d'explorer des thématiques essentielles comme la construction de l'image politique du roi Soleil ou secondaires sur la table du roi.
- Site qui permet de retracer en détail les guerres de religion françaises.

BAC Contrôle continu

Analyse d'un document

■ CAPACITÉS : Procéder à l'analyse critique d'un document selon une approche historique – Utiliser une approche historique pour mener une analyse

SUJET L'administration des provinces du royaume de France au temps de Louis XIV

Portrait de l'intendant par un aristocrate

Les intendants encore rares et peu puissants ont été peu en usage avant ce règne. Le Roi et plus encore ses ministres, peu à peu les multiplièrent, fixèrent leurs généralités, augmentèrent leur pouvoir. Ils s'en servirent peu à peu à
5 balancer, puis à anéantir celui des gouverneurs des provinces[1] ; à plus forte raison, celui que les seigneurs considérables par leur naissance et leurs dignités avaient dans leurs terres, et s'étaient acquis dans leur pays. Ils bridèrent celui des évêques, ils contrecarrèrent les Parlements, ils
10 soumirent les communautés des villes.

La répartition des tailles[2] et des autres impôts entièrement en leur main, les rendit maîtres de l'oppression ou du soulagement des paroisses[3] et des particuliers ; quelque affaire, quelque prétention, quelque contestation qui
15 s'élèvent entre particuliers, seigneurs ou autres, nobles ou roturiers, qui n'étant pas portées aux Cours de justice, se renvoyèrent toutes aux intendants pour en avoir leur avis, qui toujours était suivi [par le gouvernement] à moins d'un miracle fort rare. Ils attirèrent ainsi à eux une autorité sur
20 toutes sortes de matières, qui n'en laissa plus aux seigneurs ni à aucun particulier.

D'après le duc de Saint-Simon, *Parallèle des Trois premiers Rois Bourbon*, Paris, J. de Bonnot, 1967.

1. Charges militaires et administratives dévolues aux aristocrates.
2. Seul impôt direct jusqu'en 1695.
3. Dans le sens du texte, communautés d'habitants.

CONSIGNE

Après avoir présenté ce document, montrez ce qu'il révèle du développement de l'administration sous le règne de Louis XIV, puis faites une critique du point de vue de l'auteur.

AIDE POUR CONSTRUIRE L'ANALYSE

1. Quels sont les pouvoirs des intendants dans les provinces ?
2. Pourquoi peut-on dire que l'auteur exagère la mainmise des intendants sur les provinces ?

Vocabulaire

- **Généralité** : circonscription fiscale dirigée par un intendant.

Aide

Résumez en une phrase simple l'idée centrale du document.
Relevez les expressions utilisées par l'auteur qui montrent la manière dont s'imposent les intendants.

Pour rédiger l'analyse :

■ **Introduction :**
Afin de renforcer l'emprise du pouvoir royal dans les provinces Louis XIII et Richelieu envoient de nouveaux agents, révocables à tout instant, les intendants. C'est cependant Louis XIV qui va systématiser l'emploi de ces subordonnés en temps de paix en leur déléguant d'importants pouvoirs. C'est ce que permet d'entrevoir le document soumis à l'analyse. Il s'agit...
> Poursuivez la rédaction et présentez le document en insistant sur sa nature, puis en annonçant les axes de votre réponse.

■ **1re partie de l'analyse :**
Ce texte dévoile les principales attributions des intendants pour imposer l'autorité du souverain dans les généralités Énumérons leurs différentes compétences d'ordre administratif et judiciaire. D'abord, dans le domaine fiscal, l'intendant joue un rôle essentiel dans la levée de l'impôt royal...
> Que nous apprend ce témoignage sur le contrôle de l'impôt par la monarchie ? Quel rôle judiciaire tiennent ces représentants du roi ?

■ **2e partie de l'analyse :**
Le point de vue du duc sur ces représentants du roi est ouvertement critique. Dans le premier paragraphe, Saint-Simon prétend que le roi, par leur intermédiaire, affaiblit les pouvoirs locaux traditionnels. Par exemple, il affirme que...
> Quelles catégories de la population du royaume sont désignées comme les premières victimes des intendants ?
> N'oubliez pas d'utiliser vos connaissances pour atténuer le jugement très partial de Saint-Simon.

■ **Conclusion :**
Le document montre à la fois le développement de l'administration sous le règne de Louis XIV et le mécontentement d'une partie de l'aristocratie face à ces changements que certains de ses membres considèrent comme illégitimes et défavorables à leur caste...
> Montrez l'intérêt du document pour comprendre pourquoi certains historiens parlent pour l'époque de Louis XIV de « monarchie administrative ». Élargissez votre propos en expliquant que ces changements provoquent mécontentements et critiques d'une partie de l'aristocratie, mais que celles-ci demeurent relativement discrètes.

Réponse à la question problématisée — Méthode Passer du brouillon à la rédaction

■ **CAPACITÉS :** Utiliser une approche historique pour construire une argumentation

SUJET ▶ QUESTION PROBLÉMATISÉE

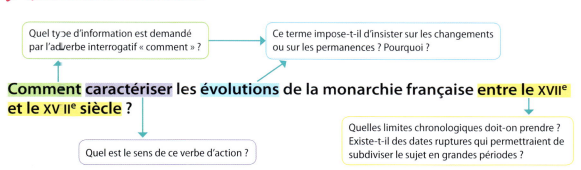

Quel type d'information est demandé par l'adverbe interrogatif « comment » ?

Ce terme impose-t-il d'insister sur les changements ou sur les permanences ? Pourquoi ?

Comment caractériser les évolutions de la monarchie française entre le XVIIᵉ et le XVIIIᵉ siècle ?

Quel est le sens de ce verbe d'action ?

Quelles limites chronologiques doit-on prendre ? Existe-t-il des dates ruptures qui permettraient de subdiviser le sujet en grandes périodes ?

ÉTAPE 1 — Analyse le sujet

■ Au brouillon, recopiez l'intitulé exact du sujet puis définissez chacun des termes utilisés. Enfin, faites une analyse globale de l'intitulé en vous demandant : « qu'est-ce que le correcteur attend de moi en me posant ce sujet ? »

■ Quel type de plan (thématique ou chronologique) semble le plus adapté pour le traiter ?
Le plan chronologique semble ici meilleur, car des changements nets et importants sont facilement identifiables sur la période étudiée. La présence du terme « évolutions » dans l'intitulé l'atteste.

■ Vous réaliserez donc un plan chronologique en structurant votre devoir autour de trois grandes périodes. Chaque période doit correspondre à un état singulier de la monarchie dont les caractéristiques générales la distinguent en grande partie de la période suivante et de la période précédente.
Suggestion de plan :
I. Une monarchie aux pouvoirs limités, mais à l'autorité renforcée (François Iᵉʳ – Henri II)
II. Une monarchie contestée contrainte de se repenser pour répondre aux difficultés (des guerres de Religion jusqu'au règne de Louis XIII)
III. La monarchie de Louis XIV, une monarchie devenue absolue ?

ÉTAPE 2 — Passer du brouillon à la rédaction

■ Au brouillon, vous avez indiqué vos idées pêle-mêle ou sur un schéma fléché. Pour ne rien oublier, n'écrivez que l'essentiel (les mots-clés de vos idées) de préférence sur le recto des brouillons. Ensuite, barrez les idées qui ne conviennent pas et classez les autres en indiquant un numéro.

■ Ensuite, regroupez sur trois feuilles différentes en recto, les idées qui semblent former un ensemble cohérent. Chaque feuille correspondra à une partie. Pour chaque partie, mettez un titre qui résume bien son contenu. Réorganisez enfin dans chaque partie les mots-clés en sous-parties et sous-thèmes.

■ En face de chaque idée, notez désormais en rouge les noms propres (lieux, personnages qui pourraient servir d'exemples), en bleu les données chiffrées qu'il pourrait être utile de fournir, en vert les dates de ces exemples.

■ Pour la troisième partie et son premier sous-thème, votre brouillon pourra se présenter ainsi :

Exemple de travail au brouillon

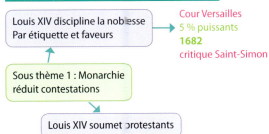

Exemple de rédaction

À partir de 1682, date d'installation définitive de la résidence et du gouvernement du roi à Versailles, la cour devient le lieu de séjour des nobles les plus puissants : 5 % de l'aristocratie y vit. Louis XIV y discipline la noblesse en imposant le respect de l'étiquette et en utilisant la faveur royale, synonyme de bienfaits et de grâces pour ceux qui lui obéissent. Saint-Simon, dans ses mémoires, se montrera extrêmement critique face à ce qu'il considère comme une domestication honteuse de l'aristocratie.

CHAPITRE 7

Le modèle britannique et son influence

🐚 **Comment l'exemple de la monarchie anglaise, devenue régime parlementaire, inspire-t-il les Lumières et les fondateurs des États-Unis d'Amérique ?**

RESSOURCES NUMÉRIQUES DU CHAPITRE
Site collection : lycee.hachette-education.com/hg/histoire-2de

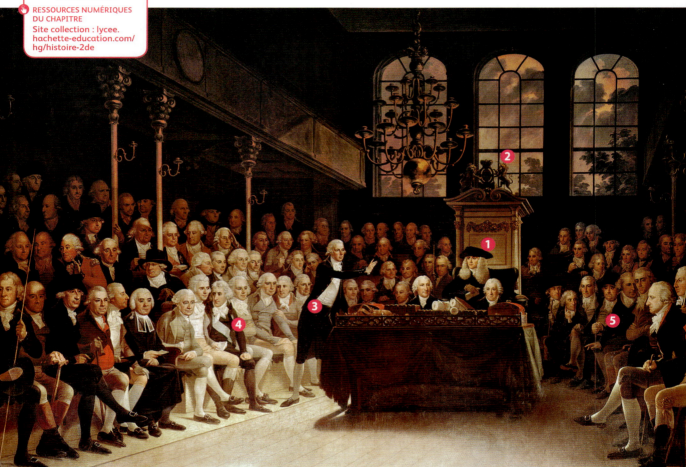

1 Débat à la Chambre des communes

Karl Anton Hickel, *William Pitt s'adresse aux Communes en 1793*, 1793-1795, National Portrait Gallery, Londres.
Entre 1547 et 1834 la Chambre des communes siège à la chapelle Saint-Étienne de Westminster. Les séances pouvaient être publiques.

❶ Président de la Chambre des communes ou *speaker*.
❷ Armoiries royales (emblèmes qui représentent le roi).
❸ Le Premier ministre William Pitt s'adresse à l'opposition.
❹ Gouvernement et majorité qui le soutient siègent à droite du *speaker*.
❺ Députés de l'opposition.

▸ En quoi cette image illustre-t-elle la séparation des pouvoirs exécutif et législatif ?

Vocabulaire

- **Chambre des communes** : assemblée des députés élue au suffrage censitaire par les comtés ruraux et par les bourgs.
- *Insurgents* : aussi appelés Patriotes, ce sont les colons américains qui s'opposent à la domination britannique.
- **régime parlementaire** : régime où le gouvernement est responsable devant le Parlement.

1670	1700	1750	
1679 Habeas Corpus · **1688** Glorieuse Révolution	**1689** Bill of Rights	**1726-1733** Lettres philosophiques de Voltaire	**1776** Indépendance des États-Unis · **1787** Constitution américaine · **1789-1797** Présidence de George Washington

2 La rencontre de Washington et des armées françaises

Siège de Yorktown, 17 octobre 1781, Louis-Charles-Auguste Couder, huile sur toile, 465 × 543 cm, 1836, musée du château de Versailles.

Ce tableau représente la jonction de l'armée des *Insurgents* américains de George Washington et de l'armée française, commandée par Rochambeau. La bataille de Yorktown signe la défaite de la Grande-Bretagne dans la guerre d'indépendance américaine.

❶ Washington
❷ Rochambeau
❸ La Fayette

> Comment ce tableau cherche-t-il à mettre en valeur le soutien français aux *Insurgents* dans la guerre d'indépendance ?

FICHE D'OBJECTIFS DU CHAPITRE 7

Pour commencer
Vidéo

Révolution américaine – Les treize colonies britanniques. Une vidéo de la chaîne Youtube Swisslearn. Elle décrit les relations entre les treize colonies et la Grande-Bretagne. Durée : 5'47".

Questions à aborder

> Comment l'Angleterre est-elle devenue une monarchie parlementaire au XVIIIe siècle ?
> Pourquoi est-elle prise en modèle par les philosophes des Lumières au cours du XVIIIe siècle ?
> Comment les États-Unis sont-ils devenus indépendants ?

Notions
- libéralisme politique
- régime représentatif
- régime parlementaire

Personnages-clés

Charles Ier (1600-1649), roi d'Angleterre, d'Écosse et d'Irlande

Guillaume III (1650-1702), roi d'Angleterre, d'Écosse et d'Irlande

Oliver Cromwell (1599-1658), lord-protecteur d'Angleterre, d'Écosse et d'Irlande

François-Marie Arouet, dit Voltaire (1694-1778), écrivain et philosophe

George Washington (1732-1799), Premier président des États-Unis

CHAPITRE 7 • Le modèle britannique et son influence

REPÈRES 1 — La Grande-Bretagne au XVIIe siècle

A D'un territoire morcelé à un empire mondial

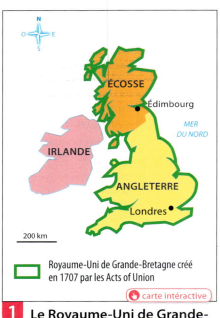

1 Le Royaume-Uni de Grande-Bretagne en 1707 et l'Irlande

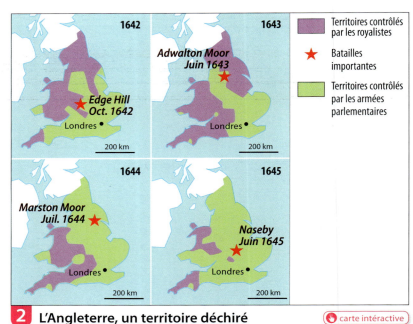

2 L'Angleterre, un territoire déchiré par la guerre civile

B L'affirmation des droits du Parlement face à la couronne anglaise

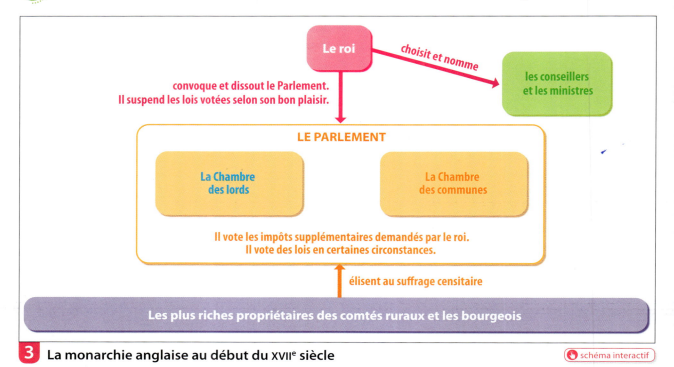

3 La monarchie anglaise au début du XVIIe siècle

CHAPITRE 7 • Le modèle britannique et son influence

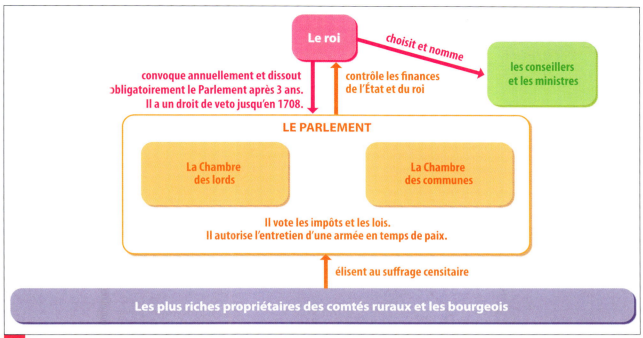

4 Le système représentatif de la fin du XVIIe siècle

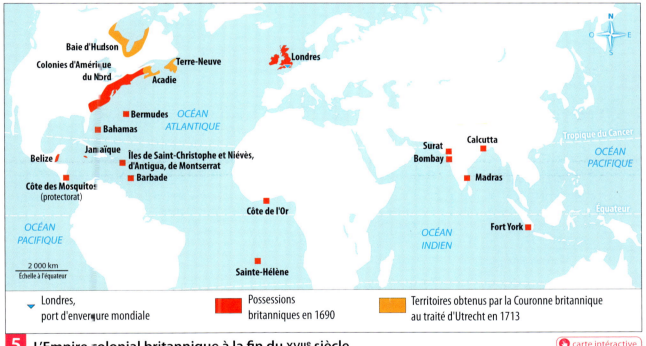

5 L'Empire colonial britannique à la fin du XVIIe siècle

QUESTIONS

1. Que nous apprend cette carte sur l'évolution du rapport de force militaire entre les royalistes et les partisans du Parlement (doc. 2) ?
2. De quels territoires se compose l'empire colonial anglais en 1689, puis en 1713 (doc. 5) ?
3. Comment le pouvoir du roi évolue-t-il au XVIIe siècle (doc. 3 et 4) ?
4. Quelles sont les nouvelles attributions du Parlement à la fin du XVIIe siècle (doc. 4) ?

Vocabulaire

- **Chambre des lords :** assemblée constituée des évêques, des archevêques et des aristocrates.

REPÈRES 2 — Les treize colonies américaines et l'Europe

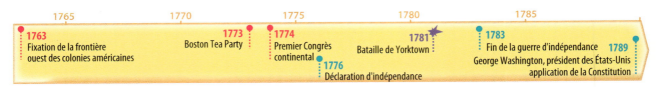

1765 — 1770 — 1775 — 1780 — 1785

- **1763** Fixation de la frontière ouest des colonies américaines
- **1773** Boston Tea Party
- **1774** Premier Congrès continental
- **1776** Déclaration d'indépendance
- **1781** Bataille de Yorktown
- **1783** Fin de la guerre d'indépendance
- **1789** George Washington, président des États-Unis ; application de la Constitution

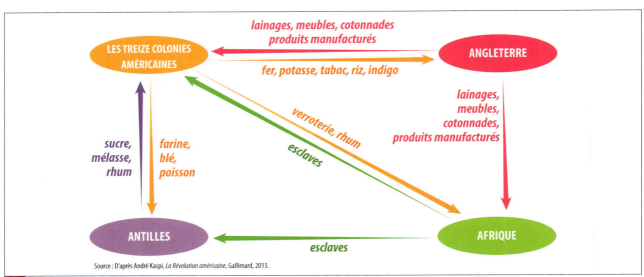

Source : D'après André Kaspi, *La Révolution américaine*, Gallimard, 2013.

1 Le commerce entre l'Europe, l'Afrique et l'Amérique

La pensée des Lumières se fonde sur l'usage de la raison et propose…

… en politique :
- la suppression du pouvoir absolu
- la séparation des pouvoirs
- la diffusion du libéralisme

… dans la société :
- la fin des inégalités fondées sur la naissance
- l'abolition de l'esclavage
- le développement de l'éducation

… dans les mentalités :
- la lutte contre l'intolérance religieuse
- la promotion de l'individu et de son émancipation
- la promotion du raisonnement scientifique et de la recherche

2 Les revendications américaines s'inspirent des **Lumières**

↓ schéma interactif à compléter

Population totale des États-Unis :
3 929 214 habitants

dont
- 1 541 263 femmes
- 1 693 687 hommes
- 694 264 esclaves noirs
- 59 166 Noirs libres

United States Census Bureau (bureau de recensement des États-Unis) : www.census.gov

Composition de la population d'origine européenne :
- Anglais : 60,9 %
- Allemands : 8,7 %
- Écossais : 8,3 %
- Néerlandais : 3,4 %
- Irlandais : 3,7 %
- Français : 1,7 %
- Divers anglo-saxons : 6,0 %
- Suédois : 0,7 %

3 Tableau de composition de la population des États-Unis en 1790

CHAPITRE 7 • Le modèle britannique et son influence

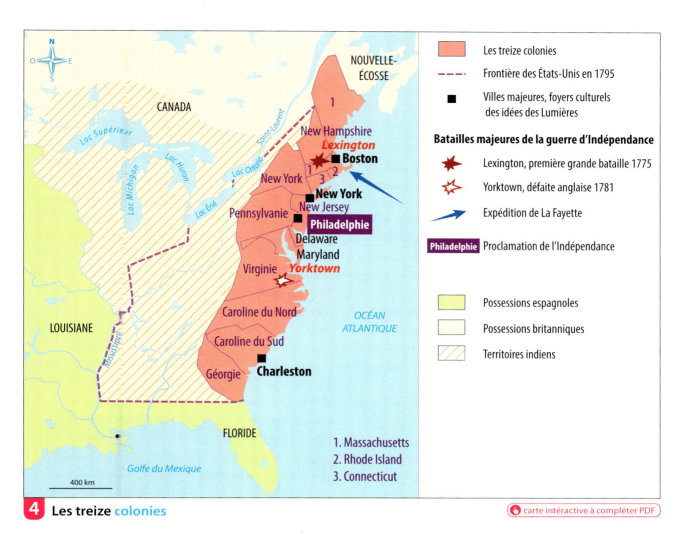

4 Les treize colonies

5 La guerre d'indépendance, une guerre meurtrière (nombre de soldats tués)

Soldats américains	25 324
Soldats britanniques	15 000 (dont 3 000 en mer)
Soldats français	10 000 (dont 75 % en mer)
Soldats espagnols	500
Soldats hollandais	500
Soldats mercenaires allemands, venus de la Hesse, et payés par l'Angleterre	3 000
Soldats indiens payés par l'Angleterre	500
Soldats canadiens ou tories, colons américains fidèles à l'Angleterre	3 000

D'après Micheal Clodfelter, *Warfare and Armed Conflicts : A Statistical Encyclopedia of Casualty and Other Figures, 1492-2015*, McFarland & Company, 2017.

QUESTIONS

1. Décrivez le système d'échanges entre l'Europe et les treize colonies à la fin du XVIIIe siècle **(doc. 1)**.
2. Comment les philosophes des Lumières peuvent-ils inspirer les révolutionnaires américains **(doc. 2)** ?
3. Comment peut-on caractériser la population américaine en 1790 **(doc. 3)** ?
4. Montrez que la naissance des États-Unis implique d'autres populations que celles des treize colonies **(doc. 4 et 5)**.

Vocabulaire

- **colonie** : territoire occupé et administré par un État avec lequel il a des liens économiques et politiques étroits, alors même qu'il se trouve en dehors des frontières de cet État.
- **Lumières** : mouvement intellectuel qui touche l'ensemble de l'Europe à partir du XVIIIe siècle, et se caractérise par de nouvelles pratiques éducatives et culturelles qui interrogent tous les savoirs (politique, économique, philosophique ou scientifique).

ÉTUDE → LEÇON 1
L'État royal renversé : la première révolution anglaise

En août 1642, Charles Ier déclare la guerre à une partie de ses sujets désignés comme rebelles. Il s'agit de la majorité des députés du Parlement qui dans un texte voté en 1641 et intitulé la Grande Remontrance revendique un droit de regard sur la politique royale et critique une Église d'État jugée trop répressive.

Pourquoi une révolte devient-elle une révolution ?

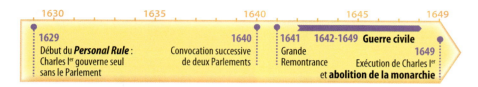

Charles Ier (1600-1649)
Roi depuis 1625, il tente d'imposer une monarchie absolue en levant des impôts sans le consentement du Parlement. Il veut aussi réformer l'Église anglicane, quitte à heurter les puritains. Impopulaire, il est renversé lors de la première révolution anglaise et exécuté en 1649.

1629 Début du **Personal Rule** : Charles Ier gouverne seul sans le Parlement
1640 Convocation successive de deux Parlements
1641 Grande Remontrance
1642-1649 Guerre civile
1649 Exécution de Charles Ier et **abolition de la monarchie**

Vocabulaire
- **New Model Army** : « Nouvelle armée idéale » armée du Parlement organisée par Oliver Cromwell qui la professionnalise. Elle se distingue aussi par son puritanisme.

1 Justification pour une guerre civile

Comment légitimer une révolte contre son roi ? Une publication qui prend la forme d'un dialogue entre un prêtre rebelle et un fidèle, et destinée aux soldats du Parlement, répond à cette question. Ce texte précède de peu la naissance de la New Model Army *en 1645.*

Qui êtes-vous ?
Je suis un chrétien et un soldat.

De quel côté êtes-vous ?
Je suis pour le roi et le Parlement, et je combats pour
5 récupérer le roi des mains des papistes[1] qui l'ont coupé de son Parlement. Je combats pour les lois et les libertés de mon pays, qui sont menacées par ceux qui veulent fonder un gouvernement tyrannique. Je combats pour la défense de la vraie religion protestante, qui sera supprimée si
10 les armées soulevées contre le Parlement triomphent.

Mais n'est-ce pas contre le roi que vous vous battez ?
Non. Notre objectif est de sauver le roi des mains de ses ennemis, et de maintenir ses justes prérogatives[2]. Nous nous efforçons de défendre ce que le roi doit défendre
15 par son serment et sa fonction. Nous prenons les armes contre les ennemis de Jésus-Christ qui, au nom du roi, font la guerre contre l'Église et le peuple de Dieu. Si le roi veut se joindre à ceux qui recherchent la ruine de son peuple et le renversement de la religion sûrement nous et
20 tous les bons sujets nous prendrons la défense des deux. Si le roi est la personne la plus importante dans ses États, les lois et les tribunaux du Royaume sont au-dessus de lui, et le roi lui-même est soumis à la moindre Cour de justice dans le pays. Par conséquent, le Parlement est la
25 puissance supérieure. Ne pas lui obéir, c'est résister à Dieu.

D'après Robert Ram, *Catéchisme du soldat parlementaire*, 1644.

1. Papiste : nom péjoratif donné aux partisans de l'Église officielle d'Angleterre, soupçonnés de vouloir restaurer le catholicisme.
2. Prérogatives royales : pouvoirs que seul le roi peut exercer.

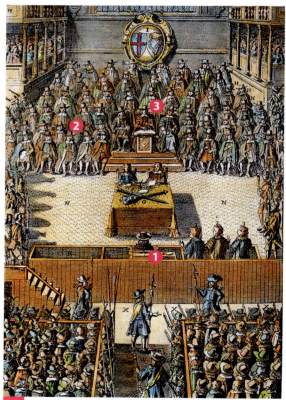

2 Le procès d'un roi, du 20 au 27 janvier 1649
Gravure réalisée d'après l'essai tiré du rapport du procès par J. Nelson, 1684.
- ❶ Charles Ier poursuivi pour tyrannie, trahison et meurtre.
- ❷ Haute Cour de justice réunie sur décision de la Chambre des communes composée d'officiers de la *New Model Army* et de députés.
- ❸ Le président, John Bradshaw, assisté du procureur général (accusateur), John Cook.

3 Charles Iᵉʳ répond à ses juges

Le président : Monsieur, vous avez entendu votre acte d'accusation et ce qu'il contient. Vous voyez qu'on demande que vous répondiez à l'accusation. La cour attend votre réponse.

Le roi : Je voudrais savoir par quelle autorité, j'entends, légitime, car il y a dans le monde beaucoup d'autorités illégitimes comme celle des brigands et des voleurs de grand chemin ; je voudrais, dis-je, savoir par quelle autorité j'ai été conduit de lieu en lieu, et dans quelle intention. Quand je connaîtrai cette autorité légitime, je répondrai. Rappelez-vous que je suis votre roi, votre roi légitime ; songez quels péchés vous amassez sur vos têtes, quel jugement de Dieu vous appelez sur le pays ; pensez-y bien, je vous le dis, pensez-y bien avant de passer d'un crime à un crime plus grand. Faites-moi donc connaître par quelle autorité je suis ici, et je ne refuserai pas de répondre. Cependant, je ne trahirai pas ma mission. J'ai une mission que Dieu m'a transmise par une ancienne et légitime succession d'aïeux. Je ne la trahirai pas au point de répondre à une autorité nouvelle et illégitime.

Le président : Si vous ne reconnaissez pas l'autorité de la cour, elle va procéder contre vous.

Le roi : Je vous dis que l'Angleterre n'a jamais été un royaume électif, qu'elle est depuis près de mille ans un royaume héréditaire. C'est à moi de défendre la liberté de mon peuple plus qu'à aucun de ceux qui sont venus ici pour être mes prétendus juges.

D'après le compte rendu officiel de l'audience du 20 janvier 1649, in Gérard Walter, *La Révolution anglaise*, 1641-1660, Albin Michel, 1963.

4 L'exécution de Charles Iᵉʳ vue par un royaliste, 30 janvier 1649

Peinture attribuée à John Weesop, *L'Exécution de Charles Iᵉʳ*, 1649, collection privée.

❶ Le bourreau montrant la tête du roi à la foule.
❷ Femme évanouie entourée de divers personnages qui manifestent l'émotion qui les étreint.
❸ Lord Fairfax, général de la *New Model Army*, tenant en trophée la hache de l'exécution et la tête de Charles.
❹ Charles Iᵉʳ se rend sur le lieu de son exécution.
❺ Des membres du public trempent leur mouchoir dans le sang du roi.

ANALYSE DE DOCUMENTS

- Procéder à l'analyse critique d'un document selon une approche historique
- Justifier une interprétation

1. Identifiez les motivations politiques et religieuses des soldats du Parlement (**doc. 1**).
2. Expliquez ce qu'implique pour le roi la phrase surlignée en jaune (**doc. 1**).
3. Pour analyser les **documents 2 et 3**, recopiez et complétez le schéma ci-contre :
4. Montrez comment le peintre tente de choquer le spectateur, et de quelle façon il cherche également à l'émouvoir sur le sort de Charles Iᵉʳ (**doc. 4**).

(schéma à compléter)

Accusations contre le roi : …
Le procès du roi
Juges du roi : …
Défense du roi : …

Bilan

En utilisant les **documents 1 à 4**, expliquez pourquoi cette révolte contre le roi se transforme en révolution.

ÉTUDE → LEÇON 1
L'*Habeas Corpus*, l'individu contre l'arbitraire royal

POINT DE PASSAGE ET D'OUVERTURE

Après la mort de Cromwell, Charles II, fils de Charles Ier, est rétabli sur le trône d'Angleterre en 1660. C'est la Restauration. Le nouveau monarque entend renforcer son autorité aux dépens du Parlement, mais, en 1679, un parlement dominé par les whigs vote l'*Habeas Corpus*.

Que change le vote de l'*Habeas Corpus* ?

1 Recul de l'arbitraire royal

Qu'il soit édicté par sa très excellente Majesté le roi, que lorsqu'une personne présente une ordonnance d'*Habeas Corpus* adressée à un shérif[1], à un geôlier, à un lieu-
5 tenant de justice ou à une autre personne, en faveur d'une personne confiée à leur garde, dans les trois jours qui suivent la présentation de ladite ordonnance elle doit conduire ou faire conduire le détenu devant
10 les juges ou barons du tribunal ayant délivré l'ordonnance, et ils devront alors énoncer les raisons sincères de la détention ou de l'emprisonnement.

Après quoi, dans l'espace de deux jours
15 après que le prisonnier leur a été présenté, ils libéreront ledit prisonnier de son emprisonnement en recevant son engagement, avec une ou plusieurs cautions, d'une somme telle qu'ils la jugeront à propos,
20 eu égard à la qualité du prisonnier ou à la nature de l'infraction, pour s'assurer qu'il comparaîtra à la session prochaine devant le tribunal.

D'après l'*Habeas Corpus Act*, 27 mai 1679.
1. Responsable du maintien de l'ordre.

Vocabulaire

- **libéralisme politique** : idéologie qui place l'individu au cœur de sa réflexion et revendique pour lui un ensemble de droits naturels, dont les libertés considérées aujourd'hui comme fondamentales (liberté d'expression, de circulation, d'opinion religieuse, etc.).
- **whigs** : faction favorable à un renforcement du pouvoir du Parlement au détriment du roi. Ses membres s'opposent à l'avènement d'un roi catholique.

2 L'*Habeas Corpus* vu par un des pères du libéralisme

*Le philosophe et économiste Adam Smith enseigne à l'université de Glasgow. Il évoque l'*Habeas Corpus* devant ses étudiants.*

L'*Habeas Corpus* constitue une garantie importante contre l'oppression, car cette loi permet à toute personne d'obtenir un procès à un tribunal de Westminster dans les 40 jours à condition d'être capable de s'y transporter. Avant cette loi, le Conseil privé [du roi] pouvait
5 mettre en prison n'importe qui selon son bon plaisir et le détenir à son gré sans lui faire un procès.

Aucun juge ne peut s'opposer à la loi sur l'*Habeas Corpus* ; l'infamie et une forte peine le sanctionneraient. Jamais l'influence du roi ne pourra inciter un juge à enfreindre cette loi. En cas de rébellion,
10 cependant, lorsqu'il est nécessaire d'emprisonner rapidement sans pouvoir organiser des procès tout aussi rapides, elle est généralement suspendue pendant six mois. Mais il ne sera jamais permis de la révoquer, car cela détruirait dans une grande mesure la liberté individuelle.

D'après Adam Smith, *Leçons sur la jurisprudence*, 9 mars 1763.

ANALYSE DE DOCUMENTS

Parcours 1 — J'ai besoin d'un peu d'aide

■ Procéder à l'analyse critique d'un document

1. Analysez les **documents 1 et 2** en recopiant et complétant le schéma ci-dessous :

Habeas Corpus
- Quelles garanties sont apportées à la liberté des individus ? …
- Quelle limitation est apportée au pouvoir royal ? …
- Quelle est l'avancée en termes de séparation des pouvoirs ? …

🔹 schéma à compléter

2. Montrez quelle limite existe à la mise en œuvre concrète de l'*Habeas Corpus* (doc. 2).

Bilan En interprétant les **documents 1 et 2**, expliquez pourquoi on peut considérer cette loi d'*Habeas Corpus* comme un fondement du libéralisme politique.

Parcours 2 — Je me débrouille seul(e)

■ Utiliser une approche historique pour construire une argumentation

Consigne :
En interprétant les **documents 1 et 2**, expliquez pourquoi on peut considérer cette loi d'*Habeas Corpus* comme une protection contre l'arbitraire royal.

TRAVAIL DE L'HISTORIEN

ÉTUDE → LEÇON 1

Une révolution institutionnelle : le *Bill of Rights*

POINT DE PASSAGE ET D'OUVERTURE

En 1688, une nouvelle révolution chassa Jacques II du trône. La noblesse anglaise fait alors adopter un texte, le *Bill of Rights*, qui impose un régime parlementaire.

💭 **Comment est né à la fin du XVIIᵉ siècle un régime représentatif contrôlé par les élites ?**

Vocabulaire

- **bill** : projet de loi. Une fois validé par le Parlement, il devient *Act*, c'est-à-dire une loi.
- **régime représentatif** : au sens du XVIIIᵉ siècle, régime qui reconnaît à une assemblée composée des plus méritants le droit de représenter la nation et de participer au gouvernement du pays.

1 DOCUMENT D'ACCOMPAGNEMENT

Guillaume III et Marie II confirmant le *Bill of Rights*

Le Roi Guillaume III tenant le texte du Bill of Rights *et la reine Marie II, gravure sur bois du XVIIIᵉ siècle.*

2 DOCUMENT SOURCE — **Le *Bill of Rights*, une monarchie refondée en 1689**

Le *Bill of Rights* affirme un certain nombre de principes qui régissent les relations entre le roi et le Parlement. Les lords et les représentants des communes déclarent dans ce texte :

1° Que le prétendu pouvoir de l'autorité royale de suspendre les lois ou l'exécution des lois sans le consentement du Parlement est illégal.
4° Qu'une levée d'impôt sans le consentement du Parlement est illégale.
6° Que la levée et l'entretien d'une armée dans le royaume, en temps de
5 paix, sans le consentement du Parlement, sont contraires à la loi.
8° Que les élections des membres du Parlement doivent être libres.
9° Que la liberté de parole, des débats et des procédures dans le sein du Parlement, ne peut être entravée ou mise en discussion en aucun tribunal en dehors du Parlement lui-même.
10 13° Qu'enfin pour remédier à tous griefs et pour l'amendement, l'affermissement et l'observation des lois, le Parlement doit être fréquemment réuni.

D'après le Bill of Rights *(Déclaration des droits), 16 décembre 1689.*

3 L'ANALYSE DE L'HISTORIEN — **La révolution du Parlement**

Le départ précipité de Jacques II en décembre 1688 entraîna une vacance du pouvoir qui contenait tous les ingrédients d'un basculement vers l'anarchie. L'entrée du nouveau roi Guillaume III dans Londres permit d'apaiser
5 la situation. Neveu et gendre de Jacques II, la Couronne d'Angleterre lui fut offerte, ainsi qu'à son épouse Marie, par une majorité parlementaire estimant qu'en fuyant le royaume, Jacques II avait abdiqué.

Ainsi, à la fin du XVIIᵉ siècle, à contre-courant de ce qui se
10 passait en Europe, où les souverains tendaient à concentrer le pouvoir entre leurs mains et cherchaient à se passer d'institutions représentatives, les élites anglaises ont réussi à faire du Parlement un organe essentiel de gouvernement. Avant 1689, la tenue du Parlement était un
15 événement politique dans le sens où elle était décidée par le monarque et pour cette raison, ne s'imposait que dans des circonstances précises. Après 1689 et le vote du *Bill of Rights*, le Parlement devint une institution permanente.

D'après Stéphane Jettot, François-Joseph Ruggiu, L'Angleterre à l'époque moderne, *Armand Colin, 2017.*

S'INITIER AU TRAVAIL DE L'HISTORIEN

- S'approprier un questionnement historique
- Procéder à l'analyse critique d'un document

A L'historien commence par définir le contexte historique

1. Décrivez le contexte politique des années 1688 et 1689.
2. Expliquez quel rôle joue exactement le Parlement dans cette période troublée.

B L'historien confronte la source à ce contexte

3. Expliquez quels sont les nouveaux pouvoirs du Parlement **(doc. 2)**.
4. Relevez les obligations du roi envers le Parlement **(doc. 2)**.

C L'historien interprète la source

5. Décrivez ce qui, selon l'historien, fait la principale force du Parlement après l'acceptation du *Bill of Rights* par le roi **(doc. 3)**.
6. Expliquez pourquoi l'expérience politique anglaise est « à contre-courant de ce qui se passait en Europe ».

L'anglophilie d'un philosophe : Voltaire

MÉTHODE BAC — ÉTUDE → LEÇON 1

POINT DE PASSAGE ET D'OUVERTURE

En 1726, Voltaire est rossé par les domestiques du chevalier de Rohan pour lui avoir répondu avec insolence. Il est ensuite emprisonné à la Bastille par lettre de cachet pour l'empêcher de provoquer en duel l'aristocrate. Remis en liberté, il décide de partir au pays de l'*Habeas Corpus*. De ce voyage naissent les *Lettres philosophiques*, ouvrage publié d'abord en Angleterre en 1733, puis en France.

1 La monarchie anglaise, un exemple pour Voltaire

La nation anglaise est la seule de la terre qui soit parvenue à régler le pouvoir des rois en leur résistant, et qui, d'efforts en efforts, ait enfin établi ce gouvernement sage où le Prince, tout-puissant pour faire du bien, a les mains liées pour faire le mal, où les seigneurs sont grands sans insolence et sans vassaux, et où le peuple partage le gouvernement sans confusion. La Chambre des Pairs et celle des Communes sont les arbitres de la nation, le Roi est le surarbitre.

Le commerce, qui a enrichi les citoyens en Angleterre, a contribué à les rendre libres, et cette liberté a étendu le commerce à son tour ; de là s'est formée la grandeur de l'État. C'est le commerce qui a établi peu à peu les forces navales par qui les Anglais sont les maîtres des mers.

La postérité apprendra peut-être avec surprise qu'une petite île, qui n'a de soi-même qu'un peu de plomb, de l'étain, de la terre à foulon et de la laine grossière, est devenue par son commerce assez puissante pour envoyer, en 1723, trois flottes à la fois en trois extrémités du monde, l'une devant Gibraltar, l'autre à Porto-Bello et la troisième dans la mer Baltique.

En France, un marquis peut mépriser un négociant. Je ne sais pourtant lequel est le plus utile à un État, ou un seigneur bien poudré qui sait précisément à quelle heure le Roi se lève, à quelle heure il se couche, et qui se donne des airs de grandeur en jouant le rôle d'esclave dans l'antichambre d'un ministre, ou un négociant qui enrichit son pays, donne de son cabinet des ordres à Surate et au Caire, et contribue au bonheur du monde.

D'après Voltaire, *Lettres philosophiques*, 1733-1734.

Document d'accompagnement — Une satire des élections

William Hogarth, *Le Scrutin*, 1755, Sir John Soane's Museum, Londres.
Ce tableau, extrait d'une série intitulée « Humeurs électorales », souligne avec humour la manipulation des élections anglaises.

Vocabulaire

- **tory** : faction qui regroupe les partisans d'un pouvoir royal fort et les défenseurs de la suprématie de l'Église anglicane.

❶ Bleu, couleur des tories.
❷ Orange qui remplace le vert, couleur des whigs.
❸ Aveugle qui monte les marches.
❹ Mourant amené à bras d'hommes.
❺ Personne souffrant d'un handicap mental influencée par les représentants des candidats tories.
❻ Un ancien combattant prête le serment électoral avec un crochet en métal et non sa main ce qui provoque un débat entre les avocats des candidats.
❼ *Britannia* (allégorie de la Grande-Bretagne) dont le carrosse est cassé.

MÉTHODE BAC

Voltaire
(1694-1778)

François-Marie Arouet, dit Voltaire, est un écrivain et philosophe français qui a profondément marqué le mouvement des Lumières. Très inspiré par la monarchie anglaise, il rédige les *Lettres philosophiques* en 1734. Il est aussi célèbre pour ses contes philosophiques *Zadig ou la Destinée* (1748) et *Candide ou l'Optimisme* (1759).

CONSIGNE

**Après avoir présenté le document, montrez comment et pourquoi Voltaire érige l'Angleterre en modèle politique, économique et social.
Montrez également que cette vision quelque peu idéalisée mérite d'être critiquée.**

MÉTHODE : Analyse d'un texte

→ Méthode générale de l'analyse de document, p. 12

1. Lire et comprendre la consigne
- **Analysez la consigne**, en repérant les mots clés.
- **Identifiez les limites du sujet**.
- **Identifiez le document** : expliquer qui est l'auteur, de quel ouvrage le passage est extrait, en quelle année il a été publié.

2. Analyser le texte au brouillon
- **Dégagez l'idée générale** de Voltaire dans cet extrait.
- **Analysez avec plus de détails l'argumentation du philosophe.**
Pour vous aider, vous pouvez répondre aux questions suivantes qui permettront d'avoir les trois axes du développement du commentaire :
> *Quels sont les mérites politiques du système anglais selon Voltaire ?*
> *Quels sont les atouts de l'Angleterre pour devenir une grande puissance économique ?*
> *Quelles sont les vertus de la société anglaise selon Voltaire ?*

3. Rédiger la réponse organisée

■ Introduction
– **Présentez le contexte de la rédaction de l'œuvre**, puis le contenu général de l'œuvre.
– **Terminez par la présentation du plan** en reprenant les trois axes.

■ Développement
Présentez le point de vue de Voltaire sur la monarchie anglaise en trois points, en fonction des trois questions suivantes :
> *Quels sont les mérites politiques du système anglais selon Voltaire ?*
> *Quels sont les atouts de l'Angleterre pour devenir une grande puissance économique ?*
> *Quelles sont les vertus de la société anglaise selon Voltaire ?*

Conseil :
Pensez à bien citer le document quand vous commentez le texte.

■ Conclusion
– **Établissez une conclusion en résumant l'idée de Voltaire** sur la monarchie anglaise.

– **Expliquez la portée de ce texte** en expliquant à qui s'adresse Voltaire.

LEÇON 1 — La naissance difficile d'un gouvernement représentatif

QCM interactif

Comment naît un régime représentatif en Angleterre ?

A La guerre du roi contre le Parlement

- Formé des Chambres des lords et des communes, **le Parlement s'assemble à la demande du roi pour voter l'impôt.** Les députés se montrant peu dociles, Charles Ier refuse de le convoquer de 1629 à 1640, date où, pour financer une expédition militaire, il est contraint de se raviser.

- La majorité élue aux Communes n'envisage alors de voter les crédits demandés qu'en échange de contreparties politiques. Le roi dissout la chambre, mais en convoque une autre pour régler ses problèmes financiers. **La nouvelle majorité lui adresse une Grande Remontrance (1641) où elle revendique de pouvoir contrôler ses conseillers**.

- **Après avoir échoué à arrêter les principaux opposants, le roi déclare la guerre aux rebelles.** C'est le début de la guerre civile. Les troupes parlementaires l'emportent grâce à la création, par Oliver Cromwell, de la *New Model Army*. Charles Ier, capturé et jugé pour avoir trahi son peuple, est exécuté en 1649. Cromwell, après un coup de force contre le Parlement, exerce une véritable dictature.

B L'affirmation des droits du Parlement

- Cromwell mort, la monarchie est restaurée en 1660. Charles II annule la plupart des lois créées depuis 1642, licencie l'armée, rétablit l'Église anglicane et la Chambre des lords. Quand il suspend la législation contre les minorités religieuses, le Parlement vote le *Test Act* en 1673 qui interdit les emplois publics aux catholiques. **C'est le retour de l'opposition parlementaire.**

- **Deux factions se forment alors, les whigs partisans du pouvoir du Parlement, et les tories favorables à la prérogative royale.** En 1679 les whigs imposent au roi l'*Habeas Corpus* : il protège l'individu contre toute arrestation arbitraire.

- **À la mort du roi, son frère catholique Jacques II lui succède.** Il multiplie les provocations religieuses et inquiète l'opposition qui décide de faire appel au protestant Guillaume d'Orange qui envahit l'Angleterre en 1688. Jacques II fuit vers la France. C'est la Glorieuse Révolution.

C L'adoption du *Bill of Rights*

- **Guillaume III accepte le *Bill of Rights* qui réduit ses pouvoirs au profit du Parlement.** D'autres réformes suivent : en 1694, la limitation à trois ans des sessions parlementaires oblige le roi à consulter régulièrement les électeurs.

- Après 1708, les souverains renoncent à leur *droit de veto*, renforçant ainsi la séparation entre pouvoirs exécutif et législatif. Le Parlement contrôle le budget de l'État ainsi que les dépenses du roi, **empêchant le roi d'agir sans son accord. La monarchie anglaise devient progressivement un régime parlementaire au XVIIIe siècle.**

- **Les Lumières françaises voient dans ce régime un modèle de gouvernement équilibré et favorable aux libertés.** Le modèle a toutefois ses failles : seules les élites aristocratiques et bourgeoises exercent le pouvoir, car la majorité de la population est exclue du système politique (5 % de la population vote).

Oliver Cromwell (1599-1658)

Membre de la petite noblesse et puritain, il devient l'un des chefs militaires de la *New Model Army* qu'il organise. Il exerce un rôle politique prépondérant au sein de la République avant d'imposer sa dictature.

Guillaume III (1650-1702)

Guillaume, prince d'Orange, est d'abord chef des forces armées de Hollande. Il devient roi d'Angleterre en 1689. Il partage le trône avec sa femme Marie, fille de Jacques II et reine d'Angleterre.

Vocabulaire

- **club** : lieu de rencontre réservé aux hommes qui permet une sociabilité choisie en filtrant l'accès.
- **coffee house** : établissement public qui sert le café aux hommes. Ils apparaissent dans les années 1650.
- **droit de veto** : pouvoir du roi d'empêcher l'application d'une loi.

@CTIVITÉ NUMÉRIQUE — Lien internet

Utiliser le numérique

Découvrir le sketchnoting

Le sketchnoting permet de prendre des notes en associant l'écrit et le dessin. Le texte sert à mettre en avant les mots-clés et établit une hiérarchie entre les idées.

Vous pourrez trouver des repères pour vous aider sur le site de l'académie de Poitiers.

Essayer de réaliser votre premier sketchnoting sur l'*Habeas corpus* et le *Bill of rights*.

1 Le *coffee house*, lieu d'une nouvelle sociabilité politique

Intérieur d'un café à Londres, gravure anonyme, 1668, British Museum, Londres.

2 La liberté de la presse au XVIIIe siècle

C'est avec une grande satisfaction que j'entends cette grande cité réclamer jour après jour mes articles. Mon éditeur me dit que trois mille exemplaires en sont, chaque jour, distribués. Ainsi, en supposant que je groupe vingt lecteurs par exemplaires, je touche des milliers de disciples dans Londres et
5 Westminster, qui, je l'espère, prendront soin de se distinguer du troupeau irréfléchi de leurs frères ignorants et inattentifs. On a dit de Socrate qu'il fit descendre du ciel la philosophie parmi les hommes : j'ai l'ambition que l'on dise de moi : « il a fait sortir la philosophie des cabinets de travail bibliothèques, écoles et collèges pour qu'elle demeure dans les *clubs* et assemblées, aux
10 tables de thé et dans les cafés.

Je recommanderais donc d'une manière très particulière mes spéculations à toutes les familles bien réglées, qui prennent de côté une heure chaque matin pour le thé et le pain et le beurre ; et je leur conseillerais sincèrement que ce journal soit servi avec ponctualité et soit considéré comme faisant
15 partie de l'équipement pour le thé.

Éditorial de John Addison pour le journal *Spectator*, n°10, 12 mars 1711.

3 Le Lord Protecteur

Monnaie d'argent, 1658.
L'inscription signifie en français : « Oliver par la grâce de Dieu protecteur de la République d'Angleterre, d'Écosse et d'Irlande ». En 1653 Cromwell prend le titre de Lord Protecteur, ce qui lui permet d'exercer une dictature.

QUESTIONS

1. Relevez les éléments qui montrent que Cromwell est représenté ici presque comme un roi **(doc. 3)**.
2. Comment les nouveaux droits acquis par les Anglais s'inscrivent-ils dans leur quotidien **(doc. 1 et 2)** ?
3. Quelle est la mission de la presse pour John Addison **(doc. 2)** ?
4. À l'aide de la leçon et de vos connaissances, recopiez ce schéma et indiquez dans chaque case si le gouvernement tend vers l'absolutisme ou vers un renforcement du pouvoir du Parlement. ⟳ schéma à compléter

Règne de Charles Ier : ... → Guerre civile et république : ... → Restauration : ... → Glorieuse Révolution : ...

Bilan

À partir de vos connaissances et des **documents 1 et 2**, montrez que la culture politique a changé en Angleterre après la Glorieuse Révolution.

ÉTUDE → LEÇON 2
Les revendications des treize colonies américaines

Le traité de Paris de 1763 a accordé au Royaume-Uni de nouveaux territoires en Amérique du Nord, mais la guerre qui a précédé a appauvri l'Empire britannique : les habitants des treize colonies en subissent les conséquences. L'augmentation de leurs impôts, alors même qu'ils n'ont pas de représentants élus au Parlement britannique, cristallise les revendications des élites, influencées par les Lumières.

Quelles sont les raisons du mécontentement des colons américains ?

- **1764** *Sugar Act*, taxe sur le sucre
- **1765** *Stamp Act*, instauration d'un timbre fiscal
- **1766** Premier boycott des marchandises britanniques et abrogation du *Stamp Act*
- **1767** Nouvelles taxes et deuxième boycott des marchandises britanniques
- **1773** Boston Tea Party

Vocabulaire
- **élite** : groupe puissant au sein d'une société.
- **pamphlet** : petit écrit en prose au ton violent et agressif.

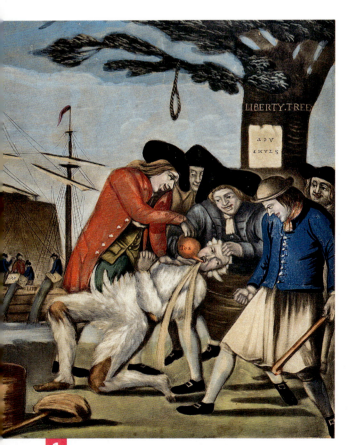

1 Des revendications fiscales

Philip Dawe, *Les Bostoniens paient le douanier*, gravure, 35,5 × 24,1 cm, 1774, John Carter Brown Library, Providence.

Un douanier britannique est passé au goudron et aux plumes. On l'oblige aussi à boire du thé bouillant. Sur le *Liberty Tree* (arbre de la Liberté) est affiché le *Stamp Act*. Cette loi suscite une telle colère que l'Angleterre l'abroge en 1766.

2 Des revendications territoriales à l'Ouest

La proclamation royale du 7 octobre 1763 organise une grande réserve de terres pour les Amérindiens, et dessine une frontière occidentale au-delà de laquelle les habitants des treize colonies ne peuvent s'installer.

Attendu qu'il est juste, raisonnable et essentiel pour Notre intérêt et la sécurité de Nos colonies de prendre des mesures pour assurer aux nations ou tribus sauvages qui sont en relation avec Nous et qui vivent sous Notre protection,
5 la possession entière et paisible des parties de Nos [...] territoires [...] réservées pour ces tribus ou quelques-unes d'entre elles comme territoires de chasse. [...]

Nous déclarons [...] réserver pour le présent [...] pour l'usage desdits Sauvages, toutes les terres et tous les territoires
10 non compris dans les limites de Nos trois gouvernements ni dans les limites du territoire concédé à la Compagnie de la Baie d'Hudson[1], ainsi que toutes les terres et tous les territoires situés à l'ouest des sources des rivières qui, de l'ouest et du nord-ouest, vont se jeter dans la mer.

15 Nous défendons aussi strictement par la présente à tous Nos sujets, sous peine de s'attirer Notre déplaisir, d'acheter ou de posséder aucune terre ci-dessus réservée ou d'y former aucun établissement sans avoir au préalable obtenu Notre permission spéciale et une licence à ce sujet.

20 Et Nous enjoignons et ordonnons strictement à tous ceux qui, en connaissance de cause ou par inadvertance, se sont établis sur des terres situées dans les limites des contrées décrites ci-dessus [...] de quitter immédiatement leurs établissements.

D'après la proclamation royale du 7 octobre 1763 faite par George III, roi d'Angleterre.

1. Les treize colonies, le Québec, la Floride orientale et la Floride occidentale.

3 Le rejet de l'autorité royale

William White, *Le cheval Amérique renversant son maître*, gravure, 17,2 × 27,5 cm, 1779, Library of Congress, Washington.
Le cavalier représente le roi de Grande-Bretagne George III.

4 Des revendications politiques

Le Sens commun *de Thomas Paine est un* pamphlet *qui décrit le contexte politique et les relations entre les colonies et l'Angleterre. Il justifie l'indépendance en montrant qu'elle est nécessaire et réalisable.*

Ce qui, aux yeux de la conscience, autorise l'usage de nos forces, c'est la violence que nous avons soufferte, et dont on nous a menacés, la destruction de nos propriétés par des soldats, l'invasion de notre patrie exécutée avec le fer et le feu ; et le moment où nous avons été contraints d'employer ce mode de défense, a dû nous affranchir de toute sujétion à l'égard de la Grande-Bretagne. L'indépendance de l'Amérique a dû dater son origine et sa proclamation du premier coup de fusil tiré contre ses habitants. [...] En un mot, l'indépendance est le seul lien qui soit capable de maintenir l'union des colonies [...]. Ainsi que nous avons, sans en recueillir beaucoup de fruit, interrompu notre commerce en vue d'obtenir le redressement de nos griefs, essayons maintenant de les redresser nous-mêmes par notre indépendance, et offrons alors de rendre au commerce sa première activité. [...]

Ainsi, au lieu de nous regarder les uns les autres avec une curiosité inquiète ou soupçonneuse, que chacun de nous serre amicalement la main de son voisin et concoure à tracer une ligne en deçà de laquelle il ne subsiste plus aucun vestige des anciennes dissensions. [...] qu'il n'y ait plus parmi nous d'autres dénominations que celles de bons citoyens, d'amis francs et déterminés, de vertueux défenseurs des droits de l'homme et des États libres et indépendants de l'Amérique.

D'après Thomas Paine, *Le Sens commun*, 19 janvier 1776, Philadelphie.

ANALYSE DE DOCUMENTS

Parcours 1
Je réponds à des questions

- Savoir lire, comprendre et apprécier un document iconographique
- S'approprier un questionnement historique

1. Quelles sont les raisons du mécontentement des colons américains **(doc. 1 et 2)** ?
2. Comment Thomas Paine justifie-t-il la nécessité de l'indépendance des colonies **(doc. 4)** ?
3. Quel sentiment les colons ont-ils vis-à-vis du roi anglais George III **(doc. 3 et 4)** ?
4. Sur votre cahier, recopiez et complétez le schéma ci-dessous :

- Revendications fiscales : ...
- Revendications territoriales : ... → Réponses du roi : ... → Insurrections des colonies
- Revendications politiques : ...

Parcours 2
J'applique la méthode bac de la page 203 pour étudier un texte (doc. 4)

- Construire une argumentation historique
- Utiliser une approche historique pour mener une analyse ou construire une argumentation

Consigne : Après avoir présenté le **document 4**, expliquez comment Thomas Paine envisage la résistance au pouvoir royal britannique.

Aide :
1. Lisez attentivement la consigne et repérez les mots-clés.
2. Relevez les idées importantes du texte de Thomas Paine.
3. Rédigez une réponse organisée (courte introduction, développement, courte conclusion).

Bilan Quelles valeurs politiques les colons américains utilisent-ils pour se retourner contre leur métropole ?

ÉTUDE → LEÇON 2

George Washington, premier président des États-Unis d'Amérique

George Washington se fait connaître pendant la révolution américaine par son exemplarité et ses succès militaires face aux Anglais. Il est ainsi choisi par le Congrès pour présider la rédaction d'une constitution commune aux nouveaux États qui est signée le 25 mai 1787, à Philadelphie. En 1789, il est élu à l'unanimité par les grands électeurs premier président des États-Unis d'Amérique.

POINT DE PASSAGE ET D'OUVERTURE

❓ **Quel rôle George Washington a-t-il joué dans la politique des nouveaux États-Unis ?**

Vocabulaire
- **constitution** : texte de lois définissant l'organisation des pouvoirs dans un État.

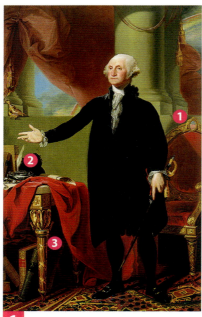

1 Le premier président des États-Unis

Gilbert Stuart, *George Washington*, huile sur toile, 243,8 × 152,4 cm, 1796, National Portrait Gallery, Washington.

Washington est représenté à la manière des hommes politiques européens, avec quelques symboles choisis des nouveaux États :
❶ Le drapeau américain.
❷ Le registre du Congrès.
❸ Le faisceau antique[1].

1. Dans la Rome antique, symbole des magistrats républicains.

2 Un fondateur de la Constitution américaine

À la fin de la guerre d'indépendance, l'union politique des nouveaux États d'Amérique apparaît nécessaire et ils ratifient le 17 septembre 1787 une constitution commune, sous la présidence de Washington.

Nous, Peuple des États-Unis […] décrétons et établissons cette Constitution pour les États-Unis d'Amérique. […]
Tous les pouvoirs législatifs accordés par cette Constitution seront attribués à un Congrès des États-Unis, qui sera composé d'un Sénat et d'une Chambre des représentants. […]
Le pouvoir exécutif sera confié à un président des États-Unis d'Amérique. Il restera en fonction pendant quatre ans et sera élu. […]
Le président sera commandant en chef de l'armée et de la marine des États-Unis […]. Il aura le pouvoir, sur l'avis et avec le consentement du Sénat, de conclure des traités, sous réserve de l'approbation des deux tiers des sénateurs présents. […]
Les États-Unis garantiront à chaque État de l'Union une forme républicaine de gouvernement […].

D'après la Constitution américaine, 1787.

3 George Washington et la politique étrangère des États-Unis

Notre grande règle de conduite envers les nations étrangères est d'étendre nos relations commerciales afin de n'avoir avec elles qu'aussi peu de liens politiques qu'il est possible. […] L'Europe a un ensemble d'intérêts primordiaux, qui avec nous n'ont aucun rapport, ou alors très lointain. […] Pourquoi quitter notre propre sol pour se tenir sur une terre étrangère ? Pourquoi, en entrelaçant notre destin avec celui d'une quelconque part de l'Europe, empêtrer notre paix et notre prospérité dans les labeurs des ambitions, rivalités, intérêts, humeurs ou caprices européens ? C'est notre politique véritable d'avancer exempt d'alliances permanentes avec n'importe quelle partie du monde étranger. […]

D'après le discours d'adieu du 19 septembre 1796, Library of Congress, Washington.

ANALYSE DE DOCUMENTS

- Savoir lire, comprendre et apprécier un document iconographique
- Mettre en relation des faits ou évènements de nature différente

1. Quel est le rôle de George Washington dans la naissance de la république américaine **(doc. 1 et 2)** ?
2. Comment George Washington envisage-t-il la diplomatie américaine après son retrait de la vie politique **(doc. 3)** ?

Bilan
Montrez à l'aide des documents et de vos connaissances que George Washington tient un rôle important dans la naissance des États-Unis.

ÉTUDE → LEÇON 2
La place des Noirs dans la nouvelle République américaine

Pendant la révolution américaine, 30 000 à 50 000 esclaves noirs s'enfuient de chez leurs maîtres pour s'engager comme soldats, espérant ainsi gagner leur liberté.

Vocabulaire
- **abolitionniste :** partisan de l'abolition de l'esclavage.

🐋 Les Noirs ont-ils bénéficié de l'indépendance américaine ?

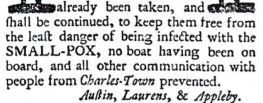

1 Les Noirs en Amérique, une population opprimée
Annonce pour une vente aux enchères de Noirs dans le port de Charleston, Caroline du Sud, vers 1785.
« À vendre sur le bateau *Bance Island* […], un choix d'environ 250 nègres en bonne santé, juste arrivés des côtes africaines […]. Le plus grand soin leur a été donné […]. »

2 Un esclave témoigne

Né vers 1745 dans l'actuel Nigeria, Olaudah Equiano est capturé en 1756. En 1766, il rachète sa liberté à son maître et s'installe comme barbier à Londres. À la demande des abolitionnistes, il fait publier son autobiographie en 1789.

[Après avoir été enlevé à sa famille et vendu à des maîtres africains, Olaudah est conduit à la Barbade.]

Après notre débarquement, on nous dirigea vers la cour d'un marchand ou nous fûmes parqués comme des moutons, sans souci du sexe ni de l'âge. Nous étions là depuis quelques jours quand on procéda à la vente. Au signal du roulement de tambour, les acheteurs, marchands ou planteurs, se précipitaient tous ensemble dans l'enclos où étaient massés les esclaves et choisissaient le lot qu'ils préféraient. […]

Pendant quelques semaines je fus employé à désherber et à ramasser des pierres dans une plantation. En entrant dans la maison, je vis une esclave noire qui préparait le dîner : la pauvre était cruellement chargée de divers instruments en fer, dont un qu'elle portait sur la tête et qui lui fermait si étroitement la bouche qu'elle pouvait à peine parler, manger ou boire.

D'après *Ma véridique histoire*, Olaudah Equiano, 1789, Mercure de France, 2008.

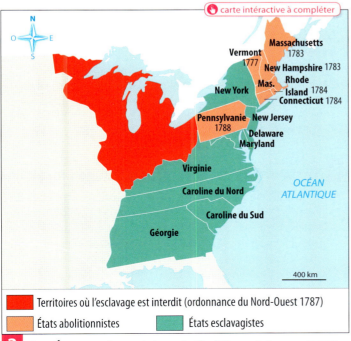

3 Les États esclavagistes et abolitionnistes en 1789

- Territoires où l'esclavage est interdit (ordonnance du Nord-Ouest 1787)
- États abolitionnistes
- États esclavagistes

ANALYSE DE DOCUMENTS
■ Construire une argumentation historique

1. Quelle est la condition des esclaves après l'indépendance américaine **(doc. 1 et 2)** ?
2. Montrez que, après la rédaction de la Constitution, l'esclavage subsiste dans les États-Unis d'Amérique **(doc. 3)**.

Bilan
Montrez que la mise en place des États-Unis d'Amérique n'améliore pas la situation des Noirs américains.

Le statut des Indiens d'Amérique

ÉTUDE → LEÇON 2

Le traité de Paris de 1763 établissant une « réserve indienne » n'a pas empêché la colonisation vers l'ouest et l'appropriation continue de terres indiennes par les colons américains. Pendant la guerre, de nombreuses tribus, organisées en confédération, soutiennent les Britanniques, pensant ainsi sauver leurs territoires. À la fin de la Révolution, les Indiens sont considérés comme vaincus, étrangers et exclus de la nouvelle nation.

Comment les Indiens sont-ils considérés dans les nouveaux États ?

- 1783 : Les Anglais abandonnent leurs territoires à l'ouest
- 1787 : Ordonnance du Nord-Ouest
- 1790-1791 : Défaites américaines face aux Indiens
- 1794 : Fallen Timbers, Traité de Jay
- 1795 : Traité de Greenville

Vocabulaire

- **nation** : ensemble d'individus vivant sur un même territoire, ayant une communauté d'origine, d'histoire, de culture, de traditions, parfois de langue, et constituant une communauté politique.

1 Des territoires indiens qui ne cessent de se réduire

Frontières : Les treize colonies américaines en 1763 ; Territoires intégrés aux États-Unis en 1795 ; Défaite indienne de Fallen Timbers ; Wea : Tribu indienne

2 Thomas Jefferson et les Indiens

Dans ce texte publié en 1785, le futur président des États-Unis décrit la situation des Indiens en Amérique au lendemain de la révolution américaine.

Une triste conséquence résulte cependant de la comparaison du recensement de 1669 avec celui du commencement du dernier siècle ; car on y reconnaît que dans l'espace de 62 ans leur nombre [le nombre d'Indiens] est déjà diminué à peu près
5 des deux tiers. Les liqueurs spiritueuses, la petite vérole et une diminution de territoire funeste à un peuple qui vit principalement des productions spontanées de la nature, ont causé cette terrible destruction que la génération traversée par les obstacles qu'elle rencontre chez eux n'a pas pu réparer. Contrairement à ce que l'on
10 suppose généralement, on ne les a pas chassés à main armée de leurs territoires. Je trouve dans nos registres publics et dans nos historiens des preuves multipliées d'achat de leur terrain, faits par les Européens, et qui forment une partie considérable des pays voisins de la mer […] nous savons d'ailleurs que le pays d'en
15 haut[1] a été acquis d'eux par des conventions revêtues de toutes les formes qui peuvent en légitimer la possession.

Extrait de Thomas Jefferson, *Observations sur la Virginie*, Nabu Press, 2010.

1. Immense région correspondant au bassin des Grands Lacs.

3 Le statut des Indiens dans la Constitution américaine

Les représentants et les impôts directs seront répartis entre les différents États qui pourront faire partie de cette union, proportionnellement au nombre de leurs habitants, qui sera déterminé en ajoutant au nombre total des personnes libres, y compris pour
5 celles qui se sont louées pour un nombre d'années déterminé, mais à l'exclusion des Indiens non soumis à l'impôt […]
Le Congrès aura le pouvoir : […] De réglementer le commerce avec les nations étrangères, entre les divers États, et avec les tribus indiennes. […]

D'après la Constitution de 1787.

4 Le commerce avec les Indiens

Extrait du traité de Jay signé entre les États-Unis et le Royaume-Uni en 1794 concernant la circulation des marchandises en Amérique du Nord.

Il ne sera levé par aucune des parties aucun droit d'entrée sur les pelleteries apportées par terre ou par navigation intérieure, et les Sauvages passant ou repassant avec leurs propres effets ou marchandises, de quelque nature qu'ils soient, ne seront sujets pour ceux-ci à aucun droit ou impôt quelconque. Mais les marchandises en balles, ou autres gros paquets, qui ne sont pas communs parmi les Sauvages, ne seront point considérés comme des marchandises appartenant aux Sauvages.

D'après le traité de Jay de 1794.

5 Un traité de paix en défaveur des Indiens

Peinture du traité indien de Greenville, huile sur toile, 1795, Chicago History Museum.
Les Indiens sont défaits à la bataille de Fallen Timbers en 1794. Le traité de Greenville est signé par des chefs de tribus indiennes et le représentant des États-Unis, le général Wayne. Cet accord stipule que les Indiens doivent leur céder la majeure partie de l'Ohio, de l'Indiana, de l'Illinois et du Michigan.

ANALYSE DE DOCUMENTS

Parcours 1
Je réponds à des questions

- Savoir lire, comprendre et apprécier un document iconographique
- Mettre en relation des faits ou évènements de natures différentes
- S'approprier un questionnement historique

1. Comment sont décrits ou représentés les Indiens (doc. 2, 3, 4 et 5) ?
2. De quelle façon et pour quelles raisons les territoires indiens sont-ils petit à petit colonisés (doc. 1, 2, 5) ?
   Aide : je distingue les terres indiennes qui sont achetées par les colons et celles qui sont prises de force.
3. Quelles sont les relations convenues entre les nouveaux États et les Indiens (doc. 3 et 4) ?
   Aide : j'identifie les éléments qui montrent que les Indiens ne sont pas considérés comme des citoyens.

Bilan Comment les Amérindiens sont-ils considérés et traités par le gouvernement des États-Unis d'Amérique ?

Parcours 2
J'applique la méthode bac de la page 203 pour étudier un texte (doc. 2)

- S'approprier un questionnement historique
- Utiliser une approche historique pour mener une analyse ou construire une argumentation

Consigne : À l'aide du texte de Jefferson (doc. 2), montrez que les Amérindiens sont, dès la fin de la révolution, laissés en marge de la nation américaine.

Aide :
1. lisez attentivement la consigne et repérez les mots clés.
2. au brouillon, relevez les différentes étapes historiques (traités, textes de lois) qui définissent le statut des Indiens après l'indépendance.
3. rédigez une réponse organisée, avec une courte introduction, un développement et une courte conclusion.

LEÇON 2 — La naissance des États-Unis d'Amérique

QCM interactif

🎩 **Comment la révolution américaine a-t-elle donné naissance à un régime politique original ?**

A La révolution américaine

- **Depuis le traité de Paris de 1763, les habitants des treize colonies reprochent à la Grande-Bretagne de les appauvrir, par de nouveaux impôts** ou des confiscations d'emplois au profit des soldats anglais. Ce sont surtout les nouvelles taxations douanières qui cristallisent l'agitation sociale.

- **Aux revendications économiques s'ajoutent des demandes politiques** : les colonies réclament plus de libertés et leur représentation au Parlement anglais. La Boston Tea Party, pendant laquelle des cargaisons de thé anglais sont détruites, est punie sévèrement par la Grande-Bretagne.

- **L'affrontement armé entre les *Insurgents* et les Britanniques éclate dès 1775.** Lorsque le Congrès, l'assemblée législative commune aux treize colonies, proclame l'indépendance des colonies le 4 juillet 1776, la guerre devient une guerre civile car certains colons sont restés fidèles au Royaume-Uni. Le conflit dure huit ans : l'aide militaire et financière du royaume de France est décisive dans la victoire des *Insurgents* en 1783, avec notamment la participation du lieutenant général français La Fayette, qui a gardé une place importante dans l'histoire américaine.

B La naissance d'un nouveau régime

- Un bouleversement des structures politiques a lieu en 1783 : **les gouvernements des États nouvellement indépendants ont chacun rédigé des constitutions.** Certains États ont aussi voulu définir leurs libertés, dans un *Bill of Rights* (déclaration des droits), suivant le modèle britannique.

- Une convention se réunit à Philadelphie le 25 mai 1787 pour décider de la mise en œuvre d'une fédération d'États : **le 28 septembre 1787, la première constitution des États-Unis d'Amérique est ratifiée.** En 1789, l'*United States Bill of Rights* définit les libertés des citoyens.

- **La Constitution américaine se distingue du régime britannique en instituant un régime républicain :** la représentation politique devient la norme de l'exercice du pouvoir par le peuple. George Washington est nommé à l'unanimité premier président des États-Unis d'Amérique le 4 février 1789. Un sentiment national se construit progressivement.

C Des droits inégalement partagés

- **En 1790, en dépit des espoirs suscités par la révolution américaine, certaines populations restent à l'écart des progrès démocratiques.** Ainsi sont exclues de la citoyenneté les femmes, oubliées par la révolution.

- De même, aucun droit n'est concédé aux esclaves, et les Noirs libres sont considérés comme des citoyens « inférieurs », et ont donc des droits réduits. **L'esclavage est maintenu dans les nouveaux États, mais l'abolitionnisme progresse.**

- **Les tribus indiennes sont quant à elles traitées comme des nations étrangères, potentiellement dangereuses, ce qui légitime l'appropriation de leurs terres par les Américains** : leur « frontière » est sans cesse repoussée et leurs relations avec les États-Unis sont confiées au secrétariat à la Guerre.

1 « Rejoignez-nous ou mourez »
Gravure de Benjamin Franklin, *La Gazette de Philadelphie*, 1754, Library of Congress. Ce dessin a servi à encourager les colonies (on voit leurs initiales le long du serpent) à s'unir contre l'Angleterre.

George Washington (1732-1799)
Chef de l'Armée continentale pendant la guerre d'Indépendance, il est le premier président des États-Unis d'Amérique de 1789 à 1797. Il est l'un des pères fondateurs de la nouvelle nation.

Vocabulaire

- **Boston Tea Party :** révolte qui éclate à Boston en 1773, durant laquelle des caisses de thé sont jetées à la mer pour protester contre les taxes imposées par la Grande-Bretagne.

@CTIVITÉ NUMÉRIQUE — Lien internet

■ Utiliser le numérique

Fabriquer un quiz de révision

1. Relevez les dates importantes du chapitre et associez à chacune une signification. Ex. 1789 : Washington devient le premier président des États-Unis.
2. Rendez-vous sur le site de LearningApps puis créez un compte.
3. Cliquez sur « Créer une appli » et choisissez « Classer par paires ».
4. Saisissez votre travail en associant une date et un événement.

2 Le vote de l'indépendance

Robert Edge Pine puis Edward Savage, *The Congress voting Independence*, 1784-1788, au Philadelphia History Museum at the Atwater Kent, Pennsylvanie.

On peut voir sur ce tableau la plupart des signataires de la Déclaration d'indépendance avec notamment au centre (de gauche à droite) : John Adams, Roger Shermann, Robert R. Livingston, Thomas Jefferson, qui dépose la Déclaration sur la table et, assis, Benjamin Franklin.

3 Une société nouvelle ?

Un mélange d'Anglais, d'Écossais, d'Irlandais, de Français, de Hollandais, d'Allemands et de Suédois [...]. De ce fonds bigarré est née cette race qu'on appelle les Américains [...]. Dans ce grand asile américain, les pauvres de l'Europe, d'une façon ou d'une autre, se sont rencontrés, et cela par suite de causes diverses. Pour quel motif devraient-ils se demander l'un à l'autre de qui ils sont les concitoyens ? [...] *Ubi panis, ibi patria* [Où est le pain, là est la patrie], voilà la devise de tous les immigrants. Qu'est-ce donc alors que l'Américain, ce nouvel homme ? Il est en même temps un Européen, de là cet étrange mélange de sang que vous ne trouverez dans aucun autre pays. [...] Est américain celui qui, laissant derrière lui ses anciens préjugés et ses anciennes manières, en prend de nouveaux dans le nouveau genre de vie qu'il a choisi, dans le nouveau gouvernement auquel il se soumet, dans la nouvelle charge qu'il occupe. [...] Ici les individus de toutes les nations sont brassés et transformés en une nouvelle race d'hommes, dont les travaux et la postérité causeront un jour de grands changements dans le monde [...]. Ici, les récompenses de l'industrie accompagnent régulièrement l'avancement du travail : le travail se fonde sur la base de la nature : l'intérêt personnel ; existe-t-il un stimulant plus fort ? [...] L'Américain est un nouvel homme, qui agit selon de nouveaux principes [...].

D'après J. Hector Saint-John de Crèvecoeur, « Lettres d'un fermier américain », 1782.

4 Le statut des femmes

Abigail Adams est la femme du président John Adams. Elle milite pour l'égalité des droits pour les femmes.

J'ai bien entendu que vous avez déclaré votre indépendance. Et, soit dit en passant, je souhaite que – dans le nouveau Code des lois, que, j'imagine, il vous sera nécessaire de promulguer – vous pensiez aux dames et soyez plus généreux envers elles que vos ancêtres. Ne mettez plus entre les mains des maris un pouvoir illimité. Souvenez-vous que tous les hommes seraient des tyrans s'ils le pouvaient. Si aucun intérêt particulier n'est accordé aux femmes, nous sommes déterminées à fomenter une rébellion et nous ne resterons plus liées par des lois auxquelles nous n'avons ni voix ni représentation. [...] Les hommes doués de bon sens ont souvent horreur de ces coutumes qui nous traitent comme des [servantes] de votre sexe. Considérez-nous comme étant placées par la Providence sous votre protection [...] et n'utilisez ce pouvoir que pour notre bonheur.

D'après une lettre d'Abigail Adams à John Adams, 31 mars-5 avril 1776.

QUESTIONS

1. Quel moment de la révolution américaine représente ce tableau ? **(doc. 2)**.
2. Comment ce fermier américain définit-il la nouvelle nation américaine **(doc. 3)** ?
3. Quelles sont les limites de l'égalité proclamée aux États-Unis **(doc. 4)** ?

Bilan

Quelles sont les transformations de la société américaine après la révolution ?

EXERCICES — Autre support — Un texte littéraire

Les Voyages de Gulliver de Jonathan Swift

L'ouvrage écrit par Jonathan Swift en 1721 a perdu aujourd'hui de son actualité et n'est souvent appréhendé que comme un conte moral, voire un récit fantastique pour enfant. Mais à son époque il se voulait une satire impitoyable de ses contemporains, en particulier des luttes politiques au Parlement.

Comment *Les Voyages de Gulliver* se révèlent-ils être une satire de la vie politique ?

1 Les tories[1] et les whigs[2] moqués

Témoignage d'un talon bas :
On prétend que les talons hauts [tories] sont les plus conformes à notre ancienne constitution ; mais quoi qu'il en soit, Sa Majesté [roi de Lilliput] a résolu de ne se servir
5 que des talons bas [whigs] dans l'administration du gouvernement. Vous pouvez même remarquer que les talons de Sa Majesté impériale sont plus bas au moins d'un druur que ceux d'aucun à sa cour. (Le druur est environ la quatorzième partie d'un pouce).
10 La haine des deux partis est à un tel degré, qu'ils ne mangent ni ne boivent ensemble, et qu'ils ne se parlent point. Nous comptons que les talons hauts nous surpassent en nombre ; mais l'autorité est entre nos mains. Hélas ! nous craignons beaucoup que Son Altesse, l'héritier de la couronne, n'ait
15 quelque penchant pour les hauts talons.

D'après *Les voyages de Gulliver*, « Voyage à Lilliput », 1726.
1. membres du parti conservateur britannique.
2. membres du parti libéral britannique.

2 Les finances monarchiques dénoncées

Le roi de Brobdingnag[1] m'ordonna alors de lui faire une relation exacte du gouvernement d'Angleterre. Il me questionna ensuite sur l'administration des finances ; en déclarant qu'il pensait que la mémoire me trahissait quand j'estimais nos
5 impôts à environ 5 ou 6 millions par an ; quand j'évaluais les dépenses, elles se montaient parfois à plus du double. Il ne pouvait, disait-il, concevoir comment un royaume osait dépenser au-delà de son revenu. Qui étaient nos créanciers ? Où trouvions-nous de quoi les payer ? Il était
10 étonné du détail que je lui avais fait de nos guerres et des frais excessifs qu'elles exigeaient.
« Qu'avez-vous à démêler, ajoutait-il, hors de vos îles ? Devez-vous y avoir d'autres affaires que celles de votre commerce ? Devez-vous songer à faire des conquêtes, et ne vous suffit-il
15 pas de bien garder vos ports et vos côtes ? » Ce qui l'étonna fort, ce fut d'apprendre que nous entretenions une armée dans le sein de la paix et au milieu d'un peuple libre.

D'après *Les voyages de Gulliver*, « Voyage à Brobdingnag », 1726.
1. Royaume des géants.

Document d'accompagnement

Gulliver conversant avec le roi géant de *Brobdingnag*

Illustration d'une édition du XIXe siècle des « Voyages de Gulliver » de Jonathan Swift.

Résumé de l'œuvre : Le capitaine Gulliver, après un naufrage, se retrouve au pays de Lilliput, où les habitants mesurent 15 cm. Il visite ensuite Brobdingnag, où vivent des géants, puis Laputa, une île volante habitée par des savants obsédés par les sciences. Il termine son voyage par le pays des Houyhnhnms, où vivent des chevaux sages et bons qui ont domestiqué des humains dégénérés appelés Yahoos.

QUESTIONS

■ Utiliser une approche historique pour mener une analyse ou construire une argumentation

1. Comment l'auteur tourne-t-il en ridicule les luttes entre les partis politiques **(doc. 1)** ?
2. Quels aspects de la politique anglaise sont dénoncés **(doc. 2)** ?
3. Dans quelle mesure ce texte de fiction constitue-t-il une métaphore du système politique anglais ?

Réaliser une carte mentale de synthèse

Sur votre cahier, en vous servant du modèle ci-dessous, construisez votre propre carte mentale de synthèse du chapitre.

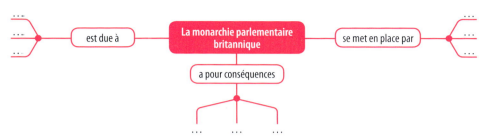

Boîte à outils

- Reprenez les différents éléments de votre cours et listez-les de manière simple.
- Ensuite, réfléchissez à quelle idée de la carte mentale ils correspondent.
- Utilisez par exemple un code couleur (je surligne sur mon brouillon en jaune fluo les raisons et les moyens de la mise en place de la monarchie parlementaire, ainsi que les conséquences politiques en Angleterre comme en France ou en Amérique).
- Puis complétez au propre la carte mentale avec tous les éléments listés et classés.

Bac contrôle continu — 1. Analyse d'un texte

■ **CAPACITÉS :** Mettre une figure en perspective – Utiliser une approche historique pour mener une analyse

Washington rend compte à La Fayette[1] de sa fonction de président

Vous avez sûrement entendu parler, de temps en temps, de l'heureuse amélioration de nos affaires. Les principales difficultés que rencontrait le gouvernement semblent en grande partie surmontées. Nos concitoyens paraissent animés d'un bon esprit.
5 Rhode Island vient d'accéder à la Constitution, et tous les États qui ont formé la première confédération sont à présent réunis sous le gouvernement général. […] Notre gouvernement est à présent en activité. Quelques questions épineuses sont restées indécises ; on doit espérer de notre législature nationale qu'elles
10 seront réglées avec prudence. Un bon système financier est l'objet qui préoccupe les esprits et excite le plus les esprits, mais les produits de notre sol se sont élevés au-delà de ce qu'on prévoyait ; les récoltes abondantes de l'année dernière, et cependant le haut prix du blé, ont augmenté le revenu public. Ce qui est
15 relatif aux échanges dépend de notre volonté ; l'importation de denrées européennes a été considérable, et les droits perçus par le trésor se sont accrus en proportion. Notre commerce aux Indes occidentales[2] prospère, et les profits individuels sont si grands que le nombre de ceux qui s'y engagent est toujours croissant,
20 l'esprit d'entreprise est généralement répandu […] M. Jefferson est à la tête du Département d'État, M. Jay de la justice, Hamilton du trésor et Knox de la guerre. Je me sens appuyé par d'habiles coopérateurs qui sont entre eux dans une parfaite harmonie.

Lettre de George Washington au marquis de La Fayette, envoyée de New York le 3 juin 1790.

25
1. Aristocrate chef des volontaires français engagés aux côtés des *Insurgents* américains pendant la guerre d'Indépendance. Il est nommé major général par Washington.
2. C'est ainsi que l'on appelait les Antilles.

CONSIGNE

Après avoir présenté le texte ainsi que son auteur et son destinataire, expliquez comment la présidence de Washington est le moment de la construction politique et économique des États-Unis.

AIDE POUR CONSTRUIRE L'ANALYSE

1. Rappelez qui est La Fayette. Quelle est la fonction de Washington en 1790 ? Depuis quand occupe-t-il ce poste ?
2. Quel est le rôle de Washington dans la mise en place du régime républicain ? Comment se forment les États-Unis d'après le texte ? Quels éléments montrent que se construit un nouvel État ?
3. Relevez et expliquez les éléments sur lesquels Washington souhaite affirmer la place économique des États-Unis dans le monde. En quoi ses idées reflètent l'idéologie libérale ?

EXERCICES

Bac contrôle continu — **2. Analyse de deux documents**

■ **CAPACITÉS :** Savoir lire, comprendre et apprécier un document iconographique – Procéder à l'analyse critique d'un document selon une approche historique

1 Les idées politiques du penseur John Locke

Il est clair, dès lors, que la monarchie absolue, considérée par certains comme le seul gouvernement au monde, est en fait incompatible avec la société civile […] La grande fin pour laquelle les hommes entrent en société, c'est de jouir de leurs biens dans la paix et la sécurité. Or, établir des lois dans cette société constitue le meilleur moyen pour réaliser cette fin. Par suite, dans tous les États, la première et fondamentale loi positive est celle qui établit le pouvoir législatif […]. Et aucun édit, quelle que soit sa forme ou la puissance qui l'appuie, n'a la force obligatoire d'une loi s'il n'est approuvé par le pouvoir législatif, choisi et désigné par le peuple […] Il ne peut y avoir qu'un seul pouvoir suprême : le pouvoir législatif, auquel tous les autres sont et doivent être subordonnés. Toutefois, le peuple conserve toujours le pouvoir suprême de dissoudre ou de changer la législature, quand il s'aperçoit que celle-ci agit de manière contraire à la mission qui lui a été confiée.

John Locke, *Essai sur le gouvernement civil*, 1690.

2 Une séance à la Chambre des communes

Peter Tillemans, *The House of Commons in Session*, huile sur toile, 137 cm × 123 cm, Parliamentary Art Collection, 1710.

CONSIGNE

En vous appuyant sur l'analyse du document 1 et vos connaissances, expliquez comment John Locke justifie la révolte du Parlement contre le roi Jacques II. Indiquez ensuite comment ces deux documents montrent l'importance du Parlement dans la vie politique anglaise du XVIIIe siècle.

Méthode

ÉTAPE 1 Analyser la consigne en repérant les mots-clés.

ÉTAPE 2 Repérer les idées du texte permettant de répondre aux parties de la consigne.

ÉTAPE 3 Interpréter le texte en utilisant vos connaissances.

■ **Pour la première partie de la consigne :**
1. Comment John Locke considère-t-il la monarchie absolue ?
2. Quelles raisons expose-t-il pour justifier la révolte du Parlement et des protestants contre le roi Jacques II ?
3. Quel texte renforce les pouvoirs du Parlement à la fin du XVIIe siècle ? Datez-le précisément.

■ **Pour la seconde partie de la consigne :**
1. Comment John Locke conçoit-il la meilleure forme de gouvernement possible ?
2. Décrivez la scène représentée sur le document 2 (fonction de cette assemblée, groupes de personnages, que sont-ils en train de faire ?). Montrez en quoi cette scène peut être mise en relation à la vision de Locke.
3. Que représente le groupe de personnes sur les balcons du document 2 ? Relevez la phrase du document 1 qui peut être mise en relation avec cette image. En quoi ces deux documents montrent que la monarchie anglaise du XVIIIe siècle est un régime représentatif ?

Bac contrôle continu

3. Réponse à une question problématisée
Étape 5 Du brouillon à la rédaction

■ **CAPACITÉ :** Utiliser une approche historique pour construire une argumentation

SUJET ▶ **QUESTION PROBLÉMATISÉE**

Pourquoi l'Angleterre est-elle un modèle politique ?

Comment l'Angleterre développe-t-elle un nouveau modèle politique qui va influencer une partie du monde aux XVIIe et XVIIIe siècles ?

Où et comment se manifeste cette influence ?

Quelle borne chronologique doit-on prendre pour comprendre la mise en place du modèle britannique ?

ÉTAPE 1 Analyser le sujet.

ÉTAPE 2 Passer du brouillon à la rédaction.

■ Au brouillon, vous avez indiqué vos idées pêle-mêle ou sur un schéma fléché. Attention, n'écrivez que sur le recto des brouillons. Ensuite, barrez les idées qui ne conviennent pas et classez les autres en indiquant un numéro.

■ Pour la partie 1 et l'argument 1, une proposition pourrait être la suivante :

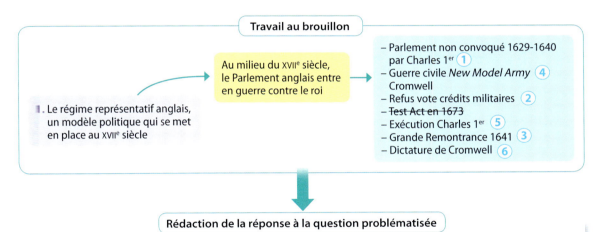

Rédaction de la réponse à la question problématisée

Au XVIIe siècle, le régime représentatif anglais se met en place et devient un modèle politique. **Au milieu du XVIIe siècle, le Parlement anglais entre en guerre contre le roi.** Entre 1629 et 1640, le roi Charles Ier refuse de convoquer le Parlement **car** il souhaite se passer de lui. **Cependant**, pour financer une expédition militaire, il doit leur demander de voter les crédits nécessaires, ce qu'ils refusent de faire si le roi ne veut pas prendre en compte leurs compétences. Le roi décide **alors** de dissoudre la Chambre des communes mais aussitôt élue, la nouvelle majorité lui adresse une Grande Remontrance (1641). Le roi déclare la guerre aux rebelles, **entraînant ainsi** le début de la guerre civile. Les partisans du Parlement sortent victorieux grâce à l'action de la *New Model Army* créée par Oliver Cromwell. Charles Ier est capturé et exécuté en 1649. **Mais** Cromwell, fort de sa position, met en place une véritable dictature.

Les notes prises au brouillon vous permettent de gagner du temps car il est impossible de rédiger totalement au brouillon la réponse à la question problématisée avant de la réécrire. Seules l'introduction et la conclusion doivent l'être. Pour votre argumentation, il est nécessaire d'utiliser des mots ou des expressions permettant de faire le lien entre vos idées (en gras dans le texte).

RÉVISION : Le modèle britannique et son influence

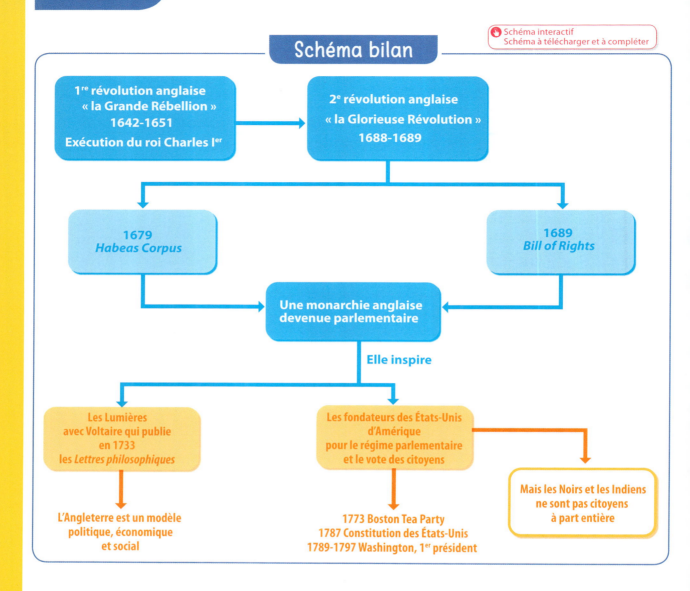

Je connais les dates importantes

1649 : Exécution de Charles Ier et abolition de la monarchie.
1679 : Vote de l'*Habeas Corpus*.
1688 : Révolution anglaise.
1689 : Adoption du *Bill of Rights*.
1734 : Publication des *Lettres philosophiques* de Voltaire en France.
1776 : Indépendance des États-Unis.
1787 : Constitution américaine.
1789-1797 : Présidence de George Washington.

Je maîtrise les notions et le vocabulaire essentiels

- abolitionniste
- colonie
- constitution
- *Insurgents*
- Lumières
- libéralisme politique
- nation
- régime parlementaire
- régime représentatif
- régime républicain

Ne pas confondre

- **Révolution** : renversement brusque d'un régime par la force. Une révolution peut faire tomber une monarchie ou une république, et la remplacer par un régime différent ou semblable. Une révolution ne signifie donc pas systématiquement le remplacement d'une monarchie par une république.

- **Révolte** : mouvement violent provoqué par un mécontentement de la part d'une partie de la population. Mais contrairement à la révolution, la révolte ne mène pas forcément à un changement de la situation. La révolte peut être maîtrisée par la force publique.

CHAPITRE 7 • Le modèle britannique et son influence

AUTOÉVALUATION

Fiche d'autoévaluation à réaliser sur votre cahier ou sur une feuille.

🔽 Fiche d'autoévaluation à télécharger et à compléter PDF

OBJECTIF 1 — Maîtriser des repères chronologiques

■ **CAPACITÉ** : identifier et nommer les périodes historiques, les continuités et ruptures chronologiques

Sur votre cahier, reproduisez la frise chronologique ci-dessous et placez-y les repères suivants :
a. La révolution américaine.
b. Le *Bill of Rights*.
c. La présidence de George Washington.

| 1600 | 1650 | 1700 | 1750 | 1800 |

■ **CAPACITÉ** : identifier et expliciter les dates et acteurs clés des grands événements

Expliquez ensuite en quelques lignes les trois événements cités ci-dessus.

OBJECTIF 2 — Maîtriser des repères spatiaux

■ **CAPACITÉ** : nommer et localiser les grands repères géographiques

Dans un court paragraphe, situez géographiquement les treize colonies américaines et expliquez comment elles ont accédé à l'indépendance.

■ **CAPACITÉ** : identifier les contraintes et les ressources d'un événement

Dans un court paragraphe, expliquez comment le système politique britannique s'est modifié entre 1649 et 1689.

OBJECTIF 3 — Réaliser sa fiche de révision

■ **CAPACITÉ** : employer les notions et le lexique acquis en histoire à bon escient
- Noter les notions et le vocabulaire du chapitre (liste page précédente) avec leur définition précise.

■ **CAPACITÉ** : utiliser une approche historique pour mener une analyse ou construire une argumentation
- Indiquer pour chaque partie du cours :
  – les éléments importants (dates, personnages, notions),
  – les grandes idées (faits historiques, causes, conséquences…),
  – savoir expliquer : les raisons qui poussent les colons américains à se révolter – l'admiration de Voltaire pour le modèle politique britannique – ce qu'ont apporté les *coffee houses*.

Pour aller plus loin

À VOIR

- *The Patriot, les chemins de la liberté*, film de Roland Emmerich, 2000, au moment de la révolution américaine, l'histoire d'un père qui prend les armes contre les soldats britanniques pour sauver son fils.
- *Révolution*, de Hugh Hudson, 1985, un film historique sur l'indépendance de l'Amérique.

À LIRE

- Woodrow Wilson, *George Washington*, Petite bibliothèque Payot, 2007 : une biographie de George Washington, écrite par un futur président américain, à la fin du XIXe siècle.
- *La Révolution anglaise 1603-1660*, Bernard Cottret, Perrin, « Tempus », 2018 : par le spécialiste de cette révolution.
- *La Révolution américaine*, André Kaspi, 1763-189, Folio, 2013.

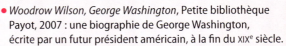
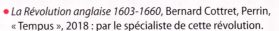
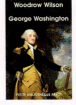

SUR LE WEB    lien internet

- *Les Révolutions anglaises du XVIIe s., 2000 ans d'histoire*, une émission de France Inter. picto lien internet
- Faites un quiz pour réviser la révolution américaine.
- *La Fabrique de l'histoire : Révolution américaine, inventer un système parlementaire*, émission de France Culture.

BAC Contrôle continu

Réponse à une question problématisée

■ **CAPACITÉS :** Utiliser une approche historique pour construire une argumentation

SUJET ▶ **QUESTION PROBLÉMATISÉE** Pourquoi le système parlementaire anglais est-il à la fois un modèle qui inspire d'autres sociétés en Europe et en Amérique, mais aussi un régime critiqué ?

Suggestion de plan

I. La monarchie parlementaire anglaise repose sur un équilibre des pouvoirs et un système représentatif.
II. En Europe et dans les colonies britanniques d'Amérique du Nord, des acteurs érigent ce régime parlementaire et libéral en modèle.
III. Malgré ses influences, le régime parlementaire anglais est critiqué par certains contemporains.

Rédaction de l'introduction

Dans ses *Lettres philosophiques* (1726-1733), Voltaire dresse un portrait élogieux de la monarchie anglaise découverte lors de son exil en Angleterre.

À la suite des révolutions du XVIIe siècle, le régime politique anglais est progressivement réformé pour devenir une monarchie parlementaire au début du XVIIIe siècle.

La monarchie parlementaire anglaise – du fait de son gouvernement équilibré, représentatif et libéral (I) – fut érigée en modèle politique influent en Europe et en Amérique du Nord (II) malgré les critiques de certains contemporains (III).

Explications

L'introduction doit montrer que l'on a bien compris le sujet. C'est une entrée en matière qui doit être soignée et méthodique.

Pour l'accroche, il faut penser à utiliser un exemple étudié en cours (p. 202-203) qui permet d'entrer concrètement dans le sujet. Il ne s'agit pas de citer simplement Voltaire mais d'en extraire les enjeux du sujet.

Il faut définir les mots importants du sujet (« monarchie anglaise ») et contextualiser le sujet.

Le plan annoncé montre une dynamique : présenter le régime anglais, puis expliquer pourquoi il fut érigé en modèle influent, pour enfin critiquer son idéalisation.

Rédaction du développement

I. La monarchie anglaise est la première qui évolue vers le parlementarisme du fait des revendications de la population et d'un pouvoir royal affaibli.

Au début du XVIIe siècle, l'Angleterre est une monarchie où le roi convoque et dissout le Parlement selon son bon plaisir. Il n'est responsable devant personne de sa politique et dispose d'un droit de veto pour s'opposer à toute décision qui nuirait à son autorité. À partir de 1642, le Parlement conteste la politique royale de Charles Ier qui tente d'imposer une monarchie absolue en levant de nouveaux impôts. Après la dictature d'Oliver Cromwell, les Whigs imposent au roi l'*Habeas Corpus* (1679) qui protège l'individu contre le pouvoir arbitraire du roi.

Arrivé au pouvoir après la Glorieuse Révolution (1688), le roi Guillaume III accepte le *Bill of Rights* (1689) et s'engage à partir de 1694 à convoquer annuellement le Parlement élu tous les trois ans. En 1708, la reine Anne renonce à son droit de veto. Si le souverain est toujours maître de l'exécutif, c'est désormais le Parlement – devenu une institution politique permanente – qui exerce le pouvoir législatif et qui contrôle les finances de l'État et du roi, limitant ainsi sa capacité d'action.

La monarchie parlementaire anglaise est alors érigée en modèle de régime politique et social.

II. Des philosophes des Lumières qui séjournent en Angleterre lors de voyages ou en exil y découvrent la pratique du vote, la pondération et le partage des pouvoirs, la fin de l'absolutisme royal, la reconnaissance de la liberté de l'individu par l'*Habeas Corpus*, la liberté d'expression dans les débats ou dans les coffee houses. Dans leurs œuvres, ces intellectuels et artistes européens décrivent un mode de gouvernement idéal et idéalisé.

Explications

Il faut d'abord expliquer comment la monarchie anglaise devient progressivement parlementaire.

Il faut donc commencer par évoquer ce qu'était l'ancien régime anglais pour ensuite exposer son évolution.

Il ne s'agit pas d'expliquer en détail les révolutions, il faut centrer le propos sur les raisons et les avancées qui conduisent progressivement au régime parlementaire.

Il convient de citer des acteurs, des dates, des événements, des textes majeurs pour incarner le propos.

Plusieurs réformes peuvent être citées, mais il faut en développer au moins une pour bien expliquer sa portée (exemple du *Bill of Rights* grâce à l'étude p. 201).

Dans les treize colonies britanniques d'Amérique du Nord, l'élite bourgeoise et intellectuelle en relation avec les Lumières en Europe, comme Benjamin Franklin, un proche de Voltaire, milite pour une amélioration du statut des colonies américaines sur le modèle anglais (réduction des taxes, davantage de libertés, avoir des représentants au Parlement anglais). Face au refus de la monarchie anglaise, l'affrontement éclate : c'est la guerre d'indépendance (1775-1783).

Après l'indépendance en 1783, les treize États définissent des libertés dans un Bill of Rights sur le modèle anglais puis dans l'United States Bill of Rights (1789).

Malgré son influence hors de ses frontières, le régime britannique est critiqué pour son manque de représentativité du peuple.

III. La Constitution des États-Unis, bien qu'inspirée du modèle anglais (bicaméralisme du Parlement, suffrage censitaire, Bill of Rights), fait apparaître un nouveau régime politique, la république démocratique, où le peuple est davantage représenté.

En Angleterre, le régime parlementaire est critiqué. Dans son œuvre Le Scrutin (1755), William Hogarth fait une satire des élections législatives anglaises. Il dénonce le suffrage censitaire conduisant à élire un Parlement qui ne représente que 5 % de la population anglaise. L'élite noble et bourgeoise défend ainsi ses intérêts et non ceux du peuple. Dans les Voyages de Gulliver (1721), Jonathan Swift critique les querelles politiques au Parlement anglais entre les Whigs et les Tories, conduisant le pays, mal gouverné, à sa perte.

En France, Jean-Jacques Rousseau, philosophe des Lumières, critique le modèle anglais et défend la souveraineté du peuple dans une république qui représente réellement l'ensemble de la population.

Rappeler ce qui a séduit les philosophes dans le régime anglais et par quels moyens ils ont diffusé ce modèle.

Rappeler l'impact des avancées politiques qui ont eu lieu en Angleterre sur les revendications qui se font jour dans les colonies américaines.

Montrer que le système anglais a inspiré en partie celui des États-Unis.

Il s'agit ici de nuancer le propos comme le suggère le « ? » du sujet :

– en montrant que le régime des États-Unis diffère de celui de l'Angleterre.

– en utilisant un exemple tiré d'une œuvre anglaise et en développant l'exemple pour appuyer son argumentaire.

– ne pas résumer les Lumières à Voltaire et aux anglophiles.

Rédaction de la conclusion

Parce qu'elle permet une relative représentativité du peuple, qu'elle accorde des libertés et des droits aux individus et qu'elle limite le pouvoir arbitraire du roi, la monarchie parlementaire anglaise du XVIIIe siècle fut érigée en modèle hors de ses frontières. Ce modèle idéalisé fut diffusé en Europe et aux Amériques où il nourrit les aspirations des peuples face à l'absolutisme et à l'autoritarisme monarchique. Inspirant la Constitution américaine et la pensée de certains philosophes des Lumières en France, ce modèle idéalisé fut critiqué par certains contemporains car de nombreuses limites politiques et sociales persistent, comme l'exclusion de la masse du petit peuple de la vie politique.

Explications

Il faut répondre de manière synthétique aux enjeux de la question problématisée en rappelant d'abord les éléments qui en ont fait un modèle, puis les domaines où ce modèle a exercé une relative influence en finissant par évoquer les critiques faites par certains contemporains.

THÈME 4

Dynamiques et ruptures dans les sociétés des XVIIᵉ et XVIIIᵉ siècles

8 Les Lumières et le développement des sciences 224
Comment l'essor de l'esprit scientifique participe-t-il au mouvement des Lumières ?

9 Tensions, mutations et crispations de la société française 250
Quels sont les blocages et les transformations de la société française à la fin de l'époque moderne ?

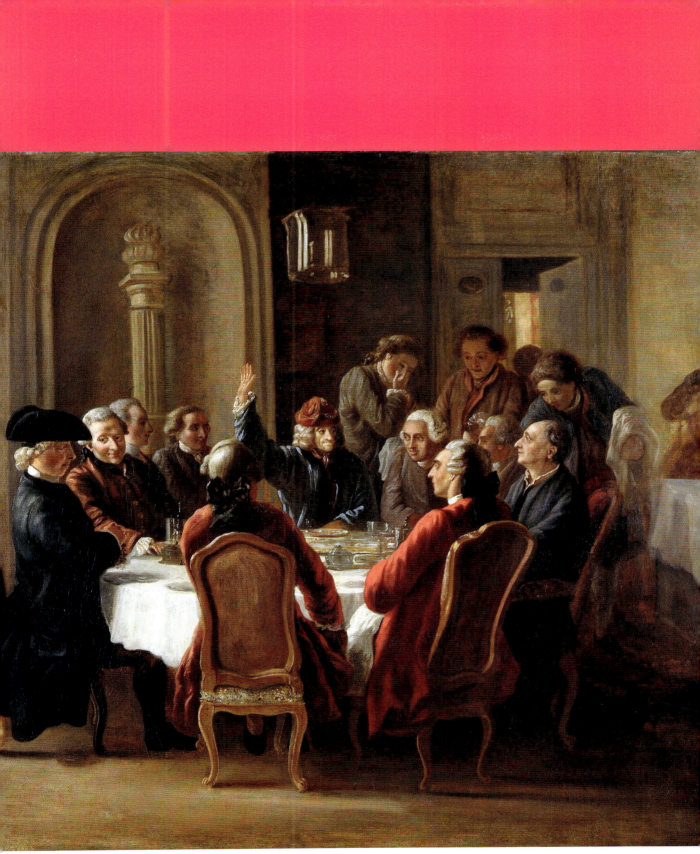

Le souper des philosophes,
Jean Huber (1721-1786), huile sur toile, dimensions 60 x 80 cm, vers 1773, fondation Voltaire.

CHAPITRE 8

Les Lumières et le développement des sciences

🔍 **Comment l'essor de l'esprit scientifique participe-t-il au mouvement des Lumières ?**

RESSOURCES NUMÉRIQUES DU CHAPITRE
Site collection : lycee.hachette-education.com/hg/histoire-2de

1 De nouvelles pratiques permettent l'avancée des connaissances en médecine

Rembrandt, *La Leçon d'anatomie du Docteur Tulp*, 169,5 cm x 216 cm, 1632, Mauritshuis, La Haye.
Le peintre hollandais Rembrandt (1606-1669) représente une scène de dissection, c'est-à-dire une démonstration expérimentale faite par un savant à ses étudiants. Le cadavre est celui d'un condamné à mort dont le corps a été livré aux chirurgiens d'Amsterdam.

> Montrez que cette peinture témoigne d'une manière expérimentale d'enseigner la médecine.

Vocabulaire

- **esprit scientifique :** démarche intellectuelle visant à remettre en question les connaissances anciennes à l'aide de nouvelles méthodes de recherches et d'observations.
- **Lumières :** mouvement philosophique européen au XVIIIe siècle qui vise à combattre « les ténèbres de l'ignorance » par la diffusion du savoir.

| 1600 | 1650 | 1700 | 1750 | 1800 |

- **1609** Galilée, mise au point de la lunette astronomique
- **1660** Création de la **Royal Society** à Londres
- **1666** Création de l'**Académie royale des sciences** à l'initiative de Colbert
- Publication de **L'Encyclopédie** de Diderot et d'Alembert **1751-1772**
- **1758** *Tableau économique* du physiocrate François Quesnay
- **1774-1776** Politique libérale des physiocrates
- **1671** Newton, invention du télescope
- **1712** Newcomen, invention de la « pompe à feu »
- **1759** Émilie du Châtelet, *Principes mathématiques de la philosophie naturelle*
- **1769** Watt, brevet pour sa machine à vapeur

2 Les innovations techniques au service de la révolution industrielle

A Pithead, artiste anonyme, peinture à l'huile, 1792, The Walker Art Gallery, Liverpool.
Première utilisation d'une machine à vapeur pour l'extraction de charbon.

> Que permet de réaliser la force motrice de la vapeur perfectionnée au cours du XVIIIe siècle ?

Pour commencer
Vidéo

Les Cartes de Cassini.
Une vidéo sur l'élaboration de la première carte détaillée de la France, à consulter sur la chaîne Youtube du château de Versailles.
Durée : 3'06".

FICHE D'OBJECTIFS DU CHAPITRE 8

Questions à aborder

> De quelles façons se manifeste l'essor d'un esprit scientifique aux XVIIe et XVIIIe siècles ?
> Quels philosophes des Lumières permettent la diffusion des savoirs en Europe ?
> Sur quelles inventions se fonde l'industrialisation du continent européen ?

Notions

- esprit scientifique
- Lumières
- méthode expérimentale
- préindustrialisation

Personnages-clés

Galilée (1564-1642), physicien et astronome italien

Émilie du Châtelet (1706-1749), femme de lettres et de sciences

Isaac Newton (1642-1727), physicien, mathématicien et astronome

CHAPITRE 8 • Les Lumières et le développement des sciences 225

REPÈRES — Des conditions favorables à l'essor de l'esprit scientifique

A Des initiatives qui stimulent la production scientifique

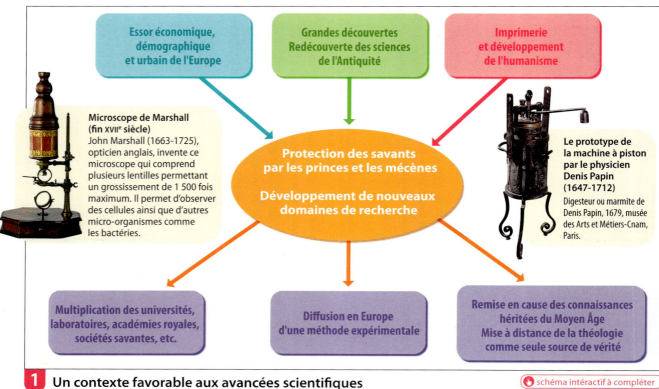

Microscope de Marshall (fin XVIIe siècle)
John Marshall (1663-1725), opticien anglais, invente ce microscope qui comprend plusieurs lentilles permettant un grossissement de 1 500 fois maximum. Il permet d'observer des cellules ainsi que d'autres micro-organismes comme les bactéries.

Le prototype de la machine à piston par le physicien Denis Papin (1647-1712)
Digesteur ou marmite de Denis Papin, 1679, musée des Arts et Métiers-Cnam, Paris.

Schéma :
- Essor économique, démographique et urbain de l'Europe
- Grandes découvertes / Redécouverte des sciences de l'Antiquité
- Imprimerie et développement de l'humanisme

→ Protection des savants par les princes et les mécènes / Développement de nouveaux domaines de recherche

→ Multiplication des universités, laboratoires, académies royales, sociétés savantes, etc.
→ Diffusion en Europe d'une méthode expérimentale
→ Remise en cause des connaissances héritées du Moyen Âge / Mise à distance de la théologie comme seule source de vérité

1 Un contexte favorable aux avancées scientifiques

schéma intéractif à compléter

2 Sciences et techniques, des champs complémentaires

	Domaine scientifique	Domaine technique
Quoi ?	Démarche de recherches et d'observations visant à remettre en question les connaissances anciennes	Démarche qui consiste à fabriquer des outils et des machines à partir de théories scientifiques établies
Qui ?	Savants : mathématiciens, physiciens, philosophes…	Savants et artisans : astronomes, menuisiers, forgerons…
Comment ?	Rédaction d'ouvrages	Descriptions et dessins techniques
Où ?	Laboratoires, cabinets	Ateliers
Aboutissement de la recherche	Découverte de théorèmes, inventions	Inventions, innovations

3 Principales académies européennes créées aux XVIIe et XVIIIe siècles

Localité	Nom	Date de fondation	% d'activités scientifiques
Londres	Royal Society of London	1660	35-50
Paris	Académie royale des sciences	1666	100
Berlin	Königlich Preußische Akademie	1700	50
Bologne	Academia delle Scienze	1714	100
Saint-Pétersbourg	Académie impériale des arts et sciences	1725	65
Bruxelles	Académie impériale des sciences et belles lettres	1769	50

« Les communautés savantes européennes à la fin du siècle des Lumières », René Sigrist, M@ppemonde, n° 110, 2013.

B Une diffusion à l'échelle européenne

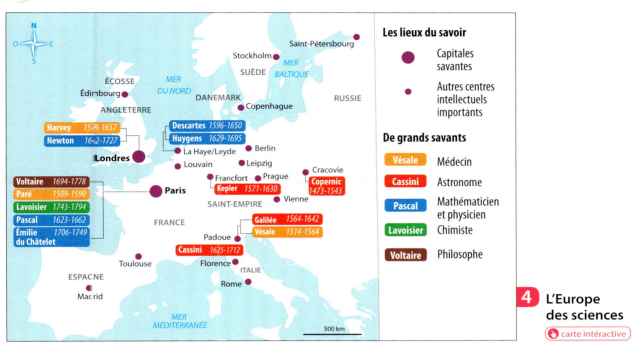

4 L'Europe des sciences

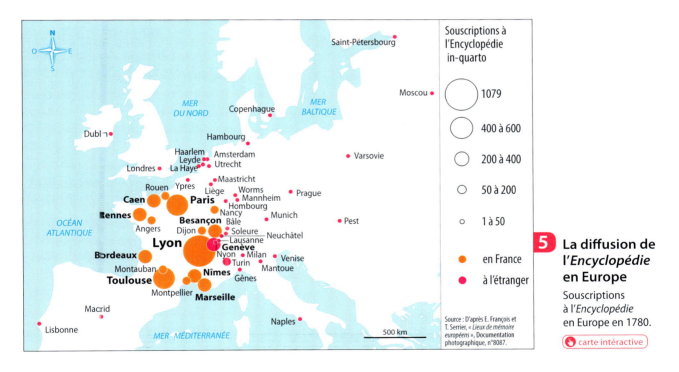

5 La diffusion de l'*Encyclopédie* en Europe

Souscriptions à l'*Encyclopédie* en Europe en 1780.

Source : D'après E. François et T. Serrier, « Lieux de mémoire européens », Documentation photographique, n°8087.

QUESTIONS

1. Quels sont les différents aspects du renouveau scientifique **(doc. 1)** ?
2. En quoi sciences et techniques sont-elles complémentaires ? Dégagez également les spécificités de chaque domaine **(doc. 2)**.
3. Où et quand sont créées les principales académies européennes ? Qui est à l'origine de ces initiatives **(doc. 3)** ?
4. Quels sont les principaux foyers du renouveau scientifique en Europe **(doc. 4)** ?
5. Indiquez les villes et les pays où l'*Encyclopédie* est la plus diffusée **(doc. 5)** ?

CHAPITRE 8 • Les Lumières et le développement des sciences   227

ÉTUDE → LEÇON 1
Galilée, symbole de la rupture scientifique du XVIIe siècle

POINT DE PASSAGE ET D'OUVERTURE

À l'époque de Galilée, le système géocentrique établi par Aristote (IVe s. av. J.-C.) qui place la Terre, immobile, au centre du cosmos, est remis en question. Des recherches menées grâce à des outils plus performants, comme la lunette astronomique, permettent à Galilée de démontrer la théorie de l'héliocentrisme. Il s'intéresse également au mouvement de la Terre et des corps, et devient ainsi le père de la physique moderne. Ses travaux sont dénoncés par l'Église catholique.

En quoi les travaux de Galilée représentent-ils une rupture majeure dans la conception du monde et de la méthode scientifique au XVIIe siècle ?

1 Des observations astronomiques inédites

Nous avons brièvement exposé les observations faites jusqu'ici sur la Lune, les étoiles fixes et sur la galaxie. Il nous reste à révéler la découverte de quatre planètes jamais observées depuis le commencement du monde jusqu'à aujourd'hui, ainsi que leurs positions et les observations effectuées durant près
5 de deux mois sur leurs déplacements et leurs changements. Donc, le 7 janvier de cette année 1610, à une heure de la nuit, alors que j'observais les étoiles à la lunette, Jupiter se présenta, et comme je disposais d'un instrument tout à fait excellent je reconnus que trois petites étoiles très brillantes étaient près de lui ; ces étoiles, bien que je crusse d'abord qu'elles faisaient partie des fixes,
10 me causèrent cependant quelque étonnement parce qu'elles semblaient se disposer exactement sur une ligne droite et parallèle à l'écliptique[1], et qu'elles avaient plus d'éclat que toutes les autres de même grandeur.[2]

D'après Galilée, *Sidereus nuncius*, traduit en français par *Le Messager des étoiles*, 1610.
1. Cercle représentant la trajectoire annuelle dessinée par le Soleil sur la voûte céleste.
2. Il s'agit des satellites de Jupiter.

Galilée (1564-1642)

Galileo Galilei, dit Galilée, observe le système solaire à l'aide d'une lunette astronomique. Il publie *Le Messager des étoiles* (1610) où il défend la théorie de l'héliocentrisme de Copernic. Son ouvrage est mis à l'Index par l'Église catholique et les théories coperniciennes sont interdites. Mais en 1632, Galilée publie le *Dialogue sur les deux grands systèmes du monde* où il réaffirme l'héliocentrisme. L'Église lui intente un procès en 1633 et il est condamné par le tribunal de l'Inquisition, ce qui le pousse à abjurer.

2 Galilée et ses opposants

J'ai découvert, il y a peu d'années, comme le sait Votre Altesse Sérénissime, de nombreuses particularités dans le ciel, qui, jusqu'ici, étaient invisibles ; soit en raison de leur nouveauté, soit en raison de plusieurs conséquences qui en découlent, ces découvertes, en venant s'opposer à des propositions
5 communément reçues dans les Écoles des philosophes, ont excité contre moi un grand nombre de ses professeurs ; au point qu'on pourrait croire que j'ai mis de ma main ces choses dans le ciel pour troubler la nature et les sciences. Ces adversaires cherchent par tous les moyens possibles à me déconsidérer. Ils savent que mes études d'astronomie et de philosophie m'ont conduit à
10 affirmer, relativement à la constitution du monde, que le Soleil, sans changer de place, demeure situé au centre de la révolution des astres célestes et que la Terre tourne sur elle-même et se déplace autour du Soleil.

D'après Galilée, *Lettre à Mme Christine de Lorraine*, grande-duchesse de Toscane, 1615.

Vocabulaire

- **abjurer** : renoncer publiquement par une déclaration solennelle à une croyance fausse
- **géocentrisme** : système considérant la Terre comme le centre de l'univers.
- **héliocentrisme** : système considérant le Soleil comme le centre de l'univers.
- **mise à l'Index** : inscription dans le catalogue des ouvrages considérés comme hérétiques et interdits aux catholiques.
- **tribunal de l'Inquisition** : juridiction créée par l'Église catholique au XIIIe siècle afin de combattre l'hérésie.

3 De Galilée à Newton

Savants	Galileo Galilei (1564-1642)	Johannes Kepler (1571-1630)	Christian Huygens (1629-1695)	Isaac Newton (1642-1727)
Principales théories	– Héliocentrisme – Mouvement des planètes, découverte de satellites – Pose les bases de la théorie de la relativité	– Héliocentrisme – Mouvement des planètes selon des trajectoires elliptiques (orbites)	– Héliocentrisme – Décrit le système solaire, découvre Titan (satellite de Saturne) – Élabore le calcul de la force centrifuge	– Héliocentrisme – Théorie de la gravitation universelle

CHAPITRE 8 • Les Lumières et le développement des sciences

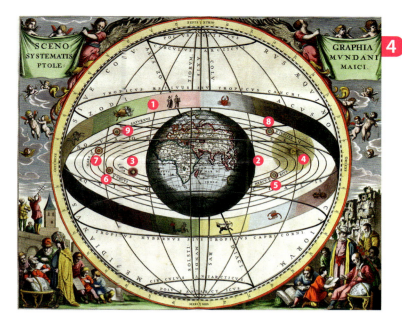

4 Le système géocentrique

Scenographia systematis mundani Ptolemaici, gravure extraite de *Harmonia Macroscomica*, Andreas Cellarius, 1660, BNF, Paris.
Représentation du système géocentrique avec la Terre au centre de l'univers.

❶ Les douze signes du zodiaque illustrant les étoiles et attestant du lien entre l'astrologie et l'astronomie
❷ La Terre
❸ La Lune
❹ Le Soleil
❺ Mercure
❻ Vénus
❼ Mars
❽ Jupiter
❾ Saturne

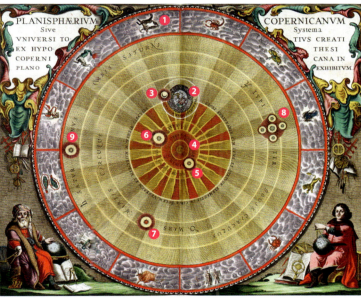

5 Le système héliocentrique

Le personnage en bas à droite est Copernic.
Le personnage en bas à gauche pourrait être Galilée.
Planisphærium Copernicanum sive systema universi totius creati ex hypothesi Copernicana in plano exhibitum, gravure extraite de *Harmonia Macroscomica*, Andreas Cellarius, 1660, BNF, Paris.

❶ Les douze signes du zodiaque
❷ La Terre
❸ La Lune
❹ Le Soleil
❺ Mercure
❻ Vénus
❼ Mars
❽ Jupiter avec ses quatre satellites découverts par Galilée en 1610
❾ Saturne

ANALYSE DE DOCUMENTS

Parcours 1
J'ai besoin d'un peu d'aide

- Mettre en relation des faits ou événements de périodes différentes
- Procéder à l'analyse critique d'un document selon une approche historique

1. Que découvre Galilée en observant le ciel ? En quoi est-ce révolutionnaire **(doc. 1)** ?
   Aide : expliquez la découverte faite par Galilée et montrez en quoi elle bouleverse les connaissances scientifiques de l'époque et les fondements de la société.

2. Que cherche l'astronome en s'adressant, dans sa lettre, à Christine de Lorraine ? Qui semble s'opposer à ses théories **(doc. 2)** ?

3. Comment s'organise le système héliocentrique ? Que remet-il en question **(doc. 4 et 5)** ?

4. Replacez Galilée dans l'évolution des sciences astronomiques et expliquez ce qu'il a apporté aux découvertes ultérieures **(doc. 3)**.

Parcours 2
Je me débrouille seul(e)

- Utiliser une approche historique pour mener une analyse ou construire une argumentation

Consigne : Expliquez les avancées scientifiques dues à Galilée et les difficultés auxquelles il s'est heurté.

Bilan En quoi Galilée révolutionne-t-il durablement la science à partir du XVIIe siècle ?

ÉTUDE → LEÇON 1
Les femmes dans la vie scientifique et culturelle

La figure de la femme savante émerge à la Renaissance à la faveur du renouveau intellectuel. Souvent issues d'une élite sociale, elles étudient et participent aux débats scientifiques de l'époque. Elles sont cependant fréquemment réduites à des fonctions subalternes.

🗨 **Quelle place occupent les femmes dans le développement des sciences aux XVIIe et XVIIIe siècles ?**

Vocabulaire
- **mécène** : personne qui finance et encourage le développement des arts et des sciences.

1 Des femmes influentes dans le domaine des sciences

Noms	Domaines de compétence	Savants avec lesquels elles entretiennent des relations privilégiées
Christine de Lorraine (1565-1637) grande duchesse de Toscane	Protectrice et mécène	Galilée (astronome) Jacques Callot (dessinateur et graveur)
Christine de Suède (1626-1689) reine de Suède	Protectrice et mécène	René Descartes (philosophe)
Émilie du Châtelet (1706-1749) marquise	Recherches en mathématiques et physique Traduit en français les *Principa Mathematica* de Newton	Voltaire (philosophe)
Marie Thiroux d'Arconville (1720-1805)	Traduit en français des traités scientifiques Recherches expérimentales sur la putréfaction	Bernard de Jussieu (botaniste et médecin) Jacques-Christophe Valmont de Bomare (naturaliste)
Nicole-Reine Lepaute (1723-1788)	Mathématicienne et astronome (travaille sur le calcul du retour de la comète de Halley)	Jérôme de Lalande (astronome) Alexis Clairaut (mathématicien)

2 Protection et mécénat des savants
Dumesnil, *La Reine Christine de Suède, écoutant Descartes faisant une démonstration de géométrie*, huile sur toile, XVIIe siècle, musée du château de Versailles.

1. La reine Christine de Suède
2. La princesse Élisabeth de Bohême
3. Descartes, protégé et confident de la reine
4. Le Père Marin Mersenne, mathématicien et philosophe français
5. Le prince de Condé
6. Expérience sur le vide devant des courtisans

ANALYSE DE DOCUMENTS
■ Identifier les contraintes et les ressources d'un événement, d'un contexte historique

1. Choisissez une femme ayant joué le rôle de mécène dans le tableau et rédigez une courte biographie de dix lignes en sélectionnant des aspects importants de sa vie, de son œuvre (**doc. 1**).
   Aide : vous chercherez dans un dictionnaire ou une encyclopédie non collaborative et noterez quelques dates-clés, ainsi que les noms des savants qu'elle a soutenus.

2. Quels savants ont trouvé la protection d'une femme mécène (**doc. 1 et 2**) ?

Bilan
Quelle place occupent les femmes dans les sciences aux XVIIe et XVIIIe siècles ?

Émilie du Châtelet : une femme de sciences du XVIIIᵉ siècle

Femme de sciences, Émilie du Châtelet a marqué son temps grâce à ses travaux dans le domaine des mathématiques. Elle fréquente des intellectuels tels que Maupertuis et Voltaire. Elle est la traductrice en français des *Principes mathématiques de la philosophie naturelle*, l'œuvre maîtresse d'Isaac Newton.

En quoi peut-on dire qu'Émilie du Châtelet est une femme de sciences hors norme pour le XVIIIᵉ siècle ?

Émilie du Châtelet (1706-1749)

Émilie Le Tonnelier de Breteuil naît à Paris en 1706, dans une famille noble. À dix-neuf ans, elle épouse le marquis du Châtelet dont elle a trois enfants. Amie intime de Voltaire, ils s'installent au château de Cirey où ils vivent dans une atmosphère stimulante intellectuellement. Femme passionnée, elle fait preuve d'une grande puissance de travail. Elle décède en couches en 1749.

1 Mme du Châtelet correspond avec un scientifique

Tout le monde me parle de vos succès, et de la façon dont vous en avez instruit l'Académie et le public [...] Vous devriez envoyer votre mémoire à Cirey, où peut-être on en est digne ; il est dur d'attendre l'impression. M. de Voltaire, qui vous aime et vous estime plus que personne, me charge de vous en supplier.
5 [...] Si on pouvait espérer de vous attirer à Cirey, on vous dirait que vous y trouveriez un assez beau cabinet de physique, des télescopes, des quarts de cercle[1], des montagnes du haut desquelles on jouit d'un vaste horizon.

D'après une lettre d'Émilie du Châtelet à M. de Maupertuis[2], 11 décembre 1738.

1. Instrument de mesure des angles.
2. Pierre Louis de Maupertuis (1698-1759) est philosophe, mathématicien, astronome et contribua à diffuser les idées de Newton en Europe.

2 Émilie du Châtelet explique sa méthode scientifique

J'ai donné dans les livres précédents les principes de la *Philosophie naturelle*[1], et je les ai traités plutôt en mathématicien qu'en physicien, car les vérités mathématiques peuvent servir de base à plusieurs recherches philosophiques, telles que les lois du mouvement et des forces motrices. Et afin de rendre les
5 matières plus intéressantes, j'y ai joint quelques scolies[2] dans lesquels j'ai traité de la densité des corps et de leur résistance, du vide, du mouvement du son et de celui de la lumière qui sont, à proprement parler, des recherches plus physiques. Il me reste à expliquer par les mêmes principes mathématiques le système général du monde.
10 J'avais d'abord traité l'objet de ce troisième livre par une méthode moins mathématique, afin qu'il pût être à la portée de plus de personnes. Mais de crainte de donner lieu aux chicanes de ceux qui ne voudraient pas quitter leurs anciens préjugés parce qu'ils ne sentiraient pas la force des conséquences que je tire de mes principes [...] j'ai rédigé ce livre en plusieurs propositions,
15 selon la méthode des mathématiciens.

D'après Émilie du Châtelet, *Principes mathématiques de la philosophie naturelle*, tome 2, 1759.

1. Il s'agit du tome 1 du même ouvrage. Newton veut appliquer les lois mathématiques à l'étude des phénomènes naturels et en déduit la loi universelle de la gravitation.
2. Une scolie est une remarque complémentaire servant à l'explication du texte original.

ANALYSE DE DOCUMENTS

- Identifier les contraintes et les ressources d'un événement historique
- Mettre une figure en perspective
- Construire et vérifier des hypothèses sur une situation historique

1. Dans quelles conditions matérielles et intellectuelles travaille Émilie du Châtelet **(doc. 1)** ?

2. Quelle méthode scientifique applique-t-elle dans son œuvre **(doc. 2)** ?

3. Dans quelle mesure Émilie du Châtelet a-t-elle contribué à la diffusion des connaissances en mathématiques **(doc. 2)** ?

Vous pouvez consulter le site Gallica de la BNF pour découvrir d'autres facettes de la vie d'Émilie du Châtelet.

 lien internet

Bilan

En quoi peut-on dire qu'Émilie du Châtelet est une actrice de la communauté scientifique de son temps ?

ÉTUDE → LEÇON 1
Le rôle des académies dans la recherche scientifique

Les grandes académies royales européennes sont créées aux XVIIe et XVIIIe siècles afin d'encourager les sciences et les arts, et de diffuser la pensée des Lumières. Les souverains tirent profit de ces lieux d'émulation intellectuelle pour soigner leur image de monarques éclairés. Les académies permettent aux savants de mener des recherches, de faire valider leurs découvertes par la communauté scientifique et de diffuser les connaissances.

Quel rôle jouent les académies d'État dans le développement des savoirs ?

1 Protection et mécénat des savants

Henri Testelin, *Colbert présente à Louis XIV les membres de l'Académie royale des sciences créée en 1666*, huile sur toile, v. 1680, musée du château de Versailles.

Grâce au roi Louis XIV ❶ et à Jean-Baptiste Colbert ❷, les sciences représentées à l'Académie royale sont multiples, comme le montrent les deux globes, les cartes, les squelettes d'animaux, l'horloge, etc. Dans l'assistance sont aussi représentés entre autres ❸ « Monsieur », le frère du roi, l'astronome Jean-Dominique Cassini, Philippe de La Hire (mathématicien, physicien, astronome et théoricien de l'architecture), Christiaan Huygens (physicien, astronome et mathématicien).

2 La mise en place d'une communauté savante

L'Académie royale des sciences demeurera toujours sous la protection du roi et recevra ses ordres par celui des secrétaires d'État à
5 qui il plaira à Sa Majesté d'en donner le soin. [...] Les pensionnaires seront tous établis à Paris ; trois géomètres, trois astronomes, trois mécaniciens, trois anatomistes,
10 trois chimistes, trois botanistes, un secrétaire et un trésorier. [...] L'Académie chargera quelqu'un des académiciens de lire les ouvrages importants de physique ou
15 de mathématique qui paraîtront, soit en France, soit ailleurs ; et celui qu'elle aura chargé de cette lecture, en fera son rapport à la compagnie sans en faire la critique,
20 en marquant seulement s'il y a des vues dont on puisse profiter.

D'après Louis XIV, *Règlement ordonné par le roi pour l'Académie royale des sciences*, 1699.

ANALYSE DE DOCUMENTS

Parcours 1
J'ai besoin d'un peu d'aide

- Savoir lire, comprendre et apprécier un document iconographique
- S'approprier un questionnement historique
- Procéder à l'analyse critique d'un document selon une approche historique

1. Quelles inventions les académiciens présentent-ils au roi **(doc. 1)** ?
2. Qui sont les membres de l'Académie royale des sciences **(doc. 1 et 2)** ?
3. Quelles missions le roi confie-t-il aux académiciens **(doc. 1 et 2)** ?

Bilan Quel rôle jouent les académies scientifiques dans l'essor de l'esprit scientifique aux XVIIe et XVIIIe siècles ?
Aide : pensez à organiser vos idées selon les trois points dégagés dans les questions ci-dessus.

Parcours 2
Je me débrouille seul(e)

- Savoir lire, comprendre et apprécier un document iconographique
- Procéder à l'analyse critique d'un document selon une approche historique

Consigne : De quelle manière les académies encouragent-elles les savants à faire de nouvelles découvertes scientifiques ?

Le rôle des physiocrates au XVIIIᵉ siècle

ÉTUDE → LEÇON 1

Les **physiocrates**, dont François Quesnay, tentent d'apporter une réponse aux problèmes agricoles de la France. En effet, l'économie du pays repose essentiellement sur la production des céréales, base de l'alimentation, et le risque de disette demeure. Turgot (1727-1781), contrôleur général des Finances sous Louis XVI, tente d'appliquer les principes du libéralisme commercial exposés par les physiocrates.

> De quelles manières les idées des physiocrates ont-elles influencé les politiques économiques dans la France du XVIIIᵉ siècle ?

1 Les idées physiocratiques de Quesnay sur le commerce des grains

Il n'y a que les nations où la culture est bornée à leur propre subsistance, qui doivent redouter les famines. Il semble au contraire, que dans le cas d'un commerce libre des *grains*, on pourrait craindre un effet tout opposé. L'abondance des productions, que procurerait en France l'agriculture portée à un haut degré,
5 ne pourrait-elle pas les faire tomber en non-valeur[1] ? On peut s'épargner cette inquiétude ; la position de ce royaume, ses ports, ses rivières qui le traversent de toutes parts, réunissent tous les avantages pour le commerce ; tout favorise le transport et le débit de ses denrées.

D'après François Quesnay (1694-1774), article « Grains », *L'Encyclopédie*, tome 7, 1757, p. 812-833.

1. Non-valeur : marchandise non vendue qui ne rapporte rien.

François Quesnay (1694-1774)

D'abord médecin de Louis XV, il est surtout connu pour avoir diffusé les idées des physiocrates en France. Ainsi, il compare la circulation des biens et des services à la circulation sanguine dans le corps humain et encourage le libéralisme des échanges. Il pense aussi que la terre est la première source de richesses d'un pays.

2 Réforme de Turgot proposée au roi Louis XVI en 1774

Réforme de Turgot, contrôleur des finances de 1744 à 1776
- libre circulation des céréales
- suppression des corporations
- projet de taxation des trois ordres
- suppression de la corvée

Sire, [...] J'aurais désiré pouvoir lui développer les réflexions que me suggère la position où se trouvent les finances ; le temps ne me le permet pas, et je me réserve de m'expliquer plus au long quand j'aurai pu prendre des connaissances plus
5 exactes. Je me borne en ce moment, Sire, à vous rappeler ces trois paroles : point de banqueroute[1] ; point d'augmentation d'impositions : la raison en est dans la situation des peuples, et encore plus dans le cœur de Votre Majesté ; point d'emprunt, parce que tout emprunt nécessite au bout de quelque temps,
10 ou la banqueroute, ou l'augmentation d'impositions. Pour remplir ces trois points, il n'y a qu'un moyen, c'est de réduire la dépense au-dessous de la recette, pour pouvoir économiser chaque année une vingtaine de millions pour rembourser les
15 dettes anciennes. Sans cela le premier coup de canon forcerait l'État à la banqueroute. [...] C'est surtout de l'économie que dépendent la prospérité de votre règne, le calme dans l'intérieur, la considération au dehors, le bonheur de la nation et le vôtre.

D'après « Actes du ministère de Turgot » in *Œuvres de Turgot*, Dupont de Nemours et alii, Guillaumin, 1844, Paris.

1. Faillite du système économique.

Vocabulaire

- **physiocrates** : économistes du XVIIIᵉ siècle qui plaident pour la liberté du commerce, et en particulier du blé, afin d'éviter les crises agricoles.

ANALYSE DE DOCUMENTS

■ Procéder à l'analyse critique d'un document selon une approche historique

1. Selon Quesnay, quels sont les atouts du royaume de France dans le commerce des denrées agricoles ? Comment l'auteur voit-il les colonies **(doc. 1)** ?
2. Quel équilibre le commerce doit-il atteindre pour être profitable à tous **(doc. 1)** ?
3. Que préconise Turgot afin de redresser les finances du royaume de France **(doc. 2)** ?
4. Quel risque encourt le roi à ne pas appliquer ces mesures **(doc. 2)** ?

Bilan

Montrez comment les adeptes de l'école physiocratique envisagent le fonctionnement de l'économie nationale et quelles en seraient selon eux les conséquences.

Aide : vous pouvez faire un schéma qui résume ce système économique.

LEÇON 1 — L'essor de l'esprit scientifique

QCM interactif

🗨️ Comment le nouvel esprit scientifique permet-il l'essor des connaissances dans tous les domaines ?

A. La remise en cause de l'héritage antique et médiéval

- S'appuyant sur les connaissances héritées de l'Antiquité, **les humanistes de la Renaissance bénéficient d'un contexte propice au bouillonnement intellectuel, scientifique et technique.** Le développement de l'imprimerie permet notamment une diffusion rapide des savoirs.

- **La culture scientifique se détache de l'autorité religieuse qui considère l'homme comme le centre de l'univers.** À la suite de Nicolas Copernic, Johannes Kepler (*Astronomie nouvelle*, 1609), Newton et Galilée contestent le géocentrisme au profit de l'héliocentrisme et découvrent le mouvement des planètes et des corps.

- Mais cette approche scientifique du monde heurte les croyances religieuses. **Les écrits des savants sont condamnés par l'Église catholique et les penseurs protestants au XVIIe siècle** (procès de Galilée par l'Inquisition en 1633).

B. Le grand laboratoire européen : de nouvelles démarches scientifiques

- **Face aux limites de la connaissance scientifique, les savants se tournent vers l'observation, le savoir-faire et l'expérience.** Francis Bacon, philosophe anglais (1561-1626), est considéré comme le père de la méthode expérimentale dans les sciences modernes. Cette approche rationnelle s'appuie sur de nouveaux instruments comme la lunette astronomique, le télescope, etc.

- **Les scientifiques n'évoluent pas en cercles fermés.** Ils s'informent en lisant des ouvrages imprimés et communiquent entre eux par le biais de correspondances, de sociétés savantes.

- La pensée scientifique s'étend également à de nouveaux principes économiques. **Les physiocrates estiment que seuls les paysans produisent de la richesse.** Défendant le libéralisme, ils critiquent ainsi la politique mercantiliste de Colbert.

C. Encouragement et diffusion des connaissances

- **La recherche scientifique est financée par des mécènes**, des souverains (Louis XIV, Christine de Suède) et des papes (Clément VII). Les savants sont parfois pensionnaires d'académies princières. Ainsi, la *Royal Society* apparaît à Londres (1660), puis l'Académie royale des sciences (1666) à Paris.

- **Les scientifiques publient leurs recherches dans des revues** (*Journal des savants*) et organisent des démonstrations dans les salons mondains. Ces progrès se diffusent progressivement grâce à des ouvrages de vulgarisation.

- **Des démonstrateurs officiels, physiciens exerçant dans les écoles, contribuent fortement à la diffusion des savoirs** et à la reconnaissance sociale des sciences. L'esprit scientifique se diffuse en Europe.

Isaac Newton (1642-1727)

Après des études à l'université de Cambridge, il devient professeur de mathématiques. Il s'intéresse ensuite à la physique et à l'astronomie et perfectionne le télescope en fabriquant lui-même les lentilles. Il entre à la Royal Society de Londres en 1672. Son œuvre majeure reste les *Principes mathématiques de la philosophie naturelle* (1687) dans laquelle il développe la théorie de l'attraction universelle.

Vocabulaire

- **mercantilisme** : doctrine économique fondant la richesse des États sur l'accumulation des métaux précieux et l'essor industriel et commercial.

- **méthode expérimentale** : méthode scientifique moderne qui se fonde sur l'observation répétée des phénomènes naturels, de laquelle découleront des lois tirées de l'expérimentation et non de pures théories.

- **sociétés savantes** : groupes où se réunissent des experts et des amateurs. Elles contribuent au rayonnement scientifique.

@CTIVITÉ NUMÉRIQUE — lien internet

■ Utiliser le numérique

Faire parler un personnage historique : Émilie du Châtelet

1. Téléchargez l'application Photospeak sur une tablette. Elle permet de faire parler un personnage à partir d'une image.
2. En vous appuyant sur la page 231 ou sur la biographie du site d'expositions virtuelles de la BNF, rédigez un texte à la première personne sur la vie d'Émilie du Châtelet. Il comporte au moins 4 dates et 4 événements.
3. Enregistrez votre texte grâce à l'application.

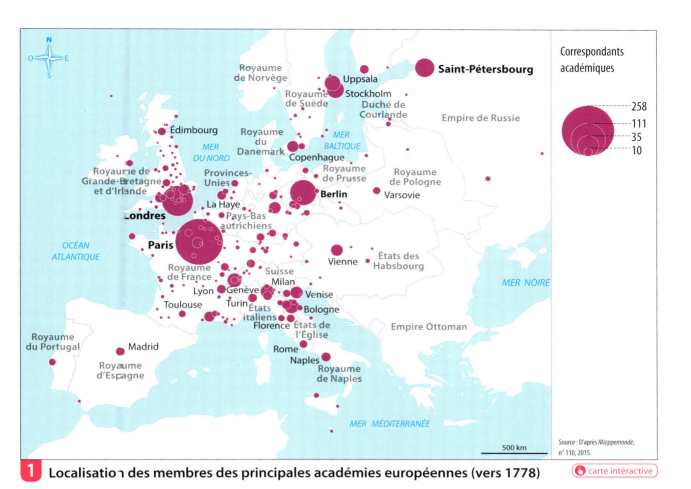

1 Localisation des membres des principales académies européennes (vers 1778)

2 La méthode expérimentale selon Francis Bacon

Quant à l'expérience (puisqu'il faut entièrement y revenir), elle a jusqu'à présent manqué de fondements ou n'en a connu que de très fragiles. On n'a pas recherché ni rassemblé une vaste matière qui, par sa quantité, son genre ou sa certitude, soit propre à informer l'entendement, ou qui suffise de quelque façon. Tout au contraire (avec une réelle nonchalance et négligence), les savants se sont bornés, pour établir ou confirmer leur philosophie, à recueillir des rumeurs, des on-dit et des échos d'expérience, auxquels ils ont pourtant attribué le poids d'un témoignage légitime. Tel serait un royaume ou un État qui gouvernerait ses conseils et ses affaires, non d'après les lettres et les rapports envoyés par ses légats et des messagers dignes de foi, mais d'après les racontars des rues et des carrefours ; telle est exactement l'administration qui a été introduite en philosophie, relativement à l'expérience. On ne trouve rien dans l'histoire naturelle qui ait été recherché, vérifié, dénombré, pesé, mesuré, par les moyens requis : or tout ce qui est indéfini et vague dans l'observation, devient trompeur et traître dans l'information.

D'après Francis Bacon, *Novum Organum*, 1620.

QUESTIONS

1. Où sont situées les principales académies royales européennes **(doc. 1)** ? Quelles raisons peuvent expliquer cette situation ?
2. Que Bacon critique-t-il dans la méthode scientifique qui existe à son époque **(doc. 2)** ?
3. Comment le renouveau scientifique se manifeste-t-il en Europe aux XVIIᵉ et XVIIIᵉ siècles **(doc. 1 et 2)** ?

Bilan

Recopiez le schéma sur votre cahier et complétez-le en donnant des exemples illustrant l'idée énoncée dans chaque case.

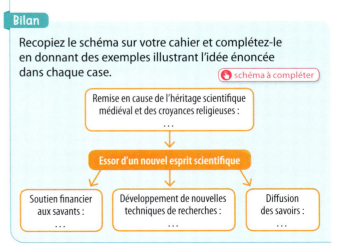

TRAVAIL DE L'HISTORIEN

ÉTUDE → LEÇON 2

L'*Encyclopédie*, du projet à sa réception

Diderot, philosophe et traducteur, et d'Alembert, mathématicien et physicien, s'attellent à la fin des années 1740 au projet de concevoir un dictionnaire, dans lequel ils souhaitent mettre tout le savoir de leur temps. Cet effort de vulgarisation s'appuie sur des articles accompagnés de planches illustratives. Les 160 auteurs sont des « gens de lettres » imprégnés des idéaux philosophiques des Lumières.

🔎 **Quel est le rôle de l'*Encyclopédie* dans la diffusion du savoir en Europe ?**

Le contexte historique

1751 : Parution du premier volume de l'*Encyclopédie*.

1752-1753 : Interruption de la publication face à l'opposition des Jésuites.

1759 : Condamnation et mise à l'Index de l'ouvrage par le pape Clément XIII. Le privilège de l'*Encyclopédie* est révoqué par le roi et d'Alembert abandonne le projet.

1772 : Parution des derniers volumes.

Denis Diderot (1713-1784)

Diderot entre au collège des Jésuites en 1723 avant d'étudier les arts à l'université de Paris. Il prend très vite en charge la direction de l'*Encyclopédie* tout en publiant des œuvres plus littéraires comme *Le Neveu de Rameau* (1762) ou *Jacques le Fataliste et son maître* (1771). Écrivain et philosophe, Diderot a marqué le siècle des Lumières par ses idées.

Vocabulaire

- **privilège du roi :** autorisation exclusive d'imprimer un ouvrage. Protection contre la contrefaçon, il permettait aussi un contrôle de l'administration royale.

1 DOCUMENT SOURCE — Discours préliminaire à l'*Encyclopédie*

L'*Encyclopédie* que nous présentons au public est, comme son titre l'annonce, l'ouvrage d'une société de gens de lettres. Nous croirions pouvoir assurer, si nous n'étions pas du nombre, qu'ils sont tous avantageusement connus, ou dignes de l'être. Mais sans vouloir prévenir un jugement qu'il n'appartient qu'aux savants de
5 porter, il est au moins de notre devoir d'écarter avant toutes choses l'objection la plus capable de nuire au succès d'une si grande entreprise. Nous déclarons donc que nous n'avons point eu la témérité de nous charger seuls d'un poids si supérieur à nos forces, et que notre fonction d'éditeurs consiste principalement à mettre en ordre des matériaux dont la partie la plus considérable nous a été
10 entièrement fournie […]

L'ouvrage a deux objets : comme *encyclopédie*, il doit exposer autant qu'il est possible, l'ordre et l'enchaînement des connaissances humaines : comme *dictionnaire raisonné des sciences, des arts et des métiers*, il doit contenir sur chaque science et sur chaque art, soit libéral, soit mécanique, les principes généraux qui en sont la
15 base, et les détails les plus essentiels, qui en font le corps et la substance. […] Nous allons les envisager, les suivre l'un après l'autre, et rendre compte des moyens par lesquels on a tâché de satisfaire à ce double objet.

D'après *Discours préliminaire à l'Encyclopédie*, de Diderot et d'Alembert (1717-1783), *Encyclopédie*, tome 1, 1751.

2 DOCUMENT SOURCE — Définition de « Forges » dans l'*Encyclopédie*

FORGES, (GROSSES-) c'est ainsi qu'on appelle les usines où l'on travaille la mine du fer.

La manufacture du fer, le plus nécessaire de tous les métaux, a été jusqu'ici négligée. On n'a point encore cherché à connaître et suivre une veine de mine ; à lui donner ou ôter les adjoints nécessaires ou contraires à la fusion ; et la façon de la
5 convertir en fers utiles au public. Les fourneaux et les forges sont pour la plupart à la disposition d'ouvriers ignorants. Le point utile serait donc d'apprendre à chercher la mine, la fondre, la conduire au point de solidité et de dimension qui constituent les différentes espèces de fer ; à le travailler en grand au sortir des forges, dans les fonderies, batteries, et fileries ; d'où il se distribuerait aux différents besoins de
10 la société. Le fer remue la terre ; il ferme nos habitations ; il nous défend ; il nous orne : il est cependant assez commun de trouver des gens qui regardent d'un air dédaigneux le fer et le manufacturier. La distinction que méritent des manufactures de cette espèce, devrait être particulière : elles mettent dans la société des matières nouvelles et nécessaires ; il en revient au roi un produit considérable, et
15 à la nation un accroissement de richesses égal à ce qui excède la consommation du royaume, et passe chez l'étranger. […]

D'après l'article « Forges » dans l'*Encyclopédie*, rédigé par Étienne Bouchu, 1757.

236 CHAPITRE 8 • Les Lumières et le développement des sciences

3 DOCUMENT SOURCE — Lavage du minerai de fer

Planche illustrative de l'article « Forges ou Art du fer », dans l'*Encyclopédie* de Diderot et d'Alembert, 1751.
Ces machines sont utilisées dans les mines de charbon et les fonderies.

4 L'ANALYSE DE L'HISTORIEN — L'influence limitée de l'*Encyclopédie* en Europe

L'influence de l'*Encyclopédie* fut paradoxale. L'ouvrage s'est très bien vendu à un public francophone. Robert Darnton (*L'Aventure de l'Encyclopédie*) a estimé que l'*Encyclopédie* de
5 Paris, la réimpression et les révisions eurent un tirage d'environ 25 000 éditions complètes, et il souligne qu'un grand nombre d'entre elles fut vendu dans plusieurs pays étrangers. […] En revanche, auprès des lecteurs non francophones,
10 même quand le prix de vente de l'*Encyclopédie* était maintenu bas par sa publication en livraisons ou à raison de quelques articles à la fois, l'œuvre eut un public très limité. De nombreux Européens semblent avoir préféré des ouvrages
15 tels que l'*Encyclopaedia Britannica*. […] Si l'on veut rechercher l'influence de l'*Encyclopédie* en Europe, on doit suivre les traces des auteurs, éditeurs, imprimeurs, libraires, lecteurs et journalistes qui, de façons diverses, ont répandu le
20 message des éditions et des recueils français.

D'après Frank A. Kafker, « Les traductions de l'*Encyclopédie* au XVIIIe siècle : quelle fut leur influence ? », *Recherches sur Diderot et sur l'Encyclopédie*, n°12, 1992.

S'INITIER AU TRAVAIL DE L'HISTORIEN

- S'approprier un questionnement historique
- Procéder à l'analyse critique d'un document selon une approche historique

A L'historien commence par définir le contexte historique

1. Quelle est la première date de publication de l'*Encyclopédie* ? Présentez le contexte de sa publication en tenant compte de la durée de la période concernée.
2. Qui sont les principaux porteurs du projet ?
3. Quelle forme prend l'œuvre ?

B L'historien confronte la source à ce contexte

4. Quel est l'objectif de l'entreprise selon ses auteurs **(doc. 1)** ?
5. Comment Diderot et d'Alembert définissent-ils leur rôle dans cette œuvre **(doc. 1)** ?
6. Quel intérêt présente la « manufacture du fer » à l'époque **(doc. 2)** ?
7. Comment les connaissances présentées par l'*Encyclopédie* peuvent-elles être utilisées par les lecteurs **(doc. 2 et 3)** ?

C L'historien interprète la source

8. Comment peut-on mesurer la réception d'une œuvre **(doc. 4)** ?
9. Quelle véritable influence eut l'*Encyclopédie* au XVIIIe siècle **(doc. 4)** ?

MÉTHODE BAC
ÉTUDE → LEÇON 2

La machine à vapeur de Newcomen

POINT DE PASSAGE ET D'OUVERTURE

Le Français Denis Papin dessine une machine à vapeur et met au point le moteur à piston. L'Anglais Thomas Newcomen s'en inspire pour créer une machine plus complexe en 1712, « la pompe à feu », pour puiser l'eau au fond des mines de charbon. Deux académiciens, Donsenbray et Réaumur, sont désignés pour présenter cette machine « dont on se sert en Angleterre pour élever l'eau par le moyen du feu » à l'Académie.

1690 Denis Papin, premier cylindre-piston à vapeur
1712 Thomas Newcomen, « pompe à feu »
1769 James Watt, brevet pour sa machine à vapeur
1783 Premier bateau à vapeur
1829 Première locomotive à vapeur à grande vitesse

Vocabulaire

- **charbon de terre** : aussi appelé houille, le charbon de terre présent dans le sol permet de dégager plus d'énergie que le charbon de bois. Il est présent en quantité importante en Europe.

1 Compte-rendu de l'examen technique de la machine à élever l'eau par le moyen du feu

Nous avons examiné par ordre de l'Académie, une machine à élever l'eau par le moyen du feu. Ce que nous pouvons en dire, c'est que cette machine est extrêmement ingénieuse dans toutes ses parties et n'en est pas
5 moins simple et capable de grands effets. Le principe sur lequel elle est construite fait voir qu'on peut en construire d'autres qui élèveront des quantités d'eau plus considérables ou la même quantité d'eau plus haut. La consommation de bois à la vérité, en deviendra plus grande, et elle
10 paraît peut-être déjà un objet considérable, cependant si on la compare avec le produit de cette machine et la dépense qu'il faudrait faire pour l'avoir par d'autres moteurs, on trouvera qu'il y aurait de l'épargne et que ce serait un des bons moyens de procurer des quantités
15 d'eau considérables aux grandes villes comme Paris. Mais il y a des endroits dans le royaume ou le bois est si bon marché que l'entretien de la machine y reviendrait à peu de frais lorsqu'on en aura besoin dans ces pays-là. Au lieu de bois, on peut aussi se servir de charbon de terre,
20 comme on le pratique en Angleterre pour faire agir des machines pareilles à celle-ci. On pourrait s'en servir pour épuiser l'eau de nos mines de charbon de terre et là son utilité serait grande et son entretien presque rien. Enfin quoique cette machine soit une de celles qui font grand
25 honneur au génie de leurs inventeurs, il ne paraît point impossible de la perfectionner, de trouver des moyens de lui faire produire plus d'effet à moindres frais, soit en employant plus avantageusement le bois pour chauffer la chaudière, soit en refroidissant davantage la vapeur
30 et plus subitement. De sorte que nous pensons que l'établissement de ces machines dans le royaume ne pourrait être que très avantageux.

Archives de l'Académie des sciences, 11 mai 1726.

Thomas Newcomen
(1663-1729)

Ingénieur et mécanicien anglais, il est à l'origine de l'invention d'une machine atmosphérique en 1712. Elle permet l'évacuation des eaux des mines et la distribution des eaux dans les grandes villes, grâce à l'utilisation de l'air extérieur comme force motrice de la machine.

Document d'accompagnement

Comprendre le fonctionnement de la machine à vapeur de Newcomen

Illustration du XIXe siècle, collection privée.

MÉTHODE BAC

CONSIGNE

Montrez que la machine à vapeur de Newcomen est considérée comme une innovation technique majeure par ses contemporains.

MÉTHODE : Analyse de deux documents

→ Méthode générale de l'analyse de document, p. 12

1. Lire et comprendre la consigne

- **Analysez la consigne en repérant les mots clés** et notamment le (ou les) verbe(s) d'action :
  Montrez que la machine à vapeur de Newcomen est considérée comme une innovation technique majeure par ses contemporains.
  Montrez : C'est le verbe d'action.
  la machine à vapeur de Newcomen : C'est l'invention qui est l'objet de l'analyse proposée et son auteur.
  innovation technique majeure : C'est la thématique à étudier : qu'est-ce qu'une « innovation technique » ? En quoi celle-ci est-elle « majeure » (= essentielle, incontournable) ?

- **Identifiez les limites du sujet :**
  – thématiques : peut-on parler des autres inventions de l'époque ? pourquoi ?
  – chronologiques : sur quelle période travaillons-nous ?

2. Travailler au brouillon pour organiser son analyse

- **Dégagez l'idée générale du texte.**
- **Relevez les raisons** qui font que les auteurs s'enthousiasment pour cette nouvelle machine.
- **Expliquez pourquoi** les auteurs sont favorables à la mise en service de cette machine en France.

3. Rédiger la réponse organisée

■ Introduction

– Présentez le contexte, les auteurs et l'objet principal du document.
– Annoncez le plan suivi dans le développement en proposant deux ou trois axes.

Pour vous aider, répondez à cinq questions simples :
– **Qui ?** Qui sont les auteurs de ce document ? Et à qui s'adresse-t-il ?
– **Quand ?** Quand a-t-il été rédigé ?
– **Où ?** Où a lieu l'action décrite dans le texte ?
– **Quoi ?** De quoi parle le texte ?
– **Pourquoi ?** Quelle raison a poussé à sa rédaction ?

■ Développement

À chaque partie correspond une idée forte.
Ces questions peuvent vous guider dans votre réflexion :
> *En quoi la « pompe à feu » de Newcomen est-elle une innovation technique majeure ?*
> *Pourquoi les auteurs s'enthousiasment-ils pour cette nouvelle machine ?*
> *Quelle utilité économique représente-t-elle selon les auteurs du rapport ?*

Conseil :
Développez les trois axes en vous appuyant sur des extraits du texte et en les expliquant grâce à vos connaissances personnelles.

■ Conclusion

– Établissez un bilan de cette invention technique (= résumer les idées mises en avant par le texte).

– Évoquez son rôle dans les prémices de l'industrialisation de l'Europe occidentale (= ouverture du sujet).

CHAPITRE 8 • Les Lumières et le développement des sciences

LEÇON 2 — Les sciences au service du développement des techniques

QCM interactif

🗣 Quelles applications concrètes trouvent les avancées scientifiques dans le nouveau contexte économique du XVIIIe siècle ?

A L'État encourage les innovations techniques et protège les inventeurs

● **Partout en Europe le pouvoir politique encourage les inventions**. L'inspection générale des manufactures créée par Colbert en 1669 devient l'agent technique de la politique industrielle française.

● **Des écoles sont également fondées afin de former au nouveau métier d'**ingénieur : les Ponts et Chaussées (1747), les Arts et Métiers (1780) et Polytechnique (1794). Une nouvelle élite technicienne apparaît.

● **Le pouvoir royal encourage les inventeurs par le biais des** monopoles d'inventions : James Watt l'obtient pour sa machine à vapeur en 1769. La France et la Grande-Bretagne se concurrencent ainsi dans un contexte de préindustrialisation. La production artisanale se mécanise, utilisant l'énergie hydraulique puis la vapeur.

B La modernisation des secteurs économiques et militaires

● **En agriculture, les innovations techniques permettent de défricher les terres plus facilement**, d'assécher les marais et de limiter les sols en jachère. Les nouveaux engrais permettent d'augmenter la production agricole, ce qui favorise une meilleure alimentation des populations et du bétail.

● **L'état de guerre quasi permanent encourage la « révolution militaire »**, notamment dans l'armement avec le perfectionnement des canons mobiles et l'apparition de la baïonnette à douille. Des ingénieurs militaires, tels que Vauban, théorisent de nouveaux principes de fortifications.

● **La** poliorcétique s'affirme comme une véritable science du siège des villes et la carte géographique devient un instrument essentiel des états-majors. Enfin, **des écoles militaires royales (La Fère en Picardie) forment des soldats polyvalents**, capables de combattre dans diverses situations.

C Démocratisation des découvertes et débuts de l'industrialisation

● **Les inventions commencent à toucher un large public.** L'*Encyclopédie* de Diderot et d'Alembert *« souhaite mettre le savoir à portée de tous »*. En 1783, les frères Montgolfier sont les premiers à faire voler un aérostat, un ballon qui vole grâce à un gaz plus léger que l'air.

● **En médecine, le vaccin contre la variole, maladie qui fait alors des centaines de milliers de morts dans le monde, est introduit en Europe en 1796** grâce à un médecin anglais, Edward Jenner.

● **La préindustrialisation touche surtout les bassins houillers**, régions de Birmingham et de Manchester en Angleterre, le nord de la France ou la Saxe. Ces innovations se heurtent parfois à de fortes réticences. En 1789-1790, des machines textiles à vapeur sont brûlées par les tisserands de Manchester et lors d'émeutes révolutionnaires en Normandie.

1 Des ingénieurs au travail
Gravure tirée de *L'Art de lever les plans appliqué à tout ce qui a rapport à la guerre, à la navigation et à l'architecture civile et militaire*, de Louis Charles Dupain de Montesson, 1763.

Vocabulaire

● **ingénieur :** personne qui assure à un haut niveau de technique un travail de création et d'organisation dans le domaine militaire, agricole ou industriel.
● **jachère :** terre cultivable en repos.
● **monopole d'invention :** brevet garantissant l'exclusivité de la découverte.
● **poliorcétique :** art de fortifier, défendre et conduire le siège d'une ville.
● **préindustrialisation :** période qui précède la première révolution industrielle, soit avant 1750.

@CTIVITÉ NUMÉRIQUE — lien internet

■ Utiliser le numérique
Utiliser un site internet de référence.
1. Rendez-vous sur sur le site de l'Institut de France puis choisissez la fiche « Les sciences dans l'*Encyclopédie* ».
2. Remplissez la fiche guide de travail en vous rendant sur le site de l'*Encyclopédie* en ligne.

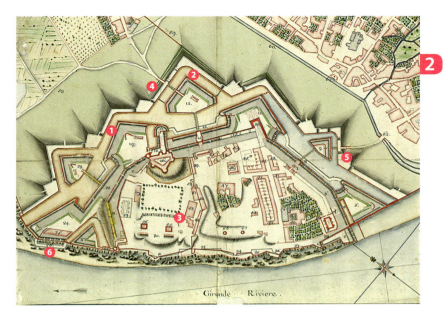

2. Les inventions au service de la guerre

Dans le cadre d'un projet global de protection des villes françaises, Vauban dote le royaume de France d'une « ceinture de fer » en améliorant ou construisant une centaine de places fortes sous le règne de Louis XIV.

Plan des fortifications de la citadelle de Blaye, située sur l'estuaire de la Gironde, fin XVIIIe siècle, archives départementales de la Gironde.

❶ et ❷ Bastions liés entre eux par des chemins de ronde
❸ Magasins d'armement
❹ et ❺ Deux portes donnant accès à la citadelle « ville close »
❻ Embrasures de canons

3. Le premier vol d'une montgolfière en 1783

Ce fut dans ce moment qu'un simple manufacturier, Montgolfier, nous inspira le téméraire espoir de nous approcher des astres. Cet homme, devenu justement célèbre et qui le premier en France avait fabriqué le papier vélin, immortalisa Annonay[1]
5 par l'invention des ballons aérostatiques. Jamais je n'oublierai l'impression vive et profonde que produisit sur moi, ainsi que sur toute la population de Paris, la première ascension de Charles et Robert au milieu du jardin des Tuileries. Mais le courage des
10 aéronautes et l'impatience d'une foule immense appelée à jouir de cet essor du génie, l'emportèrent sur toute défense. La corde fut coupée, le globe s'éleva majestueusement, et nous vîmes les navigateurs aériens parcourir intrépidement la route du ciel. Après ce triomphe du génie sur la nature, après
15 cette journée mémorable, chacun des spectateurs se sentait comme grandi ; l'impossible ne paraissait plus un mot français ; on eût dit que toutes les bornes venaient de disparaître devant l'orgueil ambitieux de l'esprit humain.

D'après Comte de Ségur, *Mémoires ou Souvenirs et anecdotes*, tome 2, p. 37-40, 1826.

1. Ville où eut lieu le premier envol d'un aérostat en 1783.

4. Une ville industrielle en Angleterre

Birmingham est une des villes les plus curieuses de l'Angleterre par l'activité de ses manufactures et de son commerce.

Je sais que quelques voyageurs ont désapprouvé la
5 plupart de ces établissements d'industrie [...]. C'est qu'ils n'avaient pas daigné porter leurs regards sur ces vastes ateliers où l'on fabrique les pompes à vapeur, ces machines étonnantes dont le perfec-
10 tionnement fait tant honneur aux talents et aux connaissances de M. Watt, ni sur les lamineries de cuivre sans cesse en activité pour le doublage des vaisseaux, ni sur celles de tôle et de fer qui rendent la France tributaire de l'Angleterre, ni sur
15 cette partie si étendue, si variée, de quincaillerie qui occupe [...] plus de trente mille bras et oblige l'Europe entière et une partie du Nouveau Monde à s'approvisionner ici.

D'après Barthélémy Faujas de Saint-Fond, *Voyage en Angleterre, en Écosse et aux îles Hébrides*, Paris, 1797.

QUESTIONS

1. En quoi consistent les innovations défensives mises au point par Vauban **(doc. 2)** ?
2. Pourquoi, selon ce témoin, « impossible ne paraissait plus un mot français » **(doc. 3)** ?
3. Quelle description l'auteur fait-il de la ville de Birmingham **(doc. 4)** ?
4. En quoi la France est-elle « tributaire de l'Angleterre » sur le plan industriel **(doc. 4)** ?

Bilan

Sur votre cahier, recopiez et complétez le schéma ci-dessous en donnant des exemples tirés de la leçon.

schéma à compléter

EXERCICES
Autre support — Un film

Galilée ou l'amour de Dieu, de Jean-Daniel Verhaeghe

Au début du XVIIe siècle, l'astronome et mathématicien Galilée reprend et complète les observations de Copernic grâce à sa lunette astronomique. Soutenu par quelques hauts ecclésiastiques, il est pourtant poursuivi par l'Inquisition et doit renier ses convictions au terme d'un procès.

Extrait de 5'10 à 16'35

1. Que reproche l'Inquisition à Galilée ?

Extrait de 5'10 à 16'35

2. Quels arguments scientifiques Galilée présente-t-il à ses interrogateurs ?

L'abjuration de Galilée

Moi, Galileo Galilei, fils de feu Vincenzo Galilei de Florence, âgé de 70 ans, comparaissant en personne devant ce tribunal, et agenouillé devant vous, très éminents et
5 révérends cardinaux, grands inquisiteurs dans toute la chrétienté contre la perversité hérétique, ayant devant les yeux les saints et sacrés Évangiles, que je touche de mes
10 propres mains ; je jure que j'ai toujours cru, que je crois à présent, et que, avec la grâce de Dieu, je continuerai à l'avenir de croire tout ce que la sainte Église catholique, apostolique et romaine tient pour
15 vrai, prêche et enseigne ; mais parce que le Saint-Office m'a notifié l'ordre de ne plus croire à l'opinion fausse que le Soleil est le centre du monde et immobile et que la Terre n'est pas le centre du monde et qu'elle
20 se meut, et de ne pas maintenir, défendre ni enseigner soit oralement, soit par écrit, cette fausse doctrine […]. J'abjure et je maudis d'un cœur sincère et avec une foi non simulée les erreurs et hérésies susdites et généralement toute autre erreur contraire à la sainte Église.

D'après le texte d'abjuration de Galilée, Rome, le 22 juin 1633.

Extrait de 1'24'00 à 1'34'30

3. Qu'est contraint de faire Galilée pour éviter la torture ? Est-ce pour autant la fin des idées de l'astronome ?

Réaliser une carte mentale de synthèse

Carte mentale interactive
Carte mentale à télécharger et à compléter PDF

Sur votre cahier, en vous servant du modèle ci-dessous, construisez votre propre carte mentale du chapitre.

Boîte à outils
- Reprenez les différents éléments de votre cours et listez-les de manière simple.
- Classez-les dans les thèmes de la carte mentale auxquels ils correspondent.

Bac contrôle continu — 1. Analyse d'un document

■ **CAPACITÉS** : Savoir lire, comprendre et apprécier un document iconographique

Une expérience de physique organisée par la Lunar Society
Joseph Wright of Derby, *Une expérience sur un oiseau dans une pompe à air*, 1768, National Gallery, Londres.

Joseph Wright appartient à la Lunar Society, société savante de Birmingham, qui réunit à la fois des scientifiques comme James Watt et des industriels. La scène montre une expérience réalisée à l'aide d'une pompe à air comportant dans sa partie supérieure un globe de verre dans lequel est enfermé un cacatoès. Celui-ci est en train de suffoquer car l'air en est retiré.

CONSIGNE
Montrez en quoi cette peinture illustre le nouvel esprit scientifique et la diffusion des connaissances scientifiques au XVIIIe siècle.

AIDE POUR CONSTRUIRE L'ANALYSE
1. Expliquez comment le peintre a mis l'expérience en valeur. En quoi est-elle caractéristique du nouvel esprit scientifique qui se développe pendant les XVIIe et XVIIIe siècles ?
2. Décrivez les réactions de l'assistance à l'expérience réalisée. Montrez que le public attiré par la science s'élargit grâce à l'action des sociétés savantes.

EXERCICES

Bac contrôle continu

2. Réponse à une question problématisée
Étape 6 Rédiger

■ **CAPACITÉS :** Utiliser une approche historique pour construire une argumentation

SUJET ▶ **QUESTION PROBLÉMATISÉE** En quoi les XVIIe et XVIIIe siècles sont-ils un moment de bouleversements majeurs dans les domaines scientifiques et techniques ?

ÉTAPE 1 Analyser le sujet.
- Repérez et définissez les mots clés à partir de vos connaissances ou du manuel.
- Déterminez les limites chronologiques et spatiales du sujet.

ÉTAPE 2 Construire le plan détaillé.
- Le plan détaillé s'appuie sur des connaissances organisées et doit répondre au sujet. Ici, le sujet se prête davantage à un plan chronologique qui montre une évolution.
- Organisez vos connaissances en vous aidant de votre cours et de votre manuel. On peut ici dégager deux axes principaux pour construire le développement.

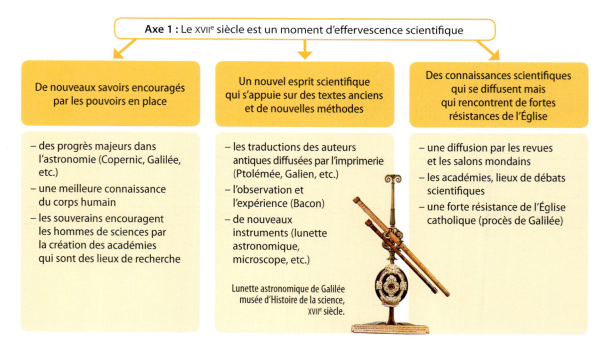

Sur le même modèle, complétez le tableau suivant en vous aidant de votre cours et du manuel.

Axe 2 : Au XVIIIe siècle, la science se démocratise et trouve des domaines d'application pratique

- L'esprit des Lumières favorise la démocratisation des sciences
- Les découvertes scientifiques trouvent des domaines d'application nombreux
- Encouragées, ces applications sont aussi remises en cause

ÉTAPE 3 RAPPEL — Rédiger la réponse à la question problématisée

La réponse à la question problématisée comprend une introduction, une conclusion et un développement qui correspond à la part la plus importante du devoir :

- L'introduction montre votre compréhension du sujet. Elle comprend une amorce avec une définition des termes du sujet et l'annonce du plan.
- Le développement est structuré selon le plan détaillé et doit répondre à la question problématisée. Il suit les axes qui apportent un élément de réponse au problème soulevé par le sujet et qui sont mis en évidence par la question problématisée.
- La conclusion répond à la question problématisée et dresse le bilan de la réponse à la question problématisée. Elle comporte une mise en perspective du sujet en élargissant sur la place de la science au XIXe siècle.

Aide à la rédaction

■ **Introduction :**

En Europe, entre le XVIIe et le XVIIIe siècle, les découvertes scientifiques et techniques se multiplient dans tous les domaines, continuant ainsi un mouvement commencé pendant la Renaissance.

■ **Développement :**

Le XVIIe siècle est un moment d'effervescence scientifique. En effet, des progrès majeurs ont lieu dans le domaine de l'astronomie. Galilée confirme la découverte de Copernic faite au milieu du XVIe siècle selon laquelle ce n'est pas le soleil qui tourne autour de la terre mais l'inverse. Il fonde ainsi la théorie de l'héliocentrisme. Par la suite, les travaux de Kepler permettent de mieux comprendre le mouvement des planètes. La connaissance du corps humain progresse.

Les débuts de l'automobile : le fardier de Cugnot
Voiture automobile conçue par Nicola-Joseph Cugnot en 1771.

> Poursuivez la rédaction de la première partie.

■ **Conclusion :**

L'évolution des pratiques scientifiques et techniques s'est faite progressivement, entre les XVIIe et XVIIIe siècles. Si les avancées scientifiques et techniques sont majeures au XVIIe siècle, ce n'est qu'au XVIIIe siècle qu'elles se diffusent plus largement et trouvent des terrains d'application variés. Mais la science a pris une telle importance qu'au XIXe siècle se développe la croyance que le progrès humain ne peut se réaliser que grâce aux découvertes scientifiques et techniques.

> Retrouvez dans cette conclusion les deux étapes nécessaires :
> – la réponse à la question problématisée et le bilan de votre argumentation.
> – l'ouverture.

Le Procès de Galilée, 22 juin 1633
Peinture anonyme italienne, XVIIe siècle.

RÉVISION : Les Lumières et le développement des sciences

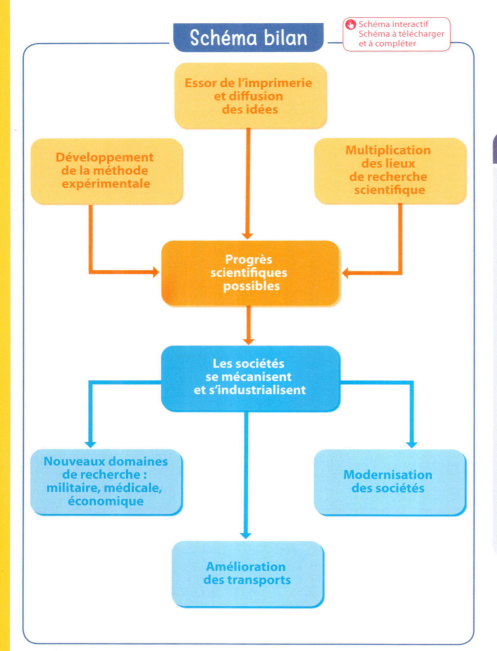

Je connais les dates importantes

1610 : Galilée invente la lunette astronomique.

1616 : Condamnation des écrits de Nicolas Copernic par l'Inquisition.

1633 : Procès de Galilée devant le tribunal de l'Inquisition et abjuration.

1660 : Création de la Royal Society à Londres.

1712 : Invention de la « pompe à feu » par Thomas Newcomen.

1751-1772 : Publication de l'*Encyclopédie* de Diderot et d'Alembert.

1759 : Émilie du Châtelet publie *Principes mathématiques de la philosophie naturelle*.

1769 : Invention de la machine à vapeur de James Watt.

1774-1776 : Politique libérale de Turgot inspirée des idées physiocratiques.

1783 : Premier vol public d'un aérostat par les frères Montgolfier.

Je maîtrise les notions et le vocabulaire essentiels

- abjurer
- académies scientifiques
- esprit scientifique
- géocentrisme
- héliocentrisme
- *Encyclopédie*
- Lumières
- machine à vapeur
- mécène
- méthode expérimentale
- monopole d'invention
- physiocrates
- sociétés savantes
- tribunal de l'Inquisition

Ne pas confondre !

- **Géocentrisme :** il s'agit d'un système considérant la Terre comme le centre de l'univers.

- **Invention :** il s'agit de la création originale d'un objet qui n'existait pas auparavant.

- **Héliocentrisme :** il s'agit d'un système considérant le Soleil comme le centre de l'univers.

- **Innovation :** il s'agit de l'amélioration d'un produit qui peut survenir à toutes les étapes de sa fabrication.

AUTOÉVALUATION

Fiche d'autoévaluation à réaliser sur votre cahier ou sur une feuille.

🔵 Fiche d'autoévaluation à télécharger et à compléter PDF

OBJECTIF 1 — Maîtriser des repères chronologiques

■ **CAPACITÉ** : identifier et nommer les périodes historiques, les continuités et ruptures chronologiques

Sur votre cahier, reproduisez la frise chronologique ci-dessous et placez-y les repères suivants :
a. Condamnation de Galilée par l'Inquisition.
b. Brevet d'invention déposé pour la machine à vapeur par Thomas Newcomen.
c. Création de l'Académie royale des sciences par Louis XIV.
d. Publication de l'*Encyclopédie* de Diderot et d'Alembert.

| 1600 | 1650 | 1700 | 1750 | 1800 |

■ **CAPACITÉ** : identifier et expliciter les dates et acteurs clés des grands événements

Expliquez ensuite en quelques lignes les quatre événements cités ci-dessus.

OBJECTIF 2 — Maîtriser des repères spatiaux

■ **CAPACITÉ** : nommer et localiser les grands repères géographiques

Dans un court paragraphe, expliquez où se déroulent les principales avancées scientifiques aux XVIIe et XVIIIe siècles.

■ **CAPACITÉ** : identifier les contraintes et les ressources d'un événement

Dans un court paragraphe, expliquez en quoi l'invention de Newcomen est importante pour lancer la révolution industrielle anglaise.

OBJECTIF 3 — Réaliser sa fiche de révision

■ **CAPACITÉ** : employer les notions et le lexique acquis en histoire à bon escient

- Notez les notions et le vocabulaire du chapitre avec leur définition précise.
- Indiquez pour chaque partie du cours :
  – Les éléments importants (dates, personnages, notions).
  – Les grandes idées (faits historiques, causes, conséquences).
  – Savoir expliquer : qu'est-ce que l'esprit scientifique – quelles sont les principales découvertes scientifiques et inventions techniques aux XVIIe et XVIIIe siècles – qui sont les savants ayant marqué une rupture dans la science moderne – quelles sont les conséquences de ces avancées sur les sociétés et les économies européennes à la fin du XVIIIe siècle.

Pour aller plus loin

À LIRE

- *Les Vies de Galilée. Voyage à travers l'histoire de l'astronomie*, Raphaël Fiamingo, fiami.ch, 2008 : série de bandes dessinées humoristiques sur l'histoire des sciences.
- *L'Histoire des sciences pour les Nuls*, Vincent Jullien, First, 2009.

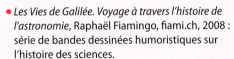

Les Vies de Galilée, http://www.fiami.ch

À VOIR

- *L'Œil de l'astronome*, film de Stan Neumann, 2012 : un film basé sur la vie de Johannes Kepler.

SUR LE WEB  lien internet

- Sur le site de l'Académie des sciences, retrouvez des ressources pédagogiques avec des fiches biographiques, des textes d'époque, des explications sur les inventions les plus marquantes.
- Sur le site du musée des Arts et Métiers, découvrez une exposition virtuelle avec des photographies d'objets phares comme le gazomètre de Lavoisier.

CHAPITRE 8 • Les Lumières et le développement des sciences

BAC Contrôle continu

Analyse de documents rédigée et expliquée

■ **CAPACITÉS :** Procéder à l'analyse critique d'un document selon une approche historique – Utiliser une approche historique pour mener une analyse

CONSIGNE Après avoir présenté les deux documents, montrez qu'Émilie du Châtelet était une scientifique qui incarnait les idées des Lumières, mais qu'elle fut également une exception de son temps.

1 L'éloge du travail d'Émilie du Châtelet par Voltaire

Madame du Châtelet a rendu un double service à la postérité en traduisant le Livre des Principes et en l'enrichissant d'un commentaire. Il est vrai que la langue latine dans laquelle il est écrit est entendue de tous les savants, mais il en coûte toujours quelque fatigue à lire les choses abstraites dans une langue étrangère. D'ailleurs le latin n'a pas de termes pour exprimer les vérités mathématiques et physiques qui manquaient aux anciens. […] Le français, qui est la langue courante de l'Europe, et qui s'est enrichi de toutes ces expressions nouvelles et nécessaires, est beaucoup plus propre que le latin à répandre dans le monde toutes ces connaissances nouvelles. […] Madame du Châtelet travailla sur les idées de M. Clairault ; elle fit tous les calculs elle-même. […] Autant qu'on doit s'étonner qu'une femme ait été capable d'une entreprise qui demandait de si grandes lumières et un travail si obstiné, autant doit-on déplorer sa perte prématurée.

Voltaire, « Préface historique », *in* Isaac Newton, *Principes mathématiques de la philosophie naturelle*, traduit du latin par feu la marquise du Châtelet, Paris, 1759.

2 Émilie du Châtelet, une femme engagée dans son siècle

Qu'on fasse un peu réflexion pourquoi depuis tant de siècles, jamais une bonne tragédie, un bon poème, une histoire estimée, un beau tableau, un bon livre de physique, n'est sorti de la main des femmes ? Pourquoi ces créatures dont l'entendement paraît en tout si semblable à celui des hommes, semblent pourtant arrêtées par une force invincible en deçà de la barrière, et qu'on m'en donne la raison, si l'on peut. Je laisse aux naturalistes à en chercher une physique, mais jusqu'à ce qu'ils l'aient trouvée, les femmes seront en droit de réclamer contre leur éducation. Pour moi j'avoue que si j'étais roi, je voudrais faire cette expérience de physique. Je réformerais un abus qui retranche, pour ainsi dire la moitié du genre humain. Je ferais participer les femmes à tous les droits de l'humanité, et surtout à ceux de l'esprit. […]

Je suis persuadée que bien des femmes ou ignorent leurs talents, par le vice de leur éducation, ou les enfouissent par préjugé et faute de courage dans l'esprit. Ce que j'ai éprouvé en moi me confirme dans cette opinion.

Émilie du Châtelet, « Préface », *in* Bernard de Mandeville, *La Fable des abeilles*, 1714-1723, traduit de l'anglais par Émilie du Châtelet en 1735.

Rédaction du devoir

Les deux documents permettent d'étudier l'œuvre d'Émilie du Châtelet, femme de sciences vivant à l'époque des Lumières. Le premier document est un texte de Voltaire, philosophe des Lumières, ami intime d'Émilie du Châtelet. Il a été rédigé en 1759 pour la préface de la traduction en français que cette dernière venait de réaliser de l'ouvrage en latin d'Isaac Newton *Principes mathématiques de la philosophie naturelle*. Cet ouvrage était destiné aux autres savants et contribuait ainsi à la diffusion des savoirs au XVIIIe siècle. Dans cette préface, Voltaire souligne l'importante contribution d'Émilie du Châtelet aux sciences. Cependant, les relations intimes entre eux doivent nous inciter à prendre de la distance vis-à-vis de Voltaire dressant l'éloge de sa maîtresse décédée en 1749.

Le second document est un extrait de la préface d'Émilie du Châtelet rédigée en 1735 pour sa traduction de l'œuvre de l'auteur néerlandais Bernard de Mandeville, *La Fable des abeilles*, écrite en anglais entre 1714 et 1723. Dans la préface de cet ouvrage destiné aux cercles savants et intellectuels de son époque, elle défend en tant que femme et savante l'idée d'une nécessaire et juste égalité entre les sexes.

Explications

Un premier paragraphe sert à présenter les documents. Il faut indiquer la nature, l'auteur, la source, la date de parution, le destinataire et l'intérêt du document.

Ne pas hésiter à apporter quelques éléments biographiques ou de contexte pour enrichir la présentation.

Le document doit être aussi critiqué en soulignant son intérêt et ses limites.

La problématique n'est pas qu'une reformulation de la consigne. Elle questionne la confrontation des

Pourquoi Émilie du Châtelet incarne-t-elle à la fois une scientifique engagée dans les combats des Lumières et une destinée singulière dans l'Europe des savants du XVIIIe siècle ?

Par son parcours et son œuvre, Émilie du Châtelet contribue à la formation d'une communauté savante, à la diffusion des découvertes et au progrès des sciences. Les deux documents montrent qu'elle est une femme de sciences. Elle pratique les sciences modernes comme la physique et les mathématiques (en connaissant le vocabulaire spécifique et en effectuant des calculs complexes) ainsi que les humanités puisqu'elle maîtrise plusieurs langues, notamment l'anglais et le latin qu'elle parvient à traduire vers le français. Si les documents n'évoquent pas de progrès techniques ou scientifiques de sa part, elle a néanmoins contribué à la vulgarisation et à la diffusion des savoirs de son temps par ses traductions et publications en français qui est alors la langue scientifique internationale. Elle est également en contact et collabore avec d'autres penseurs et savants comme l'écrivain et philosophe français Voltaire, le mathématicien et physicien anglais Isaac Newton et le mathématicien français Alexis-Claude Clairault. Le développement des correspondances et des lieux de sociabilité comme les salons et académies des sciences favorisent ces échanges culturels et scientifiques. En ce sens, Émilie Du Châtelet appartient à la « République des sciences » qui fait progresser le savoir et circuler les connaissances dans l'Europe du XVIIIe siècle.

Émilie du Châtelet est également engagée dans les combats des Lumières, notamment en réclamant l'égalité entre les hommes et les femmes. Dans sa préface à sa traduction de La Fable des abeilles, elle évoque que « l'entendement des femmes équivaut à celui des hommes », et que ce sont les mentalités qui empêchent les femmes de s'épanouir pleinement et d'être totalement libres. L'accès à l'éducation pour les femmes, même de l'élite, et le poids des attentes sociales qui pèsent sur elles, les empêchent de s'émanciper, les laissant sous la tutelle des hommes. Savante de son temps, elle entend prouver par « l'expérience physique » et par l'observation que les femmes sont les égales des hommes. Voltaire dresse d'ailleurs un portrait élogieux de cette femme au parcours exceptionnel, pourtant semé d'embûches comme elle le rappelle dans sa préface.

Grâce à l'éducation et à l'accès au savoir, Émilie du Châtelet est devenue une femme cultivée qui jouit désormais d'une relative et exceptionnelle indépendance dans la société pour une femme à son époque (doc. 2). Cependant, même Voltaire, philosophe des Lumières et proche de la savante, tient un propos nuancé sur cette femme, rappelant qu'elle dut travailler sous la tutelle d'un homme, Monsieur de Clairault, pour vérifier ses calculs. Voltaire s'étonne également qu'une femme ait pu réaliser un si grand travail et maîtriser à ce point les sciences, comme si elles étaient par nature inférieures en capacités aux hommes. Émilie du Châtelet appelle d'ailleurs les naturalistes, des hommes, à prouver cela car ils en seraient bien incapables, preuve qu'il s'agit avant tout de préjugés présents dans la société et au sein même d'une communauté scientifique qui prône le progrès. Elle traduit également de nombreux hommes qui ont fait des découvertes, contrairement à elle, rappelant ainsi la faible présence et la place secondaire des femmes dans cette « République des sciences » au temps des philosophes des Lumières.

Par son parcours, Émilie du Châtelet représente le renouveau de l'esprit scientifique et les idées des Lumières basés sur le progrès et la diffusion des savoirs. Par sa féminité, elle incarne un parcours singulier dans une société scientifique masculine peu encline à accorder un statut égal aux femmes, cause pour laquelle elle milite au XVIIIe siècle.

---

deux documents qui évoquent son engagement scientifique et son engagement pour le statut des femmes, mais aussi le fait que ce soit une femme dans une époque où les hommes dominent la « République des sciences ».

Un paragraphe évoque son engagement au service des sciences et du progrès.

Il ne faut pas analyser séparément les documents mais les confronter (ils peuvent soit évoquer la même idée, soit montrer des aspects différents).

Avoir un regard critique sur le document et apporter des connaissances supplémentaires pour mettre en perspective les documents.

Les documents évoquent ses œuvres, mais aussi les acteurs avec lesquels elle était en contact, ce qui doit être étudié.

Un troisième paragraphe permet d'évoquer ses idées, qui s'inscrivent pleinement dans la pensée des Lumières.

Si on cite le texte, il faut ensuite l'expliquer pour ne pas faire de la paraphrase. Évoquer le contexte, critiquer le document ou apporter des connaissances est alors essentiel.

Un quatrième paragraphe traite de la dernière partie de la consigne. Il s'agit de faire ressortir le caractère exceptionnel de la carrière de cette femme en raison du rapport homme-femme qui régnait au XVIIIe siècle.

Bien comprendre la nuance apportée par Voltaire à la fin de son propos qui vient contrebalancer le portrait élogieux du début.

Confronter les deux documents en cherchant des liens.

Prendre de la distance par rapport au texte pour dégager d'autres informations, comme le fait qu'elle ne traduit et travaille qu'avec des hommes.

Une courte conclusion pour faire le bilan synthétique des paragraphes précédents et répondre à la consigne.

CHAPITRE 9
Tensions, mutations et crispations de la société française

🔔 **Quels sont les transformations et les blocages de la société française à la fin de l'époque moderne ?**

RESSOURCES NUMÉRIQUES DU CHAPITRE
Site collection : lycee.hachette-education.com/hg/histoire-2de

1 La critique d'une société d'ordres inégale

Ça n'durra pas toujour, caricature, XVIIIe siècle, BnF, Paris.

> Comment cette caricature dénonce-t-elle les inégalités qui existent dans la société française à la fin de l'époque moderne ?

| 1630 | 1650 | 1700 | 1750 | 1800 |

1610-1643 Louis XIII — *Régence 1643-1651* — **1643-1715** Louis XIV — **1715-1774** Règne de Louis XV — **1774-1792** Louis XVI

- **1639** Révolte des **Va-nu-pieds**
- **1726-1749** Salon de **madame de Tencin**
- **1784** Première représentation publique du *Mariage de Figaro* de Beaumarchais
- **1789** Déclenchement de la **Révolution française**

2 Le dynamisme d'un grand port français, Marseille

Joseph Vernet, *L'intérieur du port de Marseille*, 1754, musée national de la Marine, Paris.

> Montrez que ce tableau représente le dynamisme de l'économie et de la société française au milieu du XVIIIe siècle.

FICHE D'OBJECTIFS DU CHAPITRE 9

Pour commencer
Vidéo

Le quartier du Grand Châtelet dans la seconde moitié du XVIIIe siècle
Vidéo issue du projet « Bretez », mené par Mylène Pardoen
Durée : 6 minutes

Questions à aborder

> Comment, à la fin de l'époque moderne, la société française connaît-elle à la fois des blocages et des transformations ?
> Quelles sont les raisons des tensions qui existent au sein de la société ?
> Qui sont les acteurs des transformations sociales ?

Notions
- Lumières
- révoltes
- salon

Personnages-clés

Madame de Tencin
(1682-1749)
célèbre salonnière parisienne

Malesherbes
(1721-1794)
juriste et homme d'État français

Montesquieu
(1689-1755)
philosophe français

CHAPITRE 9 • Tensions, mutations et crispations de la société française

REPÈRES — La France, entre transformations et blocages

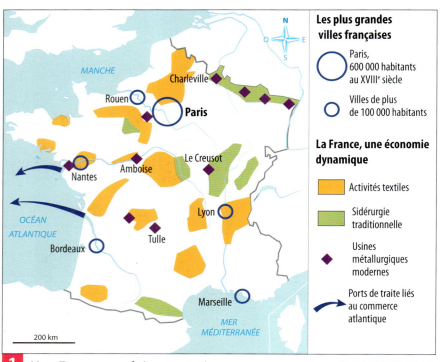

1 Une France en pleine mutation

Carte à compléter

QUESTIONS

1. Quels sont les facteurs de transformation de la France au XVIIIe siècle **(doc. 1)** ?
2. Quelles sont, outre l'agriculture, les activités du monde rural **(doc. 1)** ?

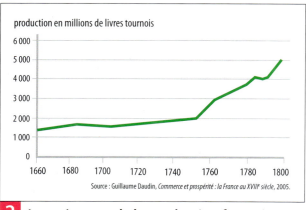

2 La croissance de la production française de 1660 à 1800

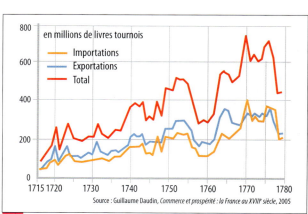

3 Le commerce extérieur français entre 1716 et 1780

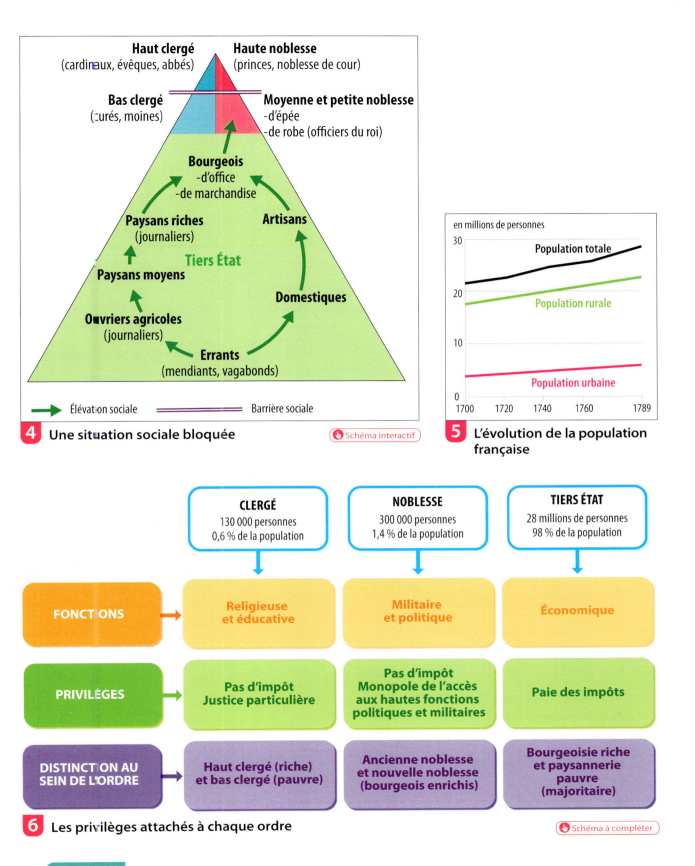

4 Une situation sociale bloquée

5 L'évolution de la population française

6 Les privilèges attachés à chaque ordre

QUESTIONS

1. Pourquoi peut-on dire que la France du XVIIIe siècle est une société « bloquée » (doc. 4 et 6) ?
2. Quelle est l'évolution démographique de la France au XVIIIe siècle (doc. 5) ?

CHAPITRE 9 • Tensions, mutations et crispations de la société française 253

La révolte des Va-nu-pieds

POINT DE PASSAGE ET D'OUVERTURE

La France de l'Ancien Régime est régulièrement secouée par des révoltes populaires, souvent paysannes, liées à la cherté du coût de la vie ou à la pression fiscale. En Normandie, en 1639, l'augmentation de la gabelle pousse les paysans à la révolte. Le roi répond par la répression.

Quelles difficultés du monde paysan la révolte des Va-nu-pieds révèle-t-elle ?

Vocabulaire
- **gabelle** : impôt royal sur le sel, produit très utilisé pour conserver les aliments.
- **sédition** : émeute, soulèvement contre le pouvoir établi.
- **Va-nu-pieds** : personne qui vit misérablement.

Janvier 1639 : Nouvelle taxation sur le sel (le prix est multiplié par trois)
Juillet 1639 : Assassinat d'un collecteur d'impôt à Avranches
Novembre 1639 : La révolte est écrasée par l'armée
Février 1640 : Les soldats s'installent durablement en Normandie aux frais des habitants

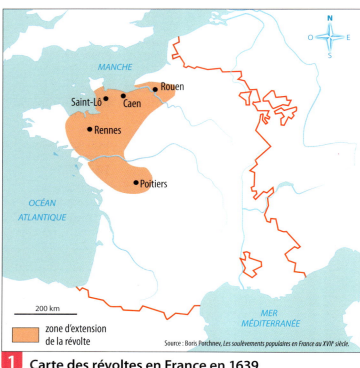

1 Carte des révoltes en France en 1639
Boris Porchnev, *Les soulèvements populaires en France au XVIIe siècle*, Flammarion, 1972, p. 431.

2 Les motifs de la révolte paysanne

Mon cher pays, tu n'en peux plus.
Que t'a servi d'être fidèle ?
Pour tant de services rendus,
On te veut bailler la gabelle.
5 Est-ce le loyer attendu
Pour avoir si bien défendu
La couronne des rois de France,
Et pour avoir, par tant de fois,
Remis les Lys[1] en assurance,
10 Malgré l'Espagnol et l'Anglais. [...]

Jean Nus-pieds est votre suppôt,
Il vengera votre querelle
Vous affranchissant des impôts,
Il fera lever la gabelle,
15 Et nous ôtera tous ces gens
Qui s'enrichissent aux dépens
De vos biens et de la patrie.
C'est lui que Dieu a envoyé
Pour mettre en la Normandie
20 Une parfaite liberté.

À la Normandie, pamphlet circulant en Normandie à l'été 1639.
1. Symbole de la monarchie française.

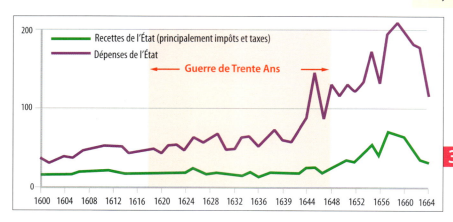

3 Le développement de l'impôt en France dans la première moitié du XVIIe siècle

4 Une illustration des colères paysannes

« Le Noble est l'araignée et le paysan la mouche », caricature tirée de Jacques Lagniet, *Recueil des plus illustres proverbes divisés en trois livres*, 1657-1663.

Il faut payer ou agréer.
À tout seigneur, tout honneur.
Maigre comme un lévrier d'attache.
Plus a le diable, plus il veut en avoir.

❶ Il faut payer ou agréer.
❷ À tout seigneur, tout honneur.
❸ Maigre comme un lévrier d'attache.
❹ Plus a le diable, puis il veut en avoir.

5 La réponse du pouvoir royal

Que s'il survient dans la ville de Caen quelque émotion ou sédition, le capitaine du quartier fera battre immédiatement le tambour, pour avertir les gentilshommes étant alors en ville, et les autres capitaines ou lieutenants, comme aussi les bourgeois et habitants qui sont demeurés armés, de prendre les armes.

Que les capitaines ou lieutenants où sera l'émotion en donnent immédiatement avis au premier des commissaires établis par Sa Majesté en l'Hôtel de Ville, et s'emploieront à apaiser ou arrêter le cours de la sédition, et prendre les auteurs et complices de la sédition par tous les moyens qu'ils estimeront nécessaires, sous peine d'être eux-mêmes déclarés complices.

Sa Majesté ordonne aux gentilshommes d'obéir aux lieutenants ou commandants, sous peine d'être dégradés de leur noblesse.

D'après une ordonnance royale du 26 février 1640.

ANALYSE DE DOCUMENTS

Parcours 1
J'ai besoin d'un peu d'aide

- Savoir lire, comprendre et apprécier un document iconographique
- S'approprier un questionnement historique

1. Quelles sont les causes de la révolte des Va-nu-pieds **(doc. 2 et 3)** ?
   Aide : replacez la révolte des Va-nu-pieds dans le contexte de l'évolution de l'impôt en France.
2. Que dénonce cette caricature **(doc. 4)** ?
   Aide : décrivez les deux personnages représentés.
3. Quelle est la réponse du pouvoir royal à la révolte des Va-nu-pieds **(doc. 5)** ?
   Aide : comment le roi rétablit-il l'ordre dans la région ?

Bilan Montrez que la révolte des Va-nu-pieds est révélatrice d'un malaise au sein du monde paysan.

Parcours 2
Je me débrouille seul(e)

- Savoir lire, comprendre et apprécier un document iconographique
- S'approprier un questionnement historique

Consigne
Montrez que la révolte des Va-nu-pieds est révélatrice d'un malaise au sein du monde paysan. Pour cela, expliquez les origines de la révolte et analysez la réponse de l'État royal.

ÉTUDE → LEÇON 1
L'amélioration de la condition paysanne

Aux XVIIe et XVIIIe siècles, la majorité de la population française reste rurale et paysanne. Si la situation est assez contrastée entre les différentes régions, des progrès sont visibles dans le monde agricole.

🕮 **Quelles sont les manifestations de la lente amélioration de la condition paysanne aux XVIIe-XVIIIe siècles ?**

1 **Repas de paysans au milieu du XVIIe siècle**
Louis Le Nain, *Repas de paysans*, 1642, musée du Louvre, Paris.

Ce tableau réaliste de Louis Le Nain illustre la diversité du monde rural :

❶ Bourgeois propriétaire et son fils.
❷ Paysan aisé et sa femme.
❸ Paysan pauvre et son jeune fils
On peut notamment les distinguer par le vêtement.

2 L'impact du grand hiver de 1709

Cette progression machinale me conduisit dans les plaines arides de la Champagne. L'indigence et la faim semblaient avoir établi leur séjour dans ces tristes lieux. Les maisons couvertes de chaume et de roseaux s'abaissaient jusqu'à
5 terre et ressemblaient à des glacières. Un enduit d'argile, broyée avec un peu de paille, était le seul obstacle qui en défendit l'entrée. Quant aux habitants, leur figure cadrait à merveille avec la pauvreté de leurs cabanes. Les haillons dont ils étaient couverts, la pâleur de leur visage, leurs
10 yeux livides et abattus, leur maintiens languissant, morne et engourdi, la nudité et la maigreur de quantité d'enfants que la faim desséchait, et que je voyais dispersés parmi les haies et les buissons pour y chercher quelques racines qu'ils dévoraient avec avidité. Tous ces affreux symptômes
15 d'une calamité publique m'épouvantèrent et me causèrent une extrême aversion pour cette sinistre contrée. Je la traversai le plus rapidement qu'il me fut possible, n'ayant pour tout aliment que des herbes et un peu de pain de chénevis que j'achetais et que j'avais même beaucoup
20 de peine à trouver.

Valentin Jamerey-Duval, *Description du fatal hiver de 1709*,
Dans *Mémoires. Enfance et éducation d'un paysan au XVIIIe siècle*,
Paris, 1784, p. 58-59.

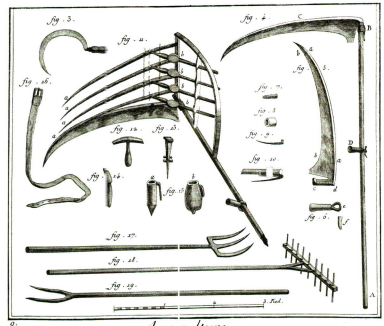

Vocabulaire

- **glacières** : constructions enterrées dont la fonction est de conserver les aliments.
- **population paysanne** : ensemble des individus qui vivent du travail de la terre et de l'exploitation agricole.
- **population rurale** : ensemble des individus vivant à la campagne, par opposition à la ville. Tous les ruraux ne sont pas des agriculteurs.

3 **Les transformations de l'outillage au XVIIIe siècle**

Les pages de l'*Encyclopédie* de Diderot et d'Alembert montrent les outillages qui se développent dans les campagnes françaises au XVIIIe siècle.
D'après l'article « Agriculture » de l'*Encyclopédie*, 1762.

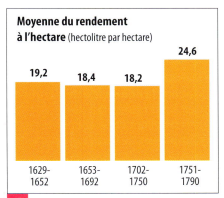

4 **Le décollage des rendements céréaliers dans les fermes d'Île-de-France**

Jean-Marc Moriceau, « Au rendez-vous de la "révolution agricole" dans la France du XVIIIe siècle », *Annales* 49-1, 1994, p. 34.

5 **La description des campagnes par un voyageur anglais**

En 1787, Arthur Young, anglais, traverse la France depuis Boulogne jusqu'aux Pyrénées. Entre Cahors et Toulouse, il laisse une description contrastée des campagnes de la région.

Par leur forme et leur couleur, les maisons des paysans ajoutent à la beauté de la campagne : elles sont carrées, blanches, ont des toits presque plats, et peu de fenêtres. Les paysans sont pour la plupart propriétaires. [...] Près de Perges, la vue d'une riche vallée, qui semble s'étendre jusqu'au pied des montagnes, est une scène splendide ; on ne voit qu'une vaste nappe de culture, parsemée de ces maisons blanches si bien bâties. Le chemin de Caussade est bordé de six rangées d'arbres, dont deux de mûriers, les premiers que j'ai vus. Ainsi nous avons donc presque atteint les Pyrénées avant de rencontrer une culture que quelques-uns voudraient introduire en Angleterre ! [...] Violent orage ; j'avais trouvé cette pluie plus forte que ce je connaissais en Angleterre ; mais en nous remettant en route pour Toulouse, je fus immédiatement convaincu qu'il n'en était pas tombé de semblable dans le royaume car la désolation répandue sur la scène, qui nous souriait dans son abondance peu d'heures auparavant, faisant mal à voir. Partout la détresse : les belles moissons de blé sont tellement couchées, que je doute qu'elles ne se relèvent jamais, d'autres champs sont si inondés qu'on ne sait, en les regardant, si l'eau ne les a pas toujours occupés. Les fossés, rapidement comblés par la boue, avaient débordé sur la route et porté du sable et du limon au travers des récoltes.

Arthur Young, *Voyages en France en 1787, 1788 et 1789*, traduit par Camille Sée, Armand Colin, 1931.

ANALYSE DE DOCUMENTS

- Savoir lire, comprendre et apprécier un document iconographique
- Mettre en relation des faits de natures différentes

1. Montrez, à partir de cette peinture, que le monde paysan regroupe des individus possédant des ressources très différentes **(doc. 1)**.
2. À quelles difficultés les populations paysannes sont-elles confrontées **(doc. 2)** ?
3. Comment la condition paysanne s'améliore-t-elle au XVIIIe siècle **(doc. 3 et 4)** ?
4. Que nous apprend le témoignage d'Arthur Young sur la situation dans les campagnes à la fin du XVIIIe siècle **(doc. 5)** ?

Bilan

À partir des documents proposés, expliquez comment la condition paysanne, qui reste précaire, s'améliore tout de même au XVIIIe siècle.

LEÇON 1 — Une France majoritairement rurale

QCM interactif

🗨️ **Quelles sont les évolutions que connaît le monde rural à l'époque moderne ?**

A Une société d'ordres dans laquelle la paysannerie est majoritaire

- **La société d'Ancien Régime est une société d'ordres**, structurée selon un modèle tripartite hérité du Moyen Âge : le clergé, chargé d'assurer le salut des individus, la noblesse, dont la mission est la protection des sujets, et le tiers état, qui assure la production de richesse. Ce dernier représente à l'époque 97 % de la population et le monde rural 85 %.

- Mais il existe une **forte disparité de conditions** au sein du monde rural. Tout d'abord, **la noblesse et le clergé contrôlent toujours étroitement la terre.** Certaines terres sont directement exploitées ou louées à des paysans qui les travaillent et paient des fermages (loyers). De plus, un certain nombre d'impôts et de taxes qui touchent le monde paysan leur reviennent.

- Au sein du monde agricole, il faut distinguer les paysans les plus riches, **les laboureurs,** qui sont propriétaires de leur terre et possèdent des équipements coûteux, **des journaliers qui ne sont pas propriétaires** et louent leur service à la journée.

B Le mécontentement du monde paysan

- **Le monde paysan est particulièrement soumis aux aléas climatiques et aux guerres** qui ravagent les terres. Régulièrement, des hivers rigoureux soumettent les populations à des famines. Ainsi, l'hiver 1709, extrêmement rigoureux dans toute l'Europe, provoque d'importantes famines dans le royaume.

- **Une mauvaise année de récolte peut aussi faire monter le prix du grain et rendre la vie chère.** Au XVIIIᵉ siècle, des émeutes de subsistance éclatent ainsi ponctuellement dans le royaume.

- **Le monde paysan est aussi durement touché par les taxes imposées par la monarchie.** C'est sur les épaules du tiers état que repose l'imposition, et la création de nouveaux impôts donne souvent lieu à des protestations, voire à de véritables insurrections : comme c'est le cas en 1639 avec la révolte des Va-nu-pieds.

C Une société rurale en lente transformation

- **Néanmoins, le XVIIIᵉ siècle est une période d'amélioration générale de la condition paysanne.** Le territoire français est peu soumis à des invasions et à des pillages, et les grandes épidémies disparaissent, après le dernier épisode de peste de 1720, en Provence.

- **De même, les progrès en agronomie, stimulés par les physiocrates, permettent une meilleure utilisation des sols et l'amélioration de l'outillage agricole.** La production agricole connaît des avancées tout au long du siècle et accompagne la croissance démographique.

- Si la condition paysanne s'améliore progressivement, les critiques contre **les privilèges** fiscaux de la noblesse et du clergé se font plus éloquentes, et les revendications égalitaires de plus en plus nombreuses.

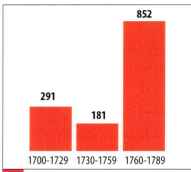

1 Le nombre d'émeutes de subsistances entre 1700 et 1789

Vocabulaire

- **agronomie :** étude scientifique des processus de production dans le domaine agricole.
- **émeute de subsistance :** révolte dont l'origine tient au manque de nourriture ou à la cherté des produits agricoles.
- **privilèges :** droits, avantages particuliers accordés à un individu ou à un groupe social.
- **société d'ordres :** organisation de la société autour de trois groupes, dont les fonctions et les privilèges sont distincts ; c'est sur ce modèle qu'est organisée la société de l'Ancien Régime.

@CTIVITÉ NUMÉRIQUE lien internet

■ Utiliser le numérique

Construire une carte mentale pour réviser la leçon

1. Rendez-vous sur le lien proposé.
2. Placez la problématique principale de la leçon dans le pavé central.
3. Construisez votre carte mentale en remplissant les différentes branches avec les thèmes clés de la leçon.
4. Cliquez sur carte mentale, puis exportez l'image et enregistrez votre travail.

2 Une vision idéale de la campagne

Ce tableau a été peint par la reine de France Marie Leszczyńska, épouse de Louis XV, à partir d'un modèle de Jean-Baptiste Oudry. Il représente une ferme idéale dans l'esprit de la reine, où les animaux sont nombreux et les paysans s'adonnent à leurs activités.

Marie Leszczyńska d'après Jean-Baptiste Oudry, *La Ferme*, huile sur toile, 1753, châteaux de Versailles et du Trianon.

3 L'émigration paysanne dans le Massif central

Tous les ans, au printemps ou à l'automne, on voit ces malheureux quitter par milliers leurs habitations. Des villages entiers sont déserts ; il ne reste que les vieillards, les femmes et les enfants. Encore voit-on quelquefois des femmes même et des enfants s'expatrier.
5 Tous partent ; ils se répandent, les uns dans la capitale, les autres dans nos différents départements, ceux-ci en Suisse ou en Italie, ceux-là en Hollande, en Espagne, partout enfin où se trouve de l'argent à gagner. Moissonneurs, chaudronniers, paveurs, maçons, porteurs d'eau, scieurs de bois, commissionnaires, raccommodeurs
10 de parasols et de vieux souliers, etc. Ils ne rebutent aucun travail, tout leur convient, pourvu qu'on les paie. […] Après une ou plusieurs années, ont-ils enfin amassé quelque argent ; on les voit, de nouveau vers l'automne ou le printemps, partir en troupes, revenir acquitter leurs impositions et porter dans leur famille le fruit de
15 leur opiniâtre labeur et de leur longue économie.

Pierre Jean-Baptiste Legrand d'Aussy, *Voyage fait en 1787 et 1788 dans la ci-devant Haute et Basse Auvergne*.

QUESTIONS

1. Que nous révèle l'évolution des émeutes de subsistance sur la condition de vie paysanne (doc. 1) ?
2. Montrez le contraste qui existe entre la vision idéale de la ferme par la reine et la réalité d'une partie de la paysannerie décrite par l'historien (doc. 2 et 3).

Bilan

À l'aide des documents de vos connaissances, montrez que le monde rural au XVIIIe siècle connaît une lente amélioration de ses conditions de vie, qui restent précaires.

ÉTUDE → LEÇON 2
Riches et pauvres à Paris

POINT DE PASSAGE ET D'OUVERTURE

Au XVIIIe siècle, Paris est, de très loin, la ville la plus importante de France. Elle compte une population d'environ 600 000 habitants, où se côtoient les plus riches et les plus pauvres : des grands aristocrates proches de la cour jusqu'à une foule de Parisiens qui ne vivent que de l'aumône.

Comment les différences sociales sont-elles perceptibles dans le Paris du XVIIIe siècle ?

1 Les rues de Paris où coexistent riches et pauvres

Nicolas Guérard, *L'embarras de Paris (le Pont-Neuf, vu du côté de la rue Dauphine)*, vers 1715, gravure, musée du Louvre, Paris.

❶ Bergères.
❷ Carrosses.
❸ Couple de bourgeois.
❹ Balayeur.

2 Pauvreté et mendicité à Paris

Les riches et les pauvres sont partout les uns mêlés avec les autres. […] Cette grande ville regorge de ces gens, tellement qu'on ne sait presque plus que faire, pour se garantir de leur importunité. […] Je parle ici de cette sorte de mendiant, qui vont de porte en porte, ou qui demandent la charité à tout passant dans les rues. Car il y a encore une infinité de pauvres habitants qui ont de la peine de trouver le pain qu'ils mangent, sans toutefois sortir de la maison pour le demander. Or les susdits mendiants ne sont pas tous de Paris, mais nombre de gens y viennent d'autre part et des provinces, dans la persuasion de trouver dans cette ville une subsistance plus aisée et plus riche, à cause de la multitude de ses habitants.

Joachim-Christoph Nemeitz, *Séjour de Paris*, Leide, 1727.

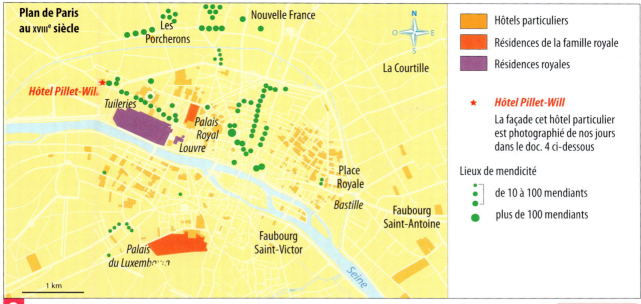

3 Le Paris des hôtels particuliers, le Paris de la mendicité

4 L'hôtel Pillet-Will, une résidence parisienne pour les élites

Construit pour Louis Blouin, premier valet de chambre de Louis XV en 1718, l'hôtel devint ensuite la propriété du receveur général des Finances d'Orléans, puis du codirecteur de la Compagnie des Indes.

5 Une famille noble dans un hôtel particulier parisien

La marquise de Breteuil-Sainte-Croix occupait le rez-de-chaussée dont elle avait réservé deux ou trois pièces à sa mère, la maréchale de Thomond. […] La mère et la fille avaient un magnifique logement dans le château neuf de Saint-Germain, et celui qu'on leur donnait à l'hôtel de Breteuil n'était censé être qu'un bâton de juchoir à Paris. Ma tante la baronne de Breteuil-Preuilly habitait le premier étage avec son mari, dont la bibliothèque avait usurpé trois salles. Le second étage n'était occupé que par la comtesse douairière de Breteuil-Charmeaux, mon autre tante, laquelle était la sœur de la baronne. […] Le troisième étage était habité par le commandeur de Breteuil-Chantecler, lequel donnait à loger à l'évêque de Rennes, messire Auguste de Breteuil-Fontenay, lorsque celui-ci croyait avoir affaire à Paris, ce qui ne manquait pas d'arriver souvent. Enfin, les cinq enfants de ma tante la baronne occupaient le quatrième étage.

Marquise de Créquy, *Souvenirs de 1710 à 1803*, Paris, Garnier, s.d., p. 93-94.

ANALYSE DE DOCUMENTS

Parcours 1
J'ai besoin d'un peu d'aide

- Savoir lire, comprendre et apprécier un document iconographique
- S'approprier un questionnement historique
- Procéder à l'analyse critique d'un document selon une approche historique

1. Montrez comment le graveur représente les différentes catégories sociales parisiennes (doc. 1).
   Aide : décrivez les vêtements et les attitudes qui permettent de distinguer les activités et le statut social.
2. Où sont concentrées les populations les plus pauvres de la ville (doc. 2 et 3) ?
3. Décrivez les lieux d'habitation de la noblesse à Paris (doc. 4 et 5).

Bilan Montrez que Paris accueille des populations très riches mais aussi très pauvres, qui se croisent sans se fréquenter.

Parcours 2
Je me débrouille seul(e)

- Savoir lire, comprendre et apprécier un document iconographique
- S'approprier un questionnement historique
- Procéder à l'analyse critique d'un document selon une approche historique

Consigne : Montrez que Paris est une ville qui présente des contrastes sociaux saisissants entre les habitants les plus riches et les plus pauvres. Pour cela, montrez que les lieux que les uns et les autres fréquentent ne sont pas toujours les mêmes.

CHAPITRE 9 • Tensions, mutations et crispations de la société française

ÉTUDE → LEÇON 2
Les ports français et le commerce colonial

Pour de nombreux ports français, le commerce colonial est une part importante des échanges outre-mer. Il participe à l'enrichissement de la France mais aussi au développement de la traite.

Comment le commerce colonial participe-t-il au développement des ports français ?

1 Un marché à Saint-Pierre de la Martinique
Le Masurier, *Marché à Saint-Pierre de la Martinique*, vers 1775, huile sur toile, musée Calvet, Avignon.

3 Les conséquences du développement du commerce colonial

Je ne sais pas si le café et le sucre sont nécessaires au bonheur de l'Europe, mais je sais bien que ces deux végétaux ont fait le malheur de deux parties du monde. On a dépeuplé l'Amérique afin
5 d'avoir une terre pour les planter ; on dépeuple l'Afrique afin d'avoir une nation pour les cultiver […] Ces belles couleurs de rose et de feu dont s'habillent nos dames, le coton dont elles ouatent leurs jupes, le sucre, le café, le chocolat
10 de leurs déjeuners : la main des malheureux Noirs a préparé tout cela pour elles. […] Ce qui sert à vos plaisirs est mouillé des pleurs et teint du sang des hommes.

Jacques-Henri Bernardin de Saint-Pierre, *Voyage à l'Île de France*, 1773.

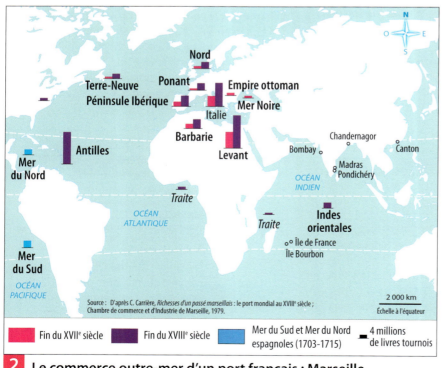

2 Le commerce outre-mer d'un port français : Marseille

Source : D'après C. Carrière, *Richesses d'un passé marseillais : le port mondial au XVIIIe siècle* ; Chambre de commerce et d'industrie de Marseille, 1979.

ANALYSE DE DOCUMENTS
- Savoir lire, comprendre et apprécier une carte
- Utiliser l'échelle appropriée pour étudier un phénomène

1. Quelles sont les marchandises échangées dans le commerce colonial **(doc. 1 et 3)** ?
2. Quelles sont les régions qui commercent le plus avec Marseille **(doc. 2)** ?
3. Quel lien existe-t-il entre le commerce colonial, l'esclavage et la traite **(doc. 3)** ?

Bilan
Montrez que le commerce colonial aide au développement des ports français tout en participant directement ou indirectement à la traite et à l'esclavage.

TRAVAIL DE L'HISTORIEN

ÉTUDE → LEÇON 2

Les ports, la traite et l'économie de plantation

POINT DE PASSAGE ET D'OUVERTURE

Le commerce triangulaire connaît son apogée au XVIIIe siècle. De nombreux ports français, tel Nantes ou Bordeaux, tirent un bénéfice important du trafic d'esclaves.

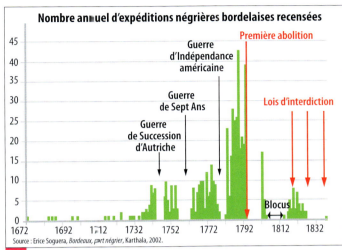

1 L'évolution du nombre annuel d'expéditions négrières bordelaises au XVIIIe siècle
Éric Saugera, *Bordeaux port négrier. XVIIIe-XIXe siècles*, Karthala, 2002.

2 DOCUMENT SOURCE — Journal de bord de *La Licorne*, un navire négrier bordelais en 1788

Le navire *La Licorne* de Bordeaux, du port de 625 tonneaux, appartenant à Messieurs Cochon-Troplong et Cie, négociants de ladite ville, a été expédié par eux sous mon commandement[1] pour la côte de Mozambique passant par l'Île de France[2] et destiné à y traiter cinq cents têtes de nègres et les transporter dans les colonies françaises de l'Amérique, particulièrement dans l'Île de Saint-Domingue. [...] La cargaison consistait en diverses marchandises pour la traite comme vin, eau-de-vie, liqueurs, fer en barre, fusils de traite, des munitions et de chasse, poudre de guerre, toile, draperies, soieries, galons d'or et d'argent et autres articles, le tout de fabrique de France, et de piastres[3] d'Espagne pour la valeur de la moitié de la cargaison. [...] (*Le navire arrive à Saint-Domingue au mois d'avril*) Le 25, j'ouvris la vente. Je convins avec les négociants et habitants qui voulaient acheter des nègres, qu'ils me paieraient un tiers comptant, un tiers dans un an, et l'autre tiers en avril 1790. Tout étant d'accord, je vendis et livrai à ceux qui voulurent en acheter et du 25 avril au 10 mai ma vente fut entièrement finie et les 390 nègres que j'avais introduits produisirent une vente de 723 000 livres argent de la colonie. J'employai cette somme en achat de denrées que je fis charger à bord *La Licorne*.

Gabriel Debien, « Le journal de traite de *La Licorne* au Mozambique, 1787-1788 » *Études africaines offertes à Henri Brunschwig*, Paris, EHESS, 1982, p. 91-116.

1. Sous le commandement du capitaine Brugerin. 2. Aujourd'hui, l'Île Maurice. 3. Monnaie d'argent.

3 L'ANALYSE DE L'HISTORIEN — Les raisons du développement de la traite

La traite négrière bordelaise représente 480 expéditions recensées entre 1672 et 1837. À l'origine de la déportation de 120 000 à 150 000 Noirs, elle est pratiquée par près de 180 armateurs bordelais. [...] C'est surtout après la guerre d'indépendance américaine (1783) que la traite bordelaise connaît sa plus forte expansion, allant jusqu'à représenter 12 % de son trafic colonial. Les raisons en sont essentiellement économiques. Le nombre de négociants participant au commerce outre-mer s'accroît, tassant les marges de profit, alors même que la dette des colons et le nombre d'impayés augmentent. Pour autant, les besoins des îles en main-d'œuvre et les difficultés d'approvisionnement en esclaves sur les côtes occidentales de l'Afrique entraînent une augmentation du prix de vente des esclaves, ce qui va inciter les négociants bordelais à intensifier la traite des Noirs.

Hubert François, Christian Block, Jacques de Cauna, *Bordeaux au XVIIIe siècle. Le commerce atlantique et la traite*, Éditions Le Festin, 2010, p. 77-79.

S'INITIER AU TRAVAIL DE L'HISTORIEN

- S'approprier un questionnement historique
- Construire et vérifier des hypothèses sur une situation historique

A L'historien commence par définir le contexte historique et géographique

1. Dans quel contexte a lieu le voyage de *La Licorne* (doc. 1 et 2) ?
2. Quelles sont les différentes étapes du trajet de *La Licorne* (doc. 2) ?
3. Quels sont les produits qu'échange *La Licorne* au cours de son voyage (doc. 2) ?

B L'historien confronte et interprète la source

4. Pourquoi les armateurs bordelais participent-ils à la traite des esclaves (doc. 2 et 3) ?
5. Comment l'historien explique-t-il le développement de Bordeaux comme port négrier (doc. 3) ?
6. Pourquoi la fin du XVIIIe siècle est-elle une période d'intense développement de la traite (doc. 3) ?
7. Montrez que Bordeaux bénéficie fortement de ce commerce à la fin du siècle (doc. 1 et 3).

LEÇON 2 — Le dynamisme du monde urbain

QCM interactif

🗨 **Quel est le moteur du dynamisme économique du monde urbain aux XVIIe et XVIIIe siècles ?**

A Des villes en pleine croissance

- **Le monde urbain est en pleine croissance tout au long des XVIIe et XVIIIe siècles.** Alors que la France compte 3,9 millions d'urbains en 1700, ils sont près de 6 millions en 1789. Cette progression se fait principalement par les migrations des campagnes vers les villes. Ces déplacements s'expliquent par le dynamisme économique des villes françaises à l'époque des Lumières.

- **Les villes accueillent une population très hétérogène.** Les grands nobles possèdent des hôtels particuliers, à Paris comme dans toutes les grandes villes. Les activités commerciales et bancaires se concentrent en ville, de même que les premières activités industrielles. C'est pourquoi l'architecture urbaine est marquée par l'empreinte de la grande bourgeoisie et de la noblesse.

- **Mais les villes accueillent aussi en leur sein beaucoup d'artisans modestes, de travailleurs pauvres**, de mendiants ou de marginaux. Paris compte ainsi près de 10 000 mendiants qui vivent de l'aumône ou sont pris en charge par l'Hôpital Général. Le contraste social des villes françaises est donc saisissant.

B Le dynamisme économique des villes

- **Le dynamisme économique des villes s'appuie sur la montée en puissance** de nouvelles activités, du grand commerce et du système bancaire. Ainsi, au début du XVIIIe siècle, le système de Law commence à émettre à Paris du **papier-monnaie**, mais cette tentative révolutionnaire se conclut par un scandale financier et tourne court rapidement.

- **Une ébauche d'industrie se développe en France.** Tout au long du XVIIIe siècle, des manufactures sont créées, dans le textile ou la métallurgie, et donnent naissance à des dynasties d'entrepreneurs, comme les Poupart de Neuflize à Sedan. Ces activités annoncent déjà la révolution industrielle du siècle suivant.

- **Le commerce international se développe à grande échelle**, avec l'Empire colonial, notamment dans les Antilles. Au XVIIIe siècle, des villes comme Nantes ou Bordeaux s'enrichissent du commerce des esclaves et de l'économie de plantation.

C L'émergence de nouvelles élites

- **Le développement économique des villes françaises profite à de nombreuses élites** : la noblesse d'une part, qui a des capitaux à investir dans le commerce international ou la grande industrie, mais aussi une bourgeoisie urbaine, qui voit son statut social s'élever.

- Cette ascension sociale de la bourgeoisie se heurte aux privilèges de la noblesse. C'est pourquoi, les membres du tiers état les plus riches cherchent à obtenir des lettres d'**anoblissement** afin de pouvoir bénéficier de ces mêmes privilèges.

1 Les traces du commerce des esclaves à Nantes
Mascaron visible sur un hôtel particulier du XVIIIe siècle de l'allée Brancas, à Nantes.

Vocabulaire

- **anoblissement** : obtention du statut de noble par l'achat ou par décision royale.
- **papier-monnaie** : ancêtre du billet de banque utilisé à partir de 1716, à l'initiative du banquier John Law.

@CTIVITÉ NUMÉRIQUE — lien internet

■ Utiliser le numérique

Créez des QR-codes pour enrichir le cours

1. Rendez-vous sur le lien proposé.
2. Choisissez trois thèmes de l'exposition. Récupérez son adresse web dans la barre d'adresse.
3. Rendez-vous sur Unitag. Créez un compte gratuit, puis cliquez sur « Commencer et créer un QR-code ».
4. Copier l'adresse du document choisi et collez-la dans « Entrez votre url », puis validez.
5. Récupérez l'image du QR-code créé et partagez-la avec votre professeur ou votre classe.

2 Le café Procope, un lieu de discussion de la bourgeoisie parisienne

Le café Procope, gravure, 1779, musée Carnavalet, Paris.

3 La transformation de la noblesse à la fin du XVIIIe siècle

Les gens du tiers ont pu acquérir les droits de la noblesse par les grâces multipliées des souverains, par des charges, dont quelques-unes étaient honorables pour ceux qui les occupaient et anoblissaient eux et leur postérité ; enfin par des charges purement vénales, en sorte qu'il est vrai qu'à présent en France les privilèges de la noblesse sont devenus ceux de la richesse. Tout noble à la vérité n'est pas riche mais tout riche est noble, et ceux qui ne sont pas assez riches pour acquérir une noblesse transmissible à leurs descendants acquièrent au moins des privilèges personnels à eux pour en jouir pendant leur vie. Ainsi l'impôt qui aux yeux de la raison et de la justice doit être payé à proportion de la richesse, est un impôt dont au contraire on s'exempte à cause de richesse.

Chrétien Guillaume de Lamoignon de Malesherbes, Les Remontrances, 1776.

Chrétien Guillaume Lamoignon de Malesherbes (1721-1794)

Né dans une importante famille de la noblesse parisienne, il entre au Parlement de Paris en 1741. Durant toute sa carrière, il défend l'indépendance de la justice et les initiatives des Lumières, notamment la publication de *L'Encyclopédie*.

4 Le développement de l'industrie : Jean Abraham André Poupart de Neuflize (1714-1793) à Sedan

Non seulement il possédait toutes les connaissances d'un bon fabricant, d'un habile apprêteur, mais il avait le génie d'un grand négociant. Aussi changea-t-il la fabrique de son père en une manufacture de première classe, et l'affranchit-il de toute dépendance étrangère, en ayant sa propre teinturerie et ses fouleries particulières. Non seulement il savait faire de beaux draps, mais il savait les fabriquer économiquement. Il était connaisseur en laines, et qui plus est, il savait aller les chercher de première main, pour les avoir bon marché ! [...] Il était parvenu à entretenir 150 grands métiers, et à faire des bénéfices proportionnés, qu'il rentrait promptement dans ses capitaux, avait toujours un portefeuille bien garni.

André Poupart de Neuflize et Gérard Gayot, L'entrepreneur et l'historien, deux regards sur l'industrialisation dans le textile (XVIIIe-XIXe siècles), Presses universitaires de Septentrion, 2013.

QUESTIONS

1. Montrez quels sont les moteurs du dynamisme économique de la France au XVIIIe siècle **(doc. 1 et 3)**.
2. Quelles sont les revendications de la bourgeoisie urbaine à la veille de la Révolution française **(doc. 2 et 4)** ?

Bilan

À l'aide des documents et de vos connaissances, montrez que les profondes transformations qui touchent la France au XVIIIe siècle sont sources de revendications politiques et sociales nouvelles.

MÉTHODE BAC
ÉTUDE → LEÇON 3

La place importante de la noblesse dans la société française

À la fin de l'époque moderne, la noblesse occupe une place majeure dans l'organisation sociale, car elle bénéficie de privilèges économiques, sociaux et politiques. Elle garde, de plus, un contrôle important des richesses de la terre.

🗨 **Comment la noblesse garde-t-elle une place prépondérante dans la société française ?**

Vocabulaire
- **courtisan** : personne qui fréquente la cour d'un souverain et qui cherche à en tirer des bénéfices.

1 La noblesse, une société du luxe, 1735
Jean-François de Troy, *Le Déjeuner d'huîtres*, 1735.

2 Dîner avec le roi, un privilège des courtisans

Les chasseurs qui voulaient être admis à la table du roi entraient le soir dans le cabinet, s'ils en avaient les entrées, sinon, ils demeuraient dans la chambre
5 à la porte de ce cabinet, d'où le roi sortait un moment pour les honorer d'un regard et faire la liste de ceux qu'il voulait convier. L'huissier en lisait les noms en présence des chasseurs qui atten-
10 daient debout et en silence la décision royale. Les uns étaient admis, le plus grand nombre se trouvait renvoyé, et tous devaient avoir ailleurs un souper assuré, parce qu'aucun d'eux ne l'était
15 de la faveur du monarque.

Louis XV [...] s'amusait de l'incertitude qui agitait les aspirants à la faveur de ses soupers, et se montrait jaloux de ce droit d'admission ou d'exclusion.
20 Un jour ayant accepté de Crillon un mouton arrivé de Provence, où la viande de cet animal est excellente, et ce courtisan ayant été invité à chasser avec le monarque, on s'aperçut que Louis
25 XV parut se complaire à ne pas inviter Crillon, dont il mangea le mouton, apprêté de toutes manières, avec d'autres chasseurs, sans lui dire qu'il était bon.

Le duc de Richelieu, *Mémoires*, tome IV, 1829, p. 338-339.

MÉTHODE BAC

Répartition des propriétaires de seigneuries dans la Beauce, 1600-1700

- Ancienne noblesse (plus de 100 ans)
- Nouvelle noblesse (moins de 100 ans)
- Noblesse extérieure à la Beauce
- Non-nobles

1600 : 29 % ; 28 % ; 8 % ; 36 %

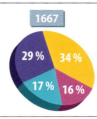
1667 : 34 % ; 29 % ; 17 % ; 16 %

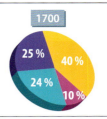
1700 : 40 % ; 25 % ; 24 % ; 10 %

3 L'importance de la noblesse dans la possession de la terre
D'après Jean-Marie Constant, *La société française au XVIe, XVIIe et XVIIIe siècles*, Ophrys, 1994.

4 Les carrières militaires monopolisées par les privilèges de la noblesse

Carrière d'un non-noble	Carrière d'un petit noble	Carrière d'un grand noble
Depuis l'édit de Ségur du 22 mai 1781, il est impossible pour un non-noble d'accéder aux carrières d'officiers.	▶ Volontaire à 15 ans ▶ Sous-lieutenant à 18 ans ▶ Lieutenant à 20 ans ▶ Capitaine d'infanterie à 25 ans ▶ Lieutenant-colonel à 50 ans ▶ Brigadier d'infanterie à 55 ans	▶ Mousquetaire à 14 ans ▶ Sous-lieutenant à 15 ans ▶ Capitaine d'infanterie à 18 ans ▶ Brigadier à 28 ans ▶ Maréchal de camp à 34 ans ▶ Lieutenant-général à 44 ans ▶ Maréchal de France à 52 ans

D'après François Bluche, *La noblesse française au XVIIIe siècle*, Paris, Fayard, 2012.

SUJET ▶ **QUESTION PROBLÉMATISÉE** Comment la noblesse garde-t-elle une place importante dans la société française au XVIIIe siècle ?

MÉTHODE : Réponse à la question problématisée

→ Méthode générale de la réponse à la question problématisée, p. 10

1 Analysez les termes du sujet
- Quels sont les mots-clés et les limites chronologiques et spatiales ?
- De qui parle-t-on ?
- De quoi parle-t-on ?

2 Reformulez la question problématisée pour en comprendre plus précisément le sens.
> *Comprendre la place des privilèges dans la conservation de la puissance de la noblesse.*

3 Construisez un plan détaillé
Montrez que ces privilèges touchent différents domaines de la société :
- Privilèges politiques : proximité avec le roi, culture de cour **(utilisez les informations des doc. 1 et 2)**.
  > *Pourquoi la noblesse conserve-t-elle une place importante à la cour ?*
- Privilèges économiques : possession de la terre **(utilisez le doc. 3)**.
  > *Montrez que la noblesse affirme sa richesse grâce à la possession de la terre.*
- Privilèges sociaux : carrières d'officiers réservées à la noblesse **(utilisez le doc. 4)**.
  > *Montrez que les carrières militaires dépendent des statuts sociaux des Français.*

4 Résumez vos idées dans une conclusion expliquant les fondements de la puissance de la noblesse

CHAPITRE 9 • Tensions, mutations et crispations de la société française 267

ÉTUDE → LEÇON 3
Le salon de madame de Tencin

POINT DE PASSAGE ET D'OUVERTURE

Au siècle des Lumières, les salons sont des lieux de rencontre et de discussion pour les élites, politiques et intellectuelles. Le salon de madame de Tencin, actif entre 1726 et 1749, est l'un des plus prisés de Paris, et souligne le rôle que jouent les femmes dans le développement des Lumières.

Quel rôle joue le salon de madame de Tencin dans l'épanouissement des Lumières ?

1 Le salon de madame de Tencin

Sur ce tableau de Jacques Autreau, madame de Tencin est représentée en arrière-plan apportant du chocolat, tandis qu'autour de la table sont rassemblés des habitués de son salon, Bernard Fontenelle (écrivain et scientifique), Antoine de La Motte (dramaturge) et Joseph Saurin (mathématicien).

Jacques Autreau, *Madame de Tencin apporte le chocolat*, huile sur toile, 1716.

2 La pratique des salons à Paris au XVIIIe siècle

Le beau monde consacre quatre ou cinq heures deux ou trois fois la semaine à faire des visites. Les équipages courent toutes les rues de la ville et des faubourgs. Après bien des reculades, on s'arrête à vingt portes pour s'y faire écrire ; on paraît un quart d'heure dans une demi-douzaine de maisons ; c'est le jour de la maréchale, de la présidente, de la duchesse ; il faut paraître au salon, saluer, s'asseoir tour à tour sur le fauteuil vide, et l'on croit sérieusement pouvoir cultiver la connaissance de cent soixante à quatre-vingts personnes. Ces allées et venues dans Paris distinguent un homme du monde ; il fait tous les jours des visites, cinq réelles et cinq en blanc ; et lorsqu'il a mené cette vie ambulante et oisive, il dit avoir rempli les plus importants devoirs de la société.

Louis-Sébastien Mercier, *Tableau de Paris* (1783), Paris, Mercure de France, 1994, t. I, p. 1186-1187.

3 Lettre de madame de Tencin à lord Chesterfield, 22 octobre 1742

Lord Chesterfield est un écrivain et homme politique anglais francophile, proche de Montesquieu et de Voltaire. Il fréquente le salon de madame de Tencin avant de rentrer en Angleterre. Il continue de lui envoyer des lettres qui sont lues au salon.

Je voudrais, mylord, que vous eussiez été témoin de la réception de votre lettre. Elle me fut remise au milieu de la société que vous connaissez. Ce que vous me dites de flatteur m'empêcha quelques moments de la montrer, mais l'amour-propre trouve toujours le moyen d'avoir son compte. Le mien me suggéra que c'était une injustice de vous ravir, sous prétexte de modestie, des louanges dignes de vous.

La lettre fut donc lue, et ne le fut pas qu'une seule fois. Il faut vous l'avouer l'effet qu'elle produisit fut bien différent de celui que j'attendais : « ce mylord se moque de nous, s'écria monsieur de Fontenelle qui fut suivi des autres, d'écrire en notre langue mieux et plus correctement que nous. Qu'il se contente, s'il lui plaît, d'être le premier homme de sa nation, d'avoir les lumières et la profondeur de génie qui la caractérisent, et qu'il ne vienne point s'emparer de nos grâces et de nos gentillesses.

Les plaintes et les murmures de l'assemblée dureraient encore si, après avoir convenu bien franchement de vos torts, je ne m'étais avisée de rappeler les agréments et la douceur de votre commerce. Qu'il nous revienne donc, dirent-ils tous à la fois, nous lui passerons alors d'avoir plus d'esprit que nous.

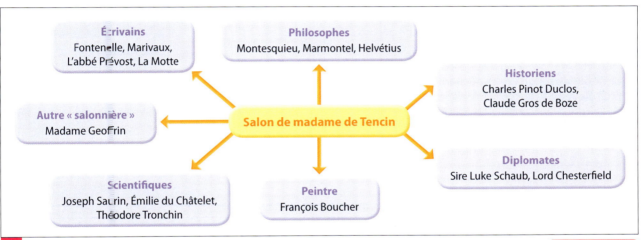

4 Un salon fréquenté par de nombreux intellectuels

5 Les commentaires de madame de Tencin sur Louis XV et le gouvernement

Le salon de madame de Tencin est aussi un lieu où les questions politiques sont abordées, et où il n'est pas rare de voir le gouvernement critiqué.

Je suis charmée que vous soyez d'avis, mon cher duc, que le roi ouvrira les yeux, mais que ce sera trop tard. Vous êtes bien bon de croire encore cela : je suis plutôt sûre qu'il ne les ouvrira pas. [...] On dirait qu'il a été élevé à croire que, quand il a nommé un ministre, toute sa besogne de roi est faite, et qu'il ne doit plus se mêler de rien. C'est à celui qu'on lui a désigné à tout faire ; cela ne doit plus le regarder ; c'est l'affaire de celui qui est en place. Voilà pourquoi les Maurepas, les d'Argenson sont plus maîtres que lui. Si on lui fait entendre qu'il a choisi un homme incapable, ou un fripon, n'importe, il est là, et il doit y rester, jusqu'à ce qu'un plus adroit le supplante. Son autorité est divisée méthodiquement, et il croit sur parole chaque ministre, sans se donner la peine d'examiner ce qu'il fait.

Lettre de madame de Tencin au duc de Richelieu, 30 septembre 1743.

ANALYSE DE DOCUMENTS

- Mettre une figure en perspective
- Savoir lire un document iconographique
- Procéder à l'analyse critique d'un document selon une approche historique

1. Décrivez la place que détiennent les salons dans la sociabilité des élites parisiennes **(doc. 2)**.

2. Montrez que le salon de madame de Tencin regroupe des participants de milieux très divers **(doc. 1, 3 et 4)**.

3. Quel est le rôle de madame de Tencin au sein de son salon **(doc. 3 et 5)** ?

Bilan

Montrez que madame de Tencin, et les « salonnières » en général, tiennent un rôle important dans la diffusion des idées des Lumières, mais aussi dans la vie politique.

LEÇON 3 — Une société française en plein questionnement

QCM interactif

🗨 Quelles sont les réflexions qui agitent la société française au cours du XVIIIe siècle ?

A Des crises multiples qui agitent la société

- **De multiples crises agitent la société française au XVIIIe siècle,** notamment fiscales. Les impôts et les taxes créés pour financer le budget de la monarchie sont sources de tensions entre les ordres. L'impôt du vingtième (5 % sur les revenus), créé en 1749, est à l'origine appliqué aux trois ordres. Mais le clergé parvient en 1750 à obtenir une exemption et beaucoup de nobles refusent de le payer. Cela mécontente grandement le tiers état qui assume seul le poids de l'impôt.
- **Le clergé et les ordres religieux sont eux aussi au cœur des tensions.** C'est le cas des jansénistes, soupçonnés de remettre en cause l'organisation de l'Église et des jésuites, un ordre très riche accusé d'être trop puissant car il contrôle l'éducation en France. À la suite d'un scandale financier, les jésuites sont expulsés du royaume en 1763.
- **La noblesse réagit en empêchant le tiers état d'accéder aux fonctions les plus élevées de la société.** L'édit de Ségur, en 1781, oblige ainsi les officiers de l'armée à être noble pour pouvoir faire carrière et accéder aux échelons les plus élevés.

B Les Lumières, un mouvement philosophique et politique

- **Le mouvement des Lumières regroupe de nombreux intellectuels,** dans les domaines aussi différents que la philosophie, la littérature, les sciences, l'agronomie et le droit. Il participe à ce grand dynamisme de la société française au XVIIIe siècle mais soulève aussi des questions sociales importantes.
- **Ainsi, des philosophes tels Montesquieu, Voltaire, Rousseau ou Diderot mettent en avant l'arbitraire royal** et soulignent la nécessité de soutenir la liberté individuelle et de remettre en question les privilèges.
- **Toutes ces questions sont débattues dans les salons,** les cafés ou représentées dans les théâtres. Ces idées sont aussi véhiculées grâce au développement de la presse, de la chanson et de la caricature, véritables vecteurs de transmission de la critique sociale.

C La critique sociale de la société d'ordres

- **Une des critiques récurrentes est celle des privilèges économiques et sociaux** du clergé et de la noblesse. Dans la seconde moitié du siècle, des réformes sont envisagées par Louis XVI pour répondre à la nécessité de soumettre le clergé et la noblesse à l'impôt, mais les nobles restent un groupe social puissant qui refuse en bloc ces réformes. La bourgeoisie proteste contre ces privilèges qui ne semblent plus avoir aucun fondement.
- **C'est aussi le pouvoir royal qui se trouve critiqué au long du siècle.** Plusieurs scandales financiers viennent entacher l'image de la cour (l'Affaire du collier de la reine en 1785), mais aussi la violence du pouvoir royal, qui s'illustre notamment lors de l'exécution de Robert-François Damiens, en place publique, supplice qui suscite le dégoût chez nombre de spectateurs. L'image du roi rendant la justice se retrouve ainsi écornée.

1 L'expulsion des jésuites du royaume, 1763
Cette gravure montre le rôle joué par le parlement de Rouen dans l'expulsion des jésuites du royaume.

Vocabulaire
- **arbitraire** : qui ne dépend que de la volonté d'une personne.

@CTIVITÉ NUMÉRIQUE — lien internet

■ Utiliser le numérique
Utilisez genial.ly pour enrichir un document

1. Rendez-vous sur : le lien proposé et créez votre compte. Cliquez sur « Créer un Genially », choisissez « Image interactive », puis « Créer une image interactive ».
2. Choisissez un visuel du tableau « Lecture de la tragédie *L'Orphelin de la Chine* de Voltaire dans le salon de madame Geoffrin » d'Anicet Charles Gabriel Lemonnier.
3. Téléchargez-le depuis un site et déposez-le dans genial.ly.
4. Réalisez le commentaire du tableau en insérant quatre éléments interactifs d'explication.
5. Cliquez sur « Partager » et transmettez le lien à votre professeur.

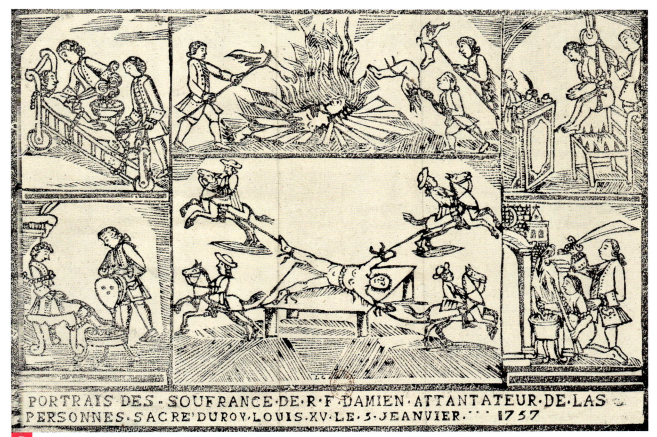

2 L'exécution de Robert-François Damiens, coupable d'attentat contre le roi

L'exécution de Damiens, coupable d'avoir attenté à la vie de Louis XV, réalisée en place publique a suscité beaucoup de critiques, en raison de la violence du rituel.

3 Noblesse et bourgeoisie à la veille de la Révolution française

Les bourgeois avaient reçu, en général, une éducation qui leur devenait plus nécessaire qu'aux gentilshommes, dont les uns, par leur naissance et par leur richesse, obtenaient les premières places de l'État sans mérite et sans talents, tandis que les autres étaient destinés à languir dans des emplois subalternes de l'armée. Ainsi, à Paris et dans les grandes villes, la bourgeoisie était supérieure en richesses, en talents et en mérite personnel. Elle avait dans les villes de province la même supériorité sur la noblesse des campagnes ; elle sentait cette supériorité, cependant elle était partout humiliée ; elle se voyait exclue, par les règlements militaires, des emplois dans l'armée ; elle l'était, en quelque manière, du haut clergé, par le choix des évêques parmi la haute noblesse, et des grands vicaires en général parmi les nobles. La haute magistrature la rejetait également, et la plupart des cours souveraines n'admettaient que des nobles dans leur compagnie. [...] Ainsi, tandis que la noblesse avait été dépouillée de sa prérogative, nécessaire dans une monarchie, on donnait aux nobles des privilèges nuisibles à la société.

Marquis de Bouillé, *Mémoires*, 1859.

Montesquieu (1689-1755)

Philosophe des Lumières, il est l'auteur de plusieurs ouvrages politiques majeurs, comme *De l'esprit des lois*, dans lequel il défend le principe de la séparation des pouvoirs.

QUESTIONS

1. Comment cette gravure illustre-t-elle l'expulsion des jésuites du royaume (doc. 1) ?
2. Pourquoi l'exécution de Damiens scandalise-t-elle l'opinion publique (doc. 2) ?
3. Quelles sont les revendications de la bourgeoisie française à la veille de la Révolution (doc. 3) ?

Bilan

À l'aide des documents et de vos connaissances, montrez que le XVIIIe siècle connaît de multiples crises, sociales, politiques et religieuses, qui affaiblissent l'autorité monarchique.

EXERCICES — Autre support — Un récit de science-fiction

L'An 2440, Rêve s'il en fût jamais de Louis-Sébastien Mercier, 1771

L'An 2440, Rêve s'il en fût jamais est l'un des premiers romans d'anticipation : une utopie qui place le roman non pas dans un lieu imaginaire, mais dans le futur. Le héros, s'étant endormi pendant 670 ans, se réveille en l'an 2440, au cœur d'une société qui s'est transformée grâce à une révolution paisible et heureuse. Mercier construit ainsi une critique virulente de la société de son temps.

1 Les chapeaux brodés

Les choses me paraissent un peu changées, dis-je à mon guide ; je vois que tout le monde est vêtu d'une manière simple et modeste, et depuis que nous marchons je n'ai pas encore rencontré sur mon chemin un seul habit doré : je n'ai distingué ni galons, ni manchettes à dentelles. De mon temps, un luxe puéril et ruineux avait dérangé toutes les cervelles ; un corps sans âme était surchargé de dorure, et l'automate alors ressemblait à un homme. – C'est justement ce qui nous a porté à mépriser cette vaine livrée de l'orgueil. Notre œil ne s'arrête pas à la surface. Lorsqu'un homme s'est fait connaître pour avoir excellé dans son art, il n'a pas besoin d'un habit magnifique ni d'un riche ameublement pour faire passer son mérite ; il n'a besoin ni d'admirateurs qui le prônent, ni de protecteurs qui l'étayent : ses actions parlent, et chaque citoyen s'intéresse à demander pour lui la récompense qu'elles méritent. Ceux qui courent la même carrière que lui sont les premiers à solliciter en sa faveur. Chacun dresse un placet, où sont peints dans tout leur jour les services qu'il a rendus à l'État.

Le monarque ne manque pas d'inviter à sa cour cet homme cher au peuple. Il converse avec lui pour s'instruire ; car il ne pense pas que l'esprit de sagesse soit inné en lui. Il met à profit les leçons lumineuses de celui qui a pris quelque grand objet pour but principal de ses méditations. Il lui fait présent d'un chapeau où son nom est brodé ; et cette distinction vaut bien celle des rubans bleus, rouges et jaunes, qui chamarraient jadis des hommes absolument inconnus à la patrie.

Louis-Sébastien Mercier, *L'An 2440, Rêve s'il en fût jamais*, extrait du chapitre VI, 1771.

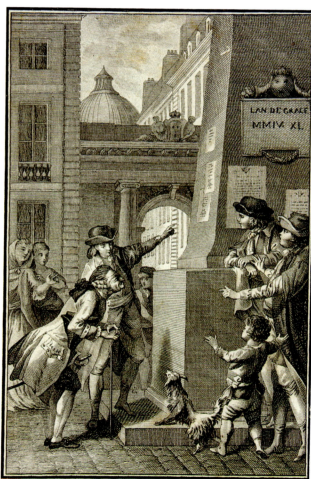

2 Le réveil du narrateur à Paris, en l'an 2440
Gravure sur cuivre, présente dans l'édition illustrée de 1786.

QUESTIONS

■ Utiliser une approche historique pour mener une analyse ou construire une argumentation

1. Pourquoi Louis-Sébastien Mercier choisit-il de placer son récit dans le futur **(doc. 1 et 2)** ?
2. Quelles sont les différences entre ce que décrit le narrateur au sujet du présent (1770) et le futur (2440) **(doc. 1)** ?
3. Montrez que le récit d'anticipation de Mercier est une critique virulente de la société française du XVIIIe siècle.

Réaliser une carte mentale de synthèse

Sur votre cahier, en vous servant du modèle ci-dessous, construisez votre propre carte mentale de synthèse du chapitre.

Boîte à outils

- Reprenez les différents éléments de votre cours et listez-les de manière simple.
- Ensuite, réfléchissez à quelle idée de la carte mentale ils correspondent.
- Utilisez, par exemple, un code couleur (je surligne en jaune fluo les transformations de la société française, en orange les éléments de crispation et de tension sociale).
- Puis complétez au propre la carte mentale avec tous les éléments listés et classés.

Bac contrôle continu

1. Réponse à une question problématisée
Étape 7 Rédiger la conclusion

■ **CAPACITÉS** : Utiliser une approche historique pour construire une argumentation

 **QUESTION PROBLÉMATISÉE** Quels sont les transformations et les blocages que connaît la société française à la fin du XVIIIe siècle ?

Vous montrerez d'abord que la société française est une société rurale mais qu'elle est traversée par le dynamisme des sociétés urbaines. Enfin, vous expliquerez que la société d'ordres est remise en cause.

ÉTAPE 1 Analysez le sujet.

- Repérer et définir les mots-clés à partir de vos connaissances ou du manuel.
- Quelles sont les notions importantes à mobiliser pour répondre au sujet ?
- Déterminer les limites chronologiques et spatiales du sujet.

ÉTAPE 2 Construisez le plan détaillé.

Le plan détaillé s'appuie sur des connaissances organisées et doit répondre au sujet. Ainsi, trois axes peuvent convenir ici. Les 3 axes donnés avec le sujet permettent de mettre en valeur les idées générales suivantes :

1. Une société majoritairement rurale et archaïque
2. Le dynamisme des sociétés urbaines
3. Une société d'ordres remise en cause

> À partir de ces axes, rédigez l'introduction et le développement en vous appuyant sur votre cours et le manuel.

ÉTAPE 3 Rédigez la conclusion.

La conclusion est une étape essentielle de la réponse à la question problématisée, c'est la dernière partie que lit le correcteur. Il faut donc prendre le temps de la rédiger et ne pas la bâcler. Elle comprend deux phases :

Bilan et réponse à la question problématisée	La société française de la fin du XVIIIe siècle connaît blocages et crispations. Majoritairement rurale, la société est affectée par des revendications du tiers état, dominé au sein de la société d'ordres. Leurs revendications remettent en cause la société d'ordres et rejoignent les idées des philosophes des Lumières.
Ouverture	Les tensions qui naissent au sein de la société française à la fin du XVIIIe siècle débouchent en 1789 sur une situation révolutionnaire.

EXERCICES

Bac contrôle continu — **2. Analyse d'un texte**

■ **CAPACITÉS :** Procéder à l'analyse critique d'un document selon une approche historique

La dénonciation de la société d'ordres par Beaumarchais

Serviteur du comte Almaviva, Figaro est amoureux de Suzanne, que le comte voudrait pour maîtresse. Pour regagner l'amour de son mari, la comtesse imagine un stratagème : elle demande à Suzanne d'écrire une lettre donnant rendez-vous au comte, mais c'est elle-même qui se rendra à ce rendez-vous, déguisée en Suzanne. Figaro, ayant vu le comte lire la lettre, se croit trahi.

Non, monsieur le comte, vous ne l'aurez pas. Vous ne l'aurez pas. Parce que vous êtes un grand seigneur, vous vous croyez un grand génie ! Noblesse, fortune, un rang, des places, tout cela rend si fier ! Qu'avez-vous fait pour tant de biens ? Vous vous êtes donné la peine de naître, et rien de plus : du reste, homme assez ordinaire ! Tandis que moi, morbleu, perdu dans la foule obscure, il m'a fallu déployer plus de science et de calculs pour subsister seulement, qu'on n'en a mis depuis cent ans à gouverner toutes les Espagnes ; et vous voulez jouter ! […] Est-il rien de plus bizarre que ma destinée ! Fils de je ne sais pas qui ; volé par des bandits ; élevé dans leurs mœurs, je m'en dégoûte et veux courir une carrière honnête ; et partout je suis repoussé ! J'apprends la chimie, la pharmacie, la chirurgie ; et tout le crédit d'un grand seigneur peut à peine me mettre à la main une lancette vétérinaire ! […] On me dit que, pendant ma retraite économique, il s'est établi dans Madrid un système de liberté sur la vente des productions, qui s'étend même à celles de la presse ; et que, pourvu que je ne parle en mes écrits ni de l'autorité, ni du culte, ni de la politique, ni de la morale, ni des gens en place, ni des corps en crédit, ni de l'Opéra, ni des autres spectacles, ni de personne qui tienne à quelque chose, je puis tout imprimer librement, sous l'inspection de deux ou trois censeurs. Que je voudrais bien tenir un de ces puissants de quatre jours, si légers sur le mal qu'ils ordonnent, quand une bonne disgrâce a cuvé son orgueil ! Je lui dirais… que les sottises imprimées n'ont d'importance qu'aux lieux où l'on en gêne le cours ; que, sans la liberté de blâmer, il n'est point d'éloge flatteur ; et qu'il n'y a que les petits hommes qui redoutent les petits écrits […] Pour profiter de cette douce liberté, j'annonce un écrit périodique, et, croyant n'aller sur les brisées d'aucun autre, je le nomme *Journal inutile*. Pou-ou ! Je vois s'élever contre moi mille pauvres diables à la feuille : on me supprime, et me voilà derechef sans emploi !

Beaumarchais, *Le mariage de Figaro*, acte V, scène III, 1784.

Beaumarchais (1732-1799) est un homme de théâtre promoteur des idées des Lumières.

CONSIGNE

En vous appuyant sur vos connaissances pour éclairer le texte, montrez comment cet extrait du *Mariage de Figaro* est une critique sociale et révèle l'influence des Lumières.

AIDE POUR CONSTRUIRE L'ANALYSE

1. En quoi cet extrait est-il révélateur de la structuration par ordres de la société ?
2. Comment Beaumarchais montre-t-il que la société française de la fin du XVIIIe siècle est « bloquée » ?
3. Quelle critique fait-il de la presse ? En quoi cette idée est-elle caractéristique des idées des Lumières ?

Bac contrôle continu

3. Analyse de deux documents : Nantes, une ville portuaire dynamique au XVIIIe siècle

CAPACITÉS : Savoir lire, comprendre et apprécier un document iconographique – Utiliser une approche historique pour mener une analyse

1 **Le port de Nantes**
Nicolas Ozanne, *Le port de Nantes vu du chantier de construction de la Fosse*, 1776, Archives de Nantes – 2 Fi 6.

2 **Nantes vue par le voyageur anglais Arthur Young**

« Si l'agriculture est l'objet principal de mon voyage, il est nécessaire aussi d'acquérir, sur l'état du commerce, les connaissances que peuvent le mieux me fournir les négociants, car on peut recueillir une abondante moisson d'informations utiles sans poser certaines
5 questions auxquelles on ne répondrait qu'avec circonspection, ou même sans poser la moindre question. M. Riédy fut très poli et satisfit à beaucoup de mes questions. Je dînai une fois avec lui et, à mon grand plaisir, la conversation roula surtout sur la situation respective de la France et de l'Angleterre, en matière de commerce,
10 particulièrement dans les Indes occidentales [...] La ville a ce signe de prospérité qui ne trompe jamais, les nouveaux bâtiments. Le quartier de la Comédie est magnifique ; toutes les rues se coupent à angles droits et leurs maisons sont bâties en pierre blanche [...] Une institution répandue dans les villes commerçantes de France
15 mais particulièrement florissante à Nantes, c'est la chambre de lecture [...] Nantes est aussi enflammé pour la cause de la liberté qu'aucune ville en France ; les conversations dont je suis témoin ici, prouvent quel grand changement s'est opéré dans les esprits des Français, et j'estime qu'il ne sera pas possible pour le présent gou-
15 vernement de durer plus d'un demi-siècle, à moins que les talents les plus éminents et les plus énergiques tiennent le gouvernail. »

Arthur Young, *Voyages en France en 1787, 1788 et 1789*, traduit par Camille Sée, Armand Colin, 1931.

CONSIGNE

En confrontant les deux documents et les mettant en relation avec vos connaissances, montrez comment Nantes est une ville dynamique sur le plan commercial. Comment ce dynamisme se traduit-il dans l'urbanisme et la société nantaise ?

AIDE POUR CONSTRUIRE L'ANALYSE

1. Que sont les Indes occidentales ? Comment les deux documents montrent-ils le dynamisme commercial ? Qui concurrence la France ?

2. Comment l'urbanisme révèle-t-il la puissance économique de la ville, selon le **document 2** ? Comment l'auteur du **document 1** l'exprime-t-il ?

3. Quel est l'état d'esprit à Nantes selon Arthur Young ? Comment peut-il s'expliquer ?

CHAPITRE 9 • Tensions, mutations et crispations de la société française   275

RÉVISION : Tensions, mutations et crispations de la société française

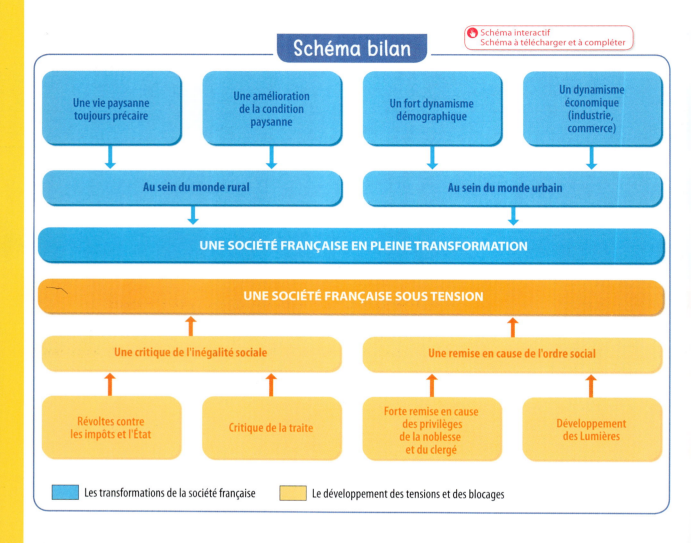

Schéma bilan

- Une vie paysanne toujours précaire
- Une amélioration de la condition paysanne
- Un fort dynamisme démographique
- Un dynamisme économique (industrie, commerce)

→ Au sein du monde rural / Au sein du monde urbain

UNE SOCIÉTÉ FRANÇAISE EN PLEINE TRANSFORMATION

UNE SOCIÉTÉ FRANÇAISE SOUS TENSION

- Une critique de l'inégalité sociale
  - Révoltes contre les impôts et l'État
  - Critique de la traite
- Une remise en cause de l'ordre social
  - Forte remise en cause des privilèges de la noblesse et du clergé
  - Développement des Lumières

Légende :
- Les transformations de la société française
- Le développement des tensions et des blocages

Je connais les dates importantes

- **1639** : Révolte des Va-nu-pieds.
- **1726-1749** : Salon de madame de Tencin.
- **1723-1774** : Règne personnel de Louis XV.
- **1774-1789** : Règne de Louis XVI.
- **1781** : Édit de Ségur.
- **1783-1792** : Apogée de la traite négrière à Bordeaux.

Je maîtrise les notions et le vocabulaire essentiels

- clergé
- économie de plantation
- esclavage
- noblesse
- privilèges
- salons
- société d'ordres
- tiers état
- traite

Ne pas confondre !

- **Esclavage** : C'est la condition d'un individu privé de sa liberté, qui devient alors la propriété d'une autre personne. Telle une marchandise, l'esclave peut s'acheter et se vendre. L'esclavage est un statut qui existe depuis l'Antiquité. Au XVIIIe siècle, l'esclavage n'existe pas en France métropolitaine mais est important dans les colonies. Il est aboli en France en 1848.

- **Traite** : La traite est le commerce des esclaves. On parle de traite négrière ou de traite des Noirs pour définir l'achat des esclaves africains et leur revente en Amérique, phénomène qui débute au XVIe siècle et connaît son apogée au XVIIIe siècle. En France, la traite est abolie en 1815, ce qui ne met pas, pour autant, fin à l'esclavage dans les colonies.

AUTOÉVALUATION

Fiche d'autoévaluation à réaliser sur votre cahier ou sur une feuille.

⦿ Fiche d'autoévaluation à télécharger et à compléter PDF

OBJECTIF 1 — **Maîtriser les repères chronologiques**

■ **CAPACITÉ** : identifier et nommer les périodes historiques, les continuités et ruptures chronologiques

Sur votre cahier, reproduisez la frise chronologique ci-dessous et placez-y les repères suivants :
a. La révolte des Va-nu-pieds.
b. Le salon de madame de Tencin.
c. L'apogée de la traite négrière à Bordeaux.

| 1600 | 1650 | 1700 | 1750 | 1800 |

■ **CAPACITÉ** : identifier et expliciter les dates et acteurs clés des grands événements
Expliquez ensuite en quelques lignes les 3 événements ci-dessus.

OBJECTIF 2 — **Maîtriser les repères spatiaux**

■ **CAPACITÉ** : nommer et localiser les grands repères géographiques
Dans un court paragraphe, situez géographiquement les lieux de la traite négrière et expliquez son fonctionnement.

■ **CAPACITÉ** : utiliser une approche historique pour mener une analyse ou construire une argumentation
Dans un court paragraphe, expliquez pourquoi les grandes villes françaises connaissent un développement important au XVIIIe siècle.

OBJECTIF 3 — **Réaliser sa fiche de révision**

■ **CAPACITÉS** : employer les notions et le lexique acquis en histoire à bon escient

● Noter les notions et le vocabulaire du chapitre (notions et vocabulaire, page 276) avec leur définition précise.
● Indiquer pour chaque partie du cours :
  – Les éléments importants (dates, personnages, notions).
  – Les grandes idées (faits historiques, causes, conséquences).
  – Savoir expliquer : pourquoi la France connaît-elle des révoltes paysannes ? – Comment expliquer le dynamisme des villes françaises au XVIIIe siècle ? – Quel fut le rôle de la traite dans le développement des ports français ? – Quel est le rôle des salons dans la diffusion des Lumières ? – Pourquoi la noblesse conserve-t-elle un rôle important au cours du siècle ?

 Pour aller plus loin

 À VOIR

- *Ridicule* (1996), ce film est une comédie de Patrice Leconte qui décrit le milieu de la noblesse et de la cour à la fin du XVIIIe siècle.
- *Les routes de l'esclavage* (2018), série documentaire d'Arte sur 1 500 ans d'esclavage des Africains, de l'Antiquité au XIXe siècle ; l'épisode III couvre la période du XVIIe au XVIIIe siècle.

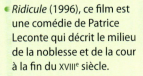
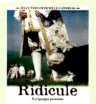

À LIRE

- *Bordeaux au XVIIIe siècle : le commerce atlantique et l'esclavage*, un catalogue d'exposition sur la réalité de la traite dans le port aquitain.

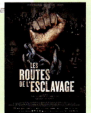

 SUR LE WEB  lien internet

- Une exposition sur l'esclavage et la ville de Nantes.
- Une exposition en ligne de la BnF sur les Lumières au XVIIIe siècle.

CHAPITRE 9 • Tensions, mutations et crispations de la société française

LEXIQUE

A

agora : espace public au cœur de la cité, qui, à partir du Ve siècle av. J.-C., est le centre politique, économique et judiciaire de la démocratie. 33

abbé : religieux qui dirige un monastère ou une abbaye. C'est une place élevée dans la hiérarchie ecclésiastique. 82

abjurer : renoncer publiquement par une déclaration solennelle à une croyance fausse 228

abolitionniste : partisan de l'abolition de l'esclavage. 208

absolutisme : terme inventé pour désigner un système politique où le roi dispose de tous les pouvoirs. 166

agronomie : étude scientifique des processus de production dans le domaine agricole. 258

almanach royal : recueil bon marché qui recense les noms des différentes institutions royales et de leurs membres ; ces volumes largement diffusés présentent également, sous forme d'estampes, les « actions remarquables » du roi. 186

Almohades : dynastie berbère qui domine l'Afrique du Nord entre les XIIe et XIIIe siècles. 84

Amérindiens : populations vivant sur le continent américain avant l'arrivée des Européens. 120

anglicanisme : confession protestante et religion officielle en Angleterre depuis le XVIe siècle. 138

anoblissement : obtention du statut de noble par l'achat ou par décision royale. 264

arbitraire : qui ne dépend que de la volonté d'une personne. 270

aristocratie : forme de gouvernement où le pouvoir appartient à une minorité, dont l'autorité repose sur le contrôle de la force ou des richesses. Dans l'Antiquité, c'est le gouvernement des familles les plus riches. 40

assimilation : terme latin décrivant l'association de plusieurs divinités aux attributions proches et issues de cultes différents. 66

astè : terme désignant une femme de naissance athénienne apte à donner naissance aux futurs citoyens et futures épouses de citoyens. 43

Auguste : titre honorifique emprunté au vocabulaire religieux. 58

autochtone : population vivant dans une région dans laquelle elle est née. En Amérique, le terme est utilisé pour qualifier les populations amérindiennes. 120

B

banqueroute d'un État : expression qui désigne l'incapacité d'un État à assurer ses paiements (dette publique, rétribution des agents publics, factures des fournisseurs, etc.). 182

bill : projet de loi. Une fois validé par le Parlement, il devient *Act*, c'est-à-dire une loi. 101

Boston Tea Party : révolte qui éclate à Boston en 1773, durant laquelle des caisses de thé sont jetées à la mer pour protester contre les taxes imposées par la Grande-Bretagne. 212

Boulè : conseil de 500 citoyens, désignés par tirage au sort, chargés de préparer les textes présentés et débattus à l'Ecclésia. 34

C

camisards : protestants français de la région des Cévennes qui se soulèvent en 1702 contre le gouvernement royal. 182

Casa de Contratación : organisme fondé à Séville en 1503, par les rois d'Espagne, chargé de contrôler tous les navires et toutes les marchandises en provenance ou à destination de l'Amérique. 123

catéchisme : enseignement de la religion chrétienne. 152

centralisation : le pouvoir de décision échappe au niveau local et se concentre à l'échelon gouvernemental, à Versailles ou Paris. 176

Chambre des communes : assemblée des députés élue au suffrage censitaire par les comtés ruraux et par les bourgs. 192

Chambre des lords : assemblée constituée des évêques, des archevêques et des aristocrates. 195

charte : décision politique et juridique prise par un souverain. 80

choc microbien : arrivée de maladies inconnues qui vont décimer une population par l'absence de défenses immunitaires. 120

Christ : envoyé de Dieu. Pour les chrétiens, Jésus est le Christ, fils de Dieu et Dieu lui-même, envoyé sur Terre pour annoncer « la bonne nouvelle » (l'Évangile) à tous les êtres humains. 72

christianisme : à partir du Ier siècle, religion reposant sur l'enseignement de Jésus, considéré par les chrétiens comme le Christ, c'est-à-dire l'envoyé de Dieu sur Terre, le Messie en hébreu. 56

circumnavigation : tour de la Terre par voie de mer. 114

civilisation : société organisée autour de caractéristiques spécifiques dans tous les domaines (religieux, politiques, moraux, artistiques) et installée sur une aire géographique donnée. 80, 126

classes censitaires : répartition des citoyens dans différents groupes en fonction de leurs richesses, chaque classe ayant des compétences et attributions spécifiques qui la distinguent des autres. 44

clérouquie : installation de citoyens athéniens, généralement pauvres, dans des cités alliées où ils accèdent à un lot de terre (cléros) tout en conservant le statut de citoyen athénien. 36

club : lieu de rencontre réservé aux hommes qui permet une sociabilité choisie en filtrant l'accès. 204

coffee house : établissement public qui sert le café aux hommes. Ils apparaissent dans les années 1650. 204

colonie : territoire occupé et administré par un État avec lequel il a des liens économiques et politiques étroits, alors même qu'il se trouve en dehors des frontières de cet État. 197

colonisation : processus d'expansion territoriale et/ou démographique qui se caractérise par l'occupation, la domination et l'exploitation d'un espace et de sa population. 117

LEXIQUE

compagnie des Indes orientales : entreprise coloniale créée par Colbert en 1664 ; protégée par l'État, elle obtient le monopole du commerce avec l'océan Indien et les terres à épices. 164

comptoir : c'est un territoire en pays étranger destiné à favoriser le commerce avec ce pays. 88, 164

concile : assemblée des évêques catholiques. 86, 152

Conquête : les conquistadors arrivent après la découverte. Ce sont des soldats et des chefs de guerre dont l'objectif est avant tout la prise de possession des nouveaux territoires. Ainsi, des hommes comme Hernán Cortés ou Pizarro ont renversé les Empires aztèque et inca pour assurer la domination espagnole sur le continent américain. 132

conquistadors : signifie les « conquérants » en espagnol. Ce sont les soldats et leurs chefs qui ont conquis l'Amérique aux XVIe et XVIIe siècles. 116

constitution : texte de lois définissant l'organisation des pouvoirs dans un État. 208

cour : lieu où vivent le roi et son entourage : la famille royale, la haute noblesse, certains officiers, les artistes au service du roi, les domestiques, etc. 174

courtisan : personne qui fréquente la cour d'un souverain et qui cherche à en tirer des bénéfices. 266

croisade : pèlerinage guerrier lancé par le pape pour la reconquête des lieux saints et notamment Jérusalem. 82

culte impérial : culte instauré par Auguste pour célébrer le genius des empereurs et des membres de la famille impériale. 62

D

Découvertes : il s'agit des premiers voyages maritimes vers des territoires inconnus. Les premiers découvreurs comme Christophe Colomb ou Magellan décrivent ces nouvelles routes, cartographient les territoires, mais ne s'installent pas dans ces territoires. 132

démagogue : politicien qui, par son habileté à parler au peuple, parvient à le manipuler pour servir ses intérêts. 44

Démocratie : ce terme d'origine grecque signifie : « le pouvoir au peuple ». C'est donc un régime politique dans lequel les citoyens ont le pouvoir, même si ce n'est pas la totalité de la population, comme c'est le cas à Athènes. Pour qu'il y ait une véritable démocratie, il faut qu'il y ait des élections et que le droit de vote soit étendu à une partie importante de la population. 50

despotisme : forme d'autorité qui tend à devenir tyrannique et qui se caractérise par l'oppression qu'elle exerce. 182

disciple : individu suivant et diffusant l'enseignement de Jésus-Christ. 66

doge : à Venise, c'est le magistrat le plus important de la ville, élu à vie, qui dirige la ville avec le Grand Conseil. 88

dogme : l'ensemble de la doctrine religieuse qu'il faut croire. 152

dragonnade : persécution exercée à l'encontre des protestants qui refusaient de se convertir. 180

droit de veto : pouvoir du roi d'empêcher l'application d'une loi. 204

droit divin : le roi est censé tenir son autorité de Dieu. Il n'a donc de comptes à rendre à aucune instance humaine. 178

dynastie : succession de souverains ou de personnes célèbres au sein d'une même famille. 146

E

Ecclésia : terme grec désignant l'assemblée des citoyens. 34

échanges culturels : échanges fondés sur la circulation des biens culturels (livres, objets d'art) et des connaissances, comme la traduction d'ouvrages, la diffusion de l'algèbre arabe ou le commerce des technologies comme la boussole. 94

élite : groupe puissant au sein d'une société. 206

émeute de subsistance : révolte dont l'origine tient au manque de nourriture ou à la cherté des produits agricoles. 258

Empire : Régime politique dans lequel le pouvoir est détenu par un empereur. Un Empire est aussi un régime réunissant des peuples différents sous l'autorité d'un homme, l'empereur. Rome vit sous ce régime à partir du règne d'Auguste. 62, 72

Empire byzantin : appelé également Empire latin d'Orient, créé au IVe siècle, il maintient la tradition de l'Empire romain. Il devient le siège du christianisme orthodoxe après le schisme de 1054. Il disparaît en 1453. 77, 108

éphébie : formation militaire et civique réalisée entre 18 et 20 ans. Elle permet l'accès à la citoyenneté aux jeunes Athéniens. 38

érudits : personnes disposant d'un très grand savoir. 146

esclavage : c'est la condition d'un individu privé de sa liberté, qui devient alors la propriété d'une autre personne. Telle une marchandise, l'esclave peut s'acheter et se vendre. L'esclavage est un statut qui existe depuis l'Antiquité. Au XVIIIe siècle, l'esclavage n'existe pas en France métropolitaine mais est important dans les colonies. Il est aboli en France en 1848. 276

esprit scientifique : démarche intellectuelle visant à remettre en question les connaissances anciennes à l'aide de nouvelles méthodes de recherches et d'observations. 224

États latins d'Orient : royaumes chrétiens nés des différentes croisades, entre la fin du XIe siècle et la fin du XIIIe siècle. 77, 86, 100

étiquette : ensemble des règles qui organisent la vie à la cour. 174

Évangile : signifie « bonne nouvelle » en grec. Il s'agit du récit de la vie de Jésus et de son enseignement. 66

évergétisme : action par laquelle un citoyen bienfaiteur fait profiter de ses richesses au reste de la communauté. 62

excommunié : rejeté de la communion des croyants, exclu de la religion. 146

LEXIQUE

F-G-H

favori : proche du roi qui capte sa faveur et exerce une influence politique. **172**

finances extraordinaires : prélèvements exceptionnels ou emprunts levés surtout en temps de guerre pour financer l'armée. **180**

Fronde : troubles politiques qui éclatent entre 1648 et 1653, pendant la régence d'Anne d'Autriche qui débute quand Louis XIV a 5 ans. **178**

gabelle : impôt royal sur le sel, produit très utilisé pour conserver les aliments. **254**

galion : gros navire à voiles à plusieurs ponts utilisé par les Espagnols pour transporter de grandes quantités de produits en provenance des Amériques. **123**

géocentrisme : système considérant la Terre comme le centre de l'univers. **228, 246**

glacières : constructions enterrées dont la fonction est de conserver les aliments. **257**

guerres médiques : affrontements opposant des cités grecques à l'Empire perse de 490 à 480 av. J.-C. **38**

Héliée : tribunal populaire d'Athènes, composé de 6 000 citoyens tirés au sort. Il est chargé de rendre la justice. **34**

héliocentrisme : système considérant le Soleil comme le centre de l'univers. **228, 246**

hérésie : doctrine condamnée par l'Église catholique. **150**

hoplite : fantassin grec de l'époque classique portant un bouclier appelé hoplon (en réalité, le bouclier est dit aspis, hoplon désignant les armes). **43**

huguenots : protestants. **168**

humanisme : mouvement de pensée qui renoue avec les valeurs de l'Antiquité et met l'homme au centre de ses préoccupations. **135, 152, 158**

humaniste : savant spécialiste des langues et cultures antiques qui place l'être humain au centre de ses réflexions. **140**

I-J

imperium : pouvoir de commander. **58**

indulgences : permission pour un défunt de se faire pardonner ses péchés et de réduire le temps qu'il devra passer au purgatoire. **135**

ingénieur : personne qui assure à un haut niveau de technique un travail de création et d'organisation dans le domaine militaire, agricole ou industriel. **240**

innovation : il s'agit de l'amélioration d'un produit qui peut survenir à toutes les étapes de sa fabrication. **246**

Inquisition : tribunaux de l'Église chargés depuis le Moyen Âge de juger les hérétiques. **152**

Insurgents : aussi appelés Patriotes, ce sont les colons américains qui s'opposent à la domination britannique. **192**

intendants : agents du roi aux larges pouvoirs, le représentant dans les provinces. Ils sont nommés par lettre de commission et révocables contrairement aux officiers royaux. **172**

Invention : il s'agit de la création originale d'un objet qui n'existait pas auparavant. **246**

jachère : terre cultivable en repos. **240**

jésuites : membres de l'ordre religieux de la compagnie de Jésus. Souvent missionnaires ou professeurs, ils sont chargés d'appliquer les idées de la Contre-Réforme. **150**

Jésus : les historiens reconnaissent l'existence d'un homme nommé Jésus, juif de Palestine, et de sa prédication vers 27-30. **72**

L

langue vernaculaire : langue locale, parlée par une communauté, un peuple. **148**

libéralisme politique : idéologie qui place l'individu au cœur de sa réflexion et revendique pour lui un ensemble de droits naturels, dont les libertés considérées aujourd'hui comme fondamentales (liberté d'expression, de circulation, d'opinion religieuse, etc.). **200**

ligne de fuite : ligne qui fait converger le regard vers un point du tableau et contribue à sa structure d'ensemble. **137**

Ligue de Délos : alliance militaire de cités grecques dominée par Athènes qui, grâce au trésor de l'alliance, assure la protection des cités grecques. **36**

ligueurs : ultra-catholiques qui prennent les armes pour éradiquer le protestantisme et refusent toute forme de tolérance à son égard. **170**

limes : système de défense et de fortification de certaines frontières de l'Empire romain. **55**

lit de justice : séance du Parlement de Paris, quand le roi vient en personne faire enregistrer une décision. **166**

liturgie : prise en charge par un citoyen, le plus souvent aisé, des dépenses de la cité (armée, festivités, etc.). **38**

Lumières : mouvement intellectuel qui touche l'ensemble de l'Europe à partir du XVIIIe siècle, et se caractérise par de nouvelles pratiques éducatives et culturelles qui interrogent tous les savoirs (politique, économique, philosophique ou scientifique). **197, 224**

M

magistrat : personne élue ou tirée au sort exerçant une mission de service public. **34, 38**

manufacture : site de production d'objets de luxe regroupant de nombreux travailleurs manuels. **176**

mécène : personne qui finance et encourage le développement des arts et des sciences. **146, 230**

mercantilisme : conception où l'économie est entièrement soumise aux objectifs d'accroissement de puissance de l'État. **176, 234**

Messie : dans la religion juive, il s'agit de celui qui vient annoncer le royaume de Dieu. À partir du Ier siècle, les chrétiens considèrent Jésus comme le Messie, le Christ, fils de Dieu envoyé sur Terre. **66**

métèque : étranger domicilié à Athènes pendant au moins un an. Ce statut lui confère certains droits, mais l'exclut de la citoyenneté. **44**

LEXIQUE

méthode expérimentale : méthode scientifique moderne qui se fonde sur l'observation répétée des phénomènes naturels, de laquelle découleront des lois tirées de l'expérimentation et non de pures théories. **234**

mise à l'Index : inscription dans le catalogue des ouvrages considérés comme hérétiques et interdits aux catholiques. **228**

misthos : indemnité versée aux citoyens athéniens pour leur participation à la vie politique à Athènes. **36**

mondialisation : ouverture des économies nationales à l'échelle de la planète, qui s'accompagne d'échanges culturels ou scientifiques. **126**

monopole d'invention : brevet garantissant l'exclusivité de la découverte. **240**

mozarabes : chrétiens d'Espagne sous domination musulmane. **86**

mudéjars : musulmans d'Espagne devenus sujets des chrétiens après la Reconquista. **86**

N-O

nation : ensemble d'individus vivant sur un même territoire, ayant une communauté d'origine, d'histoire, de culture, de traditions, parfois de langue, et constituant une communauté politique. **210**

New Model Army : « Nouvelle armée idéale » armée du Parlement organisée par Oliver Cromwell qui la professionnalise. Elle se distingue aussi par son puritanisme. **198**

officier : agent du roi propriétaire de sa charge (l'office). **166**

orthodoxie : branche du christianisme séparée du catholicisme depuis le XIe siècle. **138**

ostracisme : condamnation d'un citoyen à un exil de dix années votée par l'Ecclésia. **40**

Ottomans : nom donné aux Turcs qui conquirent l'Empire byzantin (vient du fondateur de la dynastie, Osman Ier). **108**

P

pamphlet : petit écrit en prose au ton violent et agressif. **206**

Panathénées : fêtes annuelles organisées en l'honneur d'Athéna, déesse protectrice de la cité, qui réunissaient l'ensemble de la communauté (citoyens, femmes, enfants, esclaves et étrangers). **43**

papier-monnaie : ancêtre du billet de banque utilisé à partir de 1716, à l'initiative du banquier John Law. **264**

paratexte : ensemble des éléments textuels accompagnant une œuvre écrite. **48**

Parlement de Paris : Cour de justice qui enregistre les lois du roi en vue de leur publication. À cette occasion, le Parlement, par droit de remontrances, peut contester le texte royal. Cette contestation manifeste souvent sa volonté de jouer un rôle politique. **166**

Parthénon : temple construit en l'honneur d'Athéna sur l'Acropole d'Athènes, sous la direction de Périclès. Il fut le symbole de la renaissance et du prestige d'Athènes après les guerres médiques. **38**

Pax romana : terme désignant la période de paix établie par les empereurs romains à l'intérieur de l'Empire également protégé des agressions extérieures. **62**

pays d'élection : provinces où le roi, à travers son intendant, décide du montant de l'impôt, de sa répartition et veille à son prélèvement. **180**

pays d'États : provinces qui ont des États provinciaux, assemblées composées de représentants des trois ordres (nobles, clergé, tiers état), qui négocient l'impôt avec l'intendant avant de le voter, de le répartir et de le lever. **180**

persécutions : ensemble de mesures, parfois violentes, visant à opprimer avec acharnement une personne ou un groupe d'individus. **56**

perspective : art de représenter, sur une surface plane, des objets en trois dimensions tels qu'ils sont vus par l'œil humain. **137**

physiocrates : économistes du XVIIIe siècle qui plaident pour la liberté du commerce, et en particulier du blé, afin d'éviter les crises agricoles. **233**

poliorcétique : art de fortifier, défendre et conduire le siège d'une ville. **240**

population paysanne : ensemble des individus qui vivent du travail de la terre et de l'exploitation agricole. **257**

population rurale : ensemble des individus vivant à la campagne, par opposition à la ville. Tous les ruraux ne sont pas des agriculteurs. **257**

portulan : carte marine indiquant les ports, les courants et les marées. **114**

prêcher : diffuser par la parole des préceptes religieux. **82**

prédestination : doctrine qui affirme que Dieu décide du sort (Salut au paradis ou damnation en enfer) de chaque homme sans lien avec les actes réalisés dans sa vie. **152**

pré-industrialisation : période qui précède la première révolution industrielle, soit avant 1750. **240**

princeps : terme désignant le « premier du Sénat », titre porté par les empereurs romains. **58**

Principat : régime politique fondé par Auguste dans lequel l'empereur domine la vie politique tout en respectant les institutions républicaines. **58**

privilège du Roi : autorisation exclusive d'imprimer un ouvrage. Protection contre la contrefaçon, elle permettait aussi un contrôle puisque pour obtenir un privilège il fallait présenter le texte aux censeurs royaux. **236**

privilèges : droits, avantages particuliers accordés à un individu ou à un groupe social. **258**

prophète : personne inspirée par Dieu, qui révèle les vérités sacrées. Pour les musulmans, Mohamed est le dernier prophète. **79**

protestant : qui suit la doctrine et le culte réformé. **152**

province : région de l'Empire administrée par Rome. **55**

purgatoire : lieu intermédiaire où les défunts doivent se purifier avant de pouvoir accéder au paradis. **135**

LEXIQUE

R

raison d'État : la survie de l'État justifie l'usage de procédures extraordinaires contraires aux lois et aux traditions. **172**

Reconquista : reconquête des royaumes musulmans d'Espagne par les chrétiens à partir de 1006 (bataille de Torà) ; celle-ci ne sera définitivement achevée qu'en 1492 avec la prise de Grenade. **77, 80, 114**

Réforme : volonté de réformer le christianisme par un retour aux textes fondateurs et à des pratiques plus simples. Le mouvement qui en est issu rompt avec l'Église catholique pour former les cultes protestants. **138**

régicide : meurtre du roi. **172**

régime parlementaire : régime où le gouvernement est responsable devant le Parlement. **192**

régime représentatif : au sens du XVIIIe siècle, régime qui reconnaît à une assemblée composée des plus méritants le droit de représenter la nation et de participer au gouvernement du pays. **201**

religion prétendue réformée : expression critique employée par les catholiques pour désigner le protestantisme. **168**

République : régime politique dans lequel la souveraineté n'appartient pas à une personne unique (comme dans une monarchie ou un empire), mais au « peuple », représenté par le biais d'assemblées ou de personnes élues. Si la majorité des républiques sont démocratiques, ce n'est pas le cas si, par exemple, des élections libres ne sont pas organisées régulièrement. **50, 72**

Révolte : mouvement violent provoqué par un mécontentement de la part d'une partie de la population. Mais contrairement à la révolution, la révolte ne mène pas forcément à un changement de la situation. La révolte peut être maîtrisée par la force publique. **218**

Révolution : renversement brusque d'un régime par la force. Une révolution peut faire tomber une monarchie ou une république, et la remplacer par un régime différent ou semblable. Une révolution ne signifie donc pas systématiquement le remplacement d'une monarchie par une république. **218**

roi absolu : roi « délié des lois ». Dans un État absolu, il ne connaît donc, en théorie, aucune limite à son pouvoir et n'est contrôlé par aucune institution. Seul, le parlement s'estime gardien des « lois fondamentales ». **163**

Roi Soleil : Louis XIV choisit le soleil comme emblème, symbole d'Apollon, dieu de la Lumière et des Arts. **174**

romanisation : processus d'échanges culturels réciproques entre la culture romaine et les autres cultures de l'empire, soit par appropriation soit par adaptation. **66**

S

schisme : cassure, séparation dans une religion. **138**

sédition : émeute, soulèvement contre le pouvoir établi. **254**

société d'ordres : organisation de la société autour de trois groupes, dont les fonctions et les privilèges sont distincts ; c'est sur ce modèle qu'est organisée la société de l'Ancien Régime. **258**

sociétés savantes : groupes où se réunissent des experts et des amateurs. Elles contribuent au rayonnement scientifique. **234**

souveraineté : au sens du XVIIe siècle, capacité du roi de faire et défaire la loi selon sa seule volonté. **163**

stratégie de cabinet : direction globale des opérations militaires par le roi depuis Versailles. **178**

syncrétisme : dans le domaine religieux, ce terme désigne un mélange de pratiques ou de doctrines diverses. **94**

T-V

Terre sainte : ensemble des terres visitées par Jésus et mentionnées dans les Évangiles. **100**

tolérance : au XVIe siècle, ce terme n'a pas le sens positif que lui ont donné les Lumières. Il s'agit d'accepter (« tolérer ») les protestants, à défaut d'être en capacité de les convertir de force au catholicisme. **170**

tory : faction qui regroupe les partisans d'un pouvoir royal fort et les défenseurs de la suprématie de l'Église anglicane. **202**

traite : commerce des esclaves. On parle de traite négrière ou de traite des Noirs pour définir l'achat des esclaves africains et leur revente en Amérique, phénomène qui débute au XVIe siècle et connaît son apogée au XVIIIe siècle. En France, la traite est abolie en 1815 mais ne met pas pour autant fin à l'esclavage dans les colonies. **124, 276**

travail forcé (ou encomienda) : système d'exploitation des populations indiennes qui doivent impôts et jours de corvée contre une prétendue protection et une instruction religieuse. **123**

tribunal de l'Inquisition : juridiction créée par l'Église catholique au XIIIe siècle afin de combattre l'hérésie. **228**

typographie : techniques de composition des pages et d'impression. **137**

tyran : le tyran est celui qui opprime le peuple par une domination violente, en bafouant les lois du royaume ou les principes de la morale chrétienne. **168**

Va-nu-pieds : personne qui vit misérablement. **254**

W-Z

whigs : faction favorable à un renforcement du pouvoir du Parlement au détriment du roi. Ses membres s'opposent à l'avènement d'un roi catholique. **200**

zélotes : mouvement juif politique et religieux qui, au Ier siècle, refuse la présence de Rome en Judée. **66**

BIOGRAPHIES

Aristophane (vers 445-386 av J.-C.)
Auteur comique athénien
Auteur grec comique. S'inspirant de la vie politique d'Athènes et de ses acteurs, il tourne en dérision les hommes et les institutions. Ainsi dénonce-t-il, dans *Les Guêpes*, le fonctionnement des tribunaux alors que, dans *L'Assemblée des femmes*, il caricature les faiblesses du fonctionnement démocratique. **44**

Aristote (384-322 av. J.-C.)
Philosophe grec
Philosophe originaire de Macédoine, résidant à Athènes à partir de 367 av. J.-C. Il est ensuite le précepteur du futur Alexandre le Grand, fils de Philippe II de Macédoine. Son œuvre ne nous est que partiellement connue. **34**

Auguste (63 av. J.-C.-14 ap. J.-C.)
Empereur romain
Fils adoptif de Jules César, Octavien prend le nom d'Octave après la victoire de Mutina en 43 av. J.-C. contre les assassins. Après avoir vaincu son rival Marc Antoine, il met un terme aux guerres civiles à Rome. En 27 av. J.-C., il devient Auguste et met en place l'Empire. **58**

Averroès, Ibn Ruchd ou (1126-1198)
Né à Cordoue, juge et médecin, il est aussi un grand philosophe. Son interprétation de *La Métaphysique d'Aristote* a exercé une forte influence en Occident. **94**

Bernard de Fontaine, abbé de Clairvaux (1090-1153)
Moine bourguignon, réformateur de la religion chrétienne, mais aussi l'un des principaux défenseurs de la deuxième croisade. Il est déclaré saint peu de temps après sa mort, en 1174. **82**

Calvin, Jean (1509-1564)
Étudiant en théologie et en droit, Jean Calvin reçoit une solide formation humaniste à Paris. Converti aux idées de Luther en 1531, il essaye de les diffuser en France mais il est rapidement menacé de prison. Il se réfugie à Genève en 1536 où il crée une Église réformée qui s'implante en Suisse, en France et dans le reste de l'Europe. **152**

Charles Ier (1600-1649)
Roi d'Angleterre, d'Écosse et d'Irlande
Roi depuis 1625, il tente d'imposer une monarchie absolue en levant des impôts sans le consentement du Parlement. Il veut aussi réformer l'Église anglicane, quitte à heurter les puritains. Impopulaire, il est renversé lors de la première révolution anglaise et exécuté en 1649. **198**

Charlotte-Élisabeth de Bavière, duchesse d'Orléans, dite la princesse Palatine (1652-1722)
Princesse allemande, belle-sœur de Louis XIV
Elle laisse une correspondance abondante (plus de 60 000 lettres) où elle décrit parfois crûment sa vie à la cour de Versailles. **174**

Clisthène (vers 570-508 av. J.-C.)
Homme politique athénien
Réformateur et politicien athénien qui renforce les institutions démocratiques de la cité. Ses réformes permettent d'étendre l'égalité de droit et l'égalité devant la loi des citoyens athéniens. Elles permettent aussi de revoir le fonctionnement de l'espace civique. En ce sens, il est un des pères de la démocratie à Athènes. **38**

BIOGRAPHIES

Colbert, Jean-Baptiste (1619-1683)

Protégé de Mazarin, puis de Louis XIV, il participe à l'élimination de son principal rival, Nicolas Fouquet, et cumule à partir de 1665 un grand nombre de charges (contrôleur général des Finances, secrétaire d'État de la Marine, secrétaire d'État de la Maison du roi, surintendant des Bâtiments du roi) ce qui lui donne un grand pouvoir. Conseiller écouté du roi, il est celui qui oriente la politique économique du royaume. **176**

Colomb, Christophe (1451-1506)
Navigateur

Né à Gênes, il devient marin très jeune, apprend la navigation et étudie la circulation des vents marins. Vers 1484, il est convaincu que l'on peut éviter le voyage vers les Indes par l'Afrique, en coupant par l'Atlantique. Il croit en un voyage court. Il propose son projet au roi du Portugal, qui le refuse en 1485 et en 1488, avant d'obtenir le soutien des rois d'Espagne par les capitulations de Santa Fe, le 17 avril 1492. Colomb va accomplir quatre voyages de 1492 à 1504. **112**

Constantin Ier (272-337 ap. J.-C)
Empereur romain

Proclamé empereur en 306, il réunit sous son autorité la totalité de l'Empire à partir de 312. Son règne personnel correspond à une politique réformatrice dans de nombreux domaines, dont la religion. Il impose la liberté religieuse qui met un terme aux persécutions des chrétiens (313). Il facilite ensuite la pratique et la diffusion du christianisme. En 330, il fonde une nouvelle capitale, Constantinople : il envisage d'en faire la nouvelle Rome chrétienne. **61**

Cromwell, Oliver (1599-1658)
Lord-protecteur d'Angleterre, d'Écosse et d'Irlande

Membre de la petite noblesse et puritain, il devient l'un des chefs militaires de la New Model Army qu'il organise. Il exerce un rôle politique prépondérant au sein de la République avant d'imposer sa dictature. **204**

Diderot, Denis (1713-1784)

Diderot entre au collège des Jésuites en 1723 avant d'étudier les arts à l'université de Paris. Il prend très vite en charge la direction de l'*Encyclopédie* tout en publiant des œuvres plus littéraires comme *Le Neveu de Rameau* (1762) ou *Jacques le Fataliste et son maître* (1771). Écrivain et philosophe, Diderot a marqué le siècle des Lumières par ses idées. **236**

Du Châtelet, Émilie (1706-1749)
Femme de lettres et de sciences

Émilie Le Tonnelier de Breteuil naît à Paris en 1706, dans une famille noble. À dix-neuf ans, elle épouse le marquis du Châtelet dont elle a trois enfants. Amie intime de Voltaire, ils s'installent au château de Cirey où ils vivent dans une atmosphère stimulante intellectuellement. Femme passionnée, elle fait preuve d'une grande puissance de travail. Elle décède en couches en 1749. **231**

Érasme, Didier (1469-1536)
Philosophe et humaniste

Humaniste célèbre, passionné par les questions d'éducation, il parcourt l'Europe et publie en 1509 L'*Éloge de la folie*, son œuvre majeure. En 1516 il donne la première traduction du Nouveau Testament en grec. Il ne se rallie cependant pas à la Réforme, au nom d'un idéal de modération. **140**

Fénelon, François de Salignac de La Mothe-Fénelon (1651-1715)

Précepteur du duc de Bourgogne, puis archevêque de Cambrai (1695-1715), il se montre critique à l'égard de l'exercice du pouvoir tel que pratiqué par Louis XIV et préconise des réformes pour diminuer l'autorité royale. En 1698, certaines de ses idées apparaissant dans son roman *Télémaque*, Louis XIV le bannit de la cour. **182**

BIOGRAPHIES

François Ier (1494-1547)
Roi de France de 1515 à 1547, il renforce l'administration royale et mène de nombreuses guerres, notamment contre l'empereur Charles Quint. Mécène, il encourage les lettres et les arts. **166**

Galilée, Galileo Galilei dit (1564-1642)
Physicien et astronome italien
Mathématicien de profession, Galileo Galilei, dit Galilée, observe le système solaire à l'aide d'une lunette astronomique. Il publie *Le Messager des étoiles* (1610) où il défend la théorie de l'héliocentrisme de Copernic. Son ouvrage est mis à l'Index par l'Église catholique et les théories coperniciennes sont interdites. Mais en 1632, Galilée publie le *Dialogue sur les deux grands systèmes du monde* où il réaffirme l'héliocentrisme. L'Église lui intente un procès en 1633 et il est condamné à mort par le tribunal d'Inquisition, ce qui le pousse à abjurer. **228**

Guérin de Tencin, Claudine Alexandrine, dite Madame (1682-1749)
Célèbre salonnière parisienne

Guillaume III (1650-1702)
Roi d'Angleterre, d'Écosse et d'Irlande
Guillaume, prince d'Orange, est d'abord chef des forces armées de Hollande. Il devient roi d'Angleterre en 1689. Il partage le trône avec sa femme Marie, fille de Jacques II et reine d'Angleterre. **204**

Henri le Navigateur (1394-1460)
Henri le Navigateur, troisième fils du roi du Portugal Jean Ier, permit la conquête de Ceuta (1415) et organisa les expéditions maritimes du Portugal. **110**

Jésus de Nazareth
(vers 4 av. J.-C.-vers 30)
Prophète juif à l'origine du christianisme
Les historiens reconnaissent l'existence d'un homme nommé Jésus, né vers 4 av. J.-C. à Bethléem (Judée), et juif de Galilée. Ils font débuter sa prédication en Palestine vers 27 et sa mort vers 30, après son arrestation et sa condamnation à la crucifixion par les autorités romaines. La vie de Jésus est racontée dans les Évangiles qui le présentent comme étant le Christ, c'est-à-dire l'envoyé de Dieu sur Terre (le Messie). Cette croyance est à l'origine du christianisme, religion nouvelle apparue dès les années 40-50. **66**

Lamoignon de Basville, Nicolas de (1648-1724)
Issu d'une famille de grands magistrats, il franchit avec succès toutes les étapes d'une carrière administrative avant d'être nommé intendant à Poitiers en 1682, puis du Languedoc en 1685. Ses talents d'administrateur comme la puissance de ses réseaux politiques lui permettent de rester 33 ans à la tête de cette province. Il quitte sa charge en 1718. **181**

Lamoignon de Malesherbes, Chrétien Guillaume (1721-1794)
Juriste et homme d'État français
Né dans une importante famille de la noblesse parisienne, il entre au Parlement de Paris en 1741. Durant toute sa carrière, il défend l'indépendance de la justice et les initiatives des Lumières, notamment la publication de *L'Encyclopédie*. **265**

las Casas, Bartolomé de (1484-1566)
Le dominicain Bartolomé de Las Casas pense que les Indiens sont des humains à part entière et il défend leurs droits. Il a ainsi obtenu, par le roi Charles Quint, la publication des *Nouvelles Lois de l'Amérique*. Ce sont 6 000 lois protégeant les Indiens dans les colonies espagnoles à partir de 1542 (droit de se convertir au catholicisme, liberté de travail et de résidence...). Mais beaucoup d'Espagnols sont hostiles à sa position. **118**

BIOGRAPHIES

Léonard de Vinci (1452-1519)
Artiste et ingénieur
Peintre florentin, architecte et sculpteur, il se passionne pour des sujets scientifiques et séjourne en France en 1516 pour aider à la conception des châteaux de François Ier. **142**

Louis XIV (1638-1715)
Roi de France de 1643 à 1715
Roi à cinq ans, sa mère Anne d'Autriche assure la régence. En 1661, débute le règne personnel. Le roi veut rester maître de la décision et entend gouverner sans premier ministre. Il réforme l'administration et renforce le pouvoir de l'État. **182**

Luther, Martin (1483-1546)
Théologien et réformateur
Moine et théologien allemand, Martin Luther enseigne à l'université de Wittenberg. Après les *95 thèses*, il entre en conflit avec le pape qui l'excommunie en 1521. Menacé par l'empereur Charles Quint, il est protégé par divers princes. Il traduit la Bible en allemand. Il organise ensuite la Réforme et l'Église luthérienne. **148**

Magellan, Fernand de (1480-1521)
Navigateur
Navigateur portugais, il se met au service de l'Espagne et se lance dans le premier tour du monde en 1519. Parti de Séville, il longe les côtes orientales de l'Amérique du Sud et franchit le détroit qui porte son nom (octobre 1520). **114**

Mazarin, Jules (1602-1661)
Prêtre et diplomate italien au service du pape, il passe au service du roi de France et devient le protégé de Richelieu qui lui obtient le cardinalat. À sa mort, il le remplace comme principal ministre de Louis XIII, puis de la Régente, Anne d'Autriche. Contesté par les Frondeurs, il brise néanmoins les oppositions et forme le jeune Louis XIV. **178**

Michel-Ange, Michelangelo Buonarroti dit (1475-1564)
Artiste et urbaniste
Sculpteur, peintre, architecte et poète italien, Michel-Ange est l'un des plus grands artistes de la Renaissance. Ses sculptures les plus connues sont le *David*, le *Tombeau de Jules II* et la *Piéta*. À la demande du pape Jules II, il a également peint le plafond de la chapelle Sixtine. **144**

Montesquieu, Charles de Secondat baron de la Brède et de (1689-1755)
Philosophe français
Philosophe des Lumières, il est l'auteur de plusieurs ouvrages politiques majeurs, comme *De l'esprit des lois*, dans lequel il défend le principe de la séparation des pouvoirs. **271**

Newton, Isaac (1642-1727)
Physicien, mathématicien et astronome
Après des études à l'Université de Cambridge, il devient professeur de mathématiques. Il s'intéresse ensuite à la physique et à l'astronomie et perfectionne le télescope en fabriquant lui-même les lentilles. Il entre à la Royal Society de Londres en 1672. Son œuvre majeure reste les *Principes mathématiques de la philosophie naturelle* (1687) dans laquelle il développe la théorie de l'attraction universelle. **234**

Paul de Tarse (vers 10 av. J.-C.-vers 65)
Diffuse le christianisme dans l'Empire romain
Juif et citoyen romain, Paul se convertit au christianisme. Il voyage dans l'Empire romain pour établir des communautés chrétiennes. Il est victime des premières persécutions **56**

BIOGRAPHIES

Périclès (vers 495-429 av. J.-C.)
Homme politique athénien
Personnage central du « siècle d'or athénien » à partir de 461 av. J.-C., élu stratège sans discontinuer entre 443 et 429 av. J.-C. Il est à l'origine de réformes, sur la citoyenneté et le fonctionnement des institutions, qui permettent l'implantation durable de la démocratie. Il transforme la Ligue de Délos en un empire athénien et est à l'origine de la reconstruction de l'Acropole. Son influence illustre l'originalité politique de la démocratie et ses limites. **40**

Pizarro, Francisco (1475-1541)
Francisco Pizarro est un conquistador espagnol issu de la petite noblesse. Avec ses frères Gonzalo et Hernándo, il s'empare de l'empire des Incas. Il est assassiné à Lima en 1541 par les partisans d'un de ses rivaux, le conquistador Almagro. **120**

Richelieu, Armand Jean du Plessis de (1585-1642)
Évêque de Luçon et proche conseiller de la régente Marie de Médicis, mère de Louis XIII, il obtient par son intermédiaire le cardinalat, puis d'entrer au conseil du roi en 1624. Il devient rapidement le principal ministre du roi. Sa politique consiste alors à renforcer le pouvoir royal et à lutter contre l'influence des monarques Habsbourg (Espagne et Empire d'Autriche) en Europe, quitte à s'opposer à la reine mère et à une partie de l'aristocratie. **172**

Saint-Simon, Louis de Rouvroy duc de (1675-1755)
Aristocrate et courtisan
Saint-Simon rédige, d'après ses souvenirs et de nombreux documents collectés par ses soins, ses mémoires sur le règne de Louis XIV. Il y dresse un portrait impitoyable de la cour de Versailles. **174**

Saladin Ier (1138-1193)
Sultan d'Égypte et de Syrie, il parvient à unifier le Proche-Orient contre les Francs. Il est à l'origine de la reconquête de Jérusalem en 1187. **86**

Sepúlveda, Juan (1490-1573)
Chanoine de Cordoue, il se fait l'avocat des conquistadores. Il est pour la colonisation et l'asservissement des Indiens, qu'il appelle des « sauvages ». **118**

Vasco de Gama (1469-1524)
Navigateur portugais, il découvre la route des Indes en contournant le cap de Bonne-Espérance le 22 novembre 1497. Il arrive dans le sud de l'Inde, vers Calicut, en mai 1498. **114**

Voltaire, François-Marie Arouet dit (1694-1778)
Écrivain et philosophe
François-Marie Arouet, dit Voltaire, est un écrivain et philosophe français qui a profondément marqué le mouvement des Lumières. Très inspiré par la monarchie anglaise, il rédige les *Lettres philosophiques* en 1734. Il est aussi célèbre pour ses contes philosophiques *Zadig ou la Destinée* (1748) et *Candide ou l'Optimisme* (1759). **203**

Washington, George (1732-1799)
Premier président des États-Unis
Chef de l'Armée continentale pendant la guerre d'Indépendance, il est le premier président des États-Unis d'Amérique de 1789 à 1797. Il est l'un des pères fondateurs de la nouvelle nation. **212**

CRÉDITS PHOTOGRAPHIQUES

Couverture Portrait de Mathilde de Canisy, marquise d'Antin, 1738, Jean Marc Nattier, Musée Jacquemart André/Photo Josse/Leemage ; Cathédrale de Monreale, xiie s. Sicile, Italie / Robert Harding/hemis.fr

24 Photo (c)Musée du Louvre, Dist. RMN-Grand Palais/Raphaël Chipault ; **25** The Holbarn Archive/Bridgeman Images ; BNF, Paris ; **26** Bridgeman Images ; Bridgeman Images / Giraudon ; **27** Selva/Leemage/Bridgeman Images ; Erich Lessing/akg-images **28-29** Markus Lange/Robert Harding/Photononstop

Chapitre 1
30 Dépôt de l'État de 1863, transfert définitif de propriété à titre gratuit de l'État à la Ville de Dijon, arrêté du Ministère de la Culture du 15 septembre 2010. © Musée des Beaux-Arts de Dijon/François Jay ; **31** Alamy/Photo12 ; Luisa Ricciarini/Leemage ; Bridgeman Images/Leemage ; Pictures from History/Bridgeman Images ; Oronoz/Photo12 ; **33** fabdrone/Gettyimages ; **34** Bridgeman Images/Leemage ; Luisa Ricciarini/Leemage ; **35** Philafrenzy/Ure Museum of Greek Archaelogy ; Marsyas ; Luisa Ricciarini/Leemage ; **37** Luisa Ricciarini/Leemage/Bridgeman Images ; **38** Pictures from History/Bridgeman Images ; **39** Peter Connolly/akg-images ; **40** Oronoz/Photo12 ; Konstantinos Kontos/La Collection ; **42** Kunst Historisches museum Wien ; **43** The Metropolitan Museum of Art, Dist. RMN-Grand Palais/image of the MMA ; **44** Luisa Ricciarini/Leemage ; **45** RMN-Grand Palais (musée du Louvres)/Hervé Lewandowski ; BPK, Berlin, Dist. RMN-Grand Palais/Jürgen Liepe ; **46** Hamilton/REA ; **47** Erich Lessing/akg-images ; **49** Tarker/Bridgeman Images ; **51** Démocratie, Alecos Papadatos, Annie Di Donna, Abraham Kawa-Librairie Vuibert ; Péricles, la démocratie athénienne à l'épreuve du grand homme, Vincent Azoulay-Armand Colin

Chapitre 2
52 Alamy/Photo12 ; **53** Robert Harding/hemis.fr ; Leemage/Electa ; The Art Archive/Dagli-Orti ; Leemage/De Agostini ; Leemage/Luisa Ricciarini ; **54** Costa/Leemage ; **56** Leemage/Luisa Ricciarini ; **58** Leemage/Electa ; BNF ; **59** De Agostini/akg-images ; **60** AKG-images/E. Lessing ; **61** The Art Archive/Dagli-Orti ; **62** Alamy/photo12 ; **63** Alinari/Bridgeman Images ; **65** Granger/Bridgeman Images ; Erich Lessing/akg-images ; **66** Leemage/De Agostini ; **67** De Agostini/Dagli Orti/Bridgeman Images ; Jemolo/Leemage ; **68** Dufaux, Delaby © DARGAUD BENELUX (Dargaud-Lombard s.a.), 2019 ; **69** Granger/Bridgeman Images ; **71** Erich Lessing/akg-images ; **73** Marini © Dargaud Benelux (Dargaud-Lombard s.a.), 2019

Chapitre 3
74 Pictures from History/Bridgeman Images ; **75** Alamy/Photo12 ; Aisa/Leemage ; By kind permission of the Warden, Fellows and Scholars of Keble College, Oxford ; Costa/Leemage ; **78** Tetra Images/Photo12 ; **79** Behcet Alkan/Anadolu Agency/AFP ; HO/University of Bologna/AFP ; **80** Oronoz/album/akg-images ; **81** Alamy/Photo12 ; **82** Bibliothèque municipale de Lyon/Bridgeman Images ; **83** Jean-Louis Nou/akg-images ; **84** Alamy/Photo12 ; Bertrand Rieger/hemis.fr ; **85** BNF ; **86** Bridgeman Images ; **87** BNF ; Nicolas Thibaut/Photononstop ; **88** Archives Snark/Photo12 ; **90** François Perri/REA ; **91** Philippe Renault/hemis.fr ; **92** Oronoz/Album/akg-images ; **93** Zev Radovan/Bible Land Pictures/akg-images ; **94** Bridgeman Images ; **95** René Mattes/hemis.fr ; **96** Misr International Films (Youssef Chahine) rights ; collection ChristopheL ; **99** Pictures from History/akg-images ; **101** Prod DB©20th Century Fox/DR ; Saladin, de Mathieu Mariolle, Roberto Meli, Julien Loiseau © Éditions Glénat – Fayard 2015 ; JULAIN, QUEISSY et PARMA, L'Histoire de France en BD Pour les Nuls, Tome 3, © Éditions First, Paris, 2012, publié en accord avec John Wiley & Sons, Inc., Pour les Nuls est une marque déposée de John Wiley & Sons, Inc., For Dummies est une marque déposée de John Wiley & Sons, Inc. ; **102-103** Ingolf Pompe/hemis.fr

Chapitre 4
104 Service Historique de la Marine, Vincennes/Bridgeman Images ; **105** John Warburton Lee/hemis.fr ; Bridgeman Images/Leemage ; De Agostini/Leemage ; Aisa/Leemage ; **107** Bertrand Gardel/hemis.fr ; De Agostini Picture Library/Dagli Orti/Bridgeman Images ; **108** Pictures from History/Bridgeman Images ; **109** Granger/Bridgeman images ; **110** BNF, Archives Charmet/Bridgeman Image ; **111** Luisa Ricciarini/Leemage ; **112** Bridgeman Images/Leemage ; **113** Photo Josse/Leemage ; **114** Leemage/Bridgeman Images ; Aisa/Leemage ; **115** World History Archive/akg-images ; **116** Superstock/Leemage ; **117** British Library Board/Bridgeman Images ; **118** Oronoz/Photo12 ; De Agostini Picture Library/Bridgeman Images ; **119** La controverse de Valladolid, Jean-Claude Carrière, Pocket ; Prod DB©Bakti Prod./DR ; **120** Costa/Leemage ; Oronoz/Photo12 ; **121** Granger/Bridgeman Images ; Oronoz/Photo12 ; **122** Photo Josse/Leemage ; **123** Granger/Bridgeman Images ; **124** De Agostini/Leemage ; **126** Granger Collection NY/Aurimage ; **128** Magellan, de Christian Clot, Bastien Orenge, Thomas Verguet © Éditions Glénat 2012 ; **129** British Library Board/Leemage ; **133** Prod DB©Paramount/DR ; © Seuil/Bibliothèque nationale de France ; BNF

Chapitre 5
134 The National Gallery, London/akg-images ; **135** akg-images ; Leemage ; AKG ; Michel Ange Raffael/Leemage ; AKG ; **136** Musée municipal Dole/Bridgeman Images ; **137** Electa/Leemage ; **139** Electa ; Dagli Orti/Photo12 ; **140** : Leemage ; **142** AKG ; De Agostini/Bridgeman Images ; Aisa/Leemage ; **143** Czartoryski Museum, Cracow, Poland/Bridgeman Images ; **144** Michel Ange Raffael/Leemage ; Aisa/Leemage ; **145** Electa/MPortfolio/AKG ; **146** Prado, Madrid, Spain/Bridgeman Images ; **147** Luisa Ricciarini/Leemage ; **148** Bridgeman Images ; **149** akg-images ; **150** akg-images ; **151** DR ; DR ; **152** AKG ; **153** De Agostini/Dagli Orti/Bridgeman Images ; Oratorio dei Disciplini, Clusone, Bergamo, Italy / Ghigo Roli / Bridgeman Images ; **154** Alamy/Photo12 ; BNF ; **155** akg-images ; **156** Electa/Leemage ; **159** Gilbert Sinoué, L'enfant de Bruges (Collection « Folio »)

160-161 Photo RMN-Grand Palais (Château de Versailles)/René-Gabriel Ojéda/Franck Rauw/montage Dominique Couto

Chapitre 6
162 Selva/Leemage/Bridgeman Images ; **163** Paul M.R. Maeyaert/akg-images ; Château de Versailles/Bridgeman Images ; Erich Lessing/akg-images ; Hervé Champollion/akg-images ; **166** Erich Lessing/akg-images ; BNF ; **167** BNF ; **168** De Agostini/Dagli Orti/Bridgeman Images ; **170** De Agostini/Dagli Orti/akg-images ; **171** Château de Versailles/Dist. RMN-Grand Palais/Christophe Fouin ; **172** Luisa Ricciarini/Leemage/Bridgeman Images ; **173** akg-images ; **174** Stéphane Compoint ; Bridgeman Images ; Bridgeman Images ; **175** De Agostini/Dagli Orti/Bridgeman Images ; **176** Heritage Images/Fine Art Images akg-images ; Château de Versailles/Bridgeman Images ; **178** Heritage Images/Fine Art Images/akg-images ; **179** Erich Lessing/akg-images ; Jérôme da Cunha/akg-images ; **180** akg-images ; **181** Alamy/Photo12 ; **182** Musée du Louvre, Dist. RMN-Grand Palais/Martine Beck-Coppola ; **183** BNF ; **184** Bianchetti/Leemage/Bridgeman Images ; DR ; Etienne George/Collection ChristopheL ; **186** RMN-Grand Palais (Château de Versailles)-Franck Raux ; **189** Renne Productions/France 2 cinéma/DA films/Luc Roux/collection ChristopheL ; Etienne George/Collection ChristopheL ; Hyver 1709, intégrale, de Nathalie Sergeef, Philippe Xavier et Joël Cornette © Éditions Glénat 2018

Chapitre 7
192 National Portrait Gallery, London/Bridgeman Images ; **193** Bridgeman Images/Leemage ; Royal Collection Trust©Her Majesty Queen Elisabeth II, 2019/Bridgeman Images ; National Maritime Museum, Greenwich/Leemage ; De Agostini/Leemage ; Photo Josse/Leemage ; Archives Snark/Photo12 ; **198** Royal Collection Trust©Her Majesty Queen Elisabeth II, 2019/Bridgeman Images ; Granger/Bridgeman Images ; **199** Scottish National Portrait Gallery, Edinburgh, Scotland/Bridgeman Images ; **201** Granger/Bridgeman Images ; **202** Courtesy of the Trustees of Sir John Soane's Museum, London/Bridgeman Images ; **203** Photo Josse/Leemage ; **204** Photo Josse/Leemage ; National Maritime Museum, Greenwich/Leemage ; **205** De Agostini/Leemage ; Erich Lessing/akg-images ; **206** Gilder Lehrman Collection, New York/Bridgeman Images ; **207** Library of Congress ; **208** Brooklyn Museum of Arts, New York/Bridgeman Images ; **209** Granger/Bridgeman Images ; **211** Chicago History Museum/Getty Images ; **212** Archives Snark/Photo12 ; **213** Courtesy of Historical Society of Pennsylvania Collection/Bridgeman Images ; **214** Granger/Bridgeman Images ; **216** Bridgeman Images ; **219** George Washington, Woodrow Wilson-Petite Bibliothèque Payot.

222-223 FineArtimages/Leemage

Chapitre 8
224 akg-images ; **225** Bridgeman Images ; National Maritime Museum, Greenwich/Leemage ; De Agostini/Leemage ; De Agostini/Leemage ; **226** SSPL/Leemage ; Bridgeman Images/Leemage ; **228** National Maritime Museum, Greenwich/Leemage ; **229** S. Beaucourt/Novapix/Leemage/Bridgeman Images ; S. Beaucourt/Novapix/Leemage ; **230** RMN-Grand Palais (Château de Versailles)/Hervé Lewandowski ; **231** De Agostini/Leemage ; **232** RMN-Grand Palais (Château de Versailles)/Gérard Blot ; **233** Photo Josse/Leemage ; **234** De Agostini/Leemage ; **236** Youngtae/Leemage ; **237** photo (c)Ministère de la Culture-Médiathèque du Patrimoine, Dist. RMN-Grand Palais/image RMN-GP ; **238** PrismaArchivo/Leemage ; **240** BNF ; **241** Archives départementales de la Gironde FI NC 3064 ; **242** Septembre Productions ; **243** Ann Ronan Picture Library/Photo12 ; **244** Luisa Ricciarini/Leemage ; **245** SSPL/Leemage ; AKG ; **247** Les Films d'ici/Collection ChristopheL ; Les vies de Galilée, http://www.fiami.ch

Chapitre 9
250 Photo12 ; **251** Roger-Viollet ; Bridgeman Images ; Bridgeman Images/Leemage ; Photo Josse/Leemage ; Aisa/Leemage ; **255** Granger/Bridgeman Images ; **256** Photo (c)RMN-Grand Palais (musée du Louvre)/Mathieu Rabeau ; **257** collection MX/Kharbine-Tapabor ; **259** : Photo (c)RMN-Grand Palais (Château de Versailles)/Gérard Blot ; **260** Photo (c)RMN-Grand Palais (musée du Louvre)/Adrien Didierjean ; **261** Mbzt ; **262** Fondation Calvet-Avignon ; **264** Alain Le Bot/Photononstop ; **265** Musée Carnavalet/Roger-Viollet ; Photo Josse/Leemage ; **266** Photo (c)RMN-Grand Palais (domaine de Chantilly) René-Gabriel Ojéda ; **268** Photo (c)RMN-Grand Palais (Château de Versailles)/Philipp Bernard ; **270** Tallandier/Bridgeman Images ; **271** BNF ; Aisa/Leemage ; **272** Poitiers, bibliothèques universitaires, fonds ancien ; **275** Archives de Nantes 2 FI 6 ; **277** Epithete Films/Cinea/France 3 Cinéma/DR ; Compagnie des phares et balises Films ; Portrait équestre de Toussaint Louverture sur son cheval Bel-Argent (détail). Denis A.Volozan, circa 1800, coll. Chatillon.»Bordeaux au xviiie siècle, le commerce atlantique et l'esclavage» © Le Festin / Musée d'Aquitaine, 2e édition, janvier 2018

Contributeur numérique : M. Jean-Pierre Costille, agrégé d'histoire-géographie, lycée Jules-Haag, Besançon (25)
Edition : Jérémie Salinger
Maquette de couverture et maquette intérieure : Anne-Danielle Naname
Mise en page : Anne-Danielle Naname, Adeline Calame
Iconographie : Laurence Blauwblomme
Cartographie : AFDEC
Fabrication : Miren Zapirain
Relecture typographique : La machine à mots, Paris

L'éditeur et les auteurs remercient les enseignantes d'histoire en lycée pour leurs remarques sur le manuscrit de cet ouvrage : Mme Angles (Paris), Mme Boulay (Essonne), Mme Laribi-Glaudel (Vosges), Mme Parmentier (Essonne) et Mme Parroux (Val-de-Marne).

www.Hachette-education.com
© Hachette Livre 2019
58, rue Jean Bleuzen – 92178 Vanves Cedex
ISBN : 978-2-01-395422-8

PAPIER À BASE DE FIBRES CERTIFIÉES

Hachette s'engage pour l'environnement en réduisant l'empreinte carbone de ses livres. Celle de cet exemplaire est de : **1300 g éq. CO$_2$**
Rendez-vous sur www.hachette-durable.fr

L'usage de la photocopie des ouvrages scolaires est encadré par la loi www.cfcopies.com
Enseignants, dans quel cadre pouvez-vous réaliser des COPIES DE MANUELS SCOLAIRES pour vos élèves ?
Grâce aux différents accords signés entre le CFC, votre établissement et le ministère de l'Éducation nationale :
- vous pouvez réaliser des photocopies d'extraits de manuels (maximum 10 % du livre) ;
- vous pouvez diffuser des copies numériques d'extraits de manuels dans le cadre d'une projection en classe (au moyen d'un vidéoprojecteur, d'un TBI-TNI…) d'une mise en ligne sur l'intranet de votre établissement, tel que l'ent (maximum 4 pages consécutives dans la limite de 5 % du livre) ;
- n'oubliez pas d'indiquer les références bibliographiques des ouvrages utilisés !

Tous droits de traduction, de reproduction et d'adaptation réservés pour tous pays.
Le Code de la propriété intellectuelle n'autorisant, aux termes des articles L. 122-4 et L. 122-5, d'une part, que les « copies ou reproductions strictement réservées à l'usage privé du copiste et non destinées à une utilisation collective » et, d'autre part, que « les analyses et les courtes citations » dans un but d'exemple et d'illustration, « toute représentation ou reproduction intégrale ou partielle, faite sans le consentement de l'auteur ou de ses ayants droit ou ayants cause, est illicite ». Cette représentation ou reproduction, par quelque procédé que ce soit, sans autorisation de l'éditeur ou du Centre français de l'exploitation du droit de copie (20, rue des Grands-Augustins – 75006 Paris), constituerait donc une contrefaçon sanctionnée par les articles 425 et suivants du Code pénal.

Achevé d'imprimer en Italie par Grafica Veneta
Dépôt légal : Août 2019 - Collection 21 - édition 02 - 53/7914/3